Swantje Bartschat

Dschihad der Zunge, des Stifts und des Schwertes?
Vierzig Dschihad Hadithe im Vergleich

KULTUR, RECHT UND POLITIK IN MUSLIMISCHEN GESELLSCHAFTEN

Band 40,2

ERGON VERLAG

Swantje Bartschat

Dschihad der Zunge, des Stifts und des Schwertes?

Vierzig Dschihad Hadithe im Vergleich

ERGON VERLAG

Gedruckt mit freundlicher Unterstützung des Exzellenzclusters
„Religion und Politik in den Kulturen der Vormoderne und der Moderne"
an der Westfälischen Wilhelms-Universität Münster aus Mitteln
der Exzellenzinitiative des Bundes und der Länder.

Umschlagabbildung:
Erste zwei Seiten der *Vierzig Hadithe über das Pfeilschießen* von Ibrahim Hanif b.
Mustafa, Manuskript Nr. T7437 (Seite 35, „Arbaʾûn Hadîs fi remyi's-sihâm")
der İstanbul Üniversitesi Kütüphane ve Dokümantasyon Daire Başkanlığı

Bibliografische Information der Deutschen Nationalbibliothek
Die Deutsche Nationalbibliothek verzeichnet diese Publikation in der
Deutschen Nationalbibliografie; detaillierte bibliografische Daten sind im
Internet über http://dnb.d-nb.de abrufbar.

Gedruckt auf alterungsbeständigem Papier.
Satz: Thomas Breier
Umschlaggestaltung: Jan von Hugo

www.ergon-verlag.de

ISBN 978-3-95650-559-1 (Print)
ISBN 978-3-95650-478-5 (ePDF)
ISSN 1863-9801

Für Robert Thomas Wieczorek
in Anerkennung einer verlorenen Wette

Danksagung

Die vorliegende Arbeit ist ein Teil meiner zweibändig eingereichten Dissertationsschrift, die im Oktober 2017 unter dem Titel „Vierzig Hadithe. Entstehung und Entwicklung kleiner Hadithanthologien unter besonderer Berücksichtigung von *kutub al-arbaʿīn fī l-ǧihād*“ vom Fachbereich der Philologie der Westfälischen Wilhelms-Universität Münster angenommen wurde.

Zutiefst dankbar bin ich meinen beiden Betreuern, Prof. Marco Schöller und Prof. Thomas Bauer, für ihre fachliche Unterstützung und alle Freiheiten, die sie mir ließen – besonders hinsichtlich ihrer anstandslosen Bereitschaft, am Ende so einige Seiten mehr zu lesen. Ihnen und dem Exzellenzcluster „Religion und Politik in den Kulturen der Vormoderne und Moderne“ an der Westfälischen Wilhelms-Universität Münster sei im Besonderen für die Möglichkeit der Umsetzung meines Projekts gedankt.

Ganz besonderer Dank gebührt zudem Dr. Alev Masarwa und Dr. Monika Springberg-Hinsen für ihre stets offenen Ohren bei fachlichen und außerfachlichen Fragen. Ohne ihre unermüdlichen Ratschläge wäre diese Arbeit ebenso wenig zustande gekommen, wie ohne die mentale Unterstützung meiner (ehemaligen) Kolleginnen und Kollegen der Arabistik und Islamwissenschaft am Marburger Centrum für Nah- und Mittelost-Studien, des LOEWE Forschungsschwerpunkts „Religiöse Positionierung“ und des Frankfurter Forschungszentrums Globaler Islam (FFGI). Ich danke hier besonders meinem derzeitigen Arbeitgeber, dem Forschungsschwerpunkt „Religiöse Positionierung: Modalitäten und Konstellationen in jüdischen, christlichen und islamischen Kontexten“ (finanziert vom LOEWE-Programm des Hessischen Ministeriums für Wissenschaft und Kunst) und seinem Sprecher Prof. Christian Wiese, sowie der Direktorin des FFGI, Prof. Susanne Schröter für die Möglichkeit diese Publikation fertigzustellen.

Dr. Alev Masarwa, Denise Kunkel und Dr. Cüneyd Yıldırım bin ich des Weiteren für ihren Einsatz beim Korrekturlesen großer Teile dieser Arbeit (und für unendlich viele Kaffee!) sehr verbunden, ebenso Noureddine Boulouh und Tayyib Mimouni für ihre Unterstützung und Geduld bei meiner kaum enden wollenden Recherche und Beschaffung von Hadithsammlungen. Für die Zurverfügungstellung von Handschriftenkopien und weiterer Literatur danke ich der İstanbul Üniversitesi, der Süleymaniye Kütüphanesi und dem Topkapı Sarayı Müzesi Müdürlüğü in Istanbul, der Staatsbibliothek Preußischer Kulturbesitz in Berlin, al-Maktaba al-Waṭaniyya li-l-Mamlaka al-Maġribiyya in Rabat und der Muʾassasat al-Malik ʿAbd al-ʿAzīz Āl Saʿūd li-d-Dirāsāt al-Islāmiyya wa-l-ʿUlūm al-Insāniyya in Casablanca.

Für den regen Austausch hinsichtlich alltäglicher Doktorandenbelange und den nötigen Ausgleich abseits der Bücher sei im Besonderen Yvonne Prief, Steffen Mihsler und Robert Wieczorek gedankt – auf dass es noch viele Abende beim Griechen geben möge…

Schließlich danke ich meiner Familie für all die Jahre Unterstützung in jeglicher Hinsicht.

Inhaltsverzeichnis

Formale Anmerkungen 15

Einleitung – Übersicht über die Vierzig Dschihad Hadithe und mögliche Vorläufer 17

Das *Kitāb al-ǧihād* des Ibn al-Mubārak 20

Die Siebzig Dschihad Hadithe Ibn Baṭṭa al-Ḥanbalīs 26

Das *Kitāb al-ǧihād* ʿAlī b. Ṭāhir as-Sulamīs 29

Übersicht über die bekannten Vierzig Dschihad Hadithe und ihre Sammler 32

Teil I Die Sammler und ihre Vierzig Dschihad Hadithe – ein Überblick 35

1. Sammler der Zengiden-, Ayyubiden- und frühen Mamlukenzeit vom 6./12. und 7./13. Jahrhundert 35

1.1 Vierzig Hadithe aus dem Umfeld Ibn ʿAsākirs? 35

1.2 Die Vierzig Hadithe Zakīy ad-Dīn al-Munḏirīs 36

1.3 Die Vierzig Dschihad Hadithe al-Muqriʾs 40

1.4 Ṣalāḥ ad-Dīn al-Ayyūbī und Hadithe über den Dschihad 43

2. Sammler der späten Mamlukenzeit vom 9./15. und 10./16. Jh. 46

2.1 *Isnād*lose Vierzig Hadithe Ibn al-ʿIrāqīs 46

2.2 Vierzig Hadithe über das Bogenschießen 47

2.3 Das annähernde Ausbleiben dschihadbezogener Vierzig Hadithe im mamlukischen Kontext 52

3. Osmanenzeitliche und maghrebinische Sammler vom 10./16. bis Anfang des 14./20. Jahrhunderts 53

3.1 Erste osmanenzeitliche Vierzig Dschihad Hadithe 53

Abū l-Ḥasan al-Qarāfīs Ansammlung von Vierzig Hadithen 53

Erste türkischsprachige Vierzig Dschihad Hadithe 56
Die Vierzig Hadithe ʿAlī b. Ḥāǧǧī Muṣṭafās 57
Eroberung und Verteidigung 58
Die Frage nach den Adressaten der Vierzig Dschihad Hadithe 61
Die Vierzig Hadithe Muṣṭafā Sirūzīs 64
Die letzten Sammlungen der osmanischen „Blütezeit" 64
3.2 Maghrebinische Vierzig Dschihad Hadithe 66
Al-Quṣayrīs Vierzig Hadithe als möglicherweise erstes maghrebinisches Beispiel 68
Muḥammad Gannūns Beitrag zu den Vierzig Hadithen 69
3.3 Spätere osmanenzeitliche Vierzig Dschihad Hadithe 72
Die Vierzig Hadithe ʿAbd Allāh b. Muḥammad al-Ayyūbīs 73
Einige Vierzig Hadithe Ibrāhīm Ḥanīfs 74
Die Vierzig Hadithe ʿAbd Allāh b. Ismāʿīls 76
4. Sammler der heutigen Zeit 78
Idrīs al-Kattānīs *Istrātīǧiyyat ad-difāʿ ʿan al-amn al-islāmī min ḫilāl arbaʿīn ḥadīṯan nabawiyya* 78
Abū Yaḥyā al-Lībīs Hadithsammlung über die Vorzüge des Martyriums 80
Abū Qatāda al-Filasṭīnīs in Teilen dschihadbezogene Sammlung 81
Muḥammad Luqmān as-Salafīs Forumseintrag 83
Ein palästinensischer Wettbewerb zum Erlernen von Vierzig Dschihad Hadithen 84
Teil II Kontextualisierung und Vergleich ausgewählter Sammler und ihrer Vierzig Dschihad Hadithe 87
1. Abū l-Qāsim ʿAlī b. al-Ḥasan b. Hibat Allāh Ibn ʿAsākir (gest. 571/1176) als Beispiel der Zengidenzeit 87
1.1 Zum Leben Ibn ʿAsākirs 87
1.2 Ibn ʿAsākirs Beiträge zu den Vierzig Hadithen 90

1.3 Entstehungskontext der Vierzig Dschihad Hadithe 95
Gelehrte als Mittler zwischen Herrscher und Volk 97
Beispiele für Dschihadaufrufe gegen die Kreuzritter 99
Sunnitisch-schiitische Konflikte 100
1.4 Ibn ʿAsākirs Vierzig Hadithe über den Dschihad 106
Die Überliefererketten in den Vierzig Dschihad Hadithen 109
Die inhaltlichen Schwerpunkte der dschihadbezogenen Hadithauswahl 110
Bedeutung des Dschihad gegenüber anderen religiösen Pflichten 111
Bestrafung derer, die die Pflicht des Dschihad vernachlässigen 121
Belohnung derer, die den Dschihad ausführen 124
Voraussetzungen für die *muǧāhidīn*, die zur Ausführung des Dschihad erfüllt sein müssen 131

2. Ǧalāl ad-Dīn ʿAbd ar-Raḥmān b. Abī Bakr as-Suyūṭī (gest. 911/1505) als mamlukenzeitliches Beispiel 132
2.1 Zum Leben Ǧalāl ad-Dīn as-Suyūṭīs 132
2.2 As-Suyūṭīs Beiträge zu den Vierzig Hadithen 138
2.3 *muǧtahid* und *muǧaddid* – as-Suyūṭī zwischen Anspruch und Anmaßung 142
2.4 As-Suyūṭīs Vierzig Hadithe über den Dschihad 145
Die Widmung 148
Das Fehlen von Hadithen über Pestopfer als Märtyrer 150
Maritime Hadithe 150
Bedeutung des Dschihad gegenüber anderen Handlungen 151

Bestrafung derer, die die Pflicht des Dschihad vernachlässigen ... 154
Belohnung derer, die den Dschihad ausführen ... 155
Definition als weiterer Schwerpunkt ... 158
Voraussetzungen für die *muǧāhidīn*, die zur Ausführung des Dschihad erfüllt sein müssen ... 159

3. Abū l-Ḥasan ʿAlī b. Muḥammad Barakat at-Tiṭwānī (gest. 1120/1709) als maghrebinisches Beispiel ... 159
3.1 Marokko im 11./17. Jahrhundert ... 159
3.2 Leben Barakat at-Tiṭwānīs ... 161
3.3 At-Tiṭwānīs Vierzig Hadithe über den Dschihad ... 167
Mögliche Adressaten der Vierzig Dschihad Hadithe ... 167
Zur Einleitung der *Arbaʿūn ḥadīṯan fī faḍl al-ǧihād* ... 169
Zuordnung der Hadithe: Voraussetzungen für die *muǧāhidīn*, die zur Ausführung des Dschihad erfüllt sein müssen ... 170
Bedeutung des Dschihad gegenüber anderen Handlungen ... 171
Belohnung derer, die den Dschihad ausführen ... 173
Definitorische Hadithe ... 175
Bestrafung derer, die die Pflicht des Dschihad vernachlässigen ... 176

4. Abū l-Maḥāsin Yūsuf b. Ismāʿīl an-Nabhānī (gest. 1350/1932) als osmanenzeitliches Beispiel ... 177
4.1 Wichtigste Lebensdaten ... 177
4.2 An-Nabhānīs Beiträge zu den Vierzig Hadithen ... 181
4.3 Die Vierzig Hadithe über den Dschihad ... 184
Hintergründe des Erstellens der Sammlung ... 184
Häufig genannte Gründe für das Scheitern des Dschihad-Aufrufs ... 192

Koranverse und Hadithauswahl in den Vierzig Dschihad Hadithen 194
Die Zuordnung der Hadithe 196
5. Abschließender Vergleich 200

Teil III Übersetzung ausgewählter Vierzig Dschihad Hadithe 207
Verwendete Abkürzungen 207
1. *Al-arbaʿūn fī l-ḥaṯṯ ʿalā l-ǧihād* von ʿAlī Ibn ʿAsākir 208
2. *Arbaʿūn ḥadīṯan fī faḍl al-ǧihād* von Ǧalāl ad-Dīn as-Suyūṭī 228
3. *Arbaʿūn ḥadīṯan fī faḍl al-ǧihād* von Barakat at-Tiṭwānī 240
4. *Kitāb al-aḥādīṯ al-arbaʿīn fī faḍl al-ǧihād wa-l-muǧāhidīn* von Yūsuf an-Nabhānī 256

Literaturverzeichnis 275

Indices 289
Index der Titel, Sammlungen und Institutionen 289
Index der Erstüberlieferer in den Vierzig Dschihad Haditen 291
Sach-, Personen- und Orts-Index 292

Formale Anmerkungen

Um einen allzu umfangreichen Fußnotenapparat zu vermeiden, sind die Quellenverweise in den Fußnoten grundsätzlich in Kurzform angegeben, mit Ausnahme einmaliger Verweise, in deren Fall vollständig bibliographiert wird. Die vollständigen Quellenverweise finden sich im Literaturverzeichnis, an dessen Beginn zudem eine kurze Auflistung verwendeter Abkürzungen steht.

Die Transkription der arabischen Begriffe erfolgt nach den Regeln der Deutschen Morgenländischen Gesellschaft, wobei dem deutschen Wortschatz bereits angepasste Termini wie Dschihad (*ǧihād*) oder Koran (*qurʾān*) in der angepassten Schreibweise wiedergegeben werden. Da die im Text verwendeten arabischen Begriffe in der Regel an entsprechender Stelle übersetzt und/oder erläutert werden, wurde auf ein Glossar verzichtet. Die arabischen Begriffe sind aber in den Sach-, Personen- und Orts-Index aufgenommen worden, in dem neben ihrem Vorkommen im Text auch ihre Übersetzung nachgeschlagen werden kann.

Der Verweis auf Koranverse erfolgt durch Zahlenangaben (Bsp. Sure *Āl ʿImrān*, 200. Vers: (3:200)), Koranzitate werden in der Übersetzung Hans Zirkers[1] angegeben. Alle weiteren Übersetzungen stammen, sofern nicht anders angegeben, von d. Verf.

Zeitangaben werden in der Regel sowohl in muslimischer, als auch christlicher Zeitrechnung gemacht, wobei zuerst das Jahr nach der Hidrscha (H.) und nach einem Schrägstrich das Jahr nach Christus (n. Chr.) angegeben wird. Die Umrechnung erfolgte auf Grundlage der Wüstenfeld-Mahler'schen Vergleichungs-Tabellen[2].

---

1 Zirker, Hans: Der Koran. 3. Aufl. Darmstadt: WBG 2010.

2 Wüstenfeld-Mahler'sche Vergleichungs-Tabellen zur muslimischen und iranischen Zeitrechnung / u. Mitarb. v. Joachim Mayr, neu bearb. v. Bertold Spuler. 3. verb. u. erw. Aufl. Wiesbaden: Franz Steiner 1961.

Einleitung – Übersicht über die Vierzig Dschihad Hadithe und mögliche Vorläufer

Als Zeichen seiner Aktualität sind in den vergangenen Jahren zahlreiche Beiträge, sowohl Artikel als auch umfassende Monographien, zum Thema Dschihad entstanden. Auf das in vielen Beiträgen übliche Vorgehen, mit einer Begriffserläuterung und Definition des Dschihad zu beginnen, sei an dieser Stelle verzichtet. Vielmehr sollen die in dieser Arbeit ausgewählten und näher vorgestellten Gelehrten diesbezüglich zu Wort kommen: Über einen Zeitraum von neunhundert Jahren befassten sich mehr als zwei Dutzend Personen mit der Zusammenstellung einer kleinen Anzahl von Prophetenüberlieferungen zum Thema Dschihad. Diese Sammler und ihre sogenannten Vierzig Dschihad Hadithe werden nachfolgend im jeweiligen Zeitgeschehen verortet und überblicksartig vorgestellt. Regionale Einflüsse und unterschiedliche Beweggründe wirkten dabei auf die Auswahl der Hadithe ein, die die Sammler trafen und über die sie ihr Verständnis vom Dschihad präsentieren. Anhand von zeitlich und regional unterschiedlich verorteter Beispiele wird im Verlauf der Arbeit die Definition von vier Gelehrten erarbeitet und abschließend verglichen.

Bei den als Textgrundlage dienenden Vierzig Dschihad Hadithen handelt es sich um einen Sammlungstyp mit spezieller inhaltlicher Ausrichtung, der im 6./12. Jahrhundert weite Verbreitung fand. Bereits drei Jahrhunderte zuvor entstanden erste Sammlungen dieser Art, die jedoch vorerst inhaltlich indifferent waren und mit dem unbestimmten Titel *Arbaʿūn ḥadīṯan* oder *Kitāb al-arbaʿīn* versehen wurden. Dieser Sammlungstyp ist allgemein in einer gesondert erschienenen Studie in seiner Entstehung und Entwicklung aufgearbeitet worden, sodass an dieser Stelle nur die wesentlichen Merkmale der Vierzig Hadithe skizziert werden und für einen näheren Einblick in den Sammlungstyp auf die separate Veröffentlichung verwiesen wird.[1]

Der Titel „Vierzig Hadithe“ verrät bereits, dass es sich um eine begrenzte Anzahl an Überlieferungen handelt, die in der Regel auf den Propheten Muḥammad zurückgeführt werden. Die anfangs nur vereinzelt und vorwiegend im Gebiet des heutigen Irak und Iran vorkommenden Sammlungen erfuhren im 5./11. Jh., also zweihundert Jahre nach ihrem Aufkommen einen starken Interessensanstieg, mit dem eine regionale Verbreitung im Großraum Syrien und in Ägypten einherging. In dem Bestreben eine

1 Siehe Bartschat, Swantje: „Wer meiner Gemeinde vierzig Hadithe bewahrt…“ Entstehung und Entwicklung eines Sammlungstyps. Baden-Baden: Ergon 2019.

Sammlung zu erstellen, die es in ihrer Art noch nicht gab, gingen die Hadithsammler dazu über, ihre kleinen Werke inhaltlich spezieller auszurichten. Es entstanden Vierzig Hadithe zur Sufik, zu den religiösen Pflichten, zum Koran oder bestimmten Aspekten der Hadithwissenschaft, wie den Überliefererketten von besonderer Qualität oder Länge (bzw. Kürze). In dem sich als eine Blütezeit des Sammlungstyps herauskristallisierenden 6.-7./12.-13. Jh. entstanden auch erste Sammlungen mit einem Fokus auf dem Thema Dschihad, das sich – gemessen an der Anzahl der bis heute hin erstellten Sammlungen – als eines der Kernthemen der Vierzig Hadithe erweist. Die hier verzeichneten achtundzwanzig Sammlungen sind ebenso unter Vorbehalt zu betrachten, wie die insgesamt ermittelte Anzahl von um die neunhundert Titel der Vierzig Hadithe, da sich nicht entgültig feststellen lässt, wieviele Werke womöglich bereits zerstört wurden, ohne dass ihre Existenz in einem Katalog oder Lexikon festgehalten worden wäre. Ferner brachten rege Editionsarbeiten auf arabischer Seite erst in den vergangenen Jahrzehnten zahlreiche Sammlungen zum Vorschein. Neben weiteren, hier zu erwartenden Funden erfreut sich das Zusammenstellen von vierzig Überlieferungen derzeit zudem großer Beliebtheit, sodass die im Rahmen meiner Doktorarbeit ermittelte Anzahl an Vierzig Hadithen bei Weitem nicht erschöpft sein wird.[2]

Das starke Interesse an dem Sammlungstyp hat vielfältige Ursachen; so bietet das handliche Format einen Überblick über weitaus umfangreichere Werke, darunter besonders die als ‚kanonische Sammlungen' aufgefassten[3] Werke al-Buḫārīs, Muslims, Abū Dāwuds et alii. Aufgrund ihrer inhaltlich vielfältigen Ausrichtung liefern die Vierzig Hadithe eine Handreichung zu zahllosen Themen und bieten Muslimen auch aus nicht-gelehrten Kreisen einen leichteren Zugang zum prophetischen Vorbild Muḥammads. Zudem erweist sich ihre begrenzte Anzahl als ein erreichbares Maß beim Auswendiglernen, sodass die Sammlungen als Lehrwerk zum Einsatz kommen. Al-

2 Vgl. Kap. „Einleitung – Forschungsstand und Begrifflichkeiten" in ebd.

3 „Keines der heute wohl unbestrittenen Werke der ‚sechs Bücher' [*al-kutub as-sitta*] wurde von vorneherein als kanonisch angesehen. Vielmehr dauerte es Jahrhunderte, bis sich eine weitestgehend allgemeine Anerkennung der Hadithsammlungen al-Buḫārīs, Muslims, Abū Dāwuds, at-Tirmiḏīs, an-Nasāʾīs und Ibn Māǧas durchgesetzt hatte. Noch bis in die Zeit al-Mizzīs hinein gab es Gelehrte, die nur von den ‚fünf Büchern' (so zum Beispiel an-Nawawī) oder aber von sechs Werken sprachen, dabei jedoch anstelle der Sammlung Ibn Māǧas eine andere setzten […]. Goldziher spricht des Weiteren von einer Bewegung aus dem Osten der islamischen Welt, im Westen anerkannte man sogar *al-kutub al-ʿašara*, also insgesamt zehn kanonische Werke." Bartschat (2019), S. 51 (Fußnote 95); vgl. Azami, Muhammad Mustafa: Studies in Ḥadīth Methodology and Literature. Oak Brook: American Trust Publications [repr.] 2012, S. 87-107; Bauer (2011), S. 146ff.; Brown (2014), S. 38ff.; Nawawi/Schöller (2007), S. 300-307; Siddiqi (2008), S. 61-69; Goldziher, Ignaz: Muhammedanische Studien. Zweiter Theil. Halle a.S.: Max Niemeyer 1890, S. 254-267.

len Gründen voran geht jedoch eine Überlieferung, die als primäre Ursache für die Motivation zahlreicher Sammler zu sehen ist ein derartiges Werk zu erstellen. Diesem Hadith zufolge hat der Prophet Muḥammad zum Bewahren von vierzig Überlieferungen aufgefordert und großen Lohn in Aussicht gestellt: „Wer meiner Gemeinde vierzig Hadithe über die Religion bewahrt, den wird Gott am Tage der Auferstehung im Kreise der Gelehrten und Wissenden auferwecken."[4] Dem arabischen Wortlaut zu Beginn der Aussage nach wird die Überlieferung der Einfachheit halber nachfolgend als *man ḥafiẓa*-Hadith bezeichnet.[5]

Dieser *man ḥafiẓa*-Hadith ist eines der drei alternativen Merkmale, die für die Definition des Sammlungstyps der Vierzig Hadithe ermittelt wurden. Alternativ zum Handeln nach dieser Aufforderung ist eine Durchzählung der ausgewählten Hadithe (bzw. Hadithkapitel oder Überlieferer) von eins bis vierzig oder die Betitelung mit *Kitāb al-arbaʿīn* oder *Arbaʿūn ḥadīṯan* erforderlich. Neben diesen drei alternativen Merkmalen umfasst die Definition der Vierzig Hadithe zwei notwendige Merkmale, denen nach zum einen eine Ansammlung von Hadithen vorliegen muss und zum anderen die Anzahl dieser Hadithe in Separation zu umfangreichen Hadithsammlungen, wie beispielsweise den *kutub as-sitta*, vergleichsweise gering sein muss.[6]

Dass neben den beiden notwendigen Merkmalen wenigstens eines der alternativen erfüllt sein muss, um eine Hadithsammlung eindeutig dem Sammlungstyp der Vierzig Hadithe zuzuordnen, zeigt zum Beispiel das *Kitāb al-ǧihād* des Ibn al-Mubārak, bei dem es sich um eine Ansammlung von Hadithen handelt, die mit um die 269[7] Überlieferungen zudem eine durchaus als gering zu verstehende Anzahl an Hadithen umfasst. Erst die Tatsache, dass das Werk keines der drei alternativen Merkmale erfüllt, ermöglicht eine Abgrenzung der Sammlung Ibn al-Mubāraks von den Vierzig Hadithen. Sein Werk soll dennoch, ebenso wie zwei weitere Beispiele, nachfolgend vorgestellt werden, da alle drei zwar nicht als Teil des Sammlungs-

---

4 Bartschat (2019), S. 43f. „Man ḥafiẓa ʿalā ummatī arbaʿīna ḥadīṯan min amri dīnihā baʿaṯahū Llāhu yawma l-qiyāmati fī zumrati l-fuqahāʾi wa-l-ʿulamāʾ." Silafī (1992), S. 35; ders. (1997), S. 29f.; Ṭūsī, Abū l-Ḥasan Muḥammad b. Aslam b. Sālim b. Zayd al-Kindī ṭ-: Kitāb al-arbaʿīn (wa-huwa ṯānī l-arbaʿīniyyāt fī l-ḥadīṯ an-nabawī). Wa-yalīh Kitāb al-arbaʿīn li-l-Imām al-Ḥāfiẓ al-Qāsim b. al-Faḍl aṯ-Ṯaqafī l-Iṣbahānī / hrsg. v. Mišʿal b. Bānī l-Ǧabrayn al-Muṭīrī. Bayrūt: Dār Ibn Ḥazm 1421/2000, S. 9 (dort mit Eulogie „Allāh taʿālā"); Ḥāǧǧī Ḫalīfa (1941), S. 52; Endres, Franz Carl / Schimmel, Annemarie: Das Mysterium der Zahl. Zahlensymbolik im Kulturvergleich. München 1990, S. 265; vgl. auch Kap. „*man ḥafiẓa*-Hadith" und die Liste A mit den insgesamt 23 Varianten dieses Ausspruches in Bartschat (2019).

5 Vgl. Kap. „Beweggründe für das Sammeln und Funktion der Vierzig Hadithe" in ebd.

6 Vgl. Kap. „Begrifflichkeiten und Formales" in ebd.

7 Die Durchnummerierung seiner Hadithe endet bei 262, doch finden sich zum Ende der Sammlung hin mehrere Fälle, in denen ein Hadith um ein bis drei Überlieferungen ergänzt wird, vgl. Ibn al-Mubārak (1972), S. 164, 180, 187, 189f., 201.

typs gelten können, mit ihrem einschlägigen Dschihadbezug wohl aber als Vorläufer in Betracht kommen.

Das Kitāb al-ǧihād *des Ibn al-Mubārak*

Das Phänomen Prophetenüberlieferungen zum Thema Dschihad in einer Sammlung zusammenzustellen ist schon sehr alt. Es reicht noch vor die Zeit der ‚kanonischen'[8] Hadithsammlungen zurück, welche jeweils ein umfangreiches Kapitel zum Thema beinhalten, und ist eng mit ʿAbd Allāh b. al-Mubārak verbunden (gest. 181/797). Innerhalb des Sammlungstyps der Vierzig Hadithe ist die Idee weit verbreitet, ihm die ersten Vierzig Hadithe zuzuschreiben. Da er mit dem bereits genannten *Kitāb al-ǧihād* zudem eine inhaltlich einschlägige Hadithsammlung erstellte, kann er als ein zentraler Vorbote der Vierzig Dschihad Hadithe angesehen werden.

Laut David Cook hat das Verständnis vom Dschihad als Erlösung eine lange, auf den Koran bezogene[9] Tradition im Islam. Mit der Idee der Sündentilgung durch das Schwert bringt ʿAbd Allāh b. al-Mubārak dieses Verständnis in seiner Sammlung voll zum Ausdruck.[10] Unter den Hadithen gibt es einige explizite wie auch implizite Formulierungen, die diese Auffassung verdeutlichen und sowohl in Ibn al-Mubāraks Sammlung wie auch in mehreren der vorliegenden Vierzig Dschihad Hadithe auftauchen. In einer expliziten Überlieferung wird die Frage nach der Sündenvergabe im Falle des Sterbens auf dem Wege Gottes gestellt, worauf Muḥammad konstatiert, dass sämtliche Vergehen getilgt würden mit Ausnahme der Schulden (*dayn*, Pl. *duyūn*).[11] Ein impliziter und häufig zitierter Hadith besagt, dass sich das Paradies unter den Schatten der Schwerter befinde. Ibn al-Mubārak führt

---

8 Siehe Fußnote 3, S. 18.

9 Die Thematisierung des Dschihad im Koran wird im Rahmen der Auswertung der dschihadbezogenen Vierzig Hadithe vorgestellt. Hier spielt sie zum Beispiel in der Sammlung an-Nabhānīs deshalb eine wesentliche Rolle, da der Sammler seiner Hadithauswahl eine Anzahl einschlägiger Koranverse voranstellt, s. Kap. II.4 und Übersetzung in Teil III.

10 Vgl. Cook (2005), S. 14f.; Lev (2008), S. 248f.; Bonner (2004): Observations, S. 401-404, 415f.; ders. (1996), S. 119ff.

11 M33*, M34, N27, Š27, T5; bei Ibn al-Mubārak s. bspw. Hadith 7, 22, 124, 125, 228. *Die in der vorliegenden Arbeit angewandten Abkürzungen geben die Position eines Hadithes in einer der zugrundeliegenden Dschihad-Sammlungen wieder. M33 steht beispielsweise für den 33. Hadith aus den Vierzig Dschihad Hadithen al-Muqriʾs; A bezieht sich auf die einschlägige Sammlung Ibn ʿAsākirs, S auf die as-Suyūṭīs, T auf die at-Tiṭwānīs, N auf die an-Nabhānīs, L auf die Luqmāns und Š auf die Hadithauswahl aus dem palästinensischen Wettbewerb des Šabakat Masāǧidinā ad-Daʿwiyya. Zu diesen Abkürzungen siehe auch die Übersetzungen in Teil III und das Literaturverzeichnis.

diesbezüglich zwei Varianten an; in den Vierzig Hadithen über den Dschihad finden sich ebenfalls Varianten in der Mehrheit der Sammlungen.[12]

Ein weiteres zentrales Thema, das Ibn al-Mubārak in seinen Werken zum Ausdruck bringt, ist die enge Verknüpfung vom Einsatz auf dem Wege Gottes mit Askese. Er erstellte neben seinem *Kitāb al-ǧihād* nicht nur das *Kitāb as-zuhd*, sondern führt auch innerhalb seines Dschihad-Werks einschlägige Hadithe an. Überlieferungen zu Mönchtum (*rahbāniyya*) und Wanderasketentum (*siyāḥa*) werden in drei Fällen auch von Sammlern der Vierzig Dschihad Hadithe aufgeführt, viel häufiger finden sich in letzteren Sammlungen jedoch Überlieferungen, die neben dem Dschihad als beste Lebensführung ein gottergebenes Leben auf den höchsten Bergen oder in den tiefsten Tälern – also weit entfernt von den Menschen – nennen, um diese vor dem eigenen Übel zu verschonen.[13]

Eine in diesem Kontext vieldiskutierte Überlieferung, der nach der Dschihad in den kleinen und den großen, also den Einsatz auf dem Schlachtfeld und den Einsatz gegen die eigene Triebseele unterteilt ist, scheint in den Vierzig Hadithen keine Rolle zu spielen. Speziell in den mir vorliegenden Sammlungen zum Dschihad taucht sie kein einziges Mal auf, und auch allgemein im Hinblick auf alle vorliegenden Vierzig Hadithe wird die Überlieferung in nur einem einzigen Fall in die Auswahl mit aufgenommen.[14] Die Frage, ob sich ein jeweiliger Sammler mit seinen Vierzig Dschihad Hadithen explizit eher im Bereich des militärischen oder des ‚friedfertigen' Einsatzes positioniert, bzw. – im Sinne von David Cook – ob von Seite der muslimischen Hadithgelehrten hier überhaupt eine Trennung vorgenommen wird, erübrigt sich entsprechend. Zumindest dahingehend lässt sich die These Cooks unterstützen, dass der ‚große Dschihad' eine bedeutende Rolle im Diskurs europäischer und unter deren Einfluss stehender muslimischer Wissenschaftler der heutigen Zeit spielt, nicht aber generell in der islamischen Welt. Während er für den ‚großen Dschihad' keine praktischen Belege bringen kann und ihn demgemäß als realitätsloses Gelehrtenkonstrukt versteht, nennt David Cook

12 A17, T17, N8, N35, L33, Š18; bei Ibn al-Mubārak s. Hadith 229, 230.

13 Zu *rahbāniyya* und *siyāḥa* s. S11, S12, T37, Š10, Š29 sowie Ibn al-Mubārak, Hadith 15-17; zum Fernhalten des Übels vom Menschen s. N21, T12, L10, Š17, vgl. auch Ibn al-Mubārak, Hadith 164-169, sowie Mourad/Lindsay (2013), S. 24f.

14 Auf Āyat Allāh al-Ḫumaynīs (gest. 1989) Werk als das einzige, das sich ausschließlich mit dem „großen Dschihad" auseinandersetzt, verweist Cook (2005), S. 39, 47. In seinen Vierzig Hadithen, die er 1939 auf Persisch zusammenstellte („Čihl ḥadīs") führt al-Ḫumaynī den entsprechenden Hadith gleich an erster Stelle an. Die Sammlung wurde 1985 ins Englische übersetzt und ist zuletzt (06.02.2016) online unter folgendem Link abrufbar gewesen: https://goaloflife.files.wordpress.com/2011/08/ayatollah-sayyed-ruhollah-khomeini-forty-ahadith.pdf. Die Überlieferung wird auch von Albrecht Fuess zitiert und auf das 5./11. Jh. datiert, vgl. Fuess (2014): Belagerung, S. 13f.

zahlreiche historische Ereignisse, in deren Kontext es zu als Dschihad verstandenen Kämpfen kam.[15] Viele dieser Ereignisse werden auch durch ein Werk der Vierzig Dschihad Hadithe gestützt und in Verbindung mit den Biographien der einzelnen Sammler näher vorgestellt.

Das *Kitāb al-ǧihād* des Ibn al-Mubārak entstand[16] vor dem Hintergrund der Grenzverteidigung gegen die Byzantiner im heutigen syrischen Raum, nachdem die zweite muslimische Eroberungswelle mit dem Dynastiewechsel von den Umayyaden zu den Abbasiden Mitte des achten Jahrhunderts christlicher Zeitrechnung zum Erliegen kam. Hier trat nun ein neuer Aspekt in den Vordergrund: Die Stationierung an der Front (*ribāṭ*), die ebenfalls als eine Tat auf dem Wege Gottes bezeichnet wird und entsprechend eng mit dem Dschihad verbunden ist. Viele Überlieferungen, die auch in die Vierzig Hadithe eingingen, stellen den *ribāṭ* ebenso in Relation zu den Säulen des Islams wie den Dschihad, sodass beide mitunter synonym zu verstehen sind. Ibn al-Mubārak geht in seinem Dschihad-Werk sogar noch weiter und führt unter seinen zahlreichen Hadithen über den *ribāṭ* auch eine Überlieferung an, der nach die *murābiṭūn* von der Grabespein befreit und ihre Taten bei ihrem Tod nicht versiegelt werden.[17] Gleich den Taten der *muǧāhidūn* werden also auch die ihren bis zum Tag der Auferstehung für Gewicht in der Waagschale des Gerichts sorgen.

Die starke Betonung des Lohnes kommt nicht von ungefähr: Ibn al-Mubārak sieht den Dschihad als eine göttliche Vorschrift (*farīḍa*), wie seiner Hadithauswahl zu entnehmen ist[18], und versteht darunter offenkundig primär den Kampf, auch wenn er Überlieferungen anführt, die verdeutlichen, dass der am Ende des Kampfes stehende Märtyrerstatus ferner durch andere Handlungen mit Todesfolge erreicht werden kann. Neben Pest- und Raubtieropfern, in den Abgrund Gestürzten und im Kindbett Verstorbenen be-

---

15 Vgl. Kap. The "Greater Jihad" and the "Lesser Jihad", in: Cook (2005), S. 32-48.

16 Die 1392/1972 herausgegebene Sammlung Ibn al-Mubāraks basiert auf einer Niederschrift aus dem 5./11. Jh., sodass die Überliefererketten der Hadithe nicht bei Ibn al-Mubārak beginnen, sondern zwei bis drei Generationen nach ihm mit angeführt werden. Laut Maher Jarrar besteht die Möglichkeit, dass nicht Ibn al-Mubārak selbst die Sammlung zusammenstellte, sondern die Hadithauswahl aus den von ihm verbreiteten Überlieferungen in späterer Zeit, eventuell durch Saᶜīd b. Raḥma – seinem Erstüberlieferer – getroffen wurde, vgl. Jarrar (1999), S. 90.

17 Vgl. Ibn al-Mubārak (1972), Hadith 182 (S. 165), sowie weitere Überlieferungen zu *ribāṭ*: Hadith 170-174, 178, 180f. Zu Ibn al-Mubārak s. a. Cook (2005), S. 13-19, 33ff., 44ff. Ḏahabī (1990): Tāriḫ Bd. 12, S. 220-248 (Nr. 193). Zur Bedeutung des *ribāṭ* und dem Alltag der Stationierten s.a. Halm, Heinz: Das Reich des Mahdi. Der Aufstieg der Fatimiden (875-973). München: C.H. Beck 1991, S. 200, 206ff.; Ess (2001), S. 201; Sivan (1968), S. 9ff.

18 Vgl. Ibn al-Mubārak (1972), Hadith 73 (S. 96) – laut dieser Überlieferung wurde der Dschihad in Anlehnung an den Koranvers 2:216 {Vorgeschrieben ist euch der Kampf, obwohl ihr ihn verabscheut} als *farīḍa min farāʾiḍ Allāh* bezeichnet.

trifft dies vor allem Ertrunkene.[19] Diese Differenzierung findet sich ebenfalls in den *ṣaḥīḥayn*, wird darüber hinaus aber in den Vierzig Hadithen zum Dschihad nicht mehr angeführt. Hier finden sich in zwei Sammlungen nur noch Hinweise auf das Meer. Während Ǧalāl ad-Dīn as-Suyūṭī drei Hadithe über die Vorzüge des Kriegszugs auf dem Meer nennt, wird erst durch Yūsuf an-Nabhānī zu Beginn des 20. Jahrhunderts n.Chr. das Beispiel einer Märtyrerin wieder aufgegriffen, die nach der Überfahrt beim Verlassen des Schiffes den Tod erleidet.[20]

Dass Ibn al-Mubārak den Dschihad dennoch in erster Linie als Verpflichtung zum Kampf auffasste, wird vor allem durch eines deutlich: Er scheint nicht nur geschrieben, sondern sich vielmehr aktiv an der Grenzsicherung und den Überfällen im byzantinischen Gebiet beteiligt zu haben[21]. Šams ad-Dīn aḏ-Ḏahabī (gest. 748/1347) führt in seinem Eintrag über Ibn al-Mubārak eine äußerst umfangreiche Sammlung an Überlieferungen an, die unter anderem seinen heldenhaften Kampf gegen die Byzantiner beschreiben. Seine herausragende Stellung wird darüber hinaus auch darin deutlich, dass einer Überlieferung nach Ibn al-Mubārak von Muḥammad im Himmel mit einer ehrenwerten Aufgabe betraut wird, die er als Lohn für seinen irdischen Einsatz erhält. Zudem führt aḏ-Ḏahabī eine einem typischen Dschihad-Hadith nachempfundene Überlieferung an, in der Ibn al-Mubārak gefragt wird, welche Tat die beste sei. Er beantwortet dies mit der Angelegenheit, in der er sich befunden habe, woraufhin nachgefragt wird, ob es sich dabei um den *ribāṭ* und den Dschihad handle. Dies bejaht er und wird dann gefragt, was sein Herr für ihn getan hätte. Seine Antwort hierauf lautet, dass Er ihm in beispielloser Weise verziehen habe.[22] Solche Darstellungen sollen einen Gläubigen nicht nur zur Nachahmung anreizen, sie zeigen auch, dass ʿAbd Allāh Ibn al-Mubārak als der Inbegriff eines *muǧāhid* gesehen wurde, sozusagen seine Personifizierung ist.

In seinen aktiven Kämpfen kamen die von Ibn al-Mubārak ausgewählten Hadithe als Motivatoren zum Einsatz. Dies erklärt zum einen die große Menge an enthaltenen Aussagen über Märtyrer: Es sollte kein Zweifel bestehen, dass allen Kämpfern gewaltiger Lohn[23] bevorsteht und sie den Tod

[19] Vgl. Ibn al-Mubārak (1972), Hadith 69 (S. 95), 198, 200f. (S. 173ff.). Wie es dazu kam, dass an der Seuche Verendete auch zu den Märtyrern gezählt wurden, damit setzt sich Josef van Ess in seinem Werk *Der Fehltritt des Gelehrten* (Heidelberg 2001) auseinander.

[20] S24, S25, S26, N13 – letzterer Hadith findet sich auch bei Ibn al-Mubārak, Hadith 200f.

[21] Vgl. Mourad/Lindsay (2013), S. 24; Ḏahabī (1990): Tārīḫ Bd. 12, S. 232; Jarrar (1999), S. 89f.

[22] Vgl. Ḏahabī (1990): Tārīḫ Bd. 12, S. 246ff.

[23] Maher Jarrar setzt sich in seinem Artikel insbesondere mit den Paradiesjungfrauen auseinander, die in den Hadithen der *kutub as-sitta* kaum Erwähnung finden. Zur

nicht zu fürchten haben. Die Märtyrerthematik ist ebenso Bestandteil aller Vierzig Dschihad Hadithe, um die zum Dschihad Aufgerufenen gleichzeitig über ihre herausragenden jenseitigen Aussichten aufzuklären. Allerdings betonen die einzelnen Sammler vor allem durch die differierende Anzahl diesbezüglicher Hadithe die Besonderheit der Märtyrer unterschiedlich stark. Wie sich in der Auswertung der ausgewählten Sammlungen noch zeigen wird, werden in den meisten Sammlungen zwei Ideen zum Ausdruck gebracht: dass die Märtyrer nicht für tot zu halten sind, wie bereits aus dem Koran hervorgeht, und dass sie die einzigen Paradiesbewohner sind, die diesen Ort wieder verlassen würden um im Diesseits ihre Taten, also den Einsatz für Gott zu wiederholen.

Der aktive Kampf Ibn al-Mubāraks auf dem Schlachtfeld spiegelt sich zum anderen in dem besonderen Abschluss seiner Dschihad-Sammlung wider: Die letzten dreißig Hadithe fasst er in dem „Kapitel über das Gebet bei Angst“[24] zusammen, bei dem es unter anderem um die Erlaubnis zur Verrichtung des Gebets auf dem Rücken des Pferdes geht. Ibn al-Mubārak bringt hier seine auf dem Kampffeld erworbenen praktischen Erfahrungen zum Ausdruck, die den Sammlern der Vierzig Dschihad Hadithe wohl fehlt, denn bis zum 20. Jahrhundert scheint er unter den ausgewählten Sammlern der einzige Kämpfer auf dem Wege Gottes im Sinne eines physisch mit Waffen Kämpfenden gewesen zu sein. Ergänzend sollte allerdings berücksichtigt werden, dass die anderen Sammler möglicherweise auch deshalb kein derartiges Kapitel anlegten bzw. die entsprechenden Hadithe in ihre Sammlungen aufnahmen, da es sich bei dem Großteil um als nicht authentisch klassifiziertes Material handelt – einige Überlieferungen gehen gar nicht erst auf Muḥammad zurück. Dies war zu Lebzeiten Ibn al-Mubāraks noch kein schwerwiegendes Problem, da mit der Sammlung und Sichtung des Materials erst begonnen wurde. Vierhundert Jahre später jedoch, als Ibn ʿAsākir eine der ersten Vierzig Hadithe über den Dschihad zusammenstellte, waren die Überlieferungen längst klassifiziert und mindestens die *ṣaḥīḥayn* als grundlegende Sammlungen anerkannt. Spätestens mit Ǧalāl ad-Dīn as-Suyūṭī hatte dann auch das Weglassen der Überliefererketten (*taʿlīq*)

frühen Zeit Ibn al-Mubāraks waren die Bedingungen der Hadithüberlieferung jedoch weniger strikt und das Thema der Paradiesjungfrauen als Motivation weit verbreitet. In der Sammlung Ibn al-Mubāraks findet ein gutes Dutzend dieser Hadithe erstmals ihre Verschriftlichung, die die Beschreibung der Frauen und ihre Vorzüge liefern, vgl. Jarrar (1999), S. 92-107.

24 Vgl. Ibn al-Mubārak (1972), ab Hadith 239 (S. 192-201), dort fälschlich mit 339 nummeriert.

mit gleichzeitigem Verweis auf die *kutub as-sitta* Einzug in die Vierzig Hadithe über den Dschihad erhalten.[25]

Wie im Fortlauf dieser Arbeit näher dargestellt wird, handelt es sich bei allen vorliegenden Sammlungen von Ibn ʿAsākir bis hin zu Yūsuf an-Nabhānī um Werke von Gelehrten, die einen Dschihad auf geistiger Ebene, also ‚mit der Zunge und dem Stift' vollzogen. Dies bedeutet nicht, dass Gelehrte sich generell nicht an kämpferischen Aktivitäten beteiligten. Stefan Leder nennt beispielhaft mehrere Gelehrte für das 6./12. Jh., darunter einen, der aktiv an der Verteidigung Askalons im Jahr 548/1153 teilgenommen haben soll, und zwar nachdem er einer Sitzung Ibn ʿAsākirs beigewohnt hatte, in der dieser das *Kitāb al-ǧihād* Ibn al-Mubāraks gelesen habe. Die Frage, die sich Michael Bonner in Verbindung mit Gelehrten an der arabisch-byzantinischen Grenze in der Abbasidenzeit stellt, muss jedoch auch hier in Erwägung gezogen werden: Waren die Gelehrten im wörtlichen Sinne Kämpfer? Bonner bezweifelt es; er nimmt vielmehr an, dass es vielen an Trainingserfahrung, Ausrüstung und körperlicher Fitness fehlte, die Darstellungen ihres kämpferischen Einsatzes eher geschönt wurden und symbolisch zu verstehen sind.[26]

---

25 Dies soll jedoch nicht bedeuten, dass alle Vierzig Hadithe zum Thema Dschihad ausschließlich als einwandfrei eingestufte Überlieferungen beinhalten – vereinzelt finden sich in nahezu jeder Sammlung gute oder gar nicht näher bestimmte Hadithe, s. Teil III.

26 Vgl. Leder (2011), S. 84, 87; Ibn ʿAsākir (1996), Bd. 43, S. 239 (Hinweis auf die Lesung von Ibn al-Mubāraks *Kitāb al-ǧihād*); Bonner (2004): Introduction, S. xl; ders. (2004): Observation, S. 416; ders. (1996), S. 122. Siehe auch den Anhang zu seiner Studie *Aristocratic Violence and Holy War*, in dem er Gelehrte aus der Grenzregion auflistet, deren Biographien zwar mit kämpferischen und heroischen Beschreibungen versehen sind, die aber nicht im Kampf ihr Leben ließen, vgl. Bonner, Michael: Appendix. The Scholars and Ascetics of the Arab-Byzantine Frontier in the ʿAbbāsid period. In: ders.: Aristocratic Violence and Holy War. Studies in the Jihad and the Arab-Byzantine Frontier. New Haven: American Oriental Society 1996 (= American Oriental Series; 81), S. 157-184. Hillenbrand nennt wiederum aus der Zeit Abū Ṭāhir as-Sulamīs Beispiele kämpfender Gelehrter, merkt bezüglich as-Sulamī selbst aber an, dass kein Hinweis auf Kämpfe seinerseits vorliegen. Des Weiteren führt auch sie das Beispiel des Gelehrten an, der nach der Lesung Ibn ʿAsākirs in den Kampf zog, ohne dabei jedoch zu erwähnen, dass es sich um das Dschihad-Werk Ibn al-Mubāraks handelte, vgl. Hillenbrand (1999), S. 108f., 166. Neben ihr erwähnen auch Elisséeff, Lindsay und Mourad Gelehrte als Teil der Armee Nūr ad-Dīn az-Zanǧīs, deren einzige Funktion jedoch die Indoktrination und Stimulation der Truppen gewesen sein soll. Mourad und Lindsay beziehen sich bei dieser Aussage auf die Ausführungen Elisséeffs (und Hillenbrands, die sich ihrerseits aber auf dieselbe Stelle bei Elisséeff beruft), der wiederum zwar die Anwesenheit von Gelehrten in der Armee aus Gründen der Frömmigkeit erwähnt, nicht aber ihre genauen Aufgaben und Funktionen. Für Ibn ʿAsākir wiederum fehlt jeder Hinweis auf physischen Kampf und Predigt vor der Armee, vgl. Mourad/Lindsay (2007), S. 44, 47f.; dies. (2013), S. 49f., 52 (hier wird der Tod des bei Askalon kämpfenden Gelehrten um zwei Jahre früher auf 1151 datiert); Elisséeff (1967), S. 735; Hillenbrand (1999), S. 119-122.

Die Sammler erstellten ihre Vierzig Hadithe über den Dschihad unter der Idee der Unterstützung eines Herrschers, des Aufrufs der Gesellschaft und des Ansporns von Soldaten. Diese Funktion kommt nicht allein den Vierzig Hadithen zu; auch in Verbindung mit zum Beispiel dem *Ṣaḥīḥ al-Buḫārī* ist die Rede davon, dass Herrscher „[in] Augenblicken politischer Spannung, wenn der Feind vor den Toren stand, […] vielleicht die ulama [aufforderten], als eine Art Bekräftigung all dessen, was Gott für sein Volk getan hatte,“[27] Abschnitte aus eben jener Hadithsammlung zu lesen. Ob es im konkreten Fall der ausgewählten Vierzig Dschihad Hadithe jedoch tatsächlich zu öffentlichen Lesungen kurz vor einem Kampf kam, bleibt unbeantwortet, da diesbezüglich bislang keine Belege vorliegen.

Während keiner der ausgewählten Sammler der Vierzig Dschihad Hadithe selber auf einem Schlachtfeld gekämpft zu haben scheint, stellt sich erst bei den Sammlern unserer Zeit wieder die Frage, ob auch sie zur Waffe greifen. Zumindest von Abū Yaḥyā al-Lībī heißt es, er habe in Algerien gekämpft, sich dann als Anhänger von al-Qāʿida in Afghanistan aufgehalten und sei schließlich in Pakistan durch einen Dronenangriff ums Leben gekommen.[28] Inwieweit sich heutige Sammler der Vierzig Dschihad Hadithe von früheren unterscheiden, sich womöglich nur als ‚Gelehrte' ausgeben, die sie gar nicht sind[29], soll in einer separaten Studie analysiert werden. Die vorliegende Arbeit wird sich abgesehen von einer kurzen Übersicht über zeitgenössische Sammlungen (s. Kap. I.4) primär mit den ‚klassischen' Gelehrten auseinandersetzen, also all jenen Hadithsammlern, die vor der Entwicklung des Internets und den damit verbundenen neuen Publikationsmöglichkeiten kurz eingeleitete, weitestgehend unkommentiert aneinandergereihte Niederschriften von um die vierzig Hadithe in Papierform festhielten.

Die Siebzig Dschihad Hadithe Ibn Baṭṭa al-Ḥanbalīs

Neben Ibn al-Mubārak sei an dieser Stelle auf wenigstens zwei weitere mögliche Vorreiter der Vierzig Hadithe über den Dschihad verwiesen. Auch diese beiden Gelehrten setzten sich in ihren Schriften mit einschlägigen Hadithen auseinander, im Falle Abū ʿAbd Allāh ʿUbayd Allāh b. Muḥammad Ibn Baṭṭa al-Ḥanbalīs (gest. 387/997) kommt sein *Kitāb al-ǧihād aw Sabʿūn ḥadīṯan fī l-ǧihād* der eigentlichen Form auch schon sehr nahe. Der Hadithsammler soll eigenen Angaben zufolge Anfang des 4./10. Jhs. auf die Welt gekommen sein und schon in jungen Jahren unter Obhut eines Gefährten seines Vaters in Bagdad Hadithe gelernt haben. Aḏ-Ḏahabī führt

27 Hourani (2016), S. 113.

28 Vgl. Elmaz (2013), S. 89f.; Prucha (2013), S. 96-101.

29 So zum Beispiel Elmaz über Abū Yaḥyā al-Lībī, vgl. Elmaz (2013), S. 93.

wenigstens zwei Beispiele an, aus denen ersichtlich wird, dass sich Ibn Baṭṭa zu Studienzwecken auch in Damakus und Aleppo aufgehalten haben muss, bevor er nach der Rückkehr von seiner Reise angeblich ganze vierzig Jahre in seinem Haus in ʿUkbarā verblieb. Obwohl sie ihm über einhundert Schriften nachsagt und ihn entsprechend als produktiven Anhänger der Hanbaliten bezeichnet, nennt ihn die Editorin seiner Siebzig Hadithe, Yusrā ʿAbd al-Ġanī l-Bušrā, einen „Gelehrten, den niemand kennt"[30]. Das mag damit zusammenhängen, dass er im Bereich der Hadithwissenschaft ein umstrittener Überlieferer zu sein scheint. Aḏ-Ḏahabī spricht in seinem Zusammenhang von „Illusionen und Fehlern trotz der Vorzüge Ibn Baṭṭas"[31] und widmet den Großteil seiner biographischen Einträge Beispielen, in denen Überlieferungen als nichtig (*bāṭil*) erklärt wurden, weil sich Ibn Baṭṭa in der jeweiligen Überlieferkette befand.[32]

Ibn Baṭṭa steht als Schüler Abū l-Qāsim ʿAbd Allāh b. Muḥammad al-Baġawīs (gest. 317/929), auf den eine Sammlung mit dreißig Hadithen zurückgeführt wird, und Lehrer Abū Nuʿaym al-Iṣbahānīs (gest. 430/1039) ganz am Anfang des Vierzig Hadithe-Netzwerkes und könnte mit seiner stark begrenzten Hadithauswahl zu einem bestimmten Thema als ein möglicher Vorläufer für die Vierzig Dschihad Hadithe angesehen werden. In direkter Verbindung mit dem Sammlungstyp steht er jedoch nicht; seine Sammlung ist lediglich mit einer kurzen Bitte um Gottes Beistand eingeleitet[33] und lässt keine Rückschlüsse auf die Motivation des Sammlers zu. Weder führt er den *man ḥafiẓa* oder einen vergleichbaren Hadith an, noch geht er in irgendeiner Weise auf die Sammlertätigkeiten seiner Zeitgenossen ein, von denen wenigstens eine Hand voll bereits Vierzig Hadithe erstellten.

---

30 Ibn Baṭṭa (1989), S. 5.

31 Ḏahabī (1996), Bd. 16, S. 530.

32 Vgl. Ḏahabī (1996), Bd. 16, S. 529-533; Ibn Baṭṭa (1989), S. 5ff.; Ḏahabī (1988): Tārīḫ Bd. 27, S. 144-149 (hier wird er fälschlich „Ibn Buṭṭa" vokalisiert; az-Zabīdī führt für die beiden Vokalisationsmöglichkeiten Baṭṭa und Buṭṭa beispielhaft Gelehrtennamen an und nennt Ibn Baṭṭa al-Ḥanbalī explizit unter Ersteren, vgl. Zabīdī (1980), Bd. 19, S. 157).

33 Vgl. Ibn Baṭṭa (1989), S. 19. Ein anderes Werk von Ibn Baṭṭa scheint zur Zeit der Kreuzzüge besondere Aufmerksamkeit erfahren zu haben: Carole Hillenbrand erwähnt in Verbindung mit Kampagnen nach Ägypten, die vom zengidischen Herrscher Nūr ad-Dīn (s. Kap. II.1) in den (Fünfzigern und) Sechzigern des 6./12. Jhs. veranlasst wurden, zwei hanbalitische Rechtsgelehrte, die währenddessen für Propaganda zuständig waren und dabei Lesungen eines Traktates Ibn Baṭṭas über den Glauben veranstalteten. Auch unter Ṣalāḥ ad-Dīn soll dieses Werk öffentlich gelesen worden sein, vgl. Hillenbrand (1999), S. 120, 179. Die Sammlung von Ibn Baṭṭas Lehrer al-Baġawī mit dreißig Hadithen ist vor dreißig Jahren veröffentlicht worden, s. Baġawī, Abū l-Qāsim ʿAbd Allāh b. Muḥammad b. ʿAbd al-ʿAzīz al- / ʿAšārī, Abū Ṭālib Muḥammad b. ʿAlī b. al-Fatḥ al-Ḥarbī al-: Ǧuzʾ fīhi ṯalāṯa wa-ṯalāṯūn ḥadīṯan min ḥadīṯ Abī l-Qāsim ʿAbd Allāh b. Muḥammad al-Baġawī / hrsg. v. Muḥammad Yāsīn Muḥammad Idrīs. Al-Aḥsāʾ: Maktabat Ibn al-Ǧawzī 1407/1987.

Die Sammlung selbst überrascht mit der ausschließlichen Nennung des Propheten und Erstüberlieferers vor den Hadithinhalten. In dieser frühen Zeit hatte sich das Weglassen der Überliefererketten innerhalb der Vierzig Hadithe, aber auch in anderen kleinen Hadithsammlungen wie beispielsweise der al-Baġawīs noch nicht durchgesetzt. Sehr wahrscheinlich handelt es sich hierbei eher um einen Eingriff von Seiten der Editorin, der aus ihren Erläuterungen bezüglich ihrer Arbeit am Text jedoch nicht eindeutig hervorgeht. Hier erfahren wir nur, dass sie soweit möglich die Hadithe auf die *kutub as-sitta* und weitere umfassende Hadithsammlungen zurückführte und die Hadithauswahl in thematische Gruppen unterteilte. Darüber hinaus fallen die für viele Editionen üblichen Informationen im Vorwort zur Sammlung verhältnismäßig knapp aus.[34] Die Bewertung von Ibn Baṭṭa al-Ḥanbalī als problematischer Überlieferer wird hier und auch durch die fehlenden Ketten ebensowenig sichtbar gemacht, wie die Beschaffenheit des zugrundeliegenden Manuskripts. Letztere hätte durch die in vielen Fällen üblicherweise vorangestellten Abbildungen visualisiert werden und Aufschluss über vollständige oder gekürzte Ketten von Seiten des Sammlers geben können. So bleibt es vorerst der Vermutung überlassen, dass die Sammlung in ihrer vorliegenden Form dem Eingriff Yusrā ʿAbd al-Ġanī l-Bušrās unterlag. Eine genaue Untersuchung der erhaltenen Handschriften dieser Sammlung, ihre Kontextualisierung und die Aufarbeitung des Lebens Ibn Baṭṭas im Rahmen einer separaten Studie sind wünschenswert um zu eruieren, was einen hanbalitischen Gelehrten seiner Zeit dazu bewog sich auf den Dschihad zu fokussieren. Ist seine Sammlung während seines Aufenthalts im Großraum Syrien im Zusammenhang mit der Grenzverteidigung gegen die Byzantiner entstanden oder ist sie eine Reaktion auf die schiitische Herrschaft der Fatimiden (*al-Fāṭimiyyūn*), Hamdaniden (*Banū Ḥamdān*[35]) oder Bujiden (*Banū Buwayh*)? Wie am Beispiel Ibn ʿAsākirs deutlich werden wird, findet das Vorgehen knapp zweihundert Jahre später Verbreitung, auch in innerislamischen Auseinandersetzungen vom Dschihad zu sprechen.[36]

Die inhaltliche Unterteilung in vierzehn Themengruppen (mit unterschiedlich vielen Hadithen)[37] macht deutlich, dass die Siebzig Hadithe Ibn Baṭṭas einen Querschnitt durch alle ihnen nachfolgenden Vierzig Dschihad

---

34 Vgl. Ibn Baṭṭa (1989), S. 5-10.

35 S. bspw. Hillenbrand (1999), S. 100-103; Sivan (1968), S. 11ff.; Lewis (1970), S. 193f.; Canard, M.: Ḥamdānids. In: EI² III (1971), S. 126-131; Christie (2007), S. 3.

36 Siehe Kap. II.1. Mourad und Lindsay sehen in den drei schiitischen Dynastien den Auslöser für das Wiedererstarken des sunnitischen Islam im 5./11. Jh., mit dem dann auch das Verständnis vom Dschihad-Führen gegen die Schiiten einhergeht, vgl. Mourad/Lindsay (2013), S. 28f.

37 Al-Bušrā stellt jeder Hadithgruppe eine inhaltliche Übersicht voran, gibt am Ende aber auch einen Gesamtüberblick, s. Ibn Baṭṭa (1989), S. 79.

Hadithe und das *Kitāb al-ǧihād* Ibn al-Mubāraks darstellen. Das Ausziehen auf dem Wege Gottes, der Status des *muǧāhid*, sein Lohn und sein Ausstatten werden ebenso thematisiert wie die korrekte Absicht (*niyya*), die Stationierung (*ribāṭ*), Pferde und Pfeilschießen, Verderben und die Märtyrer im Jenseits. Gleich dem vorangegangenen Werk Ibn al-Mubāraks beinhaltet auch die Sammlung der Siebzig Hadithe einen Schwerpunkt auf den verschiedenen Arten der Märtyrer, die in den Vierzig Hadithen wiederum kaum eine bis gar keine Rolle spielen. Auf eine Gruppe von Hadithen zu allen Märtyrerarten folgt eine Hadithgruppe speziell zum Thema der Pestkranken und im weiteren Verlauf der Sammlung greift Ibn Baṭṭa dann noch die Märtyrer des Meeres auf. Eine weitere Besonderheit, vergleichbar etwa mit dem abschließenden Abschnitt zu Gebeten bei Furcht im *Kitāb al-ǧihād* Ibn al-Mubāraks, weisen die Siebzig Hadithe nicht auf.

Das Kitāb al-ǧihād *ʿAlī b. Ṭāhir as-Sulamīs*

Neben den Siebzig Hadithen ist auch das *Kitāb al-ǧihād* des ʿAlī b. Ṭāhir as-Sulamī (gest. 500/1107), der wiederum unmittelbar vor Ibn ʿAsākir in Damaskus lebte und lehrte, nicht explizit dem Sammlungstyp der Vierzig Hadithe zuzuordnen. Vielmehr handelt es sich bei seinem Werk um eine umfassende Abhandlung über den Dschihad, die sich mitunter zahlreicher Hadithe zum Thema bedient und diese erläutert, um die Wichtigkeit des Einsatzes auf dem Wege Gottes zu predigen. Es ist eine von zahlreichen Schriften, die vermehrt im Kontext der Kreuzzüge und der damit einhergehenden Konfrontation mit Andersgläubigen entstanden, welche wiederum ebenso für das Entstehen erster Vierzig Dschihad Hadithe sorgte. Auszüge des *Kitāb al-ǧihād* von as-Sulamī wurden im Jahr 2007 von Suhayl Zakkār zusammen mit drei weiteren dschihadbezogenen Schriften veröffentlicht, die alle zu unterschiedlichen Zeiten im Verlauf der gut zweihundert, von mehreren Kreuzzügen geprägten Jahre verfasst wurden. Des Weiteren liegen die Auszüge as-Sulamīs seit 2015 ediert und in englischer Übersetzung von Niall Christie vor.[38]

Yaacov Lev spricht in Verbindung mit as-Sulamīs Werk von einem „einzigartigen Einblick in die muslimische Denkweise über den Dschihad zur Zeit des ersten Kreuzzugs“[39]. Ihm zufolge war as-Sulamī ein šāfiʿitischer Rechtsgelehrter, der kurz vor seinem Tod Auszüge seiner Schrift in einem Vorort von Damaskus und in der Damaszener Umayyadenmoschee gelesen haben soll.

---

38 Siehe Zakkār, Suhayl (Hrsg.): Arbaʿat kutub fī l-ǧihād min ʿaṣr al-ḥurūb aṣ-ṣalībiyya. Dimašq: At-Takwīn 1428/2007; Christie, Niall: The Book of the Jihad of ʿAli ibn Tahir al-Sulami (d. 1106). Text, Translation and Commentary. Farnham: Ashgate 2015.

39 Lev (2008), S. 229. Dazu auch Christie (2015), S. 30f.; Leder (2011), S. 89ff.

In diesen stellt er die Ereignisse des nur wenige Jahre zurückliegenden ersten Kreuzzuges (1098-1099 n. Chr.) und dessen seiner Zeit noch andauernden Folgen mit weiteren kriegerischen Auseinandersetzungen der Christen gegen die Muslime in Spanien und auf Sizilien[40] in einen größeren Zusammenhang. Mourad und Lindsay gehen geringfügig mehr auf Person und Werk ein – ihnen zufolge stellte as-Sulamīs Kerngebiet die arabische Grammatik dar, darüber hinaus war er in Hadithüberlieferung involviert; auch wenn er sich häufig auf Aspekte der Rechtsprechung Muḥammad b. Idrīs aš-Šāfiʿīs bezieht, soll er aber kein Jurist und auch kein Korangelehrter gewesen sein. Hier sehen Mourad und Lindsay eine mögliche Erklärung darfür, dass as-Sulamī nur außerhalb von Damaskus den Dschihad predigte und nicht etwa, wie Lev anführt, im Zentrum der Damaszener Gelehrsamkeit selbst. Die noch erhaltenen Auszüge seines Werkes wurden vielmehr erst einige Jahre nach seinem Tod in Damaskus gelesen. Wie den Randnotizen zum Werk zu entnehmen ist, war die Zuhörerschaft sowohl während der Lesungen von as-Sulamī selbst, wie auch bei der posthum stattgefundenen Sitzung gering.[41]

Niall Christie zufolge betont as-Sulamī nachdrücklich den ‚inneren Dschihad', also den Einsatz gegen die eigene Triebseele, der seinen Ausführungen nach dem ‚äußeren Dschihad', dem Einsatz gegen den Feind überlegen sei und dem Kampf gegen die Andersgläubigen vorausgegangen sein muss.[42] Wie im Kontext mit Ibn al-Mubārak bereits angesprochen, spielen die Termini des großen und des kleinen Dschihad, die auch as-Sulamī hier nicht wortwörtlich wiedergibt, in den Vierzig Dschihad Hadithen keine explizite Rolle: Hier gibt es nur wenige Hinweise auf eine innere Rangordnung, die festlegt, welche Form von Einsatz die bessere wäre. Die Analyse der vier ausgewählten Dschihad-Sammlungen macht wohl aber deutlich, dass militärische und nicht-militärische Handlungen gleichermaßen zum

---

40 Speziell für die Ereignisse in diesen Regionen liegen (bislang) keine Vierzig Dschihad Hadithe vor; erst mit den Sammlungen Barakat at-Tiṭwānīs (gest. 1120/1709) und Muḥammad Gannūns (gest. 1302/1885) sind zumindest für den maghrebinischen Raum dschihadbezogene Werke des Sammlungstyps zu verzeichnen (s. Kap. I.3.2 und II.3). Zu den Ereignissen ab dem ersten Kreuzzug s. bspw. Lewis (1970), S. 195-219, sowie die Literaturangaben in Fußnote 20 im Kap. II.1.3, S. 95f. der vorliegenden Arbeit.

41 Vgl. Lev (2008), S. 229; Mourad/Lindsay (2013), S. 31-36; Christie (2015), S. 6ff., 10ff., 24; Leder (2011), S. 89ff.; Sivan (1968), S. 29-32, 34; Hillenbrand (1999), S. 105-108; Sulamī (2007), S. 169-182. In seiner *Tāriḫ madīnat Dimašq* widmet Ibn ʿAsākir nur einen kurzen Eintrag as-Sulamī, aus dem die Bezeichnung *an-naḥawī* bereits ersichtlich wird. Darüber hinaus erwähnt er dessen *Kitāb al-ǧihād* und seinen Einsatz beim Aufruf zum Dschihad aber nicht, s. Ibn ʿAsākir (1996), Bd. 43, S. 4 (Nr. 4935). Dazu auch Christie (2015), S. 4f.

42 Vgl. Sulamī (2007), S. 55; Christie (2015), S. 15f., 218; ders. (2007), S. 10f.; Leder (2011), S. 93; Hillenbrand (1999), S. 107; Mourad/Lindsay (2007), S. 37.

Dschihad gezählt werden und Rangordnungen vielmehr beim Vergleich des Dschihads mit anderen Handlungen eine zentrale Rolle spielen.

As-Sulamī spricht für seine Zeit von einer obligatorischen Verpflichtung der muslimischen Bevölkerung, den Dschihad gegen die Christen zu führen, und wendet bei seinem Aufruf einige Strategien der Motivation und Überzeugung an. Niall Christie erarbeitet in der Einleitung zu seiner Übersetzung von as-Sulamīs *Kitāb al-ǧihād* wenigstens sechs dieser Strategien, wie beispielsweise das wiederholte Beginnen seiner Erläuterungen mit Koranversen um zu verdeutlichen, dass sich zu allererst Gott selber diesbezüglich geäußert hat. Auch wenn die Strategien der Überzeugung durch die eigenen Kommentare und Erläuterungen as-Sulamīs besonders auszumachen und die Vierzig Dschihad Hadithe hingegen gänzlich kommentarlos sind, implizieren auch Letztere derartige Aspekte. Schließlich weist Christie im Kontext von as-Sulamīs Werk explizit darauf hin, dass dieser gerade deshalb reichlich Hadithmaterial verwendet, weil es seine Hörerschaft motiviere.[43] Im Teil II wird entsprechend näher darauf eingegangen, inwieweit die jeweilige Hadithauswahl bzw. generell der Sammlungsaufbau dem Grundgedanken der Überzeugung und Motivation unterliegt.

As-Sulamī erreichte mit seinem Aufruf zum Dschihad trotz der Strategien weder Bevölkerung noch Herrscher, er scheint vielmehr für seine Kritik an dem Kontakt Letzterer zu den Kreuzrittern verhaftet und ins Exil nach Kairo geschickt worden sein. Auch Konrad Hirschlers detaillierter Überblick über die Schilderungen und Reaktionen bezüglich der Eroberung Jerusalems im Jahr 492/1099 durch arabische Geschichtsschreiber vom Beginn der Kreuzzüge bis hin zum Ende der Mamlukenzeit zeigt deutlich, dass die Dschihad-Propaganda erst allmählich ins Zentrum des politischen Diskurses rückte.[44] Stefan Leder nennt den Dschihad wiederum eine zur damaligen Zeit „schlummernde Tradition, die in Büchern der islamischen Überlieferung döste"[45] und nicht reflexartig, sondern in Form einer konstruktiven Reaktion auf das Eindringen der Kreuzritter ‚erwachte'.

Während as-Sulamīs Aufruf in der Frühzeit unerhört blieb, wurde Ibn ʿAsākir ein halbes Jahrhundert später bereits explizit dazu aufgefordert zum Dschihad zu appellieren. Dabei scheint er dann sogar bewusst den früheren Einsatz as-Sulamīs für den Dschihad ignoriert und auch die einschlägigen

43 Vgl. Christie (2015), S. 16-24; ders. (2007), S. 2-14.

44 Vgl. Marín (2010), S. 698; Hirschler, Konrad: The Jerusalem Conquest of 492/1099 in the Medieval Arabic Historiography of the Crusades: From Regional Plurality to Islamic Narrative. In: Crusades 13 (2014), S. 37-76; Hillenbrand (1994), S. 60-69; dies. (1999), S. 108; Halm (2001), S. 194; Eddé (2010), S. 177-180.

45 Leder (2011), S. 89, vgl. ebd., S. 92; s.a. Sivan (1968), S. 25; Hillenbrand (1999), S. 100, 103 (hier ist von einem Rückgang bzw. Fehlen des Dschihads in den Jahrhunderten vor den Kreuzzügen die Rede).

Überlieferungen seiner syrischen Zeitgenossen außer Acht gelassen zu haben. Mourad und Lindsay führen eine Gruppe von wenigstens zehn syrischen Gelehrten aus dem Umfeld Ibn ʿAsākirs an, der sie intensives Überliefern von dschihadbezogenen Hadithen nachweisen können. Dass Ibn ʿAsākir das von ihnen erlernte Material ebenso wie das Dschihad-Werk as-Sulamīs, welches er zweifelsfrei gekannt haben muss, in seinen Vierzig Dschihad Hadithen unberücksichtigt lässt, führen Mourad und Lindsay auf sein Überlegenheitsgefühl zurück: Ibn ʿAsākir hatte sich als der zentrale Damaszener Gelehrter im Einsatz für die Sache Gottes inszenieren wollen, der nicht der Vorarbeit as-Sulamīs und seiner Zeitgenossen bedurfte. Folglich ist die Intensivierung der sunnitischen Auseinandersetzung mit dem Dschihad im 6./12. Jh. nicht erst bei Ibn ʿAsākir zu sehen, der aber dennoch eine Schlüsselrolle dabei einnimmt.[46]

Darüber hinaus ist dann auch nicht auszuschließen, dass bereits vor seinem Schaffen Vierzig Hadithe über den Dschihad entstanden, zeigen doch die zuvor genannten drei Werke sowie die von Mourad und Lindsay aufgeführten Personen, dass schon früh ein gesellschaftliches Interesse am Thema bestand, gerade wenn es zu Konflikten mit einer fremden Kultur kam. Doch auch wenn bereits Werke kursierten, die wesentliche Merkmale bedienen wie das Ansammeln oder gar eine fixe Anzahl von dschihadbezogenen Überlieferungen und wie das Thematisieren des Dschihad als Reaktion auf die sich zuspitzende Auseinandersetzung zwischen Muslimen und Christen: Erst mit dem Schaffen Ibn ʿAsākirs liegt eine der bislang frühesten Vierzig Hadithe zum Thema vor, die diese unterschiedlichen Aspekte vereint und konkret dem Sammlungstyp zuzuordnen ist.

Übersicht über die bekannten Vierzig Dschihad Hadithe und ihre Sammler

Die Durchsicht zahlreicher Bibliothekskataloge[47], insbesondere deren Verzeichnisse arabischer Manuskripte, sowie die Recherche in Buchhandlungen und im Internet ergaben eine Anzahl von neunzehn Sammlungen über den Dschihad, womit das Thema zu den vielbehandelten im Sammlungstyp der Vierzig Hadithe gehört und dessen Wichtigkeit deutlich wird. Zählt man des Weiteren auch all jene Sammlungen hinzu, die mit dem Thema Dschi-

---

46 Vgl. Lev (2008), S. 229; Mourad/Lindsay (2013), S. 35-46; Christie (2015), S. 4f.; Sivan (1968), S. 31. Bezüglich des biographischen Eintrags zu as-Sulamī in Ibn ʿAsākirs *Tārīḫ madīnat Dimašq* siehe Fußnote 41, S. 30.

47 Eine Auflistung der durchgesehenen Kataloge findet sich in der separat veröffentlichten Studie zu den Vierzig Hadithen, s. Beginn der Liste D im Teil II in Bartschat (2019).

had eng verknüpft sind, namentlich die Verteidigung (*ad-difāʿ*) und das Schießen (*ar-ramy*), liegt die Gesamtanzahl sogar bei dreiundzwanzig, unter Berücksichtigung einiger osmanisch-türkischer Sammlungen bei achtundzwanzig.

Die in Verbindung mit allen namentlich bekannten Vierzig Dschihad Hadithen entstandene, nachfolgende Auflistung soll einen ersten Überblick über die Sammler und das zeitliche Erscheinen geben, an deren Anschluss in Kürze auf diejenigen Sammlungen eingegangen wird, von denen abgesehen von Titel und (häufig nicht näher bestimmbare) Sammler kaum weitere Informationen bekannt sind. Von den vorliegenden Sammlungen werden hingegen die der in der Auflistung durch Kursivschrift kenntlich gemachten Gelehrten einer eingehenden Analyse unterzogen und in separaten Kapiteln im Hinblick auf ihren Entstehungshintergrund und ihre Aussage über den Dschihad vorgestellt.

Die bislang namentlich bekannten Sammler der Vierzig Hadithe über den Dschihad und Verwandtes sind die folgenden:

1. Abū l-Ḥasan ʿAlī b. Sulaymān al-Murādī (gest. 544/1150)
2. *Abū l-Qāsim ʿAlī b. al-Ḥasan b. Hibat Allāh Ibn ʿAsākir* (gest. 571/1176)
3. ʿAfīf ad-Dīn Muḥammad b. ʿAbd ar-Raḥmān al-Muqriʾ (gest. 618/1221)
4. Zakīy ad-Dīn Abū Muḥammad ʿAbd al-ʿAẓīm al-Mundirī (gest. 656/1258)
5. ʿAbd ar-Raḥīm b. Manṣūr (lebte vor oder im 7./13. Jh.)
6. Aḥmad b. ʿAbd ar-Raḥīm Ibn Abī Zurʿa Walīy ad-Dīn al-ʿIrāqī (gest. 826/1423)
7. Ibrāhīm b. ʿUmar al-Biqāʿī (gest. 855/1480)[48]
8. Nūr ad-Dīn Abū l-Ḥasan ʿAlī b. ʿAbd Allāh as-Samhūdī (gest. 911/1505)
9. *Ǧalāl ad-Dīn ʿAbd ar-Raḥmān b. Abī Bakr as-Suyūṭī* (gest. 911/1505)
10. Nūr ad-Dīn Abū l-Ḥasan ʿAlī b. Aḥmad al-Qarāfī (gest. 940/1533 od. 968/1561)
11. Muṣṭafā b. ʿAbd al-Karīm Sīrūzī (gest. 973/1566)
12. ʿAlī b. Ḥasan al-Amāsī (lebte im 10./16. Jh.)
13. ʿAlī b. Ḥāǧǧī Muṣṭafā (lebte im 10./16. Jh.)
14. Abū ʿAbd al-Karīm Muḥammad b. Yūsuf al-Quṣayrī (gest. 1052/1642?)
15. ʿAbd Allāh Efendī r-Rūmī l-ʿUṯmānī (lebte 1093/1682)

---

48 Auf seine einschlägige, dem Werk *Al-istišhād bi-āyāt al-ǧihād* angehängte Sammlung hat Stephen Burge kürzlich aufmerksam gemacht. Auf dessen Artikel sei hier ausdrücklich verwiesen, da die Sammlung al-Biqāʿis, ebenso wie die von Burge vorgenommene Analyse der Vierzig Dschihad Hadithe as-Suyūṭīs nachfolgend nicht mehr berücksichtigt werden konnten; s. Burge, Stephen: The „*ḥadīṯ* literature": What is it and where is it? In: Arabica 65 (2018), S. 64-83.

16. *Abū l-Ḥasan ʿAlī b. Muḥammad Barakat at-Tiṭwānī* (gest. 1120/1709)
17. Ibrāhīm Ḥanīf b. Muṣṭafā (gest. 1217/1802?)
18. ʿAbd Allāh b. Ismāʿīl (lebte 13./19. Jh.)
19. ʿAbd Allāh b. Muḥammad Ṣāliḥ al-Ayyūbī l-Istānbūlī (gest. 1252/1836)
20. Muḥammad b. ʿAbd as-Salām at-Tihāmī Gannūn (gest. 1302/1885)
21. *Abū l-Maḥāsin Yūsuf b. Ismāʿīl an-Nabhānī* (gest. 1350/1932)
22. Idrīs al-Kattānī (Sammlung 1418/1997 veröffentlicht)
23. Abū Qatāda al-Filasṭīnī (Sammlung 1426/2005 veröffentlicht)
24. Muḥammad Luqmān as-Salafī (Sammlung 1430/2009 veröffentlicht)
25. Ḥasan Qāʾid Abū Yaḥyā l-Lībī (Slg. 1432/2011 veröffentlicht, gest. 1433/2012)
26. Šabakat Masāǧidinā ad-Daʿwiyya (Sammlung 1433/2012 veröffentlicht)

Hinzu kommen zwei anonyme Manuskripte.

In seinem Werk *Ṣaḥīl al-ǧiyād fī ǧamʿ maṣādir al-ǧihād*, bei dem es sich überwiegend um eine reine Werkeauflistung zum Thema Dschihad handelt, führt Ḥusayn b. Maḥmūd unter dem Eintrag zu Abū l-Farağ al-Muqriʾ neben den hier noch zu behandelnden Gelehrten Ibn ʿAsākir, al-Mundiri, Abū Zurʿa al-ʿIrāqī, as-Samhūdī und al-Qarāfī zwei weitere Personen an, die eine Sammlung zum Thema erstellt haben sollen.[49] Sowohl ʿAbd al-Muʾmin ad-Dimyāṭī (gest. 705/1306) als auch Ibn Ḥağar al-Haytamī (gest. 974/1567)[50] sind als Sammler der Vierzig Hadithe bekannt, doch liegen keinerlei Informationen darüber vor, dass es sich bei ihren Werken um Dschihad-Sammlungen handeln soll. Vielmehr legen sie den Fokus auf die Überlieferer bei al-Buḫārī und Muslim bzw. auf das Thema Gerechtigkeit. Neben letzterer Sammlung, die Ibn Ḥağar al-Haytamī dem osmanischen Sultan Sulaymān al-Qānūnī (auch bekannt als „der Prächtige", regierte 926-974/1520-1566) widmete, erstellte er zudem einen Kommentar zu den Vierzig Hadithen an-Nawawīs; so sind der Enzyklopädie Ali und Ahmet Karabuluts mehrere Einträge zu Vierzig Hadithen zu entnehmen, bei denen es sich jeweils um ein *Šarḥ al-arbaʿīn an-Nawawiyya* handeln soll. Für dschihadbezogene Sammlungen der beiden liegen hingegen keine eindeutigen Belege vor.

---

49 Vgl. Ibn Maḥmūd (2007), S. 22 (Nr. 45).

50 Der 909/1504 in Unterägypten geborene Ibn Ḥağar soll eine klassische Gelehrtenausbildung durchlaufen und sich im Alter von einunddreißig Jahren nach wiederholter Pilgerfahrt endgültig in Mekka niedergelassen haben. Als sein bekanntestes Werk gilt der Kommentar auf an-Nawawīs *Minhāǧ aṭ-ṭālibīn*, vgl. Arendonk, C. van / Schacht, J.: Ibn Ḥadjar al-Haytamī. In: EI² III (1971), S. 788f.; Ibn Ḥağar al-Haytamī l-Makkī s-Saʿdī l-Anṣārī, Šihāb ad-Dīn Abū l-ʿAbbās Aḥmad b. Muḥammad b. ʿAlī: Arbaʿūn ḥadīṯan fī l-ʿadl. Dirāsa fī l-ḫalfiyya al-adabiyya wa-l-aḫlāqiyya li-mafhūm al-muṣṭalaḥ „ʿadl" fī t-turāṯ al-adabī l-ʿarabī bi-anwāʿih / hrsg. v. Samīr Kattānī. Baġdād / Bayrūt: Manšūrāt al-Ǧamal 1433/2012, S. 330-344 (zur Person), 363-431 (die Hadithsammlung); die Widmung seiner Sammlung findet sich ebd., S. 363ff.

Teil I
Die Sammler und ihre Vierzig Dschihad Hadithe – ein Überblick

1. Sammler der Zengiden-, Ayyubiden- und frühen Mamlukenzeit vom 6./12. und 7./13. Jahrhundert

Die ersten Sammlungen der Vierzig Dschihad Hadithe entstanden in der Zeit der Kreuzzüge und sind im Fall der beiden gedruckt vorliegenden Werke von Abū l-Qāsim Ibn ʿAsākir und ʿAfīf ad-Dīn al-Muqriʾ eng mit den beiden Herrschern Nūr ad-Dīn b. Zanǧī (reg. 541-569/1146-1174) und Ṣalāḥ ad-Dīn al-Ayyūbī (reg. 567-589/1171-1193) verbunden. Insbesondere die Zeit vom zweiten bis zum dritten Kreuzzug wird anhand der Biographie Ibn ʿAsākirs in einem separaten Kapitel behandelt, während hier im Folgenden eine kurze Übersicht über die übrigen Sammler der frühen Phase gegeben wird. Neben den Vierzig Hadithen al-Muqriʾs sind dabei die Beiträge von wenigstens drei weiteren Sammler zu nennen, denen gemeinsam ist, dass die Erkenntnis über ihre Existenz allein auf Katalogeinträgen beruhen.

1.1 Vierzig Hadithe aus dem Umfeld Ibn ʿAsākirs?

Der in der zweiten Hälfte des 7./13. Jhs. entstandene Katalog der Damaszener Ašrafiyya-Bibliothek führt insgesamt vier Sammlungen der Vierzig Hadithe an, bei denen sich aufgrund der Kürze der Angaben die Sammler jedoch nur unter Vorbehalt bestimmen lassen. In zwei Fällen handelt es sich dem Titel nach um Dschihad-Sammlungen, die sich anhand der angegebenen Sammlernamen keinem der anderen bekannten Werke zuordnen lassen, sodass von zwei eigenständigen Sammlungen ausgegangen werden kann. Den Eintrag „Al-arbaʿūn al-ǧihādiyya li-l-Murādī“[1] weist Konrad Hirschler in seiner Edition des Ašrafiyya-Katalogs ʿAlī b. Sulaymān al-Murādī zu, der 544/1150 gestorben zu Ibn ʿAsākirs Umfeld gehörte und als Hadithgelehrter tätig war. Der zweite Sammler, ʿAbd ar-Raḥīm b. Manṣūr, mag ebenfalls dem Kreis Ibn ʿAsākirs zuzuordnen sein. Abgesehen von seinem Namen und dem unbestimmten Titel „Arbaʿūn ḥadīṯ ǧihādiyya“[2], der

---

1 Hirschler, Konrad: Medieval Damascus. Plurality and Diversity in an Arabic Library. The Ashrafiya Library Catalogue. Edinburgh: University Press 2016, S. 446.

2 Ebd.

Hirschler zufolge auf ein weniger bekanntes Werk hinweist, erfahren wir nichts weiter aus dem Katalogeintrag. Hirschler nennt noch als möglichen Sammler ʿAbd ar-Raḥmān b. Muḥammad b. Manṣur, der bisweilen gekürzt als ʿAbd ar-Raḥmān b. Manṣur in den Überliefererketten angegeben wird und Hadithe zum Thema Dschihad überliefert haben soll. Da er allerdings 271/884-5 verstarb und demnach allgemein für die Vierzig Hadithe ein sehr frühes Beispiel, speziell der Entwicklung einer Themendifferenzierung des Sammlungstyps sogar um zwei Jahrhunderte voraus wäre, ist dieser Vorschlag meines Erachtens unwahrscheinlich.[3] Naheliegender ist eine Zuordnung beider Dschihad-Sammlungen in die Zeit Ibn ʿAsākirs, was die Bedeutung der Thematik im Rahmen der damaligen Ereignisse im Großraum Syrien untermauert. Dass sich Ibn ʿAsākir selbst nicht zu möglichen Dschihad-Werken seiner Kollegen äußert, war im Zusammenhang mit dem *Kitāb al-ǧihād* as-Sulamīs bereits angesprochen worden. Aber auch weitere biographische Einträge zu al-Murādī geben keinen Aufschluss über ein dschihadbezogenes Werk, geschweige denn eine Sammlung der Vierzig Hadithe. Lediglich der Umstand, dass er, aus der Nähe von Cordoba stammend, weit herum kam und sich schließlich auch einige Zeit in Damaskus im Umfeld Ibn ʿAsākirs aufhielt, bevor er in Aleppo verstarb,[4] lassen die Möglichkeit der Kenntnis vom Sammlungstyp und eines Beitrags zu den Vierzig Dschihad Hadithen zu.

1.2 Die Vierzig Hadithe Zakīy ad-Dīn al-Munḏirīs

Bei Zakīy ad-Dīn Abū Muḥammad ʿAbd al-ʿAẓīm al-Munḏirī (gest. 656/1258) handelt es sich hingegen um einen Hadithgelehrten, der eindeutig mit den Vierzig Hadithen in Verbindung gebracht werden kann. Es gehen wenigstens vier, wenn nicht mehr Sammlungen auf ihn zurück, von denen die *Arbaʿūn ḥadīṯan fī ṣṭināʿ al-maʿrūf* die bekanntesten sind, die in mehreren Ausgaben unter verschiedenen Titeln vorliegen und seit 2010 in einem youtube-Video in englischer Sprache zu hören sind.[5] Al-Munḏirī legt in seinen Sammlungen verschiedene Schwerpunkte, neben dem Dschihad

---

3 Vgl. ebd., S. 144f., 308, 350.

4 Vgl. Ḏahabī (1996), Bd. 20, S. 187ff. (Nr. 122); Subkī (1999), S. 144 (Nr. 921); Ṣafadī, Ḫalīl b. Aybak aṣ-: Al-wāfī bi-l-wafayāt / hrsg. v. Muḥammad al-Ḥuǧayrī. Bd. 21. Wiesbaden: Franz Steiner 1408/1988 (Bibliotheca Islamica; 6u), S. 145 (Nr. 87); Ibn ʿAsākir (1996), Bd. 41, S. 515f. (Nr. 4921).

5 Auf Englisch vorgetragene Vierzig Hadithe al-Munḏirīs finden sich unter http://www.youtube.com/watch?v=m68I_8U7KtM (eingestellt am 23.05.2010; zuletzt abgerufen am 03.02.2017); zu den verschiedenen Ausgaben seiner Sammlungen siehe auch Liste D in Bartschat (2019).

allgemein auf Vorschriften (*aḥkām*) und göttlichen Ratschluss (*qaḍā*), sowie die Vorzüge des Korans, Gottgedenkens und Wissens.

581/1185 geboren, reiste er zu Studienzwecken nach Mekka, Damaskus, Ḥarrān, Edessa und Alexandria, bevor er sich schließlich zur Lehre seines erworbenen Wissens in Kairo niederließ. Im Gegensatz zu seinem Schüler Abū Muḥammad ʿAbd al-Muʾmin ad-Dimyāṭī, für dessen potentielle Vierzig Dschihad Hadithe die Belege fehlen (s.o.), liegt für al-Mundiris einschlägige Sammlung wenigstens ein Hinweis auf ein erhaltenes Manuskript vor. Seine *Arbaʿūn ḥadīṯan fī faḍl al-ǧihād wa-l-muǧāhidīn* waren jedoch nicht einsehbar und biographische Einträge zu seiner Person geben keinerlei Aufschluss über diese Sammlung und ihre Hintergründe.[6] Im Hinblick auf die Zeit, in der er lebte, und die Orte, die er während seiner Studienreise aufsuchte, scheint aber naheliegend, dass al-Mundirī sowohl mit seiner Dschihad-Sammlung, als auch mit seinen übrigen Vierzig Hadithen zu grundlegenden Aspekten des islamischen Glaubens auf die Auseinandersetzungen zwischen Muslimen und Christen reagiert haben könnte. Unter allen bekannten Titeln der Vierzig Dschihad Hadithe ist seine Sammlung damit die letzte, die in eine Phase fällt, für die u.a. David Cook einen starken Anstieg an Schriften über den Dschihad attestiert. Der hier gemeinte Zeitraum vom Ende der Zengiden-/Ayyubidenzeit und dem Anfang der Mamlukenzeit wurde mit der aufkommenden Mongoleninvasion von einem weiteren Großereignis getroffen, das unter Gelehrten intensive Diskussionen über den Dschihad zur Folge hatte.[7]

Während die Dimensionen des Dschihadverständnisses zur Zeit der Ayyubiden auch die religiöse Frömmigkeit, das Anhäufen von Wissen und die Gerechtigkeit des Herrschers umfassten, soll sich der Schwerpunkt unter den frühen Mamluken bedingt durch diese zusätzliche Bedrohung ‚von außen' auf den rein militärischen Aspekt des Dschihad verlagert haben.[8] Insbesondere bei den ersten Mamlukenherrschern spricht Amalia Levanoni von Ambitionen, den Dschihad gegen die Mongolen als Reaktion auf deren Eroberung Bagdads und der damit einhergehenden Ermordung des Abbasidenkalifen im Jahr 656/1258 zu führen. Dies geht auch aus entsprechenden biographischen Einträgen hervor, die in den nachfolgenden Jahrzehn-

6 Vgl. Brockelmann I (1943), S. 367; Karabulut (2006), Bd. 3, S. 1777 (Nr. 4783.3); Ibn al-ʿImād (1991), Bd. 7, S. 479f.; Kaḥḥāla (1958), Bd. 5, S. 264f.; Subkī (1999), S. 387f. (Nr. 1187); Ḏahabī (1996), Bd. 23, S. 319-324 (Nr. 222). Letzterer Eintrag wirkt umfangreicher als er ist: Es werden nur wenige Schriften al-Mundirīs genannt, wobei aḏ-Ḏahabī immerhin einmal „al-Arbaʿūn" erwähnt, und auf den letzten eineinhalb Seiten werden weitere Personen aufgelistet, die wie al-Mundirī 656/1258 verstarben: Es war das Jahr des Mongoleneinfalls in Bagdad.

7 Vgl. Cook (2005), S. 49-72; s. a. Lev (2008), S. 230; Marín (2010), S. 700f.; Hillenbrand (1999), S. 161-167.

8 Vgl. Humphreys (1998), S. 8-12; Leder (2011), S. 93-96.

ten und Jahrhunderten entstanden. Laut Šams ad-Dīn aḏ-Ḏahabī, der von 673/1275 bis 748/1348 oder 753/1352[9] lebte, hatte al-Muẓaffar Sayf ad-Dīn Quṭuz b. ʿAbd Allāh (reg. 655-658/1257-1260) „die Oberhand [– *wörtlich:* die weiße *oder* glänzende Hand –; Anm. d. Verf.] im Dschihad gegen die Tataren, woraufhin Gott seine Jugend mit dem Paradies ersetzte“[10]. Letzteres sagt aḏ-Ḏahabī wohl deshalb, weil Quṭuz bereits kurz nach seinem Sieg über die Mongolen bei ʿAyn Ǧālūt von seinen eigenen Wesiren ermordet wurde. Eine Schlüsselrolle bei der Ermordung spielte sein Nachfolger aẓ-Ẓāhir Rukn ad-Dīn Abū l-Futūḥ Baybars (reg. 658-676/1260-1277), der ein Image als Dschihad-Kämpfer gepflegt haben soll. Anne Broadbridge geht in einem Artikel unter anderem auf die Ideologie ein, die bei Baybars' diplomatischen Interaktionen zum Ausdruck kam, und liefert in diesem Zusammenhang eine Reihe von Beispielen für den Einsatz dschihadbezogener Termini. Dabei soll Baybars seine Korrespondenz auch mit einschlägigen Koranversen und zum Dschihad ermahnenden Hadithen versehen haben.[11] Doch scheint ihn niemand in diesem Kontext mit einer Sammlung bedacht zu haben – weder als Ehrung, noch als Unterstützung.

Al-Munḏirī war zu dem Zeitpunkt bereits tot und die nächsten Vierzig Dschihad Hadithe sind erst für das Ende der Mamlukenzeit belegt. Einzig die Sammlung ʿAfīf ad-Dīn al-Muqriʾs scheint über eine posthum stattgefundene Lesung mit der Zeit des Sieges über die Mongolen in Verbindung zu stehen (s.u.). Dass zwischenzeitlich keine Sammlungen dieser Thematik verzeichnet sind, soll jedoch die Möglichkeit weiterer einschlägiger Anthologien nicht abstreiten. Wie bereits einleitend bezüglich einer konkreten Anzahl an Vierzig Hadithen angesprochen, ist von vielen unbekannten und

---

9 Vgl. Ben Cheneb, M. / Somogyi, J. de: al-Dhahabī. In: EI² II (1965), S. 214.

10 Ḏahabī (1999): Tārīḫ Bd. 48, S. 353; s.a. ders. (1996), Bd. 23, S. 200f. (Nr 119); Ibn al-ʿImād (1991), Bd. 7, S. 503, 507f.

11 Vgl. Levanoni (2010), S. 238f., 243; Ḏahabī (1999): Tārīḫ Bd. 48, S. 60ff., 65f., Bd. 50, S. 216-219 (Nr. 276); Ibn al-ʿImād (1991), Bd. 7, S. 610f.; Broadbridge (2001), S. 96-99; Humphreys (1998), S. 11f.; Frenkel (2011), S. 107; Holt (1991), S. 321; ders. (1986), S. 88-98; Haarmann (2001), S. 221f. Bernard Lewis' diesbezügliche Darstellungen kommen ohne den Dschihad-Begriff aus; er spricht im Kontext des Vorgehens von Baybars nur von Diplomatie und Kriegsführung, zeigt aber große Überschneidungen zwischen Baybars und Ṣalāḥ ad-Dīn al-Ayyūbī auf, vgl. Lewis (1970), S. 211-217 (ein knapper Vergleich der beiden findet sich auch bei Holt (1986), S. 97). Aṣ-Ṣafadī verzichtet in seiner umfangreichen Biographie zu Baybars ebenfalls auf den Dschihad-Begriff, vgl. Ṣafadī, Ḫalīl b. Aybak aṣ-: Al-wāfī bi-l-wafayāt / hrsg. v. ʿAlī ʿAmāra u. Jacqueline Sublet. Bd. 10. Wiesbaden: Franz Steiner 1399/1980 (Bibliotheca Islamica; 6j), S. 329-348 (Nr. 4841). Hillenbrand wiederum führt mitunter zahlreiche Beispiele für Inschriften an, in denen Baybars als *muǧāhid* präsentiert wird, und geht auch auf seine Unterstützung durch Gelehrte und Sufis ein, aus der jedoch keine Vierzig Hadithe hervorgegangen zu sein scheinen, vgl. Hillenbrand (1999), S. 225-238.

verloren gegangenen Werken auszugehen.[12] Des Weiteren mögen einige Gelehrte, die die Ereignisse des 6./12. und 7./13. Jhs. erlebten – wie beispielsweise Ibn Taymiyya –, ihre Reaktionen auf sie in anderen Werken[13] oder aber in Vierzig Hadithen zum Ausdruck gebracht haben, deren Titel allein einen Dschihadbezug nicht erkennen lassen oder in denen dieses Thema nur eines von vielen darstellt. Gerade die genannten beiden Jahrhunderte sind ja aufgrund der hohen Dichte an Sammlungen zu Recht als die Blütezeit des Sammlungstyps zu sehen.

Möglich ist auch, dass das Fehlen von Widmungen zu Baybars' Zeit in Zusammenhang mit dem Legitimationsproblem zu Beginn der mamlukischen Herrschaft zu sehen ist. Als ehemalige Militärsklaven konnten sich die Mamluken nicht wie ihre ayyubidischen Vorgänger durch Abstammung ausweisen. Des Weiteren fehlte die offizielle Anerkennung ihrer Machtübernahme durch den abbasidischen Kalifen, der bei dem Mongolensturm auf Bagdad zwei Jahre vor Baybars' Machtergreifung ermordet worden war. Letzteres Defizit ließ sich noch durch einen den Mongolen entkommenen Abbasiden beheben, dem Baybars als Kalif huldigte und der ihn wiederum offiziell als Sultan einsetzte.[14] Vor diesem Hintergrund ist Baybars' intensiver und vor allem öffentlich deklarierter Einsatz im Sinne des Dschihad womöglich als Versuch zu verstehen seine Macht auch über die religiöse Ebene zu festigen. Von dem zweiten Defizit konnten er und die ihm nachfolgenden Mamluken sich nie gänzlich befreien: Selbst zu ihrem Herrschaftsende hin ist der ursprüngliche Sklaven-Status noch ein Thema, für das zum Beispiel auch as-Suyūṭī nur Spott übrig hat. Seine fehlende Anerkennung der mamlukischen Obrigkeit schlägt sich unter anderem in den

---

12 Siehe dazu auch Bartschat (2019).

13 Ibn Taymiyya (gest. 728/1328) setzte sich bekanntermaßen mit der Frage des Dschihad-Führens gegen die seinerzeit bereits zum Islam konvertierten Mongolen auseinander und fand ebenso deutliche Worte zum Vorgehen gegen Schiiten. Zudem lobte er die Siege der Mamluken über die Kreuzritter und die Mongolen und soll betont haben, dass ihr Handeln als Kampf für die Religion des Islam anzusehen ist, vgl. Fuess (2014): Ottoman, S. 271; Hillenbrand (1999), S. 241ff.; Mourad/Lindsay (2013), S. 107-114. Des Weiteren setzte er sich u.a. mit der Stationierung (*ribāṭ*) an der Küste auseinander, vgl. Fuess (2013), S. 193. Beides brachte er jedoch nicht speziell in einer Sammlung der Vierzig Hadithe zum Ausdruck. Sein Beitrag zum Sammlungstyp ist vielmehr eine thematisch allgemein gehaltene Sammlung, die in der separat erschienenen Studie zu den Vierzig Hadithen dem Bereich der Katechismen zugeordnet wird und in der der Dschihad als nur ein Aspekt unter vielen behandelt wird, s. Kap. „Allgemeine Sammlungen als Katechismen" in Bartschat (2019). Zu seinen „anti-mongolischen" *fatāwā* siehe Aigle, Denise: The Mongol Invasions of Bilād al-Shām by Ghāzān Khān and Ibn Taymīyah's Three 'Anti-Mongol' Fatwas. In: Mamlūk Studies Review XI.2 (2007), S. 89-120.

14 Vgl. Herzog (2003), S. 251-266; Holt (1986), S. 92-96; Haarmann (2001), S. 229f.; siehe auch Fußnote 38, S. 49 der vorliegenden Arbeit.

Vierzig Dschihad Hadithen nieder, die er nicht etwa dem mamlukischen Sultan, sondern einem osmanischen Herrscher widmete.

1.3 Die Vierzig Dschihad Hadithe al-Muqriʾs

Zurück zu den Vierzig Dschihad Hadithen der Zengiden- und Ayyubidenzeit: Auch wenn der letzte, hier noch zu behandelnde Sammler in einigen Quellen als wichtiger Gelehrter tituliert wird, fallen die erhaltenen Informationen über ʿAfīf ad-Dīn Abū l-Faraǧ Muḥammad b. ʿAbd ar-Raḥmān b. Abī l-ʿIzz at-Tāǧir al-Wāsiṭī s-Saffār al-Muqriʾ (gest. 618/1221) recht dürftig aus. Der Editor seines *Kitāb al-arbaʿīn fī l-ǧihād wa-l-muǧāhidīn*, Badr b. ʿAbd Allāh al-Badr, führt lediglich fünf Quellen an, deren Einträge wiederum kaum zweiseitig ausfallen.[15] Ihnen zufolge wurde al-Muqriʾ 517/1123 in Wāsiṭ geboren und reiste erst 553/1158 zu Studienzwecken nach Bagdad. Er soll sich aber auch als Händler betätigt haben, was ihm den Beinamen *at-tāǧir* einbrachte. Anschließend scheint er für einige Zeit zurück nach Wāsiṭ gegangen zu sein, bevor er erneut nach Bagdad zog. Dieses knapp geschilderte Hin und Her scheint bereits den Großteil seines langwährenden Lebens auszumachen, denn weitere Informationen besagen, dass er in Bagdad noch im Jahre 584/1188 überlieferte, ehe er in Richtung Syrien weiterzog, eine Weile in Aleppo und Damaskus verbrachte und zudem in Irbil überlieferte. Schon da soll er sehr alt gewesen sein, bevor er sich schließlich in Mosul niederließ. Hier verstarb er dann 618/1221 im stattlichen Alter von einhundert und einem Jahr.[16]

Al-Badr verliert im Vorwort nur einige Worte über den Nachweis, dass der ihm in einer einzigen Handschrift vorliegende Text auf Abū l-Faraǧ al-Muqriʾ zurückzuführen ist. Im Anschluss an vier Abbildungen der ersten und letzten beiden Manuskriptseiten beginnt dann bereits al-Muqriʾs einseitige Einleitung zur Sammlung, die neben den üblichen Dankes- und Segenswünschen in Reimprosa sowie dem Glaubensbekenntnis die Hoffnung auf Gottes Vergebung beinhaltet, welche wiederum mit dem bekannten *man ḥafiẓa*-Hadith verbunden ist.[17] Darüber hinaus erfahren wir nichts Näheres über den Autor und die Intentionen zu dieser Sammlung, denn al-Muqriʾ reiht seine durchgezählten Überlieferungen völlig unkommentiert aneinander. Er führt aber vollständige Überliefererketten an und ist damit innerhalb des Sammlungstyps einer der Letzten, bevor sich die reduzierten Ket-

---

15 Vgl. Muqriʾ (1992), S. 8f.; Ḏahabī (1996), Bd. 22, S. 159 (Nr. 106); ders. (1997): Tārīḫ Bd. 44, S. 422f. (Nr. 564).

16 Vgl. Muqriʾ (1992), S. 7f.; Ḏahabī (1996), Bd. 22, S. 159 (Nr. 106); ders. (1997): Tārīḫ Bd. 44, S. 423; ders. (1973), S. 135; ders. (2004), S. 38 (Nr. 127).

17 Vgl. Muqriʾ (1992), S. 12-20.

ten mit Verweis auf die *kutub as-sitta* durchsetzen und vollständige *asānīd* lediglich über entsprechend fokussierte Vierzig Hadithe und die *buldāniyyāt* erhalten bleiben. Bereits auf den zuvor behandelten al-Mundirī gehen *isnād*lose Sammlungen zurück, unter den Vierzig Dschihad Hadithen ist die Sammlung al-Muqri's neben der Ibn ᶜAsākirs gar die einzige, die über vollständige Ketten verfügt. Dass die Sammler im Allgemeinen gerade über die Überliefererketten Besonderheiten ihrer Hadithauswahl zum Ausdruck bringen konnten[18], wird auch in diesen beiden Sammlungen deutlich und im Kontext des jeweiligen Sammlers in Kürze dargelegt. Da zu den übrigen Vierzig Dschihad Hadithen jedoch mangels Ketten kein Vergleichsmoment besteht, soll bei der Auswertung der beispielhaft ausgewählten Vierzig Dschihad Hadithe der Fokus auf den Hadithinhalten liegen.

Aus den Überliefererketten im *Kitāb al-arbaᶜīn fī l-ǧihād wa-l-muǧāhidīn* gehen in Verbindung mit al-Muqriʾ nur drei Jahreszahlen hervor, die zumindest einen Teil seines oben skizzierten Lebens stützen: Zum einen befand er sich in den Jahren 553 und 554 nach der *hiǧra* zum Erlernen von Hadithen in Bagdad, zum anderen scheint er um das Jahr 556[19] zurück in Wāsiṭ gewesen zu sein. Darüber hinaus sind seinen Ketten wenigstens zwei Besonderheiten zu entnehmen, die die Überlieferungsorte und die Anordnung seiner Hadithauswahl betreffen.

In siebzehn der vierzig Ketten vermerkt al-Muqriʾ die Stadt, in der er die Überlieferungen erlernte. Da al-Muqriʾ von zwei Ausnahmen abgesehen, in denen der jeweilige Ort aber explizit angegeben wird, von allen seinen Überlieferern zwei oder mehr Hadithe übernahm, lassen sich praktisch alle vierzig Überlieferungsvorgänge lokalisieren. Dabei fällt auf, dass al-Muqriʾ einen einzigen Hadith (M10[20]) aus einer Sitzung in Wāsiṭ berücksichtigte und alle übrigen Überlieferungen ausnahmlos in Bagdad zu verorten sind.

Die zweite Besonderheit schlägt sich in der Anordnung seiner Hadithe nieder, die er insgesamt von nur acht verschiedenen Überlieferern erhielt. Sein Hauptüberlieferer ist Abū l-Waqt ᶜAbd al-Awwal b. ᶜĪsā b. Šuᶜayb b. Ibrāhīm b. Isḥāq as-Siǧzī ṣ-Ṣūfī l-Farāwī l-Harawī (gest. 553/1158), der nur ein Jahr und einen Monat vor seinem Ableben nach Bagdad gekommen sein soll und mit Ibn ᶜAsākir und Yūsuf Ibn Aḥmad aš-Šīrāzī (gest. 575/1179 oder später) wenigstens zwei weitere Sammler der Vierzig Hadithe

---

18 Siehe dazu auch Bartschat (2019).

19 Dem einzigen in Wāsiṭ überlieferten Hadith seiner Sammlung ist wörtlich das Jahr 656 zu entnehmen, dabei muss es sich um einen Schreibfehler im Manuskript oder einen Tippfehler des Editors handeln, da al-Muqriʾ bereits 618 verstarb, siehe M10 (al-Muqriʾ (1992), S. 38).

20 Zu den Abkürzungen siehe Fußnote 11, S. 20, sowie die Übersetzungen in Teil III und das Literaturverzeichnis der vorliegenden Arbeit.

unterrichtete.[21] Unter Angabe unterschiedlicher Namensteile, meistens Abū l-Waqt ʿAbd al-Awwal, steht er am Beginn jeder zweiten Überlieferungskette in al-Muqriʾs Sammlung. Lediglich an 35. und 36. Stelle führt al-Muqriʾ direkt aufeinanderfolgende Überlieferungen ʿAbd al-Awwals an: Der kleine Bruch in dem sonst so klaren Wechsel zwischen den übrigen und seinem Hauptüberlieferer könnte daher rühren, dass al-Muqriʾ ihm als wichtigster Person in seiner Sammlung auf diese Weise das erste und letzte Wort überlässt. Dabei sind auch die insgesamt einundzwanzig Hadithe ʿAbd al-Awwals nicht beliebig angeordnet, sondern weisen in ihren Ketten - mit ganz wenigen Ausnahmen - im Wechsel al-Buḫārī und ad-Dārimī[22] als Tradenten auf. Ab der 29. Überlieferung führt al-Muqriʾ nur noch Ketten seines Hauptüberlieferers mit ad-Dārimī an und lässt diese dann mit oben genannter Unterbrechung im Wechsel auf Überliefererketten folgen, die wiederum Muslim Ibn al-Ḥaǧǧāǧ beinhalten. Bei den vorangegangenen dreizehn Hadithen findet der Wechsel zwischen Hadithen des Hauptüberlieferers und eines weiteren Bagdader Gelehrten statt, von dem al-Muqriʾ sein Wissen vorwiegend schriftlich erhielt.

Abū l-Faraǧ al-Muqriʾ gibt damit bei der Sortierung und Anordnung seines Dschihad-Materials formalen Kriterien offenkundig Vorrang. Auch mag hier seine Positionierung in der Diskussion um die zunehmende Anerkennung der umfassenden Hadithwerke zu sehen sein, die seiner Zeit im Gange war. Demnach sieht al-Muqriʾ neben den *ṣaḥīḥayn* das *Kitāb as-sunan* von ʿAbd Allāh b. ʿAbd ar-Raḥmān ad-Dārimī (gest. 255/869) als grundlegende Quelle an. Inhaltlich weist die Sammlung al-Muqriʾs zum Großteil Hadithe auf, die auch in den übrigen Vierzig Dschihad Hadithen zu finden sind und entsprechend im Analyseteil der Arbeit thematisiert werden.

Schließlich gibt der Audienz-Vermerk am Schluss der Hadithauswahl bedingt Aufschluss über Zeit und Ort, in denen al-Muqriʾ seine Sammlung lehrte: Wie auch auf der Abbildung der letzten Manuskript-Seiten zu erkennen ist, liegt der Text zum Teil beschädigt und damit unleserlich vor, doch ist zumindest auszumachen, dass die Sitzung in den Neunzigern des 6. Jhs. muslimischer Zeitrechnung in der Damaszener *madrasa* Nūr ad-Dīn b. Zanǧīs stattfand.[23] Zur Zeit dieser Lesung war der für seinen Einsatz ge-

---

21 Vgl. Ḏahabī (1996), Bd. 20, S. 303-311 (Nr. 206); Ibn al-ʿImād Bd. 6, S. 275. In Ibn ʿAsākirs dschihadbezogener Sammlung taucht Abū l-Waqt ʿAbd al-Awwal wenigstens zweimal auf (A22, A31).

22 Die umfassende Hadithsammlung Abū Muḥammad ʿAbd Allāh b. ʿAbd ar-Raḥmān ad-Dārimīs ist in dem uns heute geläufigen, sogenannten Kanon der *kutub as-sitta* nicht enthalten, war aber diesbezüglich in Diskussion und wurde zum Teil – so vermutlich auch von al-Muqriʾ – einem der *kutub as-sitta* vorgezogen, vgl. Siddiqi (2008), S.68f.; Nawawī/Schöller (2007), S. 305; zu den *kutub as-sitta* siehe des Weiteren Fußnote 3, S. 18 dieser Arbeit.

23 Vgl. Muqriʾ (1992), S. 17, 91f.; Frenkel (2011), S. 109 (Fußnote 42).

gen die Kreuzritter berühmte Herrscher und Nachfolger Nūr ad-Dīn b. Zanǧīs[24] Ṣalāḥ ad-Dīn al-Ayyūbī (regierte 564-589/1169-1193) bereits tot. Es ist aber denkbar, dass al-Muqriʾ ihn Ende der achtziger Jahre noch erlebt haben könnte und von ihm animiert wurde, das nun schon fast vierzig Jahre zuvor erworbene Hadithwissen in einer kleinen Auswahl zusammenzustellen. Für die frühe Phase der Vierzig Dschihad Hadithe ist bezeichnend, dass sie ausnahmlos in dem auf syrischem Boden und dessen Grenzgebiet ausgetragenen Konflikt zwischen Muslimen und Christen – den Byzantinern und Kreuzrittern – entstanden, selbst wenn die Sammler aus einer anderen Region stammten und erst in den Großraum Syrien reisten – wie al-Muqriʾ und im übrigen auch Ibn al-Mubārak –, oder sich zwischenzeitlich dort aufhielten, den Großteil ihres Lebens aber andernorts verbrachten – wie beispielsweise al-Munḏirī.

Ein weiterer, nach Ableben al-Muqriʾs ergänzter Audienz-Vermerk ist auf der nur unvollständig abgebildeten Fotokopie der letzten Manuskriptseite in Teilen erkennbar: Demnach wurde die Sammlung in einer Montagnacht, dem neunten Ḏū l-Ḥiǧǧa des Jahres _58 gelesen. Um welches Jahrhundert es sich handelt, ist auch hier aufgrund der Manuskriptbeschädigung nicht mehr erkennbar. Suleiman Mourad und James Lindsay, die ihre Studie zu den Vierzig Hadithen Ibn ʿAsākirs im Jahr 2003 begannen, wird es noch möglich gewesen sein, das einzig erhaltene Manuskript von al-Muqriʾs Sammlung in der Damaszener Ẓāhiriyya einzusehen. Entsprechend werden sie Einblick in den gesamten Audienz-Vermerk gehabt haben, den sie eindeutig auf das Jahr 658/1260 datieren.[25] Damit wurde die zweite Lesung der Vierzig Dschihad Hadithe ihnen zufolge zwei Monate nach Quṭuz' Sieg über die Mongolen bei ʿAyn Ǧālūt abgehalten und deutet darauf hin, dass auch zu jener Zeit ein Interesse an der dschihadbezogenen Art des Sammlungstyps bestand, auch wenn konkret aus dem Umfeld Quṭuz' und Baybars' kein spezifischer Beitrag zu verzeichnen ist.

1.4 Ṣalāḥ ad-Dīn al-Ayyūbī und Hadithe über den Dschihad

Auch für den Fall, dass al-Muqriʾ erst Ende des 6./12. Jhs. in Damaskus eintraf und Ṣalāḥ ad-Dīn nicht mehr persönlich erlebt hatte, ist ein Einfluss der örtlichen Umstände auf seinen Beitrag zu den Vierzig Dschihad Hadithen als ausschlagebend anzusehen. Über die Gegebenheiten dieser Zeit

24 Mehr zu Nūr ad-Dīn in Verbindung mit Ibn ʿAsākir, s. Kap. II.1. Zur Rolle Ṣalāḥ ad-Dīns unter Nūr ad-Dīns Herrschaft und seine Machtübernahme nach dessen Tod s. bspw. Lewis (1970), S. 202ff.; Sobernheim: Saladin. In: Enzyklopaedie des Islām IV (1934), S. 90-95; Richards, D.S.: Ṣalāḥ al-Dīn. In: EI² VIII (1995), S. 910-914.

25 Vgl. Muqriʾ (1992), S. 17; Mourad/Lindsay (2013), S. 59ff.

und die enge Verbindung des Herrschers zum Dschihad informiert der Biograph Ṣalāḥ ad-Dīns auf eindrückliche Weise und erstellte darüber hinaus selber ein Werk über die Vorzüge des Dschihad, das er seinem Herrscher widmete. Da davon ausgegangen werden kann, dass mit den Schilderungen Ibn Šaddāds indirekt auch der Hintergrund zur Entstehung des *Kitāb al-arbaʿīn fī l-ǧihād wa-l-muǧāhidīn* al-Muqriʾs erläutert wird, seien die Ausführungen abschließend für die Phase der frühen Vierzig Dschihad Hadithe kurz zusammengefasst.

Bei dem Dschihad-Werk Bahāʾ ad-Dīn Yūsuf b. Rāfiʿ Ibn Šaddāds (gest. 632/1234) handelt es sich überwiegend um eine Hadithsammlung, die jedoch nicht dem Sammlungstyp der Vierzig Hadithe zuzuordnen ist. Zwar treffen die notwendigen Merkmale der Ansammlung von Hadithen und der deutlichen Begrenzung ihrer Anzahl zu, doch fehlen die alternativen Merkmale der durchgezählten Hadithe, des Handelns nach dem *man ḥafiẓa*-Hadith und der eindeutigen Titelgebung[26]. Vielmehr noch wird die in Teilen erläuterte Hadithauswahl Ibn Šaddāds durch das Anführen und Erklären einschlägiger Koranverse an vielen Stellen durchbrochen. Darüber hinaus liegt der Fokus Ibn Šaddāds primär auf dem Dschihad und der Intention Ṣalāḥ ad-Dīn bei dessen Einsatz zu unterstützen, und weniger auf der Idee einen Beitrag im Bereich der Hadithwissenschaft zu leisten. Trotzdem war Ibn Šaddād auch ein Hadithgelehrter, der seine Kenntnisse nicht nur in das Dschihad-Werk für Ṣalāḥ ad-Dīn einbrachte, sondern ebenso dessen Hadithunterricht auf dem Schlachtfeld in die Wege leitete.[27] Diesbezüglich merkt Ibn Šaddād in seiner Biographie Ṣalāḥ ad-Dīns selber an:

> Einmal wurde ihm [gemeint ist Ṣalāḥ ad-Dīn; Anm. d. Verf.] zwischen den Kampfreihen ein Abschnitt mit Hadithen vorgetragen, und zwar weil ich ihm gesagt hatte: ‚Hadithe wurden bereits in allen ehrenvollen Situationen gehört, aber noch nie wurde dokumentiert, dass dies zwischen den Kampfreihen geschah. Es wäre vortrefflich, wenn unser Herr der Ansicht wäre, dass dies von ihm berichtet werden soll.' Er erlaubte es, ließ einen Teil einer Sammlung kommen und zitierte

[26] Zu den notwendigen und den alternativen Merkmalen der Vierzig Hadithe s. obige Einleitung und das Kapitel „Begrifflichkeiten und Formales" in Bartschat (2019).

[27] Vgl. Ahmad (1962), S. 87 (Fußnote 18); Ibn Shaddād (2002), S. 1-38; Leder (2011), S. 94f.; Hillenbrand (1999), S. 165f. Hillenbrand erwähnt hier ein Werk über die Vorzüge des Dschihad, das Ibn Šaddād dem Herrscher während der Belagerung von Krac des Chevaliers 580/1184 präsentiert haben soll. Sie geht vom Verlust der Hadithsammlung aus, bei der es sich vermutlich um das hier angesprochene Werk handelt. Dieses ist erhalten und erschien erst kürzlich mit drei weiteren Schriften, darunter das *Kitāb al-ǧihād* as-Sulamīs, als Sammelwerk, s. Ibn Šaddād, Abū l-Maḥāsin Yūsuf: Kitāb faḍāʾil al-ǧihād ṣanafahū li-Nāṣir Ṣalāḥ ad-Dīn al-Ayyūbī. In: Zakkār, Suhayl (Hrsg.): Arbaʿat kutub fī l-ǧihād min ʿaṣr al-ḥurūb aṣ-ṣalībiyya. Dimašq: At-Takwīn 1428/2007, S. 183-273. Auch Ibn Ḫallikān erwähnt das Dschihad-Werk Ibn Šaddāds, ohne dabei jedoch auf die dafür ausschlaggebende Dschihad-Affinität des Sultans einzugehen, vgl. Ibn Ḫallikān (1948) Bd. 6, S. 85.

auf der Stelle jemanden herbei, der autorisiert war diesen zu überliefern. Er wurde ihm vorgetragen, während wir zu Pferd zwischen den Kampfreihen unterwegs waren, manchmal im Schritt ritten und manchmal eine Pause einlegten.[28]

Es erscheint fast so, als habe Ibn Šaddād hier bewusst eine Werbekampagne für Ṣalāḥ ad-Dīns Handeln auf dem Wege Gottes in Gang gebracht, indem er ihn zu einem ungewöhnlichen, zuvor nicht genutzten ‚Ort' zur Übermittlung von Hadithen überredet, der folglich seiner Außerordentlichkeit entsprechend in aller Munde sein würde. Auf diese, in ein Kapitel über den Mut Ṣalāḥ ad-Dīns eingeflossenen Ausführungen lässt Ibn Šaddād einen Abschnitt über den Eifer des Sultans für die Angelegenheit des Dschihad folgen. Neben dem Meiden seiner Frauen, Kinder und der Heimat soll er „aus Liebe zum Dschihad"[29] einfach allem entsagt haben, woran er Wohlgefallen hatte. Hierbei muss jedoch berücksichtigt werden, dass Ibn Šaddād den Herrscher erst zu Ende dessen Lebens, also nach seinen größten Errungenschaften kennenlernte und seine Darstellung damit einhergehend besonderem Lob und Anerkennung unterlag. Ibn Šaddāds Ausführungen geben des Weiteren preis, was ihn letztlich auch zu seinem eigenen Werk veranlasst hatte:

Wer auch immer seine Gunst erlangen wollte, den drängte [Ṣalāḥ ad-Dīn; Einf. d. Verf.] dazu dem Dschihad nachzukommen oder einige dschihadbezogene Hadithe zu überliefern. Zahlreiche Werke über den Dschihad wurden nur für ihn verfasst und ich gehöre selbst zu jenen, die ein diesbezügliches Werk für ihn erstellt haben. Ich stellte (darin) die Vorgehensweisen und alle Koranverse und Hadithe, die über [den Dschihad; Einf. d. Verf.] überliefert wurden, zusammen und erläuterte alles Ungewöhnliche. Er – Gott erbarme sich seiner – pflegte es häufig durchzulesen und schließlich studierte sein Sohn, al-Malik al-Afḍal, es mit ihm."[30]

Aus diesem biographischen Eintrag geht deutlich hervor, dass das Verfassen einschlägiger Texte zu Zeiten Ṣalāḥ ad-Dīns Gang und Gäbe war, und in diese Zeit – oder wenigstens ihren Nachhall – fällt auch der Aufenthalt al-Muqri's in Damaskus: Dessen Beitrag zu den Vierzig Dschihad Hadithen wird mit hoher Wahrscheinlichkeit von dieser regen Auseinandersetzung mit dem Thema angestoßen worden sein, selbst wenn der Hauptadressat bereits verstorben war. Des Weiteren liegt hier ein seltener Beleg für die ak-

---

28 Ibn Šaddād (2003), S. 74; Ibn Shaddād (2002), S. 27. Carole Hillenbrand gibt diese Überlieferung gekürzt wieder und vermittelt dabei den Eindruck, dass Gelehrte den Soldaten Hadithe vortrugen, während sie alle zu Pferd unterwegs waren, die Hadithrezitation also an alle Anwesenden gerichtet war, vgl. Hillenbrand (1999), S. 182.

29 Ibn Šaddād (2003), S. 76; vgl. Leder (2011), S. 94f.; Hillenbrand (1999), S. 182; s.a. Halm, Heinz: Die Ayyubiden. 1. Saladin und der *ǧihād*. In: Haarmann, Ulrich u. Halm, Heinz (Hrsg.): Geschichte der arabischen Welt. 4. überarb. u. erw. Aufl. München: C.H. Beck 2001 (= Beck's Historische Bibliothek), S. 200-204. Eine Übersetzung der Darstellung Ibn Šaddāds findet sich auch bei Gabrieli (1973), S. 129-158.

30 Ibn Šaddād (2003), S. 77; Ibn Shaddād (2002), S. 28. Vgl. Eddé (2010), S. 185.

tive Überlieferung und Motivation während des Einsatzes für die Sache Gottes durch dschihadbezogene Hadithe vor – eine Schilderung, die speziell für die Vierzig Dschihad Hadithe bislang fehlt, obwohl denkbar ist, dass Ṣalāḥ ad-Dīn in seinem Vorgehen zahlreiche Nachahmer fand.

2. Sammler der späten Mamlukenzeit vom 9./15. und 10./16. Jh.

2.1 Isnād*lose Vierzig Hadithe Ibn al-ʿIrāqīs*

In einem zeitlichen Abstand von gut einem Jahrhundert zum letzten Sammler der frühen Phase der Vierzig Dschihad Hadithe kam im mittlerweile von den Mamluken beherrschten Ägypten ein Hadithgelehrter zur Welt, dessen dschihadbezogene Sammlung vermutlich sein einziger Beitrag zu den Vierzig Hadithen darstellt, wobei er wohl dem Vorbild seines Vaters Zayn ad-Dīn al-ʿIrāqī (gest. 806/1403) folgte. Letzterer wird in der separat erschienenen Studie über die Vierzig Hadithe in Verbindung mit der möglichen Falschzuschreibung einer Sammlung zu at-Tirmiḏī kurz angesprochen und soll wenigstens drei Werke zum Sammlungstyp beigetragen haben, die als *tusāʿiyyāt* und *ʿušāriyyāt* vorwiegend *isnād*-Bezug aufweisen.[31] Sein Sohn Walīy ad-Dīn Aḥmad b. ʿAbd ar-Raḥīm b. Abī Zurʿa Ibn al-ʿIrāqī (gest. 826/1423) scheint sehr von den Tätigkeiten und Beziehungen seines Vaters profitiert zu haben, indem er bereits vor dem dritten Lebensjahr an Sitzungen prominenter Gelehrter wie ʿIzz ad-Dīn Ibn Ǧamāʿa – ebenfalls ein Sammler der Vierzig Hadithe – teilnahm, Überlieferungserlaubnisse erhielt und seinen Vater oder dessen Freunde auf ihren Studienreisen durch den Großraum Syrien und auf die arabische Halbinsel begleitete. Er etablierte sich schließlich zu einem šāfiʿitischen Hadith- und Rechtsgelehrten in Kairo und übernahm zumindest für eine kurze Zeitspanne vor seinem Tod das Amt des Oberqāḍīs von Ägypten.[32]

Seine Sammlung *Al-arbaʿūn fī l-ǧihād bi-dūn al-isnād* liegt nicht vor, auch finden sich insgesamt mit ihrer Auflistung in der Ergänzung zum *Kašf aẓ-ẓunūn* von Ismāʿīl Bāšā und den Übersichtswerken Abdülkadir Karahans

---

31 S. Kap. „Vierzig Hadithe des 3./9. Jahrhunderts" in Bartschat (2019), sowie dortige Liste D.

32 Vgl. Ibn al-ʿImād (1993), Bd. 9, S. 251f.; Berkey, Jonathan: The Transmission of Knowledge in Medieval Cairo. A Social History of Islamic Education. Princeton: Univ. Press 1992, S. 120f.; Gharaibeh, Mohammad: Brokerage and Interpersonal Relationships in Scholarly Networks. In: Conermann, Stephan (Hrsg.): Everything is on the Move. The Mamluk Empire as a Node in (Trans-)Regional Networks. Göttingen: V&R unipress 2014 (= Mamluk Studies; 7), S. 236ff., 261; Kaḥḥāla (1957), Bd. 1, S. 270f.; Wüstenfeld (1882), 3. Abt., S. 37 (Nr. 469); Ziriklī (1969), Bd. 1, S. 144. Die Dschihad-Sammlung des Walīy ad-Dīn Ibn al-ʿIrāqī findet hier jeweils keine Erwähnung.

und Ibn Maḥmūds nur wenige Hinweise auf diese Vierzig Hadithe, die sehr wahrscheinlich nicht erhalten sind. Darüber hinaus ist aber mit der Nennung dieser Sammlung durch Šams ad-Dīn as-Saḫāwī, der vier Jahre nach Ableben Walīy ad-Dīn Ibn al-ʿIrāqīs zur Welt kam und ihn entsprechend nicht persönlich kannte, ein vergleichsweise frühes Zeugnis vorhanden, sodass zumindest von einem tatsächlichen Beitrag des Hadithgelehrten zu den Vierzig Hadithen ausgegangen werden kann.[33] Dabei ist dem Titel immerhin zu entnehmen, dass Walīy ad-Dīn entgegen dem Vorgehen Ibn Ǧamāʿas und seines Vaters keinen Schwerpunkt auf die Überliefererketten legte, sondern diese explizit wegließ und sich somit dem zunehmend üblichen Vorgehen des *taʿlīq* auch innerhalb des Sammlungstyps anschloss.

2.2 Vierzig Hadithe über das Bogenschießen

In dem Kapitel „Sammlung von Hadithen über das Bogenschießen" eines Artikels führt Hellmut Ritter ein Werk mit dem allgemeinen Titel *Arbaʿūn ḥadīṯan* an, dessen Urheber unbekannt ist. Auch vermerkt er, dass keine Datierung vorliegt, ergänzt aber in Klammern „nach 900"[34]. Vermutlich ist nach der *hiǧra* gemeint, da im 10. Jh. christlicher Zeitrechnung erst wenige Sammlungen vorliegen und sich wie einleitend kurz erwähnt eine Themendifferenzierung nach meinen bisherigen Erkenntnissen erst im darauffolgenden Jahrhundert herauskristallisierte. Möglich wäre noch, dass es sich bei dieser Sammlung um Vierzig Hadithe as-Samhūdīs handeln könnte, dessen Zuordnung zum Sammlungstyp allerdings nicht zweifelsfrei belegt ist.

Nūr ad-Dīn Abū l-Ḥasan ʿAlī b. ʿAfīf ad-Dīn ʿAbd Allāh b. Aḥmad al-Ḥasanī š-Šāfiʿī s-Samhūdī war wie Ibn al-ʿIrāqī ein ägyptischer Gelehrter, der Mitte des 9./15. Jhs. als Sohn eines Richters in Samhūd, einem Ort am westlichen Nilufer in Oberägypten, zur Welt kam und ab 853/1449 wohl im Alter von neun Jahren in Kairo unter namhaften Gelehrten studierte. Nach

---

33 Vgl. Ismāʿīl Bāšā (1945), Bd. 1, S. 54; Karahan (1954), S. 33, 74, 79; Ibn Maḥmūd (2007), S. 45; Saḫāwī (1966), Bd. 1, S. 336-344 (die Vierzig Hadithe werden auf S. 343 erwähnt). Ibn al-ʿIrāqīs Zeitgenosse Ibn Ḥaǧar al-ʿAsqalānī erwähnt die Vierzig Dschihad Hadithe hingegen nicht, führt in seinem biographischen Eintrag aber auch sonst keine Werke des Gelehrten an, vgl. Ibn Ḥaǧar al-ʿAsqalānī, Šihāb ad-Dīn Abū l-Faḍl Aḥmad b. ʿAlī: Inbāʾ al-ġumr bi-abnāʾ al-ʿumr fī t-tārīḫ. Bd. 8. Haydarābād: Dāʾirat al-Maʿārif al-ʿUṯmāniyya 1395/1975, 21f.

34 Vgl. Ritter, Hellmut: Kleine Mitteilungen und Anzeigen. La Parure des Cavaliers und die Literatur über die ritterlichen Künste. In: [Der Islam 18 (1929), S. 116-154.] / Sezgin, Fuat: Beiträge zur Erschliessung der arabischen Handschriften in Istanbul und Anatolien. Bd. 2. Frankfurt a.M. 1986 (= Veröffentlichungen des Institutes für Geschichte der Arabisch-Islamischen Wissenschaften, Reihe B – Nachdrucke, Abteilung Handschriftenkunde; 1.2), S. 420.

seiner Pilgerfahrt, laut Bosworth im Jahr 860/1456, as-Saḫāwī und Wüstenfeld zufolge 870/1466[35], ließ er sich in Medina nieder, verlor dort aber im Ramaḍān 886 / November 1481 bei einem Brand seine umfangreiche Privatbibliothek in der Prophetenmoschee. Die Moschee soll bereits im Jahr 654/1256 niedergebrannt und nie völlig restauriert worden sein; als entsprechend groß galt der Verdienst as-Samhūdīs sich für ihre Wiederherstellung einzusetzen, für die er erst wenige Jahre vor dem erneuten Brand die nötige Finanzierung von dem mamlukischen Sultan Qā'it Bāy (reg. 872-901/1468-1496) erhalten haben soll. Das Ereignis dieses zweiten Brandes schildert Wüstenfeld wie folgt:

> Während [as-Samhūdī; Einf. d. Verf.] bisher jedes Jahr immer nur der grossen Pilgerfahrt im Dsul-Ḥiǧǧa beigewohnt hatte, machte er im J. 886 die kleine Wallfahrt; er verliess Medina am 1. Ramadhân, und zur Zeit als er am 13. seinen Einzug in Mekka hielt, brannte in Medina die Moschee wieder ab und mit seiner eigenen Wohnung, welche gleich dahinter lag und die er seine Einsiedelei nannte, wurde auch seine Bibliothek von beinahe 300 Bänden ausgezeichneter Werke ein Raub der Flammen. Bei seiner Rückkehr, während die Vorbereitungen zum Wiederaufbau der Moschee gemacht wurden, erwachte in ihm die Sehnsucht nach seiner Heimath, um nach einer Abwesenheit von 16 Jahren seine alte Mutter noch einmal zu sehen und seine Angehörigen zu besuchen. Zehn Tage nach seiner Ankunft in Samhûd starb seine Mutter und nachdem er noch in Câhira für seine verbrannten Bücher sich die nöthigsten wieder angeschafft hatte, kehrte er am Ende des J. 887 nach Medina zurück mit einem Transport von Büchern, welche der Sultan als Ersatz für die abgebrannten Bibliotheken bestimmte.[36]

As-Samhūdī kehrte also noch einmal nach Kairo zurück, wo er Bosworth zufolge von Qā'it Bāy geehrt und finanziell unterstützt wurde, bevor er sich nach einer zwischenzeitlichen Reise nach Jerusalem Ende des 9./15. Jhs. endgültig in Medina niederließ und dort 911/1506 vertarb.[37]

---

35 Letzteres Datum liegt nahe an der Zeit, zu der sich auch as-Suyūṭī in Mekka aufgehalten haben soll (s. Kap. II.2). Obwohl beide Gelehrten fast gleichalt sind und aus demselben Land stammen, scheint Letzterer as-Samhūdī mit keinem Wort in seiner Autobiographie zu erwähnen. Ob sich die beiden während ihrer Ausbildung in jungen Jahren begegneten, bleibt nur zu vermuten. Auch im Rahmen ihrer womöglich fast zeitgleichen Pilgerfahrt könnten sie sich getroffen haben. Dagegen spricht allerdings gewissermaßen die Einstellung as-Suyūṭīs, der in jungen Jahren ältere Gelehrte aufsuchte, um von ihnen zu lernen, und sich bald schon für besser gehalten haben soll als sein gelehrtes Umfeld. Entsprechend hatte er womöglich kein Interesse an as-Samhūdī, war der Überzeugung, dass er von jenem nichts lernen könne, und hielt es dadurch nicht für erforderlich, ihn überhaupt zu erwähnen.

36 Wüstenfeld (1882), 3. Abt., S. 65.

37 Vgl. Bosworth, C.E.: al-Samhūdī. In: EI² VIII (1995), S. 1043; Ibn al-ʿImād (1993), Bd. 10, S. 73f.; Saḫāwī (1966), Bd. 5, S. 245-248 (Nr. 838); Wüstenfeld (1882), 3. Abt., S. 64ff. (Nr. 507); Sobernheim, M. / Ashtor, E.: Ḳā'it Bāy. In: EI² IV (1978), S. 462f.

Auch in der Autobiographie seines Zeitgenossen und Landsmannes Ǧalāl ad-Dīn as-Suyūṭī fand der Moscheebrand seinen Platz. In einer Auflistung diverser Streitfragen erwähnt as-Suyūṭī an neunter Stelle in aller Kürze, dass er bezüglich der Diskussion um die Öffnung von Fenstern und Türen in der Prophetenmoschee sein Werk *Šadd al-aṯwāb fī sadd al-abwāb* verfasste, wobei es sich in diesem Punkt um eine „große Neuerung" handle. Elizabeth M. Sartain erläutert dies wie folgt: Nachdem die Moschee durch einen Blitzschlag in Brand gesetzt und zerstört worden war, ordnete der mamlukische Sulṭān Qā'it Bāy ihren Wiederaufbau an[38], wobei er anregte, zusätzlich eine *madrasa* an eine ihrer Wände zu bauen, die über Fenster und Türen mit der Moschee verbunden wäre. Die Einwohner Medinas erhoben dagegen Einwände, sodass sich der Sultan gezwungen sah, die Kairoer Gelehrten um ein Rechtsgutachten (*fatwā*) zu bitten. Unter ihnen befand sich auch as-Suyūṭī, der entgegen der Mehrheitsmeinung der Gelehrten einen Umbau der Moschee von Grund auf ablehnte, da er hierin eine häretische Neuerung (*bidʿa*) sah, wie sie es seit Muḥammad nicht gegeben hätte. Dabei beruft er sich auf zahlreiche Überlieferungen, denen nach der Prophet das Verriegeln von Türen und Fenstern zur Moschee hin anordnete, was as-Suyūṭī zufolge selbst bei einem Neuaufbau zu befolgen sei.[39]

Bei dem Moscheebrand war unter anderem die ausführlichste Version der Stadtgeschichte Medinas vernichtet worden, mit der Nūr ad-Dīn as-Samhūdī seinen größten Ruhm erwarb. Erhalten ist jedoch eine kürzere, laut Wüstenfeld besser geordnete Ausgabe, die der Gelehrte auf Anfrage eines Förderers hin niedergeschrieben, 886/1481 nahezu fertiggestellt und während seiner ‚kleinen' Pilgerfahrt (*ʿumra*) mit nach Mekka genommen hatte. Dieses Werk, *Wafāʾ al-wafā*, stellt die erste Quelle für die Stadtgeschichte und Topographie

---

38 Die mamlukischen Sultane wurden als Schutzherren der heiligen Stätte, Mekka und Medina, anerkannt, seit sie nach der Ermordung des Abbasidenkalifen durch die Mongolen 656/1258 einen neuen Kalifen einsetzten. Als dieser bei dem Versuch Bagdad zurückzuerobern drei Jahre später umkam, bestimmten die Mamluken 661/1262 seinen Nachfolger, der in Kairo verblieb. Dieses sogenannte ‚Schattenkalifat' hatte bis zum Sieg der Osmanen über die Mamluken im Jahr 923/1517 Bestand, vgl. Levanoni (2010), S. 239f.; Lewis (1970), S. 216f.; Broadbridge (2001), S. 97f.; Herzog (2003), S. 258f., 263f.; Matuz (2010), S. 82; Holt (1986), S. 92-96. Auch die Osmanen führten den Titel als Schutzherren der heiligen Stätte fort; da sich ihre Sultane zudem als die mächtigsten Herrscher und Beschützer des Islams auffassten, übernahmen sie den Titel des Kalifen wiederum für sich selbst, wodurch dieser seine ursprüngliche Bedeutung verlor, vgl. İnalcık (2010): Rise, S. 320-323; Fuess (2014): Belagerung, S. 17f.; Müller (1991), S. 67. In ihrem Artikel über die Investitionen Qā'it Bāys in Medina erwähnt Doris Behrens-Abouseif den Brand der Prophetenmoschee (erwähnt dabei sogar noch einen weiteren Brand im Jahr 898/1484) und die Schwierigkeiten, die beim Bau auftraten, geht auf as-Samhūdī in diesem Kontext jedoch nicht ein; s. Behrens-Abouseif, Doris: Qāyitbāy's Foundation in Medina, the *Madrasah*, the *Ribāṭ* and the *Dashīshah*. In: Mamlūk Studies Review II (1998), S. 67f.

39 Vgl. Sartain (1975), S. 206 (Nr. 65); Suyūṭī (1975), S. 189 (Nr. 9).

Medinas dar und soll detaillierten Aufschluss über Gebäude, Gräber, Schreine, Festivitäten und Rituale geben. Die zahlreichen weiteren Werke as-Samhūdīs decken darüber hinaus eine Vielzahl an Themenbereichen ab, darunter Recht und Rechtsgutachten, Genealogie, Prophetenüberlieferungen und Theologie.[40]

Eine Sammlung von Vierzig Hadithen, geschweige denn überhaupt seine Verbindung zum Thema Dschihad findet in Einträgen zur Person as-Samhūdīs keine Erwähnung. Die mit *Arbaʿūn ḥadīṯan fī faḍl ar-ramy bi-s-sihām* betitelte Sammlung wird ähnlich den zuvor behandelten Vierzig Hadithen Walīy ad-Dīn Ibn al-ʿIrāqīs lediglich von Karahan, von Ibn Maḥmūd in seiner Übersicht über Dschihadwerke und in einem weiteren Zusatzband zum *Kašf aẓ-ẓunūn* aufgeführt. Die einzige Nennung in Verbindung mit einer Biographie as-Samhūdīs in der *Geschichte der arabischen Litteratur* Carl Brockelmanns scheint dieser in seinem Supplement hingegen zu revidieren.[41]

Dabei ist ein Beitrag des Gelehrten zu den Vierzig Dschihad Hadithen durchaus denkbar: Wie oben bereits dargestellt, stand as-Samhūdī in Verbindung mit einem mamlukischen Herrscher, der ihn scheinbar mehrfach finanziell unterstützte. As-Samhūdī könnte ihm die Vierzig Hadithe gewidmet haben, um diese Unterstützung[42] überhaupt erst zu erlangen. Oder aber er schenkte sie ihm als Gegenleistung und Dankeschön nach erhaltener Finanzierung. Dies mag auch erklären, warum diese Sammlung in einer ägyptischen Bibliothek erhalten sein soll[43], obwohl sich der Gelehrte hauptsächlich in Medina aufhielt und zudem einen großen Teil seiner Schriften durch den Brand verloren hatte. Die Sammlung as-Samhūdīs behandelt dem Titel nach nur einen Themenbereich des Dschihad, kann aber aufgrund dieser Nähe zu den Vierzig Dschihad Hadithen gezählt werden. Ausnahmlos alle vorliegenden Sammlungen dieser Art beinhalten Hadithe, die

---

[40] Vgl. Bosworth, C.E.: al-Samhūdī. In: EI² VIII (1995), S. 1043; Ibn al-ʿImād (1993), Bd. 10, S. 73f.; Kaḥḥāla (1959), Bd. 7, S. 129f.; Saḫāwī (1966), Bd. 5, S. 245-248 (Nr. 838); Ziriklī (1969) Bd. 5, S. 122f.; Wüstenfeld (1882), 3. Abt., S. 64ff. (Nr. 507); Aumer, Joseph: Catalogus codicum manu scriptorum bibliothecae regiae Monacensis [Die arabischen Handschriften der k. Hof- und Staatsbibliothek in Muenchen]. Bd. 1.2. München 1866 [unveränd. Nachdr. Wiesbaden: Harrassowitz 1970], S. 143f. (Nr. 381) – die Genealogie des Gelehrten ist hier: ʿAlī b. Aḥmad Nūr ad-Dīn as-Samhūdī, Aumer gibt zudem eine kurze Inhaltsübersicht über die acht Kapitel des Geschichtswerks Medinas, Abschriften von Auszügen des Werkes finden sich in der Staatsbibliothek München.

[41] Vgl. Karahan (1954), S. 41, 74, 86; Ibn Maḥmūd (2007), S. 45; ʿAẓm (2004), S. 160f. (Nr. 281); Brockelmann II (1949), S. 173f, SII (1938), S. 223f.

[42] Zur Funktion der Widmung, die neben dem Erhalt von Lohn auch das Erlangen von Aufmerksamkeit und die Festigung von Freund- bzw. Kameradschaft umfasst – Motive, die Thomas Bauer zufolge gerade in der Mamlukenzeit an Bedeutung gewannen –, siehe Bauer (2013), S. 26, 29.

[43] Vgl. Karahan (1954), S. 86.

das Bogenschießen behandeln und gleichermaßen in der potentiellen Sammlung as-Samhūdīs zu finden sein sollten. Abseits der Vierzig Hadithe entstanden im 9./15. Jh. noch weitere Werke über das Bogenschießen, die Ulrich Haarmann dem „juristisch-religiösen Lager" zuordnet: Die von ihm beispielhaft genannten, einschlägigen Schriften as-Saḫāwīs und as-Suyūṭīs behandelten nicht etwa „das Kriegswesen der eigenen Zeit, sondern die für diesen Wettkampf, Krieg und Sport verbindliche Sunna"[44] Der Kapitelüberschrift zufolge hält Haarmann dies für eine „Beschwörung der guten alten Zeit"[45]. Diese Gegebenheit lässt sich gleichermaßen auf die Vierzig Dschihad Hadithe und solche speziell über das Bogenschießen übertragen: Da die Sammler die Hadithe in der Regel kommentarlos anführen, erhalten wir Einblicke in frühislamische Verhältnisse, nicht jedoch in die der jeweiligen Sammler, über die hingegen anhand der Hadithauswahl und Häufigkeit eines aufgegriffenen Themas lediglich spekuliert werden kann.

Unter den späteren, türkischsprachigen Vierzig Hadithen finden sich im Übrigen mehrere zum Thema Bogenschießen, von denen eine möglicherweise sogar von as-Samhūdī inspiriert und damit gleichzeitig ein Indiz für dessen Sammlung sein könnte: Ali und Ahmet Karabulut zufolge wurden innerhalb eines umfangreicheren Werkes die Vierzig Hadithe ʿAbd Allāh b. Muḥammad al-Ayyūbīs (gest. 1252/1836) mit dem Titel *Taḏkirat ar-rumāh (Tarǧamat ḥadīṯ al-arbaʿīn fī taʿlīm ar-ramy)* gedruckt. Neben dieser Themenüberschneidung zur potentiellen Sammlung as-Samhūdīs steht al-Ayyūbī auch dahingehend mit ihm in Verbindung, dass er eine Übersetzung von dessen Stadtgeschichte Medinas *Wafāʾ al-wafā* erstellte. Ein Einfluss wäre entsprechend denkbar.[46]

Wenig wahrscheinlich, aber nicht völlig ausgeschlossen ist des Weiteren eine Namensverwechselung und daraus resultierende Falschzuschreibung der Sammlung zu as-Samhūdī: Ein produktiver Sammler der Vierzig Hadithe trägt mit Nūr ad-Dīn Abū l-Ḥasan ʿAlī b. Aḥmad al-Anṣārī l-Qarāfī in weiten Teilen denselben Namen und verstarb auch im selben Jahrhundert wie as-Samhūdī, wenn auch einige Jahrzehnte später. Er wird zumindest den Beginn seines Lebens in Ägypten noch unter mamlukischer Herrschaft verbracht haben. Dennoch ist dieser Sammler der Osmanenzeit zuzuordnen, da er seine Vierzig Hadithe wiederum mutmaßlich einem osmanischen Wesir widmete. Im Falle einer Falschzuschreibung zu as-Samhūdī würde die entsprechend zweifach erhaltene Sammlung unter zwei verschiedenen Titeln laufen, da al-Qarāfīs Vierzig Hadithe nicht mit dem Bogenschießen, sondern allgemein mit den Vorzügen des Dschihad betitelt sind.

---

[44] Haarmann (1994), S. 237.

[45] Ebd., S. 236.

[46] Vgl. Karabulut (2006) Bd. 2, S. 1444f. (Nr. 4029.3/15).

2.3 *Das annähernde Ausbleiben dschihadbezogener Vierzig Hadithe im mamlukischen Kontext*

Die Erhebung von dschihadbezogenen Vierzig Hadithen ergibt mit den Beiträgen Ibn al-ʿIrāqīs, as-Samhūdīs und bedingt as-Suyūṭīs eine recht geringe Anzahl an Sammlungen, die in der Mamlukenzeit zu verorten sind, und das obwohl gerade in Verbindung mit den frühen mamlukischen Herrschern vom Dschihad die Rede ist und eine Bedrohung von Seiten der Kreuzritter und der Mongolen erst zu Beginn des 8./14. Jhs. als gebannt galt.[47] Albrecht Fuess spricht für die Zeit nach der Rückeroberung Jerusalems im Jahr 583/1187 durch Ṣalāḥ ad-Dīn bereits von einem „Umschalten" der Dschihad-Strategie von Rückeroberung auf Vertreidigung, die von den Mamluken übernommen wurde, sodass ihrerzeit primär die Verteidigung der Küste gegen die Kreuzritter als Dschihad aufgefasst worden sein soll. In diesem Kontext enstanden zahlreiche Schriften über den Dschihad, insbesondere solche, die dessen Vorzug preisen. Diese *faḍāʾil al-ǧihād*-Werke sollten der Motivation zum Einsatz ‚auf dem Wege Gottes' dienen und die Verteidigung gegen die Kreuzritter in Syrien ideologisch untermauern, wobei wenigstens eines der von Albrecht Fuess und Yehoshua Frenkel aufgeführten Werke explizit von einem mamlukischen Statthalter in Auftrag gegeben wurde.[48] Hingegen finden sich mit Ausnahme von as-Suyūṭīs einschlägigem Beitrag keine Vierzig Dschihad Hadithe darunter – und gerade dieser hat es vom Blickpunkt eines Mamluken aus gesehen in sich.

Mit der Sammlung as-Suyūṭīs – und bedingt auch der al-Qarāfīs – liegt ein Beispiel dafür vor, dass eine einschlägige Hadithanthologie schon während der Herrschaftszeit mamlukischer Sultane einem ihrer Gegner, den aufstrebenden Osmanen zugedacht werden konnte. Im Falle as-Suyūṭīs, der der Herrschaft der Mamluken kritisch gegenüberstand, mag diese Widmung als ein Seitenhieb auf die zunehmende militärische Schwäche der Mamluken zu sehen sein. Generell könnte das Fehlen von Widmungen dieser Art die mangelnde Sympathie für die Mamluken in der ägyptischen Bevölkerung widerspiegeln. Ulrich Haarmann zeigt die Geringschätzung anhand einiger Dokumente aus dem 9./15. Jh. auf, welche eine enorme Distanz

---

47 Vgl. Levanoni (2010), S. 238-249; Lewis (1970), S. 217ff.; Holt (1991), S. 323.

48 Vgl. Fuess (2014): Ottoman, S. 272-275; ders. (2014): Belagerung, S. 15f.; ders. (2013), S. 192f.; Frenkel (2011), S. 108-115. In Auftrag gegeben wurde Ibn Kaṯīrs Abhandlung über den Dschihad, die beispielsweise in dem Sammelband Suhayl Zakkārs veröffentlicht wurde, der auch die dschihadbezogenen Schriften as-Sulamīs und Ibn Šaddāds umfasst, s. Ibn Kaṯīr ad-Dimašqī, Ismāʿīl b. ʿUmar: Kitāb al-iǧtihād fī ṭalab al-ǧihād. In: Zakkār, Suhayl (Hrsg.): Arbaʿat kutub fī l-ǧihād min ʿaṣr al-ḥurūb aṣ-ṣalībiyya. Dimašq: At-Takwīn 1428/2007, S. 413-445.

zwischen der einheimischen Bevölkerung und den türkischstämmigen Mamluken darbieten.[49]

Das Fehlen von Vierzig Dschihad Hadithen ist jedoch nicht auf den Sammlungstyp allgemein übertragbar, denn auch unter mamlukischer Herrschaft wurden zahlreiche Vierzig Hadithe von Sammlern erstellt, denen die Errichtung und Unterstützung von Bildungseinrichtungen durch die Mamluken zugute kam. Mit Ibn Ḥağar al-ʿAsqalānī (gest. 852/1448) sei auf nur eines der berühmten und zugleich produktiven Beispiele dieser Zeit im Hinblick auf den Sammlungstyp verwiesen. Speziell im Hinblick auf die Vierzig Dschihad Hadithe lässt sich hingegen festhalten, dass insgesamt fast die Hälfte dieser Art Sammlung einem osmanischen Kontext zugeordnet werden kann – die Vierzig Dschihad Hadithe sind demnach ein primär osmanenzeitliches Phänomen.

3. Osmanenzeitliche und maghrebinische Sammler vom 10./16. bis Anfang des 14./20. Jahrhunderts

3.1 Erste osmanenzeitliche Vierzig Dschihad Hadithe

Abū l-Ḥasan al-Qarāfīs Ansammlung von Vierzig Hadithen

Die kaum näher bestimmbare Person des zuvor im Zusammenhang mit as-Samhūdī genannten Nūr ad-Dīn Abū l-Ḥasan ʿAlī b. Aḥmad al-Anṣārī l-Qarāfī lässt sich immerhin anhand eines Namensteils mit Ägypten in Verbindung bringen: *Qarāfī* weist auf das am Fuße des Muqaṭṭam-Berges in Kairo gelegene Gräberviertel (*al-Qarāfa*) hin. In seinem diesbezüglichen Eintrag stellt Yāqūt ar-Rūmī zudem eine Verbindung der *nisba* zu einer Gruppe von Hadithgelehrten her. Bei den von ihm angeführten Gelehrten bleibt jedoch unklar, ob sich der Gesuchte darunter befindet; zumindest der genannte Abū l-Ḥasan ʿAlī b. Ṣāliḥ al-Wazīr al-Qarāfī weist Übereinstimmungen im Namen auf, doch macht Yāqūt ar-Rūmī keine weiteren Angaben zur Tätigkeit oder der Lebenszeit, die eine annähernde Identifikation ermöglicht hätten. Ebenso uneindeutig sind zwei Einträge in Kaḥḥālas *Muʿǧam al-muʾallifīn*: Hier werden ein ʿAlī b. Aḥmad al-Anṣārī und ein ʿAlī b. Aḥmad al-Qarāfī l-Anṣārī angeführt, wobei Ersterer im Jahr 968/1561 noch gelebt haben soll. Bei letzterem, namentlich eindeutigeren Fall hingegen wird als Sterbejahr 940/1533 angegeben. Auch Brockelmann führt beide an, einen unter den Ḥanafiten, den anderen unter den Šāfiʿiten, darüber

49 Vgl. Haarmann (1994), S. 223-229. Zu Konflikten zwischen Mamluken und der Bevölkerung Kairos s.a. Levanoni (2010), S. 267f.; Holt (1986), S. 192f.

hinaus fehlen aber auch hier nähere Angaben zur jeweiligen Person. Ali und Ahmet Karabulut scheinen zu Letzterem zu tendieren: In ihrer Enzyklopädie verzeichnen sie neben den Vierzig Dschihad Hadithen fünf weitere Schriften des Gelehrten, den sie als Šāfiʿīten ausweisen, und geben als Quellen ausschließlich jene Katalogeinträge an, die al-Qarāfīs Tod auf das Jahr 940/1533 datieren. Dass sie selbst ihn dann dem Jahr 968/1561 zuordnen, ist nicht ganz nachvollziehbar.[50]

Die genaue Datierung des Sammlers ist deshalb so schwierig, weil keine Jahreszahl aus seiner Sammelhandschrift hervorgeht, die im Museum des Istanbuler Topkapı Palastes verzeichnet und einsehbar ist.[51] Vielmehr verzichtet al-Qarāfī – dem Vorgehen im 10./16. Jh. durchaus entsprechend – explizit auf die vollständige Anführung der Überliefererketten, die über Ort und Zeit des Überlieferungsprozesses hätten Auskunft geben können. Auch sind den Abschlüssen der einzelnen Sammlungen keine Daten zu entnehmen, Audienzeinträge sind gar nicht erst vorhanden. Letzteres hängt damit zusammen, dass es sich bei der vorliegenden Sammelhandschrift um ein Geschenk handeln könnte. Sie ist zwar nicht außerordentlich verziert, wohl aber sehr sorgfältig geschrieben und die Durchzählung der Hadithe ist andersfarbig abgesetzt. Der Beschenkte wird vermutlich auf der ersten Seite vor Beginn der Vierzig Dschihad Hadithe ohne weitere Zusätze genannt: Sinān Bāšā. Was auf ersten Blick wie eine Möglichkeit zur näheren Datierung der Sammlungen wirkt, erweist sich schnell als Trugschluss. Die *Encyclopaedia of Islam* verzeichnet wenigstens vier Personen, die namentlich, zeitlich und im Hinblick auf kämpferische Aktivitäten in Frage kämen.[52] Zuvorderst fällt dabei auf, dass al-Qarāfī seine Sammlungen einem Wesir widmet und nicht dem Beispiel seines Zeitgenossen Ibn Ḥağar al-Haytamī voranging oder folgte, der den Sultan Sulaymān mit seinen Vierzig Hadithen über die Gerechtigkeit bedachte (s. Ende der Einleitung).

Denkbar ist auch, dass nicht al-Qarāfī selbst die Widmung vornahm, sondern ein nicht genannter Kopist die Ansammlung an Vierzig Hadithen für einen Sinān Bāšā abschrieb. In diesem Fall mag es sich bei dem Beschenkten am ehesten um den 1004/1596 verstorbenen Wesir handeln, der unter den vier Möglichkeiten die herausragendsten Erfolge verzeichnete, zu

---

50 Vgl. Brockelmann SII (1938), S. 425, 964; Kaḥḥāla (1959), Bd. 7, S. 11, 23; Karabulut (2006), Bd. 3, S. 2001 (Nr. 5393); Ismāʿīl Bāšā (1947), Bd. 2, S. 665; ders. (1951), Bd. 1, S. 744. Zur Namensherkunft siehe Yāqūt (1869), S. 48; Wehr (1985), S. 1019; Kriss (1962), S. 207; Tetsuya, Ohtoshi: Cairene Cemeteries as Public Loci in Mamluk Egypt. In: Mamlūk Studies Review X.1 (2006), S. 83, 89f.

51 Im dazugehörigen Handschriftenkatalog wird lediglich die Vermutung angestellt, dass die Niederschrift auf das 9./15. Jh. datiert werden könnte, vgl. Karatay/Rescher (1964), S. 295 (Nr. 3154).

52 EI² IX (1997), S. 629-632.

denen beispielsweise die Eroberung von Tunis im Jahr 982/1574 zählt. Des Weiteren scheinen ihm mit der Sammlung Muḥammad Ḫāqānīs (gest. 1015/1606) auch die wohl bedeutendsten türkischsprachigen Vierzig Hadithe[53] gewidmet worden zu sein, die allerdings nicht unter dem Themenschwerpunkt des Dschihad erstellt wurden. Selbst wenn das von Ali und Ahmet Karabulut genannte und gegen die mehrheitlichen Angaben in den Quellen sprechende Todesjahr al-Qarāfīs 968/1561 zutrifft, hätte dieser jedoch kaum von jenem Wesir Notiz nehmen können. Sinān Bāšā kam zwar bereits um 926/1520 herum zur Welt, aber selbst sein Amt als Statthalter in al-Qarāfīs Heimat Ägypten trat er erst einige Jahre nach dessen vermutlichem Tod an.[54]

Die spätere Abschrift eines unbekannten Kopisten würde dabei auch erklären, warum der vermeintlich Beschenkte vor Beginn der Sammelhandschrift genannt wird und nicht von al-Qarāfī in die Einleitungen zu seinen fünf Sammlungen eingebaut wurde. Gerade dort erwähnt dieser das jeweilige Ziel seiner Hadithzusammenstellung, die sich zum Beispiel im Fall der Dschihadthematik als Ansporn an jene richtet, die das ewige (jenseitige) Leben und die himmlische Schar der Engel vorziehen, oder im Fall der Sammlung zu den Vorzügen des Gottesdienstes jenen gedacht ist, die die Nähe ihres Herren vorziehen und seine Entfernung fürchten.

Al-Qarāfī stellte insgesamt fünf Vierzig Hadithe zusammen, die in der vorliegenden Sammelhandschrift als erstes die Vorzüge des Dschihad behandeln, anschließend die Vorzüge der gottesdienstlichen Pflichten, die Vorschriften für Herrscher und die Vorzüge von Versen und Suren des Korans, sowie abschließend auf zusätzliche Gebete und Bittgebete eingehen. Die Hadithanzahl seiner Sammlungen variiert zwischen siebenunddreißig und achtundvierzig, wobei die Vierzig Dschihad Hadithe mit insgesamt einundvierzig Überlieferungen der titelgebenden Anzahl noch am nähesten kommen. Die Sammlung ist mit *Arbaʿūn ḥadīṯan fī faḍl al-ǧihād* betitelt und weist entsprechend nicht die Eingrenzung auf das Thema des Pfeilschießens auf, wie die as-Samhūdī zugeschriebene Sammlung.[55] Unter den vorliegenden Vierzig Dschihad Hadithen ist seine Anthologie die erste, in der die Hadithauswahl mit einer Reihe dschihadbezogener Koranverse eingeleitet

53 Siehe Kap. „Persische und türkische Sammlungen" in Bartschat (2019), sowie die dortige Liste D.

54 Vgl. Babinger, F. / Dávid, G.: Sinān Pasha, Khodja. 2. The vizier and statesman (d. 1004/1596). In: EI² IX (1997), S. 631f.; s.a. Murphey (1999), S. 137-141; İnalcık (1970): Heyday, S. 340f.; Imber (2010), S. 341, 344ff.; Touati (2010), S. 516.

55 Vgl. Karatay/Rescher (1964), S. 295; Liste D in Bartschat (2019). Zwischen der von Hellmut Ritter angeführten, anonymen Sammlung (s.o.) und den Vierzig Hadithen as-Samhūdīs läge im Falle einer Falschzuschreibung dann keine Verbindung vor: Der kurze Abschnitt, den Ritter als Beginn des anonymen Manuskripts wiedergibt, stimmt nicht mit dem Sammlungsbeginn al-Qarāfīs überein.

wird. Dieses Vorgehen treffen wir in noch ausführlicherer Form in der späteren Sammlung Yūsuf an-Nabhānīs an, in deren Kontext auf die Koranverse näher eingegangen wird.

Erste türkischsprachige Vierzig Dschihad Hadithe

In das 10./16. und das darauffolgende Jahrhundert fallen neben al-Qarāfī sechs weitere Sammler mit ihren Vierzig Hadithen, bei denen die Quellenlage noch dürftiger ist. Beurteilt anhand der Sammlernamen, der sprachlichen Umsetzung ihrer Vierzig Hadithe und der überwiegenden Verortung ihrer erhaltenen Manuskripte in Istanbul, spiegeln die Vierzig Dschihad Hadithe die allgemeine Entwicklung in diesen, auf die Mamlukenherrschaft folgenden Jahrhunderte wieder: Das intellekutelle Leben erhielt seinen neuen Schwerpunkt in Istanbul, wo sich zunehmend Gelehrte und Künstler niederließen. Zudem hatte die Übertragung zahlreicher Bücher aus Ägypten und Syrien in das neue Zentrum erheblichen Einfluss auf die osmanische Literatur.[56] Hinweise auf drei Dschihad-Sammlungen aus dieser Zeit liefert allein Abdülkadir Karahan in seinem veralteten Übersichtswerk zum Sammlungstyp, im vierten Fall wird die Sammlung lediglich in der Enzyklopädie Ali und Ahmet Karabuluts angeführt. Bei der fünften Sammlung handelt es sich eventuell um ein erstes maghrebinisches Beispiel des Sammlungstyps, das in einem Kairiner Handschriftenkatalog verzeichnet und dem nachfolgenden Unterkapitel zugeordnet ist, wohingegen die sechste Sammlung wiederum einzig in einem Mailänder Manuskriptkatalog aufgeführt wird und gar keinen Sammlernamen trägt.

Laut Karahan soll ʿAlī b. Ḥasan al-Amāsī im 10./16. Jh. gelebt und die *Arbaʿūn ḥadīṯan fī l-ḥaṯṯ ʿalā l-ǧihād* erstellt haben. Näheres erfahren wir nicht, da Karahan keine Angaben darüber macht, woher er von dem Werk weiß. Es scheint aber seiner Zuordnung und dem Titel nach ein arabischsprachiges Werk zu sein – das vorerst letzte unter den Sammlungen mit osmanischem Bezug –, während der Sammler dem Namen nach selbst aus der nordanatolischen Stadt Amāsiya stammt, die sich unter osmanischer Herrschaft zu einem Zentrum der Gelehrsamkeit etablierte.[57] Während al-Amāsī seine Sammlung noch in Arabisch erstellte, hielten seine Zeitgenossen ʿAlī b. Ḥāǧǧī Muṣṭafā und Muṣṭafā b. ʿAbd al-Karīm Sīrūzī bereits zur neuen Entwicklung innerhalb des Sammlungstyps und fertigten türkischsprachige Sammlungen an – die ersten unter den Vierzig Dschihad Hadithen.

Auch hier ist Karahan wieder die einzige Quelle; ihm lag von der Sammlung ʿAlī b. Ḥāǧǧī Muṣṭafās wohl eine Handschrift des Buchhändlers Raif

56 Vgl. Kellner-Heinkele (2001), S. 335; Harding (2010), S. 427.

57 Vgl. Karahan (1954), S. 41, 75, 77; Taeschner, F.: Amasya. In: EI² I (1960), S. 431f.

Yelkencis (gest. 1974) vor, über deren Verbleib eigene Recherchen keinen Aufschluss brachten.[58] Entsprechend hat bei den nachfolgenden Informationen zur Sammlung allein Karahan das Wort.

Die Vierzig Hadithe ʿAlī b. Ḥāǧǧī Muṣṭafās

In der Einleitung zu den Vierzig Dschihad Hadithen soll der Autor den Wunsch äußern, in die Bittgebete der *muǧāhidīn* aufgenommen zu werden. Zudem nennt er einen Ḫān Selīm, zu dessen Zeit das Werk entstanden ist. Karahan zufolge ist höchtwahrscheinlich der osmanische Sultan Selīm I (reg. 918-926/1512-1520) gemeint, da seinerzeit viele dieser Sammlungen entstanden und zahlreiche Kriege geführt wurden. Nachdem bereits 920/1514 unter seiner Führung dem schiitischen Safawidenreich eine deutliche Niederlage zugefügt wurde, setzte Selīm 923/1517 dann der Mamlukenherrschaft in Ägypten ein Ende. In beiden Fällen handelt es sich um innerislamische Auseinandersetzungen, die auf politischer Ebene für die Osmanen unumgänglich waren, um zum einen ihre Macht in Anatolien von der ständigen safawidischen Bedrohung zu befreien, und sich zum anderen den Rang der bedeutendsten islamischen Herrscher zu sichern. Auf religiöser Ebene wurden die innerislamischen Kämpfe von osmanischer Seite damit legitimiert, dass sie als Verteidiger des sunnitischen Islams der ‚Häresie' der schiitischen Safawiden Einhalt gebieten müssten. Mit Letzteren hätten sich wiederum die Mamluken verbündet, so die Rechtfertigung der Osmanen für ihr kriegerisches Vorgehen auch gegen diese sunnitischen Muslime.[59]

Colin Imber spricht in dem Kontext von einer „Gegenpropaganda, in der die osmanischen Sultane als alleinige Verteidiger der sunnitisch-islamischen Orthodoxie gegen die safawidische Häresie dargestellt werden"[60]. Wie im Falle Ibn ʿAsākirs, dessen Dschihad-Sammlung konkret im sunnitisch-schiitischen Konflikt im Damaskus des 6./12. Jhs. zu verorten ist, könnten auch die im Zusammenhang mit den Osmanen entstandenen Vierzig Dschihad Hadithe den innerislamischen Auseinandersetzungen zuzuord-

---

[58] Nach Auskunft eines Buchhändlers auf dem Antiquariatsbuchmarkt (*sahaflar çarşısı*) in Istanbul im Mai 2013 ist nicht bekannt, was mit dem Buchbestand Râif Yelkencis passierte, der einst selber auf diesem Markt einen Laden führte. Die Sammlung soll jedoch die einzige Handschrift in seinem Besitz gewesen sein; eventuell könnte eine Biographie, die über ihn erscheinen soll, Auskunft über den Verbleib der Bücher geben.

[59] Vgl. Karahan (1954), S. 187f.; Lewis (1970), S. 229f.; Levanoni (2010), S. 273; Fuess (2003), S. 242ff.; ders. (2014): Belagerung, S. 17, 21; İnalcık (1970): Rise, S. 314-319; Imber (2010), S. 333-336; Matuz (2010), S. 80ff.; Müller (1991), S. 66f.

[60] Imber (2010), S. 334; vgl. ebd. S. 350.

nen und als Teil der ‚Gegenpropaganda' anzusehen sein. In der separat veröffentlichten Studie zu den Vierzig Hadithen wird im Kontext der personenbezogenen Sammlungen hinsichtlich der sich häufenden Anzahl an Sammlungen über ʿAlī im 10-11./16-17. Jh. die Vermutung geäußert, dass sie vor dem Hintergrund schiitisch-sunnitischer Auseinandersetzungen zwischen Safawiden auf der einen, Mamluken und Osmanen auf der anderen Seite entstanden sind.[61] Aus den arabischsprachigen Vierzig Dschihad Hadithen der Osmanenzeit geht dieser Bezug jedoch nicht explizit hervor, im Falle der mehrheitlich türkischsprachigen Sammlungen gilt dies noch zu prüfen.

Es ist möglich, dass die Sammlung ʿAlī b. Ḥāǧǧī Muṣṭafās ebenfalls im Rahmen der anti-schiitischen Propaganda eine Rolle spielte, Karahan äußert sich diesbezüglich jedoch nicht. Die von ihm wiedergegebene Einleitung der Sammlung lässt aber vermuten, dass der Sammler darüber hinaus beabsichtigte noch eine andere Maßnahme des osmanischen Sultans religiös zu fundieren. Seine einleitenden Worte sollen drei Gründe enthalten, aus denen Gott den Dschihad zur Pflicht auferlegt habe: Er diene der Verkündung des Monotheismus (*tawḥīd*), der Verkündung der Religion und dazu, der muslimischen Gemeinschaft Besitz zu verschaffen. Der Titel *Kitāb ʿamāʾil faḍāʾil ǧihād* bezieht sich laut Karahan auf ein Gesamtwerk über den Dschihad, von dem das erste Kapitel die Sammlung der Vierzig Hadithe darstellt. Auch hier begegnen wir wieder dem für türkische Sammlungen wohl typischen Aufbau mit der Nennung des Hadithinhalts in arabischer Sprache, der daran anschließenden türkischen Übersetzung in Prosa und der abschließenden Dichtung im Umfang von ein bis sechs, meistens zwei Versen im *maṯnawī*. Die Hadithauswahl soll der Motivation zum Kampf dienen.[62]

Eroberung und Verteidigung

Das Auffinden der Sammlung ʿAlī b. Ḥāǧǧī Muṣṭafās und ihre Aufarbeitung in Verbindung mit weiteren türkischsprachigen Vierzig Hadithen ist in zweierlei Hinsicht wünschenswert: Eine betrifft die Einleitung, die ein klar formuliertes Verständnis des Sammlers vom Dschihad zu beinhalten scheint. Neben der verbreiteten Auffassung vom Dschihad als religiöser Pflicht zur Verteidigung und Deklaration des Islams, die auch aus anderen Vierzig Dschihad Hadithen hervorgeht und in der oben genannten Gegenpropaganda zum Einsatz gekommen sein mag, umfasst das Dschihad-Verständnis ʿAlī b. Ḥāǧǧī Muṣṭafās zudem einen geradezu profanen Aspekt,

61 Vgl. Kap. „Differenzierung der Thematik und Hadietherläuterung ab dem 5./11. Jh." in Bartschat (2019).
62 Vgl. Karahan (1954), S. 28, 41, 187-192, 293, 295.

nämlich den des Erwerbs von materiellen Gütern. Dieser Aspekt findet sich zumindest in dieser deutlich formulierten Form nicht in den vorangegangenen Sammlungen aus der Zeit der Kreuzzüge. Das könnte damit zusammenhängen, dass die Situation im 6-7./12-13. Jh. eine gänzlich andere war, als zur Zeit osmanischer Eroberungen im 10./16. Jh.: Im Zuge der Kreuzzüge wurden die Muslime auf ihrem eigenen Gebiet, dem *dār al-islām*, angegriffen und aus Städten vertrieben, die sie seit langem bewohnten, und das unter zumindest vordergründig religiösen Bestrebungen. In diesem Kontext mit dem Dschihad zu argumentieren, um die verlorenen Gebiete zurückzuerobern und aus religiöser Perspektive den Islam eben dort wieder die Oberhand gewinnen zu lassen, wird weit weniger Erläuterungen bedurft haben als in osmanischer Zeit.

In Letzterer fanden die Eroberungs- und Verdrängungsbewegungen vielmehr ‚in die andere Richtung' statt, es wurde weniger zurückerobert, als vielmehr die Grenzen noch ausgeweitet, sowohl in christlich geprägtes, wie auch in bereits muslimisches Gebiet. In diesem Kontext dennoch von Dschihad zu sprechen, der als einer der grundlegenden Aspekte der Legitimation zu kriegerischen Auseinandersetzungen angesehen werden kann, bedurfte einer Erläuterung des Dschihadverständnisses, so wie es ʿAlī b. Ḥāǧǧī Muṣṭafā vornimmt: Neben der Verteidigung und Verbreitung der Religion gehöre eben auch die Mehrung von Besitz zum Dschihad. Der Sammler argumentiert hier mutmaßlich nicht nur im Sinne der Gegenpropaganda, sondern schafft vielmehr allgemein Anreize zu Eroberung und Beutezügen, indem er diese aus religiöser Perspektive legitimiert.

Albrecht Fuess und Halil İnalcık sprechen bereits im Zusammenhang mit den Anfängen osmanischer Eroberungen vom „Heiligen Krieg" – eine Wortverbindung, die heutzutage unter berechtigter Kritik[63] vielfach als Übersetzung von Dschihad aufgefasst wird. Im Kontext frühosmanischer Eroberungszüge übersetzen Fuess und İnalcık damit jedoch die Bezeichnung *ġazwa* oder *ġazā*, bei der es sich um eine militärische Expedition in von Andersgläubigen bewohntes Gebiet handelt. *Ġazawāt* gehen auf den Propheten Muḥammad selbst zurück, sind folglich fester Bestandteil der Sunna und werden entsprechend auch in den Vierzig Dschihad Hadithen thematisiert. Sie wurden entlang der muslimisch-byzantinischen Grenze geführt und dienten dem Erwerb von Beute und Land. Warum sich die Osmanen bei ihren Expansionsbestrebungen, die sich anfangs insbesondere gegen byzantinisches Gebiet richteten, als *ġuzāt* (Plural zu *ġāzin*, der einen Kriegszug unternimmt) bezeichneten und nicht als *muǧāhidūn*, vermutet Fuess wie folgt: Der Dschihad wurde im 8./14. Jh. nach wie vor als Verteidigung aufgefasst und stand in enger Verbindung zu den Ereignissen in Syrien, wohingegen *ġazwa*

63 Siehe dazu die Anmerkungen zur Einleitung an-Nabhānīs in Kap. II.4.

die expansive Ebene betraf.[64] Diese klare Distinktion, die Fuess in einigen osmanischen Chroniken sieht, muss er im Hinblick auf weitere literarische Quellen jedoch relativieren: „[…] Osmanische und mamlukische Texte sind voll von Verweisen auf *ġazwa* und *ǧihād* und diese dabei sehr oft ohne eine klare Unterscheidung von beiden eng miteinander verflochten"[65]. Diese fehlende Trennung zeigt sich letztlich nicht nur in der Einleitung zu ʿAlī b. Ḥāǧǧī Muṣṭafās Sammlung, sondern auch in den Vierzig Dschihad Hadithen, die einige sich mehr oder weniger überschneidende Überlieferungen zum Thema *ġazwa* beinhalten. Dabei enthalten die osmanischen Sammlungen nicht etwa mehr Hadithe dieser Art oder wurden gar unter dem Aspekt der *ġazawāt* anstelle des Dschihad erstellt. Vielmehr beinhalten alle vorliegenden, dschihadbezogenen Sammlungen zwischen vier und acht Überlieferungen zum Thema und definieren die *ġazawāt* demnach als Teil des Dschihad, deren Unterlassung im Übrigen mit Heuchelei gleichgesetzt wird (s. Teil III). Doch ruft abseits der Hadithauswahl keiner der übrigen Sammler explizit dazu auf, so wie es ʿAlī b. Ḥāǧǧī Muṣṭafā in seiner Einleitung vorzunehmen scheint.

Die Kriegszüge der Osmanen waren Josef Matuz zufolge schließlich auch aus pragmatischen Gründen notwendig: Die Güter aus dem eigenen Reich genügten für eine „[angemessene] Versorgung des riesigen militärischen Sektors und der staatlichen und religiösen Bürokratie offensichtlich nicht"[66] mehr, sodass zur Deckung des Bedarfs weitere Gebiete eingenommen werden mussten. Dies wird auch ein Hadithsammler wie ʿAlī b. Ḥāǧǧī Muṣṭafā gewusst haben, dessen Sammlung damit einmal mehr die Bedürfnisse seiner Zeit zum Ausdruck bringt. Nun liegen seine Vierzig Dschihad Hadithe nicht vor, es ist aber anzunehmen, dass er – nachdem er schon in seiner Einleitung vom Besitzverschaffen als Teil des Dschihad spricht – in seine Hadithauswahl auch Überlieferungen hat einfließen lassen, die eben jene *ġazawāt* preisen.

---

64 Vgl. Fuess (2014): Ottoman, S. 270, 275-280; ders. (2014): Belagerung, S. 14f., 28; İnalcık, Halil: The Emergence of the Ottomans. In: Holt, P.M. u.a. (Hrsg.): The Cambrigde History of Islam. Bd. 1: The Central Islamic Lands. Cambridge: Univ. Press 1970, S. 269f., 283; ders. (1970): Heyday, S. 324; s.a. Johnstone, T.M.: G͟hazw. In: EI² II (1965), S. 1055; Müller (1991), S. 64f.; Elisséeff (1967), S. 730, 735 (er übersetzt hier *ġuzāt* mit „guerriers saints" bzw. „combattants de la Guerre Sainte"); Holt (1986), S. 204 (er spricht hier von einem „anderen heiligen Krieg").

65 Fuess (2014): Ottoman, S. 278. Vgl. Bonner (2004): Introduction, S. xxxix. Eine Unterscheidung fehlt beispielsweise auch bei Imber (2010), S. 349.

66 Matuz (2010), S. 98; Fuess (2003), S. 244.

Der zweite Grund, aus dem das Auffinden der Sammlung ʿAlī b. Ḥāǧǧī Muṣṭafās und ihre Aufarbeitung in Verbindung mit weiteren türkischsprachigen Vierzig Hadithen wünschenswert ist, besteht darin, dass in ihr – wie auch im Falle al-Qarāfīs und anderer Vierzig Hadithe – wieder von der Funktion der Hadithauswahl als Motivation zum Kampf die Rede ist. Dabei stellt sich einmal mehr die Frage, wer eigentlich motiviert werden soll. Wie bereits einleitend zu den Sammlern der Vierzig Dschihad Hadithe angesprochen, befanden sich die Sammler in der Regel nicht selbst unter den Kämpfern, sodass sie nicht wie der aktive Kämpfer und Hadithkenner Ibn al-Mubārak ihr Wissen vor Ort einbringen konnten. Darüber hinaus ist bislang auch nicht belegt, dass unmittelbar vor oder bei einem Kampfeinsatz mittels der Vierzig Dschihad Hadithe die Motivation zu Kämpfen angespornt wurde. Selbst bei Ṣalāḥ ad-Dīns inszenierter Hadithüberlieferung innerhalb der Kampfreihen[67] schien es nicht um den Aufruf an seine Soldaten zu gehen. Vielmehr waren die dschihadbezogenen Überlieferungen primär an den Sultan selbst gerichtet, wobei sein anwesender Biograph Ibn Šaddād und höchstens die umstehenden Soldaten zu Ohrenzeugen wurden und dabei eventuell motiviert worden sein können.

Rhoads Murphey kritisiert in seinem Werk über osmanische Kriegsführung, dass in Studien über osmanische Soldaten nicht zwischen „persönlicher Motivation und den persönlichen Zielen einerseits, und korporativen Zielen und staatlichen Interessen andererseits“[68] unterschieden würde. Letztere seien in unserem Denken derart dominant, dass schlichtweg ange-

---

67 Siehe oben, Kap. I.1.4. Carole Hillenbrand verweist wiederholt darauf, dass ein Werk Ibn Baṭṭa al-Ḥanbalīs zur Zeit der Kreuzzüge besondere Aufmerksamkeit erfuhr und während Kampagnen unter den Herrschern Nūr ad-Dīn und Ṣalāḥ ad-Dīn öffentlich gelesen wurde (vgl. Fußnote 33, S. 27). Des Weiteren erwähnt sie Koranleser, Prediger, Rechtsgelehrte und Sufis als Teil der Armee, die sich um die spirituellen Belange der Soldaten kümmerten. Doch auch hier finden die Vierzig Dschihad Hadithe keine Erwähnung, vgl. Hillenbrand (1999), S. 120, 179, 517.

68 Murphey (1999), S. 141. Auch Bonner weist explizit darauf hin, dass zahlreiche Gründe hinter einem kriegerischen Einsatz stehen können und sich dieser nicht notwendigerweise über eine ideologische Position begründen lässt, vgl. Bonner (2004): Introduction, S. xxxix. Im Kontext der Frage, wie das Verständnis von Religionskrieg geschichtswissenschaftlich angemessen aufgearbeitet werden kann, postuliert Christoph Kampmann einen vergleichbaren Ansatz: Zeitgenössischen Zuschreibungen solle verstärkte Aufmerksamkeit zukommen. Dabei sind „[...] nicht nur die offiziellen Legitimationen und damit nur die Ebene des fürstlich-staatlichen Regierungshandelns in den Blick zu nehmen, sondern darüber hinaus auch die Kriegserfahrung der Beteiligten und Betroffenen einzubeziehen. Die entscheidende Frage sei, ob diese einen Krieg als Relgionskrieg erlebten.“ Kampmann, Christoph: Heiliger Krieg – Religionskrieg: Sakralisierungen des Krieges in der Geschichte. Einführung in die Gesamtthematik. In: Historisches Jahrbuch 134 (2014), S. 4f.

nommen würde, jedes kriegführende Individuum verfüge über eben dieselben Ziele und Interessen wie der Staat, dem es diene. Dies betrifft als einen unter vielen Aspekten die religiöse Einstellung der osmanischen Soldaten. Zwar diene die Religion zweifellos als ein einender Faktor[69], doch führte die Darstellung einer theoretischen Dschihad-Pflicht für alle Muslime zu der irreführenden Betonung von nur einem möglichen unter zahlreichen motivierenden Aspekten. Die selbstlose Hingabe der Soldaten aufgrund von spirituellen Werten sei eine falsche Vorstellung in der heutigen Zeit. Murphey verweist darauf, dass sich damalige osmanische Geschichtsschreiber und Kommentatoren über die Motivierung der Kämpfer sehr offen dahingehend äußerten, dass vor allem große materielle Anreize[70] gegeben wurden. Für ihn ist es „von besonderer Bedeutung, die Unterscheidung zwischen Religion und Religiosität aufrecht zu erhalten. Was sehr oft als (...) innere Motivation präsentiert wird, die die Kriege befeuert – also die Religiosität –, sollte akkuraterweise als Verwendung (Ausnutzung?; Anm. i. Orig.) von Religion in der staatlichen Ideologie bezeichnet werden, um als [...] Rechtfertigung ihrer Versuche“[71] der eigenen territorialen Erweiterung zu dienen. Murphey nennt mit den osmanischen Sultanen Selīm I und Sulaymān ‚dem Prächtigen‘ nur zwei Beispiele, bei denen die Religion als Werkzeug der Außenpolitik genutzt worden sei.[72]

Da mit dem 10./16. Jh. gerade ihrer Zeit mehrere Sammlungen der Vierzig Dschihad Hadithe zugeordnet werden können, sei nun auf die Frage zurück zu kommen, wer mit der jeweiligen Hadithauswahl motiviert werden soll. Selbst wenn das Format der Vierzig Hadithe den Vorteil bietet, auch Gläubigen und Interessierten abseits der Gelehrtenkreise ein Thema zugänglich zu machen, ist nicht zwingend davon auszugehen, dass zum Beispiel unter den osmanischen Soldaten intensiver Gebrauch von diesen kleinen Sammlungen gemacht wurde. Es geht nicht darum, die religiöse Motivation hier gänzlich auszuschließen; sie wird nur ein Antrieb unter vielen gewesen sein, zu denen auch materielle Aspekte wie die Beute und Auszahlung sowie das gemeinsame Mahl der Soldaten vor der Schlacht gehö-

---

69 Zudem sollen ethnologische Untersuchungen gezeigt haben, „daß Kriegserfahrung viel spontane Alltagsreligiosität stimuliert.“ Graf (s.a.), S. 11.

70 Im Kontext „osmanischer Piraten“ spricht auch Albrecht Fuess davon, dass diese sich scheinbar nicht immer an die Regelung der Beuteverteilung im Sinne der *šarīʿa* gehalten hätten, sondern durchaus alles untereinander verteilten, ohne das „Prophetenfünftel“ (*ḫums*) zu berücksichtigen, vgl. Fuess (2013), S. 196. Auch Müller erwähnt ein größeres Interesse der Truppen an der Beute als an den religiösen Pflichten, vgl. Müller (1991), S. 175.

71 Murphey (1999), S. 146.

72 Vgl. ebd., S. 141-146. In einem Artikel über den Wandel muslimisch-christlicher Beziehungen im 7./13. Jh. konstatiert R. Stephen Humphreys bereits Vergleichbares für ayyubidische und mamlukische Herrscher, vgl. Humphreys (1998), S. 4f.

ren. In letzterem Kontext nennt Murphey gemeinsame Gebete und Kampfesreden,[73] in denen mit Sicherheit auch Dschihad-Hadithe ihren Platz hatten. Im speziellen Fall der Vierzig Dschihad Hadithe wird sich ihr händelbares Format dafür geeignet haben, eine Auswahl an motivierenden Prophetenaussprüchen direkt parat zu haben. In diesem Fall wäre die Frage nach dem Adressaten der Hadithauswahl mit dem beschenkten Herrscher und seinem Heer zu beantworten. Ob die Vierzig Dschihad Hadithe tatsächlich in dieser Form unmittelbar vor einer Schlacht der Osmanen ihren Einsatz hatten, gilt noch zu erforschen. Die erhaltenen, schön verzierten Herrschergeschenke zeugen nicht von einem derartigen Einsatz, zumal in ihnen die für in der Lehre gebrauchte, arabischsprachige Werke üblichen Audienzeinträge fehlen, die zumindest bedingt Auskunft über die Zuhörerschaft geben können. Auch ist beispielsweise die besondere Darstellung von Ṣalāḥ ad-Dīns Hadithüberlieferung und die in seinem und Nūr ad-Dīn Zanǧīs Kontext fehlenden Berichte zur tatsächlichen und direkten Motivation zum Kampf mittels der Vierzig Dschihad Hadithe eher Indizien dafür, dass die kleinen Hadithanthologien primär der Motivation eines beschenkten Herrschers und der Legitimation seines Handelns dienten.[74] Damit wären die Vierzig Dschihad Hadithe als Teil der Gelehrtenwelt zu sehen, die im Wesentlichen der Information von begrenzten Personenkreisen dienen: den Sammlern, den Hadithschülern und den Beschenkten der politischen Elite. Ihr Einsatz und ihre Auswirkung außerhalb dieser Kreise muss zumindest mit einem deutlichen Fragezeichen versehen werden und bedarf – gerade im Hinblick auf die Aussage über „Hadithsammlungen als Motivation der muslimischen Kämpfer“[75] – weiterer Nachforschung.

---

73 Vgl. Murphey (1999), S. 152-160.

74 Hillenbrand erwähnt für die Zeit nach dem ersten Kreuzzug einen *qāḍī*, der sich vor dem Beginn eines Kampfes zum Predigen unter den Soldaten befunden haben soll, und merkt an, dass es sich dabei um ein vereinzeltes Beispiel für die Kampfesstimulation mittels Dschihad handeln soll, vgl. Hillenbrand (1999), S. 109. Im Hinblick auf den Aspekt der Herrscherlegitimation lassen sich allgemein unter verschiedenen Dynastien Parallelen ziehen: Wie sich im Kontext Ibn ʿAsākirs noch zeigen wird, nutzte Nūr ad-Dīn Zanǧī nach der Eroberung von Damaskus den Einfluss örtlicher Gelehrter, um für die Anerkennung seiner Herrschaft unter den Einwohnern zu sorgen. Dasselbe Vorgehen findet sich auch in den Beschreibungen osmanischer Herrschaft im Maghreb: Die Osmanen sicherten sich die Unterstützung der Gelehrten bei der religiösen Legitimierung ihrer Macht und nutzten sie als Sprachrohr zur lokalen Bevölkerung, vgl. Touati (2010), S. 532-536. Zu Gelehrten als Garanten der Herrscherlegitimität im mamlukischen Kontext s. bspw. Levanoni (2010), S. 240f.; Marín (2010), S. 681f., 696-701.

75 So zum Beispiel Frenkel (2011), S. 108, 119f.

Zurück zu den einschlägigen Sammlungen, die der Osmanenzeit zugeordnet werden können: Neben den Vierzig Hadithen ʿAlī b. Ḥāǧǧī Muṣṭafās ist auch die Sammlung Sīrūzīs allein durch Karahan belegt. Die in der Istanbuler Süleymaniye einsehbare Hadithauswahl ist mit *Aḥādīṯ al-arbaʿīn fī tarġīb al-ǧihād* betitelt und fällt durch eine reine Wiedergabe der Hadithinhalte auf, bei der sogar auf die Angabe des Propheten und der Erstüberlieferer verzichtet wurde. Die Überlieferungen selbst sind in arabischer Sprache angeführt, die kurzen Erläuterungen dazu erfolgen in osmanischem Türkisch. Der volle Name des Sammlers wird am Ende der ersten Manuskriptseite mit Muṣṭafā b. ʿAbd al-Karīm Sīrūzī angegeben, den Karahan zeitlich nicht näher bestimmen kann. Er hält dieses kleine Werk auch insgesamt für unbedeutend. Bei dem Sammler könnte es sich um den von Ismāʿīl Bāšā aufgeführten Muṣṭafā as-Sīrūzī handeln, dessen Todesjahr er mit 973/1566 und die weitere Genealogie mit b. ʿAbd Allāh ar-Rūmī Lāʾiḥī angibt. Ein Hinweis auf die Vierzig Dschihad Hadithe oder generell eine Verbindung zur Hadithwissenschaft findet sich hier nicht, sondern lediglich die Anmerkung, die Schriften Sīrūzīs gehörten in den Bereich des *adab* – die zeitliche Zuordnung des Sammlers gilt entsprechend unter Vorbehalt.[76]

Die letzten Sammlungen der osmanischen „Blütezeit"

Während sich ʿAlī b. Ḥāǧǧī Muṣṭafā und Muṣṭafā Sīrūzī in ihren Vierzig Hadithen allgemein mit den Vorzügen des Dschihad und seinem Anreiz auseinandersetzen, behandelt ʿAbd Allāh Efendī r-Rūmī l-ʿUṯmānī unter dem Titel *Ḥadīṯ al-arbaʿīn li-faḍāʾil ar-ramy* wiederum den spezielleren Bereich über die Vorzüge des Bogenschießens. Auch seine Sammlung ist den türkischsprachigen Vierzig Hadithen zuzuordnen und scheint ein Jahrhundert später als die drei vorigen entstanden zu sein. Abgesehen von der Information, dass ʿAbd Allāh um 1093/1682 lebte, machen die Karabuluts in ihrer Enzyklopädie keine weiteren Angaben. Entsprechend wenig aufschlussreich verlief auch bei diesem Sammler die Recherche nach seinen Hintergründen. Zumindest der Titel Efendī weist aber daraufhin, dass er den religiösen Gelehrten zugerechnet wurde.[77]

---

76 Vgl. Karahan (1954), S. 279f., 297; Ismāʿīl Bāšā (1951), Bd. 2, S. 436; Kaḥḥāla (1960), Bd. 12, S. 262.

77 Vgl. Karabulut (2006), Bd. 2, S. 1483 (Nr. 4109.2). In Kaḥḥālas *Muʿǧam al-muʾallifīn* ((1958), Bd. 6, S. 16, 81, 99) beispielsweise finden sich gleich mehrere Einträge, die auf den Sammler hinweisen könnten: Sowohl ʿAbd Allāh al-Afandī (gest. 1130/1718), ʿAbd Allāh Afandī (gest. 1143/1730), als auch ʿAbd Allāh ar-Rūmī (gest. 1167/1754) kämen zeitlich und dem Namen nach für obige Person in Frage. Doch

ʿAbd Allāh Efendī scheint in der Zeit gelebt zu haben, für die Rhoads Murphey von einem intensiven Austausch zwischen dem Osmanischen Reich und seinen christlichen Nachbarn spricht. Zwar stellt er in Frage, ob ein interkultureller Dialog wirklich stattgefunden hat, doch konstatiert er, „dass Mitte des siebzehnten Jahrhunderts die Idee der Massenmobilisierung zum Einsatz gegen die 'Ungläubigen' wenig von ihrer früheren Dynamik, Glaubwürdigkeit und Attraktion bewahrt hat und zunehmend als anachronistischer und undurchführbarer Erhalt vergangener Zeit betrachtet wird."[78] Es ist die Zeit, ab der dem Osmanischen Reich ein zunehmender Verfall nachgesagt wird: Mitunter die schwindende Autorität des Sultans und verbreitete Korruption führten zu Unruhen und einer inneren Schwächung des Reichs. Albert Hourani kritisiert derartige Darstellungen dahingehend, dass gemeinhin die Begriffe Niedergang und Zerfall Anwendung finden und die vorangegangene Zeit entsprechend als ‚goldenes Zeitalter' stilisiert würde. „Statt von einem allgemeinen Niedergang zu sprechen", so sein Plädoyer, „ist es wohl richtiger zu sagen, daß es zu einer Anpassung osmanischer Herrschaftsmethoden und des Machtgleichgewichts innerhalb des Reiches an die sich verändernden Umstände gekommen war."[79] Mit diesen Änderungen gingen auch Niederlagen in kriegerischen Auseinandersetzungen mit den europäischen Mächten einher, die die osmanischen Sultane schließlich zum Umdenken zwangen: Während sie sich bis zur Regierungszeit Sulaymāns (reg. 926-974/1520-1566) als *ġuzāt* verstanden, die aktiv an der Kriegführung teilhatten, scheint sich diese Rolle nach seiner Zeit gewandelt zu haben. Es wurden zunehmend Friedensverträge ausgehandelt und auf diplomatischen Austausch gesetzt.[80] Dies könnte ein Indiz für die leicht rückgängige Anzahl der Sammlungen zur Dschihad-Thematik sein. Neben einer anonymen Handschrift, von der aus entsprechender Zeit noch eine Abschrift erhalten ist, sind mit Ausnahme der Beiträge aus dem maghrebinischen Raum erst ab Ende des 12./18. Jhs. wieder osmanische Sammlungen belegt.

---

sind die Einträge derart knapp gehalten und lassen keinen Bezug zur Thematik erkennen, dass eine eindeutige Zuordnung unmöglich ist. Zum osmanischen Titel „Efendī", der griechischen Ursprungs ist und auf in der islamischen Theologie gebildete Personen angewendet wurde, siehe Matuz (2010), S. 92; Lewis, B.: Efendi. In: EI² II (1965), S. 687. Matuz zufolge führten bereits in der Zeit Sulaymān ‚des Prächtigen' die „Beamten der Zentralverwaltung [.] den Titel *çelebi*, erst in späterer Zeit wurden sie *efendi* genannt." Matuz (2010), S. 92.

78 Murphey (1999), S. 145.

79 Hourani (2016), S. 319. Widerspruch gegen die Darstellung des Niedergangs bspw. auch bei Kellner-Heinkele (2001), S. 323-344.

80 İnalcık (1970): Heyday, S. 341-353; Heyd (1970), S. 354ff.; Imber (2010), S. 341f., 347ff., 354; Fuess (2014): Belagerung, S. 21ff.; Hourani (2016), S. 318-322, 328f.; Faroqhi (2010), S. 383f., 392; Masters (2010), S. 420f.; Kellner-Heinkele (2001), S. 332f.; Matuz (2010), S. 132-208.

Die anonyme Handschrift, deren Niederschrift auf das Jahr 1023/1614 datiert wird, trägt den Titel *Arbaʿūn ḥadīṯan ʿan rasūl Allāh fī faḍāʾil al-ǧihād* und wird im Katalog der Mailänder Bibliotheca Ambrosiana aufgeführt. Es ist von einem türkischen Kommentar die Rede, wobei auf Carl Brockelmanns Eintrag zu Ibn ʿAsākirs Vierzig Dschihad Hadithen verwiesen wird. Es ist durchaus denkbar, dass dessen Sammlung von anderen Hadithgelehrten aufgegriffen und auch in anderen Sprachen kommentiert wurde. Allein mit Blick auf die Auflistung aller bekannter Vierzig Hadithe[81] fällt eine verhältnismäßig große Anzahl an Verweisen auf sein Werk auf, woraus sich schließen lässt, dass die Dschihad-Sammlung Ibn ʿAsākirs eine der bekannteren war. Die zum Ende des kurzen Katalogeintrags beispielhaft angeführten Hadithe aus der Sammlung entsprechen jedoch nicht der Auswahl Ibn ʿAsākirs. Bei allen drei Hadithen handelt es sich zwar um bekannte Überlieferungen, die in fast jeder Sammlung der Vierzig Hadithe über den Dschihad zu finden sind, doch trifft die Reihenfolge auf keine der vorliegenden Sammlungen zu. Entsprechend wird das anonyme Manuskript unter Vorbehalt als eigenständige Sammlung gezählt.[82] Im Hinblick auf die mindestens elf nicht vorliegenden Vierzig Dschihad Hadithe, von denen wenn überhaupt nur Sammlername und Titel überliefert sind, ist aber in Betracht zu ziehen, dass es sich möglicherweise um eines dieser Werke handeln könnte, womit sich die Anzahl der Vierzig Hadithe über den Dschihad und Verwandtes auf siebenundzwanzig reduzieren würde. Zwar gibt es vom genauen Wortlaut der jeweiligen Titel her keinerlei Überschneidungen unter den betroffenen Werken, doch kommt es durchaus vor, dass eine Schrift unter verschiedenen Titeln gehandelt wird. Das wohl berühmteste Beispiel in unserem Kontext sind die Vierzig Hadithe Ibn ʿAsākirs, die sowohl unter *Al-arbaʿūn fī l-ḥaṯṯ ʿalā l-ǧihād* als auch *Al-iǧtihād fī iqāma farḍ al-ǧihād* bekannt sind.

3.2 Maghrebinische Vierzig Dschihad Hadithe

Auch wenn das Einflussgebiet des Osmanischen Reiches zur Zeit seiner weitesten Ausdehnung bis ins heutige Algerien reichte[83], sind die Vierzig Dschihad Hadithe maghrebinischen Ursprungs separat zu behandeln, da zumindest die wenigen, eindeutig zuordenbaren Sammlungen dieser Art in dem von der osmanischen Herrschaft unabhängigen westlichen Maghreb,

81 Siehe Liste D in Bartschat (2019).

82 Vgl. Löfgren, Oscar / Traini, Renato: Catalogue of the Arabic Manuscripts in the Bibliotheca Ambrosiana. Bd. 1: Antico Fondo and Medio Fondo. Vicenza: Neri Pozza 1975 (= Fontes Ambrosiani; 51), S. 108 (Nr. 202); Brockelmann SIII (1942), S. 1315.

83 Vgl. İnalcık (1970): Heyday, S. 334 (Karte); Hourani (2016), S. 322; Masters (2010), S. 414; Touati (2010), S. 503-545.

dem heutigen Marokko entstanden. Mit ihrer Entstehung zwischen dem 11./17. und 13./19. Jahrhundert weisen sie jedoch eine zeitliche Überschneidung zu den Sammlungen mit osmanischem Bezug auf und werden zur Wahrung der chronologischen Gruppierung aller Sammler hier in einem eigenen Unterkapitel zwischen den osmanenzeitlichen Sammlern behandelt.

Der in vielen Studien dargestellte starke Anstieg an dschihadbezogenen Schriften (s. Einleitung) aufgrund der äußeren Bedrohung im 5-7./11-13. Jh. durch die Kreuzritter und Mongolen in Syrien und Ägypten, sowie die Christen auf der Iberischen Halbinsel, lässt sich anhand einschlägiger Vierzig Hadithe nur für ersteren Kontext bestätigen. Erst ab dem 11./17. Jh. sind auch für den maghrebinischen Raum wenige, explizit dschihadbezogene Vierzig Hadithe zu verzeichnen. An dieser Stelle sei daran erinnert, dass die quantitative Erhebung der Vierzig Hadithe und mit ihr die Erkenntnis über Sammlungen mit einem Fokus auf dem Dschihad keineswegs Vollständigkeit suggerieren soll. Vielmehr ist davon auszugehen, dass weitere Sammlungen dieser Art verloren gegangen oder bisher unentdeckt sind. Geschichtliche Überblicke über den Maghreb datieren Offensiven im heutigen Marokko und Algerien von portugiesischer und spanischer Seite auf das 9./15. Jh.; G. Yver spricht für dieses und das darauffolgende Jahrhundert gar von einer „Wiederbelebung des Islams“[84] und Houari Touati von derselben in Bezug auf den *ribāṭ*. Religiöse Führer sollen in zahlreichen Grenzfestungen an der Mittelmeerküste für die Versorgung der Kämpfer, die Aufbringung von Mitteln zum Freikauf gefangener Muslime, sowie den Aufruf zum Dschihad gesorgt und zum Teil ihre Schüler selbst in den Kampf geführt haben.[85] Dass viele von ihnen einem sufischen Orden angehörten, unterstreicht einmal mehr die enge Verbindung von Sufik und Dschihad.

Für die vielfach in Auseinandersetzung mit einer äußeren Bedrohung entstandenen Vierzig Dschihad Hadithe wären diese Ereignisse ausschlaggebend genug für weitere Sammlungen, zumal in Darstellungen des Kampfes gegen die Portugiesen und Spanier wie die Yvers und Touatis beispielsweise von ‚*holy war*‘[86] die Rede ist. Neben dieser äußeren Bedrohung kann für den ma-

84 Yver (1986), S. 1190.

85 Vgl. ebd., S. 1190f.; Touati (2010), S. 533f.; Mantran (1970), S. 240, 247; Müller (1991), S. 89; Sivers (2001), S. 508; Terrasse (1960), S. 355; Abun-Nasr (1971), S. 202, 206. In diesem Zusammenhang fanden *zāwāya* (Sg. *zāwiya*, wörtlich „Winkel, Ecke“) stärkere Verbreitung: kleine Moscheen mit dem Grab eines Heiligen und Räumlichkeiten für Lehre und Beherbergung, in denen sich religiöse Bruderschaften niederließen. Sie wurden zu Zentren beim Lehren des Dschihad, vgl. Sivers (2001), S. 536; Levtzion (1975), S. 145-148; Cory (2010), S. 455, 463; Lévi-Provençal, E.: al-Maghrib. VIII. Intellectual life. In: EI² V (1986), S. 1208; Wehr (1985), S. 538.

86 Als Übersetzung zu *ǧihād*, mehr dazu s. Erläuterungen zur Einleitung von Yūsuf an-Nabhānis Vierzig Dschihad Hadithen im Kap. II.4.

ghrebinischen Kontext zudem insofern von einer internen gesprochen werden, da sich zum einen *murābiṭūn* nicht nur gegen die christlichen Eindringlinge zur Wehr setzten: Sie gingen ebenso gegen die derzeit herrschende Berberdynastie der Banū Waṭṭās (reg. 823-960/1420-1553) vor, denen sie Handlungsunfähigkeit im Hinblick auf die portugisischen Eroberungen bedeutender Orte an der Mittelmeer- und Atlantikküste vorwarfen. Zum anderen stellten die Osmanen mit ihrer Machtausweitung bis ins heutige Algerien ebenso eine Bedrohung dar. Mit ihnen gerieten die auf die Banū Waṭṭās folgenden Banū Saᶜd (reg. 960-1065/1553-1654) wiederholt in Auseinandersetzungen. Obwohl diese im Gegensatz zur Vorgängerdynastie erfolgreich gegen die portugiesische Besetzung von Städten an der Atlantikküste vorgegangen waren, kam es bei den Konflikten mit den Osmanen, deren Oberhoheit sie nicht anerkannten aufgrund ihres eigenen, mit der direkten Prophetenabkunft als einzig legitim begründeten Herrschaftsanspruchs, wiederum je nach Bedarf zu Bündnissen mit Spaniern und Franzosen. Des Weiteren sahen auch die Banū Saᶜd sich mit der Opposition einiger, vor allem in Fes stark vertretener Sufis konfrontiert, die infolgedessen rigoros unterdrückt worden sein sollen.[87] Die hier nur knapp angerissenen Begebenheiten könnten im Vergleich zu den Kontexten vorangegangener Vierzig Dschihad Hadithe genügend Anlass für weitere Sammlungen bieten, doch erfolgte die zumindest anhand vorliegender Werke nachgewiesene Reaktion der Sammler von Vierzig Dschihad Hadithen deutlich später. Lediglich ein Beitrag mit explizitem Bezug zum Dschihad und *ribāṭ* im Titel könnte den Ereignissen des 10./16. Jhs. zugeordnet werden; die Identität des Sammlers ist jedoch äußert vage belegt und nicht eindeutig geklärt.

Al-Quṣayrīs Vierzig Hadithe als möglicherweise erstes maghrebinisches Beispiel

Ein unter Vorbehalt erstes maghrebinisches Beispiel für die Vierzig Dschihad Hadithe könnte die Sammlung Abū ᶜAbd al-Karīm Muḥammad b. Yūsuf b. ᶜAbd ar-Raḥīm al-Quṣayrīs[88] mit dem Titel *Al-arbaᶜūn ḥadīṯan fī bayān*

---

[87] Vgl. Yver (1986), S. 1190f.; Touati (2010), S. 533f.; Mantran (1970), S. 238-248; Müller (1991), S. 89ff.; Sivers (2001), S. 509; Rogerson (2012), S. 240-250; Levtzion (1975), S. 145-148; Cory (2010), S. 453-465; Abun-Nasr (1971), S. 203-224; Terrasse (1960), S. 355f.

[88] Sowohl die in Zaydāns Katalog angegebene *nisba* al-Quṣayrī, als auch die anschließend genannte al-Qaṣrī lassen sich nicht eindeutig lokalisieren. Yāqūt ar-Rūmī spricht in Verbindung mit *qaṣr* und dem Diminutiv *quṣayr* von zahlreichen Orten und nennt Beispiele in Jordanien, Syrien, Ägypten und Jemen, vgl. Yāqūt (1869), S. 106, 126. Dem einzigen Eintrag der *Encyclopaedia of Islam* über Quṣayr zufolge ist jener Ort ein ägyptischer Hafen am Roten Meer, der zeitweise Teil der Reiseroute der Mekka-Pilger und eine Station für die Kornlieferung in den Ḥiǧāz war, vgl. Garcin, J.-Cl.: Ḳuṣayr. In: EI² V (1986), S. 518f. Yver wiederum nennt wenigstens zwei Orte

faḍl ar-ribāṭ wa-l-ǧihād sein. Yūsuf Zaydān verzeichnet sie als einziger in seinem Handschriftenkatalog einer kairiner Bibliothek und schlägt vor, es könne sich bei dem Sammler um Muḥammad b. Yūsuf b. Muḥammad al-Fāsī l-Maġribī l-Qaṣrī handeln, der 1052/1642 verstarb. Zaydān verweist dabei auf Kaḥḥālas *Muʿǧam al-muʾallifīn*, dessen Eintrag sich jedoch als wenig aufschlussreich erweist. Abgesehen vom Geburtsjahr 988/1580 und der vagen Information, dass sich der Sammler in einigen wissenschaftlichen Bereichen betätigte und daraus zahlreiche Schriften resultierten, bietet dieser, wie auch auf die bei Brockelmann und Ismāʿīl Bāšā verwiesenen Einträge keinerlei Hinweise auf eine Sammlung der Vierzig Hadithe, sowie überhaupt eine einschlägige Verbindung zur Hadithwissenschaft. Zaydān wiederum datiert die erhaltene Handschrift, die Teil eines Sammelwerks ist, auf das 10./16. Jh.[89] In diesem Fall hätte al-Quṣayrī seine Sammlung bereits in jungen Jahren verfasst.

Muḥammad Gannūns Beitrag zu den Vierzig Hadithen

Für den äußersten Westen der islamischen Welt sind bislang nur zwei[90] Vierzig Dschihad Hadithe eindeutig auszumachen. Wenn auch mit einem zeitlichen Unterschied von um die zweihundert Jahre sind sowohl die Sammlung Barakat at-Tiṭwānīs (gest. 1120/1709) als auch die Muḥammad Gannūns (gest. 1302/1885) in den Kontext des Widerstands gegen den europäischen Einfluss in Marokko einzuordnen.

Während Küstenstädte wie Agadir, Azammūr, Ṣafi oder al-Qaṣr aṣ-Ṣaġīr nur vorübergehend unter portugiesischen Einfluss gerieten und mit den Banū Saʿd ab Mitte des 10./16. Jhs. wieder einer muslimischen Dynastie unterstanden, gerieten Städte wie Ceuta aus portugiesischer in spanische, oder wie Melilla direkt und dauerhaft in spanische Hand.[91] Einer, der sich mit seiner Sammlung für die Rückeroberung einer nordmarokkanischen Küstenstadt eingesetzt zu haben scheint, ist Barakat at-Tiṭwānī. Sein Einsatz

---

in Marokko, die seit dem 9./15. Jh. der Eroberung durch Christen ausgesetzt waren und den *muǧāhidīn* als Ausgangspunkt bei ihrer Bekämpfung dienten, vgl. Yver (1986), S. 1190, 1193; ders.: al-Ḳaṣr al-Kabīr. In: EI² IV (1978), S. 729; ders.: al-Ḳaṣr al-Ṣag̲h̲īr. In: EI² IV (1978), S. 729f.

89 Vgl. Zaydān (1996), S. 93f. (Nr. 45); Brockelmann II (1949), S. 460 (hier dem mālikitischen Recht zugeordnet); Kaḥḥāla (1960), Bd. 12, S. 135f.; Ismāʿīl Bāšā (1951), Bd. 2, S. 280f.

90 Zuzüglich der teils dschihadbezogenen Sammlung Idrīs al-Kattānīs, die unter die modernen Beispiele fällt, s. Kap. I.4.

91 Vgl. Mantran (1970), S. 239f.; Sivers (2001), S. 506, 509; Rogerson (2012), S. 240-243; Abun-Nasr (1971), S. 203; Ferhat (1995), S. 690f.; Terrasse (1960), S. 356f.; Cour (1991), S. 892; Dabas, Mamdūḥ ad-: Sabta wa-Malīla. In: Al-mawsūʿa al-ʿarabiyya 10 (2004), S. 672f.

um das bis dato spanische Ceuta wird als maghrebinisches Beispiel der Vierzig Dschihad Hadithe nachfolgend näher vorgestellt (s. Kap. II.3).

Die seinerzeit bereits an die Macht gekommenen ʿAlawiden, die ihre Herkunft gleich ihren Vorgängern auf den Propheten Muḥammad zurückführen (*šurafāʾ*), hatten zu Beginn des 13./19. Jhs. mit zunehmenden Aufständen verschiedener Stämme[92] zu kämpfen. Der langjährige Herrscher Mawlāy Sulaymān (reg. 1208-1239/1794-1822) beabsichtigte zudem fremde und nicht-muslimische Einflüsse zu verhindern, indem er das Land systematisch isoliert haben soll. Langfristig konnten äußere Einflüsse jedoch schon deshalb nicht verhindert werden, da sich bereits unter seinem Nachfolger das Land weiter für den europäischen Handel öffnete. Neben den Kontakten auf wirtschaftlicher Ebene, die wenig zum Vorteil Marokkos gereichten, kam es auf polititscher Ebene zu Spannungen – 1260/1844 erst mit Frankreich, die aus der Unterstützung ʿAbd al-Qādir al-Ǧazāʾirīs (gest. 1300/1883) resultierten, und 1275/1859 schließlich mit Spanien. Aus kriegerischen Auseinandersetzungen mit Letzterem ging Marokko als klarer Verlierer hervor und hatte infolgedessen hohe Entschädigungsleistungen zu zahlen, die das Land in die Verschuldung trieben und einem noch stärkeren europäischen Einfluss aussetzten.[93]

In dieser Zeit lebte Abū ʿAbd Allāh Muḥammad b. ʿAbd as-Salām al-Madanī t-Tihāmī Gannūn, dessen Todesjahr von Brockelmann und Karahan mit 1302/1885 angegeben wird. Außer dass er einer der letzten großen Rechtsgelehrten Marokkos gewesen sein soll, der besonders in Marrakesch und Fes wirkte und wenigstens drei Sammlungen zu den Vierzig Hadithen beisteuerte, erfahren wir von ihnen nichts zur Person. Die Themen seiner Sammlungen betreffen die Vorzüge der Pilgerfahrt und des Gebets, sowie die Spende. Brockelmann verortet die Schriften in Fes und datiert sie auf die Jahre 1302[/1885] und 1308[/1891],[94] sodass es sich vermutlich um Niederschriften eines Schülers Gannūns handelt. Hinweise auf eine Dschihad-Sammlung finden sich hier nicht.

---

92 Nehemia Levtzion zufolge waren letztlich nicht einmal die erfolgreichsten Sultane Marokkos in der Lage, die unterschiedlichen Stämme der Araber und Berber in ihr Herrschaftssystem zu integrieren, vgl. Levtzion (1975), S. 147; Abun-Nasr (1971), S. 231-234. In dem Herrschaftszeitraum von den oben genannten Banū Waṭṭās bis zu den ʿAlawiden kam es nach dem Ableben erfolgreicher Herrscher immer wieder zu Machtkämpfen um die Nachfolge, sodass Marokko wiederholt Phasen durchlebte, die als Zeiten der Anarchie bzw. *fitna* betitelt werden, vgl. bspw. Levtzion (1975), S. 148, 151; Terrasse (1960), S. 355; Sivers (2001), S. 535; Rogerson (2012), S. 255; Cory (2010), S. 454, 461-465, 469-474.

93 Vgl. Yver (1986), S. 1192f.; Raymond (1970), S. 266-270; Müller (1991), S. 91f., 130-140; Sivers (2001), S. 537-540; Terrasse (1960), S. 356f.; Rogerson (2012), S. 252-256; Cory (2010), S. 473f.; Abun-Nasr (1971), S. 246, 284-292; Cook (2005), S. 85ff.

94 Vgl. Brockelmann SII (1938), S. 886; Karahan (1954), S. 37, 39f., 71, 75, 82.

Der *Malik ᶜAbd al-ᶜAzīz Āl Saᶜūd Foundation* in Casablanca liegt jedoch ein Manuskript mit dem Titel *Arbaᶜūn ḥadīṯan fī faḍl al-ǧihād wa-t-tarġīb fīhi wa-fī l-ġazw wa-r-ribāṭ wa-ḏimm al-mutaḫallifīn ᶜanhū wa-t-tārikīn lah* vor.[95] Einblicke in dieses wurden mir nur in Form einer (teils unvollständigen) Kopie von schlechter Qualität gewährt, die zumindest eine Auswahl von dreiundvierzig Hadithen erkennen lässt und abschließend mit *Anfang al-Muḥarram 1326* (d.i. Februar 1908) datiert ist. Die Niederschrift, die als Sammler den Namen Muḥammad at-Tihāmī b. al-Madanī ᶜAlī Gannūn trägt, wäre demnach ebenfalls posthum und vermutlich von einem Schüler erstellt worden. Die ähnliche Aufmachung und der Duktus sprechen für den selben Schreiber wie dem des online einsehbaren Manuskripts von Gannūns *Arbaᶜūn ḥadīṯan fī faḍl aṣ-ṣalāt ᶜalā n-nabī*[96], das Brockelmann ebenfalls auf nach seinem Ableben datiert. Hier ist eine nähere Erforschung von Sammler und Manuskript zu wünschen, da das Werk bislang in keiner Edition vorliegt und eine Falschzuschreibung zudem nicht ausgeschlossen werden kann. Das Vorwort von ᶜAbd al-Ḥāfiẓ al-Fāsīs (gest. 1383/1964) *Buldāniyya* beinhaltet wenigstens zwei weitere Hadithgelehrte aus Fes, die den Namen Gannūn tragen, eventuell Nachkommen des Rechtsgelehrten sein könnten und ebenfalls Beiträge zu den Vierzig Hadithen leisteten. Beide lebten mutmaßlich im 14./20. Jh. und dürften die Auswirkungen der bereits zu Lebzeiten Muḥammad Gannūns häufigen Aufstände in Marokko und Reformbestrebungen, die im Jahr 1330/1912 letztendlich erfolgte Proklamation als französisches Protektorat, sowie den Ersten Weltkrieg erlebt haben.[97] Ob die in Casablanca vorliegenden Vierzig Dschihad Hadithe eine Reaktion auf die sich zuspitzenden Ereignisse am Vorabend der Proklamation sind oder ob sie tatsächlich auf den im vorangegangenen Jahrhundert verstorbenen Muḥammad Gannūn zurückgehen und dabei womöglich in Anlehnung an ᶜAbd al-Qādirs Aktivitäten[98] und damit in Reaktion auf die

---

95 Malik ᶜAbd al-ᶜAzīz Āl Saᶜūd Foundation, Nr. XX(232475.1).

96 Siehe http://salou3alayhi.blogspot.de/2011/01/blog-post_03.html (zuletzt eingesehen am 13.04.2017).

97 Vgl. Fāsī (2003), S. 3, 17f.; Kaḥḥāla (1958), Bd. 5, S. 234f., Bd. 6, S. 105 (bei beiden Einträgen könnte es sich um die Gannūns handeln, die aus der Einleitung al-Fāsīs hervorgehen; Hinweise auf Vierzig Hadithe finden sich hier jedoch nicht); Yver (1986), S. 1193f.; Raymond (1970), S. 270-277; Müller (1991), S. 49, 136-140; Sivers (2001), S. 540f.

98 ᶜAbd al-Qādirs Vater war in Westalgerien der Stellvertreter des ᶜalawidischen Sultans von Marokko und einer der ersten, die mit Unterstützung von Anhängern zweier Sufiorden den Kampf gegen die Franzosen Anfang der dreißiger Jahre des 13./19. Jhs. aufnahmen. ᶜAbd al-Qādir übernahm unter dem Titel *amīr al-muʾminīn* die Führung des ‚Dschihad gegen die Franzosen' und trat gleichzeitig in Verhandlungen mit ihnen. In seiner Amtszeit sorgte er dann für einen besseren „Anschluß an die europäische Waffentechnologie des frühen neunzehnten Jahrhunderts" (Sivers, (2001), S. 554) und konnte sich mit seinen Truppen ein knappes Jahrzehnt lang gegen die

1246/1830 begonnene Einnahme Algeriens durch Frankreich zu sehen sind, gilt noch zu erforschen.

3.3 Spätere osmanenzeitliche Vierzig Dschihad Hadithe

> Die Napoleon-Expedition [1798; Erg. d. Verf.] veränderte das Konzept des Heiligen Krieges im islamischen Raum dergestalt, dass der Kampf gegen die Eindringlinge wieder wie zu Zeiten der Kreuzfahrer einen eindeutig defensiven *ǧihād*-Charakter erhielt, *ġazwa* war nicht mehr möglich.[99]

Dieses Ereignis sowie die anschließende Besetzung großer Teile der islamisch geprägten Regionen im Verlauf des 13./19. und 14./20. Jhs. hatten gewalttätige und friedfertige Formen des Widerstands zur Folge, bei denen der Terminus des Dschihad eine zentrale Rolle spielte. Albrecht Fuess zufolge kam es mitunter zu einem Denkansatz, demnach aufgrund verlorengegangener Moral und religiöser Einstellung den Muslimen von Gott der Kolonialismus als Prüfung auferlegt worden sei. In diesem Kontext wird erneut der Kampf gegen die innere Triebseele als Dschihad aufgefasst und betont.[100] Im Zuge dieser Entwicklungen entstanden zahlreiche Schriften zum Dschihad, darunter – neben den bereits thematisierten maghrebinischen Beiträgen – wenigstens vier Vierzig Dschihad Hadithe bis zum Ende der Osmanenzeit und fünf weitere Sammlungen, die erst im Verlauf der vergangenen zwanzig Jahre erstellt wurden und unterschiedlich stark die kriegerische oder defensive Seite des Dschihad betonen.

Von den vier kleinen, dschihadbezogenen Anthologien, die bis zum Beginn des 14./20. Jhs. entstanden, wird die zeitlich späteste und zugleich einzige arabischsprachige des palästinensischen Gelehrten Yūsuf an-Nabhānī als Beispiel für die Osmanenzeit näher vorgestellt (s. Kap. II.4). Die übrigen drei erhaltenen Sammlungen sind ausschließlich speziell zum Bereich des Bogenschießens erstellt worden. Unter der Fragestellung, welchen Hintergrund die Thematisierung der Kriegsführung auf diese Weise hat, steht eine

---

Franzosen behaupten, bevor er sich 1259/1843 gezwungen sah in Marokko Asyl zu suchen. Von der marokkanischen Bevölkerung soll er Abun-Nasr zufolge als Held empfangen worden sein, wohingegen ihm der marokkanische Sultan infolge einer Niederlage gegen die Franzosen bereits im Folgejahr die Unterstützung versagte und ihn zum Gesetzlosen erklärte. ʿAbd al-Qādir führte noch bis 1264/1847 Angriffe sowohl auf die Franzosen als auch die marokkanische Armee des Sultans, bevor er besiegt und in Frankreich inhaftiert wurde. Nach seiner Freilassung fünf Jahre später emigrierte er schließlich nach Damaskus, wo er sich die übrigen dreißig Jahre seines Lebens religiösen Studien gewidmet haben soll, bevor er 1300/1883 verstarb, vgl. Sivers (2001), S. 553f.; Abun-Nasr (1971), S. 240-247, 287f.; Brockelmann SII (1938), S. 886f.

99 Fuess (2014): Belagerung, S. 23f.

100 Vgl. ebd., S. 26f.; Matuz (2010), S. 220; Müller (1991), S. 51, 176.

Aufarbeitung dieser drei türkischsprachigen Vierzig Hadithe noch aus. Diesbezüglich sei lediglich angemerkt, dass zu jener Zeit Schusswaffen und Artillerie längst in Gebrauch waren und mit den Mamluken bereits viel früher eine Dynastie ihr Ende fand, weil sie unter anderem auf die „ehrvollen" Methoden des Kampfes setzte und sich nicht (ausreichend) der technischen Entwicklung der Zeit anpasste. Albert Hourani zufolge verfügte das osmanische Heer bereits seit Ende des 9./15. Jhs. über Schusswaffen und Suraiya Faroqhi spricht von einem weitläufigen Gebrauch von Kanonen, Handfeuerwaffen und Schießpulver im 11-12./17-18. Jh.[101] Es dürfte folglich kaum das Ziel der osmanischen Sammler gewesen sein, mit einer entsprechenden Hadithauswahl zu längst überholten Kampftechniken aufzurufen. Vielmehr lässt sich annehmen, dass sie mit ihren Sammlungen den kämpferischen Einsatz zur Zeit des Propheten betonen wollen, dessen Vorbild dann in die Umstände der aktuellen Zeit übertragen werden muss. Es soll zum Kampf motiviert werden, der Einsatz von Pfeil und Bogen ist dabei jedoch symbolisch aufzufassen.

Die Vierzig Hadithe ᶜAbd Allāh b. Muḥammad al-Ayyūbīs

Die bereits im Zusammenhang mit einer potentiellen Sammlung as-Samhūdīs genannte *Taḏkirat ar-rumāh* oder auch *Tarǧamat ḥadīṯ al-arbaᶜīn fī taᶜlīm ar-ramy* des ᶜAbd Allāh b. Muḥammad Ṣāliḥ al-Ayyūbī l-Istānbūlī n-Naqšbandī (gest. 1252/1836) liegt nicht vor, soll aber Ali und Ahmet Karabulut zufolge, die als einzige auf diese Sammlung verweisen, 1234/1819 niedergeschrieben und dann 1263/1847 als Teil eines umfassenderen Werkes in Istanbul gedruckt worden sein. Die Sammlung wird damit eine der ersten überhaupt gewesen sein, die im osmanischen Reich gedruckt wurde. Zwar war hier bereits 1140/1727 die erste Druckerpresse errichtet worden, doch wurde vorerst nur der Druck nicht-religiöser Schriften genehmigt und die Presse schließlich nach der Herstellung von gut zwei Dutzend Werken Ende des Jahrhunderts wieder geschlossen. Çiğdem Harding zufolge erlangte der Druck letztlich erst mit der Zeitungsherstellung ab Mitte des 13./19. Jhs.

101 Vgl. Hourani (2016), S. 329; Faroqhi (2010), S. 379; Haarmann (1994), S. 246-249; ders. (2001), S. 251f.; Holt (1986), S. 193. Einen Überblick über Waffenarten, ihren Gebrauch und ihre Weiterentwicklung in den einzelnen Jahrhunderten ab 700/1300 gibt Peter von Sivers mitunter in seinem Artikel *Nordafrika in der Neuzeit*, in: Haarmann, Ulrich u. Halm, Heinz (Hrsg.): Geschichte der arabischen Welt. 4. überarb. u. erw. Aufl. München: C.H. Beck 2001 (= Beck's Historische Bibliothek), S. 502-604. Einen detaillierteren Einblick für die Zeit der Kreuzzüge gewährt zudem Carole Hillenbrand in ihrem Kapitel „Armies, Arms, Armour and Fortifications", in: Hillenbrand (1999), S. 431-509 (zu den einzelnen Waffen besonders ebd. S. 450-459).

seinen Durchbruch, also in der Zeit, in die dann auch die Anfertigung einer Druckausgabe mit den Vierzig Hadithen al-Ayyūbīs fällt.[102]

Einige Vierzig Hadithe Ibrāhīm Ḥanīfs

Den Vierzig Hadithen der beiden übrigen Sammler ist gemeinsam, dass sie bislang nur als Handschriften in Istanbul vorliegen. In beiden Fällen wird die Hadithauswahl in arabischer Sprache durch kurze Erläuterungen in (überwiegend) osmanischem Türkisch ergänzt. Der auffälligen Verzierung der Sammlungen nach zu urteilen sind die beiden, heute in der *İstanbul Üniversitesi Kütüphane* einsehbaren Werke als Herrschergeschenke zu sehen.

Um wen es sich bei einem der beiden Sammler mit dem Namen Ibrāhīm Ḥanīf b. Muṣṭafā handelt, ist Abdülkadir Karahan zufolge nicht endgültig geklärt. Ali und Ahmet Karabulut führen ihn mit den Beinamen al-Uskūbī l-Mawlawī, dann al-Istānbūlī l-ʿUṯmānī l-Ḥanafī an, der als Lehrer, Richter und Kalligraph tätig gewesen sein muss und unter den Namen al-Ḥanīf und Ḥanīf-zādah bekannt gewesen sein soll. Ihnen nach verstarb er 1189/1775 in Istanbul; Abdülkadir Karahan hingegen gibt als mögliches, jedoch mit Fragezeichen versehenes Sterbejahr 1217/1802 an und macht abgesehen von einigen wenigen Informationen zu zwei Vierzig Hadithen des Sammlers keine weiteren Angaben zur Person.[103]

Durch Ali und Ahmet Karabulut erfahren wir jedoch, dass die beiden von Karahan angeführten Sammlungen nicht die einzigen Werke dieser Art des Sammlers waren. Vielmehr tauchen unter den insgesamt einundzwanzig in Karabuluts Lexikon verzeichneten Schriften Ibrāhīm Ḥanīfs vier Werke des Sammlungstyps auf, die Letzterer mutmaßlich in seiner zweiten Lebenshälfte erstellte. Mit Ausnahme einer Sammlung zur Thematik präziser Rede – *Arbaʿūn ḥadīṯan min ǧawāmiʿ al-kalim* bzw. *Arbaʿūn ḥadīṯan bi-lafẓatayn* –, die undatiert bleibt, ergeben die Daten des Erstellens bzw. Niederschreibens seiner Sammlungen einen Zeitraum von dreißig Jahren, in denen sich Ḥanīf mit den Vierzig Hadithen auseinandersetzte.

Den Anfang macht bei ihm ein Kommentarwerk zu einer (nicht näher bestimmten) Sammlung von Vierzig Hadithen des Abū l-Ḥasan Nūr ad-Dīn ʿAlī b. Sulṭān Muḥammad al-Qārī l-Harawī (gest. 1014/1605), das Ibrāhīm Ḥanīf 1153/1740 verfasste und *Ad-durr aṯ-ṯamīn fī šarḥ ḥadīṯ al-arbaʿīn (li-ʿAlī l-Qārī)* betitelte. Bedingt durch die Ähnlichkeit der Titel ließe sich annehmen, dass die undatierte Sammlung Ḥanīfs ebenfalls ein *šarḥ*-Werk, wenn nicht sogar derselbe Kommentar sein könnte. Immerhin befin-

102 Vgl. Karabulut (2006), Bd. 2, S. 1444; Harding (2010), S. 432f.; Heyd (1970), S. 368.

103 Vgl. Karahan (1954), S. 253f.; Karabulut (2006), Bd. 1, S. 108ff.; Ismāʿīl Bāšā (1951), Bd. 1, S. 39.

den sich unter den vier Vierzig Hadithen ʿAlī l-Qārīs die *Arbaʿūn ḥadīṯan min ǧawāmiʿ al-kalim*. Da die Schriften Ḥanīfs nicht vorliegen, bleibt diese Annahme jedoch Vermutungen überlassen. Wenigstens ist aber von einem Einfluss al-Qārīs auf Ibrāhīm Ḥanīf auszugehen. Einige Titel seiner weiteren Werke neben den Vierzig Hadithen lassen zudem ein Interesse an den Schriften as-Suyūṭīs erkennen, sodass hier ebenso eine mögliche Verbindung zu den früheren Sammlungen von Vierzig Dschihad Hadithen gesehen werden kann. Seine Sammlung zu den Vorzügen des Schießens und der Pfeile entstand scheinbar ganze zwanzig Jahre nach dem Kommentar zu al-Qārīs Sammlung. Die Hadithauswahl ist in wenigstens drei Ausgaben erhalten, darunter in einer Sammelhandschrift aus dem Jahr 1174/1760-1, bei der sie aus der Feder des Sammlers selbst stammen soll. Ali und Ahmet Karabulut betiteln die Vierzig Hadithe mit *Sahm al-iṣāba fī faḍāʾil ar-ramy wa-s-sihām* bzw. *Tarǧamat ḥadīṯ al-arbaʿīn (fī faḍāʾil ar-ramy)*, Abdülkadir Karahan wiederum mit *Arbaʿūn ḥadīṯan fī ramy s-sihām*. Letzterer führt die Sammlung unter den türkischsprachigen an, verweist aber darauf, dass es sich, ausgenommen der Einleitung und der unter *fāʾida* („Lehre") stehenden Anmerkungen zu den letzten beiden Hadithen in osmanischem Türkisch, um ein arabisches Werk handelt. Als Grund für das Erstellen dieser Sammlung gibt Ibrāhīm Ḥanīf den gängigen Wunsch an, zu den im *man ḥafiẓa*-Hadith erwähnten Personen zu gehören und die Fürbitte des Gottgesandten am Tag des Jüngsten Gerichts zu erhalten. Entsprechende Motivation wird ihn wohl auch zu seiner dritten Sammlung bewogen haben, die ins Jahr 1181/1767 datiert wird und die Vorzüge der Handschrift und des Schreibens zum Thema hat.[104] Der Inhalt dieser Sammlung, der *Durar as-saḥāba fī faḍāʾil al-ḫaṭṭ wa-l-kitāba* bzw. *Tarǧamat ḥadīṯ al-arbaʿīn fī faḍāʾil al-ḫaṭṭ wa-l-kitāba* – steht dem Anschein nach in enger Verbindung zu Ḥanīfs Beinamen *al-ḫaṭṭāṭ*, dem Schreiber oder Kalligraphen, und lässt Rückschlüsse auf das Interesse des Sammlers zu.

Weitere Angaben zu den Hintergründen seiner Dschihad-Sammlung scheint Ibrāhīm Ḥanīf nicht zu machen. Für eine Reaktion auf die Invasion Napoleons in Ägypten im Jahr 1212/1798, die von osmanischer Seite mit britischer Hilfe nach drei Jahren beendet wurde, kam die Sammlung Ibrāhīm Ḥanīf b. Muṣṭafās zu früh. Denkbar wäre, dass der Sammler diese, wie auch seine weiteren Vierzig Hadithe zu Unterrichtszwecken und - wie er selber sagt - in Hoffnung auf den jenseitigen Lohn erstellte, und speziell die dschihadbezogene Sammlung dann im Kontext des mehrjährigen osmanisch-russischen Krieges von 1182/1768 bis 1188/1774[105] als Herrscherge-

---

[104] Vgl. Karahan (1954), S. 253f.; Karabulut (2006), Bd. 1, S. 108ff.

[105] Vgl. Holt (1970), S. 378; Matuz (2010), S. 198-211; Heyd (1970), S. 364; Aksakal (2016), S. 57.

schenk erneut niederschreiben ließ. Bei der in der *İstanbul Üniversitesi Kütüphane* einsehbaren Ausgabe der *Arbaʿūn ḥadīṯan fī ramy s-sihām* handelt es sich um ein äußerst schön verziertes Manuskript,[106] das sicher nicht für den alltäglichen Gebrauch gedacht war, und bei dem es sich aber auch nicht um das Autograph des Sammlers aus dem Jahr 1174/1760-1 handelt. Jedoch erwähnen weder Karahan noch die Karabuluts einen Herrschernamen, dem Ibrāhīm Ḥanīf die Sammlung gewidmet haben könnte. Ob sie also konkret dem auch nach Ableben Ibrāhīm Ḥanīfs noch andauernden osmanisch-russischen Konflikt zuzuordnen ist, gilt noch zu erforschen. Erst bei der späteren Abschrift lässt sich in Verbindung mit den Vierzig Hadithen ʿAbd Allāh b. Ismāʿīls ein Zusammenhang zu einem osmanischen Sultan herstellen, den Ibrāhīm Ḥanīf selber jedoch nicht mehr erlebte.

Die Vierzig Hadithe ʿAbd Allāh b. Ismāʿīls

Eine nahezu identische Verzierung zur Sammlung Ibrāhīm Ḥanīfs findet sich bei der letzten, hier noch zu behandelnden Dschihad-Sammlung der späten Osmanenzeit: ʿAbd Allāh b. Ismāʿīl Efendīs *Ḥadīṯ arbaʿīn durr ḥaqq tīr wa-kamān* sind Teil einer Sammelhandschrift der *İstanbul Üniversitesi Kütüphane*, der auch die Vierzig Hadithe Ibrāhīm Ḥanīfs angehören. Wer der Kopist war oder ob ʿAbd Allāh b. Ismāʿīl die Sammlung Ibrāhīm Ḥanīfs zusammen mit seiner eigenen niederschrieb, geht aus dem erhaltenen Manuskript nicht hervor. Sichtbar wird hier nur, dass beide Sammlungen neben der ähnlichen Verzierung in derselben Handschrift geschrieben wurden. Die Sammlung ʿAbd Allāh b. Ismāʿīls ist dabei insofern ausführlicher, dass bei sämtlichen Hadithen die Erstüberlieferer genannt werden, die Ibrāhīm Ḥanīf zum Teil wegließ. Des Weiteren wird eine jede Überlieferung auf ihre Quelle zurückgeführt, wodurch ʿAbd Allāh b. Ismāʿīl seine breite Kenntnis an umfassenden Hadithsammlungen präsentiert, die über den Bestand der *kutub as-sitta* hinausreicht. Schließlich kommentiert er jede einzelne Überlieferung, die gleich der Auswahl Ibrāhīm Ḥanīfs das Bogenschießen thematisiert. Karahan spricht in diesem Kontext von einem rein didaktischen Stil, der entgegen dem sonst gängigen Vorgehen in türkischsprachigen Sammlungen bei den Erläuterungen ohne Versform auskommt. ʿAbd Allāh b. Ismāʿīl war Karahan zufolge zur Herrschaftszeit Maḥmūds II (reg. 1223-1255/1808-1839) Imam der Eyüp-Sultan-Moschee in Istanbul, soll seine Vierzig Hadithe 1233/1818 zusammengestellt und diese eben jenem osmanischen Sultan auch gewidmet haben.[107] Mutmaßlich schenkte er ihm bei der Gelegenheit die gut vierzig Jahre zuvor entstandene Sammlung Ibrāhīm

[106] Siehe Umschlagabbildung.
[107] Vgl. Karahan (1954), S. 41f., 257f.

Ḥanīfs gleich mit; womöglich sorgte aber auch ein unbekannter Dritter für die Niederschrift beider Sammlungen, um sie dann dem Sultan bei seinem Einsatz im Kampf um den Erhalt des Osmanischen Reiches als Unterstützung zu schenken. Vielleicht sollten die Sammlungen aber auch eine Mahnung und Erinnerung an die Kriegsführung des Propheten sein, um sich auf dessen Vorbild zurück zu besinnen – eben eine „Beschwörung der guten alten Zeit“[108], wie Haarmann sie im Kontext von Werken des 9./15. Jhs. über das Bogenschießen mit rein frühislamischem Material sieht. Maḥmūd galt als einer der ‚reformfreudigen‘ Sultane, der das Militärwesen nach europäischem Maßstab zu modernisieren versuchte[109]. Das Jahrhundert, in dem der Sultan regierte, war

> ... geprägt von der Expansion des sich industrialisierenden bzw. industriellen Europas in den Vorderen Orient hinein, und zwar auf allen Ebenen. Die Gesellschaften dieser Region sahen sich einem permanenten Zwang zur Selbstbehauptung gegenüber, zur Adaption europäischer Kenntnisse und Errungenschaften, zur immer neuen Selbstdefinition. [...] Die Geschichte des Vorderen Orients im neunzehnten Jahrhundert vollzog sich [.] im Spannungsfeld zwischen der erzwungenen oder freiwilligen Öffnung für westliche Einflüsse einerseits und dem Willen zur Selbstbehauptung andererseits, zwischen der Annahme des ‚Fortschritts‘ auf der einen und der Wahrung der eigenen Identität auf der anderen Seite.[110]

In diesem Kontext liegt nahe, die Sammlung ᶜAbd Allāh b. Ismāᶜīls am ehesten als eine Reaktion auf die imperialen Bestrebungen europäischer Länder zu sehen, als einen Versuch der Wahrung der eigenen Identität. Derselben Idee unterlagen ein Jahrhundert später auch die letzten Vierzig Dschihad Hadithe, die noch mit Bezug auf das Osmanische Reich entstanden, bevor dessen Existenz endgültig als beendet galt. Ihr Sammler Yūsuf an-Nabhānī sah sich seinerzeit neben einem starken europäischen und amerikanischen Einfluss auf seinen Studienort Kairo und seinen hauptsächlichen Aufenthaltsort Beirut mit einem zunehmenden türkischen, wie auch arabischen Nationalgedanken konfrontiert. Dass er dem gegenüber auf altbewährte Traditionen baut und Neuerungen in jeglicher Hinsicht ablehnt, geht auch aus seinen Vierzig Dschihad Hadithen hervor. Hier ruft er zum Festhalten am bestehenden osmanischen Sultanat und Kalifat auf, das als einendes Herrschaftssystem aller Muslime gelte und zu erhalten sei[111].

---

[108] Haarmann (1994), S. 236.

[109] Vgl. Matuz (2010), S. 214-220; Holt (1970), S. 382; Schölch (2001), S. 382f.; Heyd (1970), S. 364f.

[110] Schölch (2001), S. 365f. Zu den weitreichenden Einflüssen und Konflikten dieser Zeit siehe auch Matuz (2010), S. 209-261; Schölch (2001), S. 365-416; Holt (1970), S.381-388.

[111] Siehe Kap. II.4 und die Einleitung seiner Vierzig Dschihad Hadithe im Teil III.

4. Sammler der heutigen Zeit

Idrīs al-Kattānīs Istrātīǧiyyat ad-difāʿ ʿan al-amn al-islāmī min ḫilāl arbaʿīn ḥadīṯan nabawiyya

Mit Rabat als Veröffentlichungsort und einem Autor und Hadithsammler, der sehr wahrscheinlich einer einflussreichen marokkanischen Gelehrtenfamilie entstammt[112], ist das 1418/1997 erschienene Werk dem maghrebinischen Kontext zuzuordnen. *Istrātīǧiyyat ad-difāʿ ʿan al-amn al-islāmī min ḫilāl arbaʿīn ḥadīṯan nabawiyya* entstand unter der Idee der Verteidigung des islamischen Glaubens, wobei es nicht allein um den kämpferischen Einsatz geht, sondern grundsätzlich um korrektes Verhalten eines Muslims, beispielsweise auch im Hinblick auf den Verzicht von Alkohol. Idrīs al-Kattānī beabsichtigt mit seinem Werk den Islam auf rechte Weise zu präsentieren und unangreifbar zu machen. Als Untermauerung seiner Ausführungen endet er diese mit einer Ansammlung von vierzig Hadithen, die er jeweils mit weiteren Prophetenaussprüchen und Koranversen stützt und die ebenfalls über die Verteidigung des Islams unterrichten. Die Hadithauswahl unterteilt al-Kattānī in fünf Bereiche, deren letzterer unter dem Titel „Schutz des islamischen Staates" (*amn ad-dawla al-islāmiyya*) zur Hälfte einschlägig dschihadbezogene Überlieferungen beinhaltet. Diese thematisieren den Dschihad als eines der Tore zum Paradies (Hadith 35), sowie die Stationierung (*ribāṭ*), das Bogenschießen (beides unter Hadith 36) und die Beutezüge (*ġazawāt*, Hadith 39). Al-Kattānī endet seine Sammlung schließlich mit der Widerlegung der „Behauptung, der Dschihad sei nur für die Zeit des Propheten verpflichtend gewesen"[113] – eine Auffassung, die Josef van Ess etwa mit zwei Gelehrten des 5./11. Jhs. im maghrebinischen Raum verortet.[114] Im Grunde ist das Werk al-Kattānīs ein Katechismus und ein Dschihad-Werk zugleich, insbesondere wenn zu Letzterem auch jedwede Anstrengungen eines Gläubigen für Gott gezählt werden, wie beispielsweise das Fasten oder Beten.

Das Werk Idrīs al-Kattānīs ist eines der ersten zeitgenössischen Werke, das sich von dem gängigen Format der Vierzig Hadithe lossagt und dennoch alle definitorischen Kriterien des Sammlungstyps[115] erfüllt. Auch die

---

[112] Die Kattāniyyūn führen ihre Abstammung auf den Propheten Muḥammad zurück (*šurafāʾ*) und sind besonders in Fes verortet. Es gehen zahlreiche rechtliche, biographische und religiöse Schriften auf sie zurück, vgl. Faure, A.: al-Kattānī. In: EI² IV (1978), S. 774f.

[113] Kattānī (1997), S. 155 (Hadith 40). Die Vierzig Hadithe finden sich hier insgesamt auf den Seiten 83-156.

[114] Vgl. Ess (2001), S. 165f.

[115] Siehe Einleitung; zudem Kap. „Begrifflichkeiten und Formales" in Bartschat (2019). Dass al-Kattānī auch nach der *man ḥafiẓa*-Aufforderung handelt, wird in seiner *mu-*

nachfolgend genannten Sammlungen entsprechen den notwendigen und alternativen Merkmalen der Vierzig Hadithe, setzen sich aufgrund der technischen Entwicklung der vergangenen Jahrzehnte in der Art ihrer Verbreitung aber zunehmend von den früheren, in ‚klassischer' Manuskript- bzw. Buchform erschienen Sammlungen ab. Im Zuge seiner Erforschung der „dschihadistischen Proganda" und der Präsentation und Glorifizierung vermeintlicher Märtyrer hält Nico Prucha bereits fest, dass mit dem heutigen digitalen Fortschritt ein enormer Vorstoß der Verbreitung von Ideologien und der Anwerbung von Anhängern einhergeht:

> [.] Märtyrerbiographien sind ein wirkungsvolles Werkzeug zur Inspirierung und Rekrutierung junger [Menschen] weltweit und bereits seit den 1980ern und 1990ern ein Hauptelement der Motivierung in der Literatur der Extremisten. Videos und im Allgemeinen die Fernsehübertragung von Kämpfern und Personen, die derartige Märtyrer wurden, sind zu einem festen Bestandteil des Kults oder der Kultur geworden. Während die Mitteilungen in den vergangenen Jahrzehnten noch über [gedruckte] Texte weitergetragen wurden, werden die Märtyrerbiographien heutzutage hauptsächlich über professionelle audiovisuelle Produktionen generiert, die online frei erhältlich sind, und die dazugehörige Literatur stellt nur noch ein Bonuselement dar.[116]

Wie in der Einleitung bereits angesprochen, soll diese moderne Entwicklung, die sich auch zunehmend in den Vierzig Hadithen, insbesondere den dschihadbezogenen niederschlägt, in einer separaten Studie eingehender behandelt werden. Nachfolgend wird der annähernden Vollständigkeit halber entsprechend nur ein kurzer Überblick über die aktuell vorliegenden ‚modernen' Beispiele von Vierzig Dschihad Hadithen gegeben, die über Internetforen, soziale Netzwerke wie Facebook und als Datei auf einer Verlags-Homepage ausschließlich online publiziert wurden. Mit Blick auf die jeweilige Hadithauswahl ergibt sich dabei hinsichtlich des Hadithkorpus der einschlägigen Sammlungen wenig Neues. Die Erforschung ‚moderner' Sammlungen sollte sich aber deshalb als gewinnbringend erweisen, da mit einem Fokus auf den jeweiligen Sammler der Frage nachgegangen werden kann, welchen Einfluss er ausübt bzw. ausgeübt hat, welche Ansichten er vertritt bzw. vertreten hat und vor allem wie und wo die Vierzig Dschihad Hadithe eingesetzt werden. Während sich bei den einschlägigen Sammlern der vergangenen Jahrhunderte lediglich über die Quantität erhaltener Manuskripte und darin vermerkter Audienzeinträge, sowie etwaige Hinweise in biographischen Lexika – die im Hinblick auf die Vierzig Hadithe wenn überhaupt, meist knapp gehalten und wenig aufschlussreich sind – Rückschlüsse auf die Verbreitung einer Sammlung ziehen lassen und eine annähernde Erhellung

---

qaddima ersichtlich, wo er in Kürze auf den Sammlungstyp eingeht und dabei eine Variante des Hadithes nennt, vgl. Kattānī (1997), S. 32.

116 Prucha (2013), S. 83f.

der tatsächlichen Rezeption praktisch unmöglich ist, bieten Medien der heutigen Zeit neue Anhaltspunkte. Zwar weisen Thomas Hegghammer und Joas Wagemakers im Kontext von palästinensischen Dschihadisten wie Abū Qatāda al-Filasṭīnī (s.u.) darauf hin, dass es nach wie vor schwierig ist eine zuverlässige Aussage über den Einfluss dieser Personen zu machen. Doch würden beispielsweise die Anzahl von *downloads* ihrer dschihadbezogenen Texte sowie Leseempfehlungen einen Indikator darstellen.[117]

Abū Yaḥyā al-Lībīs Hadithsammlung über die Vorzüge des Martyriums

Abū Yaḥyā l-Lībī, mit gebürtigem Namen Ḥasan Muḥammad Qāʾid, war bereits im Kontext des frühen Beispiels von Ibn al-Mubārak als einer der wenigen Sammler genannt worden, die mutmaßlich selber zur Waffe greifen. Er steht in Verbindung mit al-Qāʿida, soll häufig als Prediger aufgetreten sein und neben seinen 1431/2010 erstellten und im Folgejahr erschienenen *Al-arbaʿūn fī faḍl aš-šahāda wa-ṭalab al-ḥusnā wa-ziyāda* noch zahlreiche weitere Schriften veröffentlicht haben, darunter ein Handbuch für *muǧāhidīn*. Er wird mitunter als Chef-Ideologe al-Qāʿidas und ‚Internet-Gelehrter' dargestellt, der nach seinem Tod in Pakistan durch einen Dronenangriff im Raǧab 1433/Juni 2012 zu einem der „neuen Märtyrer des Internets"[118] avancierte.

In dem Artikel *Traditions to die for. Abu Yahya al-Libi's collection of 40 ahadith* gibt Orhan Elmaz die Hadithauswahl dieser Sammlung inhaltlich kurz wieder und sortiert sie thematisch. Eine Übersetzung wagt er aufgrund ihres „explosiven Inhalts"[119] nicht, auch fällt die Einordnung in den Sammlungstyp der Vierzig Hadithe derart knapp aus, dass es zwar zu einer Anknüpfung an das Schaffen an-Nawawīs reicht. Elmaz lässt jedoch die Tatsache außen vor, dass bereits eine lange Tradition an Vierzig Dschihad Hadithen besteht, in die sich die Sammlung al-Lībīs als wenig herausragendes Exemplar einreiht. Mit der Veröffentlichung Suleiman Mourads und James Lindsays, die 2013 zeitgleich mit dem Artikel Elmaz' erschien und von ihm wohl entsprechend nicht berücksichtigt werden konnte, liegt dann auch eine erste englischsprachige Übersetzung[120] von Vierzig Dschihad Hadithen

---

117 Vgl. Hegghammer (2013), S. 297f.

118 Prucha (2013), S. 96, vgl. S. 96-101; Elmaz (2013), S. 89f. Dem Herausgeber seiner Sammlung ʿAṭiyyat Allāh erging es wohl ähnlich, sein Sterbejahr wird mit 2011 (vgl. Lahoud, Nelly u. 'Ubaydi, Muhammad al-: The War of Jihadists Against Jihadists in Syria. In: CTC Sentinel 7.3 (2014), S. 2 [FN7]) oder 2012 (vgl. Prucha (2013), S. 93) angegeben.

119 Elmaz (2013), S. 93. Die Sammlung ist im *Portable Document Format* auf www.archive.org eingestellt, worauf in Internetforen wie bspw. www.ansaar.com verwiesen wird; s. http://ia600403.us.archive.org/28/items/arb3on-aboyahya/40-PDF.pdf (zuletzt abgerufen am 05.04.2017).

120 Es ist die Übersetzung der Vierzig Dschihad Hadithe Ibn ʿAsākirs, s. Kap. II.1.

vor. Grundsätzlich ist die kritische Erforschung der Nutzung heutiger Medien von Seiten jedweder Gruppierung mit extremem Gedankengut zu begrüßen und unterstützen. Hier stellt das Umfeld Rüdiger Lohlkers in Österreich, mit dem auch Orhan Elmaz in Verbindung steht, einen der Vorreiter dar.

Abū Yaḥyā l-Lībīs Vierzig Hadithe sind deshalb als ‚explosiv' aufzufassen und mit Vorsicht zu betrachten, da er im Vergleich zu anderen Beispielen des Sammlungstyps einen stärkeren Fokus auf das Märtyrertum legt. Das Sterben wird in seiner Sammlung durch die Vielzahl an lobenden Prophetenaussprüchen im besonderen Maße verherrlicht. Ähnlich den Vierzig Hadithen zur Verteidigung oder dem Bogenschießen behandelt al-Lībī damit einen Teilaspekt des Dschihad und bringt einen Schwerpunkt ein, den es in dieser Art unter den vorliegenden Werken des Sammlungstyps noch nicht gab. Die Relation von Dschihad und Martyrium definiert al-Lībī mitunter in seinen Anmerkungen zum fünfzehnten Hadith: „Der Vorzug des Martyriums auf dem Wege Gottes besteht darin, dass es der Grund für den Eingang ins Paradies ist, und der Dschihad ist dessen Tür dahin."[121]

Abū Qatāda al-Filasṭīnīs in Teilen dschihadbezogene Sammlung

1960 oder im darauffolgenden Jahr in Bethlehem geboren und wohl am besten bekannt in seiner Rolle als Prediger in Großbritannien gilt ʿUmar b. Maḥmūd Abū ʿUmar, alias Abū Qatāda al-Filasṭīnī als eine der Kernfiguren bei der Verbreitung radikaler Ansichten und der Planung von Terrorakten in Europa. Wie Abū Yaḥyā l-Lībī steht auch er in enger Verbindung mit al-Qāʿida und arbeitet unter den hier bekannten Sammlern der Vierzig Hadithe äußerst medienwirksam, wie seine Präsenz unter anderem auf dem Videoportal Youtube[122] belegt. Wie der Name verrät, verfügt Abū Qatāda al-Filasṭīnī über palästinensische Wurzeln, ist aber seit seiner Kindheit in Jordanien beheimatet. Hier soll er schon als Jugendlicher ein starkes Interesse an religiösen Texten gezeigt haben, scheint aber erst während seines Jurastudiums mit salafistischem Gedankengut in Kontakt gekommen zu sein. Seine öffentliche Kritik an Saddam Husseins Invasion in Kuwait im Jahr 1411/1990 und an dessen Unterstützung seitens der jordanischen Regierung brachten Abū Qatāda nicht nur in der jordanischen Bevölkerung viel Kritik

---

[121] Abū Yaḥyā l-Lībī, Ḥasan Qāʾid: Al-arbaʿūn fī faḍl aš-šahāda wa-ṭalab al-ḥusnā waziyāda. [S.l.]: Markaz al-Faǧr li-l-Iʿlām 1432/2011, S. 26.

[122] Siehe diesbezüglich auch Nessers Anmerkungen in den Fußnoten 6 und 30 seines Artikels (Nesser (2013), S. 420, 426) sowie das umfassende Material Abū Qatādas, das auf *Minbar at-tawḥīd wa-l-ǧihād*, einer Website mit einschlägiger Literatur für *muǧāhidīn*, zur Verfügung gestellt wurde: www.ilmway.com/site/maqdis/MS_150.html (zuletzt abgerufen am 05.04.2017).

ein, sondern sollen ebenso zu Problemen mit den jordanischen Sicherheitsbehörden geführt haben. Nach zwischenzeitlichen Aufenthalten in Malaysia, Afghanistan und vor allem Pakistan ersuchte er 1414/1993 schließlich Asyl in Großbritannien. Acht Jahre später wurde er erstmals unter dem Verdacht des Kontakts zu einer terroristischen Vereinigung inhaftiert und verbrachte letztlich bis zu seiner Ausweisung nach Jordanien im Jahr 1434/2013 viele Jahre im britischen Gefängnis.[123]

Auf Abū Qatāda gehen wenigstens zweihundert Schriften zurück und den Darstellungen Petter Nessers nach scheint er damit großes Ansehen unter und Einfluss auf Dschihadisten verschiedener Länder zu haben, die ihn als Gelehrten anerkennen. Seine Veröffentlichungen umfassen Themenbereiche wie die „religiöse Rechtfertigung der Exkommunikation von arabischen Regierungen, die Deklaration des Dschihads gegen Apostaten und Ungläubige, die Rechtfertigung von Selbstmordattentaten sowie Fragen banaleren Charakters."[124] Die Sichtung seiner Beiträge brachten Petter Nesser schließlich zu der Erkenntnis, dass Abū Qatāda al-Filasṭīnī zum einen trotz seiner Herkunft die palästinensische Heimat in seinen Schriften und Aktivitäten weitestgehend außen vor lässt. Dies soll damit zusammenhängen, dass die dort führende Ḥamās[125] der israelischen Seite Zugeständnisse mache und „den Weg der Feinde eingeschlagen"[126] habe. Zum anderen würde deutlich, so Nesser, dass Abū Qatāda trotz seiner unüberbrückbaren Verachtung gegenüber Israel seinen Dschihad primär gegen die ‚inneren Feinde' wie muslimische Herrscher ausrichtet, die die *šarīʿa* missachten und einen demokratischen Weg einschlagen. Dieses Verhalten ist in den Augen Abū Qatādas mit Apostasie gleichzusetzen, der mit dem Dschihad zu begegnen ist. Diese Position wird auch aus seiner Abhandlung unter der Frage „Warum Dschihad?" (*Li-māḏā l-ǧihād?*) deutlich, deren englische Teilübersetzung kürzlich in der *Welt des Islams* abgedruckt wurde. Unter Berufung auf Ibn Taymiyya (gest. 728/1328) betont Abū Qatāda, dass der wichtigere Dschihad der interne gegen Apostaten sei um zu bewahren, was bereits islamisch sei. Der externe Dschihad gegen Andersgläubige sei hingegen eine zusätzliche Manifestation des Glaubens.[127] Abū Qatāda al-Filasṭīnī unterscheidet sich in dieser Einstellung deutlich von dem ihm um ein Jahrhundert vo-

---

[123] Vgl. Nesser (2013), S. 416f., 422-431.

[124] Ebd., S. 431.

[125] Akronym zu *Ḥarakāt al-Muqāwama al-Islāmiyya*, die „Islamische Widerstandsbewegung" wurde 1408/1987 gegründet, vgl. Hegghammer (2013), S. 307.

[126] Blattmann, Kaja (Übers.): Conversation with the Shaykh Abū Qatāda inside the British Prisions (2008). In: Die Welt des Islams 53.3-4 (2013), S. 482.

[127] Vgl. Abū Qatāda al-Filasṭīnī: Limaadhal-Jihaad (Why Jihaad). In: Die Welt des Islams 53.3-4 (2013), S. 483-491; Nesser (2013), S. 429-448; Hegghammer (2013), S. 297f., 314.

rausgehenden Palästinenser Yūsuf an-Nabhānī. Dieser stand Neuerungen zwar ebenso kritisch gegenüber, rief aber explizit zur Loyalität aller Muslime gegenüber dem seinerzeit mächtigsten muslimischen Herrscher, dem osmanischen Kalifen und Sultan auf. An-Nabhānī verfolgte dabei die hauptsächliche Idee des Zusammenhalts der muslimischen Gemeinschaft, die er auch über seine zahlreichen Sammlungen der Vierzig Hadithe nachdrücklich betonte (s. Kap. II.4).

Im Hinblick auf die politische und religiöse Weltanschauung Abū Qatādas werden wenigstens drei Schriften als besonders bedeutsam hervorgehoben. Die Vierzig Hadithe finden sich nicht darunter, wohl aber gehören diese zu jenen Texten, die aufgrund ihrer hohen *download*-Anzahl[128] seine wohl populärsten Schriften darstellen. Die Sammlung wurde 1426/2005 unter dem Titel *Al-arbaʿūn al-ǧiyād li-ahl at-tawḥīd wa-l-ǧihād* veröffentlicht und stellt im Hinblick auf die Hadithauswahl selbst mit knapp mehr als einer Hand voll einschlägiger Überlieferungen lediglich in Teilen eine Dschihad-Sammlung dar. Ein Großteil der insgesamt einundvierzig Überlieferungen betrifft monotheistische Glaubensgrundsätze und moralische Appelle, die Abū Qatāda in seiner Sammlung ausführlich erläutert. Mit nur sechs inhaltlichen Überschneidungen zu den übrigen Vierzig Dschihad Hadithen unterscheidet sich die Hadithauswahl Abū Qatādas damit am deutlichsten von allen anderen vorliegenden Sammlungen. Diesem Umstand und auch der Tatsache zum Trotz, dass lediglich zwei Hadithe überhaupt die Wortwurzel *ǧ-h-d* in sich bergen[129], ist das Werk unter den Vierzig Dschihad Hadithen zu berücksichtigen: Abū Qatāda nutzt seine ausführliche Kommentierung der Hadithe, um einen Dschihadbezug herzustellen, und bietet damit insgesamt eine Handreichung für *muǧāhidīn*.

Muḥammad Luqmān as-Salafīs Forumseintrag

Weniger aufschlussreich erwies sich bislang die Recherche nach einem anderen Sammler namens Muḥammad Luqmān as-Salafī. Es könnte sich hierbei um den Gründer und Präsidenten der Ibn Taymiyya-Universität im Nord-

[128] Nesser nennt für den 22. Juni 2013 eine Anzahl von 22.675 (vgl. Nesser (2013), S. 433, Fußnote 66) und beruft sich dabei auf die Angaben der Website von *Minbar at-tawḥīd wa-l-ǧihād* unter www.tawhed.ws/a?a=aheed274. Diese Webadresse ist knapp vier Jahre später nicht mehr aufrufbar, die Website findet sich nun vielmehr unter www.ilmway.com/site/maqdis/MS_150.html und weist für die Vierzig Dschihad Hadithe Abū Qatādas am 5. April 2017 eine Anzahl von mittlerweile 31.142 *downloads* auf. Unter der Rubrik „Bücher und wissenschaftliche Abhandlungen" ist die Sammlung damit das mit Abstand am meisten beachtetste Werk.

[129] Hadithe 3 und 40, vgl. Abū Qatāda al-Filasṭīnī: Al-arbaʿūn al-ǧiyād li-ahl at-tawḥīd wa-l-ǧihād. [S.l.]: Dār al-Ǧabha 1426/2005, S. 17, 112.

osten Indiens handeln, der ihr zudem das Ibn Bāz-Zentrum für Islamische Studien in Neu Delhi anschloss. Internetquellen zufolge hielt sich Luqmān (geb. 1362/1943) mitunter in Medina auf, um bei ʿAbd al-ʿAzīz b. ʿAbd Allāh b. Bāz, Muḥammad Nāṣir ad-Dīn al-Albānī und weiteren Vertretern salafistischer Prägung zu lernen. Seinen Sitz scheint er in Riad zu haben, wo er als Oberhaupt des dortigen, ebenfalls von ihm gegründeten Ibn Bāz-Studienzentrums und für das saudische *Dār al-Iftāʾ* tätig ist. Neben zwei Zeitschriften – *At-tawbā* und *Al-furqān* – gehen zahlreiche Schriften auf ihn zurück. Seine Ausbildung scheint die üblichen Gebiete des islamischen Rechts, der Koranauslegung und insbesondere der Hadithwissenschaft abgedeckt zu haben, sodass auch ein Beitrag zu den Vierzig Dschihad Hadithen denkbar ist. Hierbei handelt es sich jedoch nicht um ein Werk, das unter seinen Schriften aufgeführt würde. Vielmehr wurden unter dem Namen Muḥammad Luqmān as-Salafī am 11. Oktober 2009 die *Arbaʿūn ḥadīṯan fī faḍl al-ǧihād wa-l-muǧāhidīn* in einem Internetforum veröffentlicht. Da Luqmān as-Salafī einem Artikel der *arab news* aus dem Jahr 2002 zufolge jedoch an zwei umfassenden Werken über das Leben des Propheten und über den Dschihad arbeite, ist seine Verbindung zu dieser Hadithauswahl durchaus denkbar, unter Berücksichtigung seines fortgeschrittenen Alters vielleicht insofern, dass einer seiner Schüler die Sammlung in seinem Namen online stellte.[130]

Die Auswahl von vierzig ausnahmslos kurzen Überlieferungen wird mit Erstüberlieferern und Quellen, überwiegend den *ṣaḥīḥayn* al-Buḫārīs und Muslims, und abgesehen von Überschriften unkommentiert aneinandergereiht. Inhaltlich bietet das Hadithkorpus kaum Neues – es handelt sich nahezu ausschließlich um aus früheren Vierzig Dschihad Hadithen bereits bekannte Überlieferungen, bei denen lediglich fünf im unmittelbaren Wortlaut abweichen[131], sich dabei jedoch inhaltlich auch in anderen Sammlungen finden lassen.

Ein palästinensischer Wettbewerb zum Erlernen von Vierzig Dschihad Hadithen

Im Gegensatz zu Abū Qatāda al-Filasṭīnīs Werken ist ein weiterer Beitrag zu den Vierzig Dschihad Hadithen eindeutig im Kontext der israelisch-

---

[130] Die Sammlung findet sich unter http://www.muslm.net/vb/showthread.php?t=362649 (zuletzt abgerufen am 05.04.2017); Informationen zum potentiellen Sammler s. bspw. https://safat.wordpress.com/2009/03/21/لدكتور-محمد-لقمان-السلفي-وحياته-الدعو/; www.arabnews.com/node/224325 (beides zuletzt abgerufen am 05.04.2017); http://ar.wikipedia.org/wiki/الدكتور_محمد_لقمان_السلفي_مؤسس_جامعة_الإمام_ابن_تيمية_بالهند/ (zuletzt abgerufen am 24.03.2013, am 05.04.2017 nicht mehr aufrufbar).

[131] Hadithe 14, 15, 18, 37 und 40, s. http://www.muslm.net/vb/showthread.php?t=362649.

palästinensischen Auseinandersetzungen zu verorten. Der gegenwärtige Konflikt hat seinen Ausgangspunkt im Ersten Weltkrieg (1332-1336/1914-1918), also jenem Ereignis, in dessen Kontext die letzten, in der vorliegenden Arbeit eingehender zu behandelnden Vierzig Dschihad Hadithe Yūsuf an-Nabhānīs stehen. Anstelle einer kurzen Zusammenfassung der Ereignisse ab dieser Zeit sei hier beispielhaft auf das Kapitel *A Brief History of the Palestinian Struggle* Hegghammers und Wagemakers, sowie auf die umfassende *Geschichte Palästinas* von Gudrun Krämer verwiesen. Beiden sind – in Kürze oder ausführlicher – die folgeschweren Absprachen und Abkommen über die Zuordnung palästinensischen Gebiets nach dem Ende des Osmanischen Reiches und der Ausrufung des Staates Israels im Jahr 1367/1948 zu entnehmen.[132] Die Entwicklung eines palästinensischen Nationaldenkens soll Teil einer separaten Studie werden, der neben den zuvor genannten ‚modernen' Vierzig Dschihad Hadithen auch der Wettbewerb zum Erlernen einer einschlägigen Hadithauswahl zugrundeliegt.

Die Veranstaltung wurde am 10. Šawwāl 1433 / 28. August 2012 unter dem Titel *Musābaqat ḥifẓ aḥādīṯ al-arbaʿīn al-ǧihādiyya* und unter Schirmherrschaft der Gelehrtenvereinigung Palästinas (*Rābiṭa ʿUlamāʾ Filasṭīn*) vom *Šabakat Masāǧidinā ad-Daʿwiyya Filasṭīn* abgehalten. Diese nichtstaatliche Organisation ist neben ihrem Webauftritt auch auf Facebook präsent und scheint in den nachfolgenden Jahren zu weiteren Wettbewerben unter jeweils anderer Thematik aufgerufen zu haben.[133] In der Einleitung zu den zeitweise als *Word*-Dokument zur Verfügung gestellten Hadithen wird explizit dargelegt, dass der Dschihad ausschließlich als kämpferischer Einsatz für Gott verstanden wird:

> Die *muǧāhidūn* auf dem Wege Gottes sind die Soldaten [*ǧund*] Gottes, mit denen Er Seine Religion erhebt, mit denen Er Seine Hauptfeinde bekämpft [*yadfaʿ bihim baʾs aʿdāʾih*], mit denen Er die muslimische Gemeinschaft bewahrt und mit denen Er das Gebiet der Religion verteidigt [*yaḥmī*]. Sie sind es, die die Feinde Gottes bekämpfen [*yuqātilūn aʿdāʾ Allāh*] …[134].

[132] Vgl. Hegghammer (2013), S. 299-312; Krämer, Gudrun: Geschichte Palästinas. Von der osmanischen Eroberung bis zur Gründung des Staates Israel. München: C.H. Beck 2002, *bes.* Kap. VII-XIII.

[133] Die Website der Organisation www.msajedna.ps verfügt mittlerweile (Stand: April 2017) über die Rubrik *musābaqāt* („Wettbewerbe"), deren Zugriff eine Registrierung erfordert. Der im Jahr 1433/2012 abgehaltene, dschihadbezogene Wettbewerb war unter http://www.sef.ps/vb/multka394000 noch am 27. März 2013 einsehbar, ein Zugriff auf diese Website im November 2015 dann nicht mehr möglich. In letzterem Jahr war hingegen zu einem vergleichbaren Wettbewerb unter dem Thema Reinheit (*naẓāfa*) aufgerufen worden.

[134] http://www.sef.ps/vb/multka394000 (hier *muqaddima*, S. 1; abgerufen am 27.03.2013; 22:53 Uhr).

Die zum Auswendiglernen ausgewählten Überlieferungen bieten mit Ausnahme dreier Hadithe[135] keine neuen Beiträge zum Gesamtkorpus der Vierzig Dschihad Hadithe. Wohl aber sind die Aussprüche mit ihrer starken Fokussierung auf den Vorzügen des Dschihad und Märtyrertums als ähnlich ‚explosiv' aufzufassen wie die Sammlung Abū Yaḥyā l-Lībīs, zumal mit Überlieferungen wie jene, die den Schmerz beim Tod eines Märtyrers mit einem Mückenstich gleichsetzen[136], eine deutlichere Verherrlichung des Sterbens publik gemacht wird, als es beispielsweise aus den früheren Sammlungen Ibn ᶜAsākirs und as-Suyūṭīs hervorgeht.

Als Anreiz zur Teilnahme an dem Wettbewerb und zur Auseinandersetzung mit prophetischen Aussprüchen dient wiederum nicht etwa die Deklaration jenseitigen Lohns oder eine besondere Würdigung des Einsatzes für die palästinensische Angelegenheit. Vielmehr werden materielle Güter – ein Laptop als Hauptgewinn, Preisgeld und Prepaid-Karten für mobile Endgeräte als weitere Gewinne – in Aussicht gestellt. Es ist wohl ein deutliches Zeichen dafür, dass sich die Organisation in ihrer missionarischen Arbeit mit den Vierzig Dschihad Hadithen an junge Muslime wendet.

---

135 Hadithe 2, 25 und 37, unter anderem zum Ausbleiben des Lohns für jenen, der den Dschihad im Streben nach weltlichen Gütern führt, und zur Hierachie der Herrschaftsformen und des Dschihad mit einem regionalen Bezug zu Askalon, vgl. http://www.sef.ps/vb/multka394000 (S. 4, 11f., 16; abgerufen am 27.03.2013; 22:53 Uhr).

136 Vgl. http://www.sef.ps/vb/multka394000 (Hadith 34, S. 15; abgerufen am 27.03.2013; 22:53 Uhr).

Teil II
Kontextualisierung und Vergleich ausgewählter Sammler und ihrer Vierzig Dschihad Hadithe

Dem allgemeinen Überblick über die bislang bekannten Titel von Vierzig Dschihad Hadithen schließt sich ein differenzierter Einblick in vier ausgewählte Sammlungen dieser Art aus dem Kontext der Kreuzzüge in Syrien, dem Ende der Mamlukenzeit in Ägypten, dem Beginn der ʿAlawīdenherrschaft in Nordmarokko und sowie der beginnenden Involvierung des Osmanischen Reiches in den Ersten Weltkrieg an.

1. Abū l-Qāsim ʿAlī b. al-Ḥasan b. Hibat Allāh Ibn ʿAsākir (gest. 571/1176) als Beispiel der Zengidenzeit

1.1 Zum Leben Ibn ʿAsākirs

Ibn ʿAsākir, mit vollem Namen Ṯiqat ad-Dīn Abū l-Qāsim ʿAlī b. Abī Muḥammad al-Ḥasan b. Hibat Allāh b. ʿAbd Allāh b. al-Ḥusayn ad-Dimašqī š-Šāfiʿī l-Ḥāfiẓ, wurde 499/1105 in Damaskus geboren und gilt als der bedeutendste Traditionarier seiner Zeit. Ibn Ḫallikān (gest. 681/1282) zufolge gehört er ebenso zu den wichtigsten Rechtsgelehrten der šāfiʿitischen Schule, doch habe sein Interesse an den Prophetenüberlieferungen derart überwogen, dass er „in dieser Wissenschaft einen Grad an Überlegenheit erwarb, den sonst niemand erreichte […]."[1] Abgesehen von diesen Informationen fällt die Biographie in Ibn Ḫallikāns Lexikon verhältnismäßig knapp aus. Zwar wird der Gelehrte im Hinblick auf seine äußerst umfang- und zahlreichen Werke hochgelobt: Ibn Ḫallikān erwähnt beispielsweise die Bewunderung durch einen Lehrer, der konstatiert, dass ein gewöhnlicher Mensch ein derart exzellentes und detailliertes (biographisches) Werk wie die *Tārīḫ madīnat Dimašq* niemals zustande gebracht hätte. Darüber hinaus werden jedoch lediglich mit der Aufzählung einiger weniger Städte die für Gelehrte übliche Reise auf der Suche nach Wissen (*riḥla fī ṭalab al-ʿilm*), sein gewissenhaftes Auswendiglernen, vor allem von Überlieferungsketten, und zwei kurze Ausschnitte seiner Dichtung angeführt. Bevor Ibn Ḫallikān abschließend ein paar Worte über den

1 Ibn Khallikan (1843), S. 252; vgl. Lev (2008), S. 234; Lindsay (2001), S. 2-5; Ḏahabī (1958), S. 1328-1333. Ad-Ḏahabī und Ibn al-ʿImād geben das besondere Streben Ibn ʿAsākirs in den Worten Ibn as-Samʿānīs wieder: „Wa-bālaġa fī ṭ-ṭalabi ilā an ǧamaʿa mā lam yaǧmaʿ ġayruhū…" Ḏahabī (1996): Tārīḫ Bd. 40, S. 76, vgl. S. 70; Ibn al-ʿImād Bd. 6, S. 396.

ebenfalls vierzig Hadithe[2] sammelnden Sohn und den Bruder Ibn ʿAsākirs verliert, kommt er auf seine Beerdigung zu sprechen: Diese fand im Rağab 571 / Januar 1176 im Beisein des Sultans Ṣalāḥ ad-Dīn statt,[3] was die besondere Bedeutung Ibn ʿAsākirs unterstreicht.

Zahlreiche Biographien über den Gelehrten betonen die gute Ausbildung in seiner Kindheit, die für die Jungen der oberen Gesellschaftsschicht zur damaligen Zeit üblich war.[4] Ibn ʿAsākir soll bereits 505/1111-2 das Traditionsstudium unter seinem Vater und seinem Bruder begonnen haben und erhielt entsprechend früh das Überlieferungsrecht für die erlernten Hadithe. Nach dem Tod seines Vaters begann für den Einundzwanzigjährigen die Reise zum Wissenserwerb, bei der er seinen älteren Bruder nach Bagdad an die *Niẓāmiyya*[5] begleitete, bevor er schon im Folgejahr 521/1127 für die Pilgerfahrt Mekka und Medina besuchte. Während seiner Rückreise über Kufa, Bagdad und Mosul nach Damaskus in den darauffolgenden vier Jahren scheint er bei zahlreichen Gelehrten gelernt zu haben, die sich auch in den Überliefererketten seiner Sammlungen der Vierzig Hadithe wiederfinden. Kurz nach seiner familiären Bindung und der Geburt eines Sohnes im Jahr 527/1132 soll die politische Situation in Damaskus aufgrund von Herr-

---

2 *Kitāb al-arbaʿīn fī faṣl al-ǧūd.* Diese Sammlung über Freigebigkeit (*ǧūd*) wird nur bei Ṣadr ad-Dīn al-Bakrī erwähnt, der hieraus an 37. Stelle seiner eigenen Sammlung eine Überlieferung zu den Vorzügen des *ribāṭ* zitiert, ohne jedoch näher auf die übrige Sammlung einzugehen, vgl. Bakrī (2005), S. 156ff.; s.a. Kap. „Einzelthemen und Entwicklung des *isnād*" in Bartschat (2019).

3 Vgl. Ṣafadī (2007), S. 552; Ḏahabī (1958), S. 1333; Sibṭ b. al-Ǧawzī (1951), S. 337; Ibn al-ʿImād Bd. 6, S. 396; ʿImād (1955), S. 274, 277; Brockelmann I (1943), S. 331; Wüstenfeld (1882), 2. Abt., S. 92; Lev (2008), S. 234; Lindsay (2001), S. 9; ders. (1995), S. 50; Elisséeff (1972), S. 126; Kaḥḥāla (1959), Bd. 7, S. 69f.; Ziriklī (1969), Bd. 5, S. 82f.; Yāqūt (1928), S. 139f.; Ibn Kaṯīr, ʿImād ad-Dīn Abū l-Fidāʾ Ismāʿīl b. ʿUmar: Al-bidāya wa-n-nihāya fī t-tārīḫ. Bd. 11. Miṣr: Maṭbaʿat as-Saʿāda [1932], S. 294; Ibn Khallikan (1843), S. 252-255, er selbst datiert den Tod um zehn Tage später als aṣ-Ṣafadī, aḏ-Ḏahabī, as-Subkī und Lindsay auf den 21. Rağab 571 / 5. Februar 1176, vgl. ebd. S. 254.

4 Vgl. Ṣafadī (2007), S. 553; Wüstenfeld (1882), 2. Abt., S. 92f. (Nr. 267; unter den fünf hier angeführten Werken Ibn ʿAsākirs findet die Dschihad-Sammlung keine Erwähnung); Lindsay (2001), S. 3; ders. (1995), S. 47; Ḏahabī (1958), S. 1328; ders. (1996): Tārīḫ Bd. 40, S. 71 (für eine Übersicht über die vergleichsweise zahlreichen biographischen Einträge zu Ibn ʿAsākir siehe dort S. 70, Fußnote 1, sowie Subkī (1999), S. 137, Fußnote 918).

5 Zu dieser den Šāfiʿīten vorbehaltenen Lehreinrichtung s. Pedersen, J. u. Makdisi, G.: Madrasa – 4. The Origin and Spread of the Madrasa Proper. In: EI² V (1986), S. 1125-1128, sowie George Makdisis Artikel über den *sunni revival* des 5./11. Jhs., den er in enger Verbindung mit der *Niẓāmiyya* sieht. Dabei soll es sich jedoch nicht um eine „Wiedergeburt" im eigentlichen Sinne, sondern vielmehr um ein sunnitisches Bekenntnis in Opposition zu schiitischen und rationalistischen Doktrinen gehandelt haben, vgl. Makdisi (1973), S. 155-158, 161, 168. Seine frühe Reise zur *Niẓāmiyya* in Bagdad mag Ibn ʿAsākir entsprechend beeinflusst haben, was einmal mehr zu seinem Wert beitrug, den Sultan Nūr ad-Dīn in ihm erkannte (s.u.).

schaftsstreitigkeiten so unsicher gewesen sein, dass sich Ibn ʿAsākir schon 529/1134 wieder in Richtung Osten aufmachte. Nach einer erneut vierjährigen Reise durch Ḫurāsān, Isfahan, Transoxanien, Marw, Nīšābūr und Herat soll er sich vorerst in Bagdad aufgehalten haben, bevor er 535/1141 schließlich und endgültig in seine Heimatstadt zurückkehrte. Kurz zuvor noch hatte ʿImād ad-Dīn Zanǧī (reg. 516-541/1122-1146), seldschukischer Vasalle und Statthalter in Mosul, Damasks erfolglos belagert. Auf Basis ihrer Ressourcen und sozialen Struktur waren die Einwohner der Stadt stets darum bemüht ihre Unabhängigkeit zu wahren und auch stark genug lange Widerstand zu halten. Weitere Belagerungen durch ʿImād ad-Dīns Sohn Nūr ad-Dīn sollten folgen, die Ibn ʿAsākir dann miterlebte, da er sich von seiner Rückkehr an die übrigen vierzig Jahre seines Lebens dem Studium und politischen Aktivitäten in Damaskus widmete. Das persönliche Prestige Ibn ʿAsākirs als Hadithwissenschaftler und Richter, und die herausragende Position, die die Banū ʿAsākir in der Damaszener Gesellschaft innehatten, sorgten schließlich für den Kontakt zum Herrscher Nūr ad-Dīn (reg. 541-569/1146-1174), der für die hier relevanten Vierzig Dschihad Hadithe Ibn ʿAsākirs eine Schlüsselrolle einnimmt.[6]

6 Vgl. Elisséeff (1971), S. 713ff.; Lev (2008), S. 234 (ihm zufolge begab sich Ibn ʿAsākir ein Jahr später (522/1128) auf Pilgerfahrt); Lindsay (2001), S. 2-5; ders. (1995), S. 47-50; Mourad/Lindsay (2007), S. 42f.; Ṣafadī (2007), S. 553; Lewis (1970), S. 200f.; Yāqūt (1928), S. 139f.; ʿImād (1955), S. 274; Ḥalwānī (1991), S. 23-29; Ḏahabī (1996): Tārīḫ Bd. 40, S. 71f. Aḏ-Ḏahabī informiert bezüglich Ibn ʿAsākirs Reise nach Bagdad, Mekka und zurück, sowie der Weiterreise in den Osten der islamischen Welt um 529/1134 herum darüber, dass der Gelehrte ebenso wie Abū Ṭāhir as-Silafī vierzig Hadithe aus vierzig Orten („...arbaʿīn ḥadīṯan fī arbaʿīn baladan...") herleitete. Seine familiäre Bindung in der Zeit erwähnt er jedoch nicht. Über Letztere findet sich ebenso wenig Information in as-Subkīs *Ṭabaqāt aš-šāfiʿiyya al-kubrā*, wo jedoch im Hinblick auf die namentliche Nennung detaillierter auf die einzelnen Städte eingegangen wird, die Ibn ʿAsākir bereiste, s. Subkī (1999), S. 138. Zur Situation in Damaskus in den Zwanzigern des 6./Dreißigern des 12. Jhs., die Ibn ʿAsākir zur erneuten Abreise bewog, s. bspw. Eddé (2010), S. 181; Gibb, Sir Hamilton: Zengi and the Fall of Edessa. In: Baldwin, Marshall W. u. Setton, Kenneth M. (Hrsg.): A History of the Crusades. Bd. 1: The First Hundres Years. Madison u.a.: Univ. of Wisconsin Press 1969, S. 455ff.; Holt, P.M.: Zangī and Nūr al-Dīn 1128-1154. In: ders. (1986), S. 38-45. In seinem eigenen biographischen Eintrag zu ʿImād ad-Dīn Zanǧī erwähnt Ibn ʿAsākir zwar dessen Belagerung von Damaskus, geht auf diese jedoch nicht näher ein. Auch insgesamt ist der Vermerk zu dem Herrscher äußerst knapp gehalten, was damit zusammenhängen mag, dass ʿImād ad-Dīn Damaskus nie eingenommen hatte und entsprechend kaum näher mit Ibn ʿAsākir in Kontakt gekommen sein wird, vgl. Ibn ʿAsākir (1995), Bd. 19, S. 85 (Nr. 2280). Zur Belagerung von Damaskus siehe auch Ibn al-Aṯīr (1966), S. 21f.; Ibn al-Qalānisī (1908), S. 270-273; Gabrieli (1973), S. 85-89.

1.2 Ibn ʿAsākirs Beiträge zu den Vierzig Hadithen

Unter den zahlreichen Werken ʿAlī Ibn ʿAsākirs[7] finden sich mehrere Vierzig Hadithe, die verschiedene Themenbereiche abdecken. Es sind wenigstens fünf Titel erhalten, von denen folgende drei ediert wurden: *Al-arbaʿūn fī l-ḥaṯṯ ʿalā l-ǧihād* (Kuweit 1404/1984, Damaskus 1411/1991, Leiden/Boston 2013), *Al-arbaʿūn al-buldāniyya. Arbaʿūn ḥadīṯan ʿan arbaʿīn šayḫan min arbaʿīn madīnatan li-arbaʿīn min aṣ-ṣaḥāba* (Beirut/Damaskus 1413/1993) und *Al-arbaʿūn ḥadīṯan min al-musāwāt mustaḫraǧa ʿan ṯiqāt ar-ruwāt* (Riad 1424/2003). Letztere Sammlung beinhaltet Überlieferungen, deren Ketten mit denen der fünf Gelehrten al-Buḫārī, Muslim, Abū Dāwud, at-Tirmiḏī und an-Nasāʾī oder von einem von ihnen gleichwertig (*musāwāt*) sind und damit zu den ‚hohen' Überliefererketten[8] gezählt werden. Ibn ʿAsākirs Auswahl umfasst insgesamt einundvierzig Hadithinhalte (*mutūn*), zu denen er jeweils mehrere, als gleichwertig klassifizierte Ketten zuordnet, sodass die Gesamtzahl seiner Überlieferungen (alle *asānīd* mit jeweiligem *matn*) 152 beträgt. Die Hadithauswahl traf

---

7 Aṣ-Ṣafadī listet in seinem biographischen Eintrag allein um die sechsundachtzig Schriften Ibn ʿAsākirs auf und erwähnt, dass weitere, ungenannte Texte die Anzahl vierzig überschreiten. Da in dem Eintrag nicht alle fünf von Ibn ʿAsākir bekannten Titel der Vierzig Hadithe namentlich als solche gekennzeichnet sind, ist anzunehmen, dass sich unter den zahlreichen weiteren Schriften, vor allem solchen zu den Vorzügen von Städten wie Mekka, Medina und Jerusalem, noch weitere kleine Hadithsammlungen befinden; vgl. Ṣafadī (2007), S. 554-558, auf S. 558 werden ein *Kitāb al-abdāl* und ein *Kitāb al-ǧihād* ohne Bezug zu den Vierzig Hadithen aufgeführt. Yāqūt ar-Rūmī führt letztere beiden ebenfalls an, gleichzeitig aber auch die Vierzig Dschihad Hadithe und in deren Anschluss ein *Kitāb al-ǧawāhir wa-l-lālīʾ fī l-abdāl al-ʿawālī*, sodass hier entsprechend wiederum angenommen werden kann, dass sich Ibn ʿAsākir mit jeweils einem Thema in verschiedenen Werkarten und -größen auseinandersetzte (der zuletzt genannte Titel über *abdāl* soll sich über drei *ǧuzʾ* erstrecken, das *Kitāb al-abdāl* hingegen über zweihundert *ǧuzʾ* oder mehr), vgl. Yāqūt (1928), S. 141, 144; siehe auch Ḏahabī (1996): Tārīḫ Bd. 40, S. 73-76, der immerhin eine Auswahl von vierundfünfzig Titeln nennt, darunter alle *Kutub al-arbaʿīn* mit Ausnahme der Vierzig Hadithe von al-Farāwī, die aḏ-Ḏahabī separat anführt und hierbei eine weitere Sammlung von Vierzig Hadithen erwähnt, welche Ibn ʿAsākir von seinem Freund Abū Saʿd ʿAbd al-Karīm as-Samʿānī überliefert haben soll (dieser lebte 506-562/1112-1166; laut aḏ-Ḏahabī erzählt er, wie die beiden von 529-533 H. gegenseitig in Nīsābūr ihre Lesungen besuchten): *Arbaʿūn ḥadīṯan muṣāfaḥāt*, vgl. Ḏahabī (1996): Tārīḫ Bd. 40, S. 76; ders. (1958), S. 1330. Yāqūt ar-Rūmī trennt beide Aspekte wiederum, indem er in seiner Auflistung von „…wa-muṣāfaḥa li-Abī Saʿd as-Samʿānī *wa*-arbaʿīn ḥadīṯan fī ǧuzʾ" spricht, Yāqūt (1928), S. 143. Eine kleine Auswahl an Werken Ibn ʿAsākirs findet sich u.a. bei Kaḥḥāla Bd. 7, S. 69f.; Ziriklī (1969), Bd. 5, S. 82f.; Karabulut (2006), Bd. 3, S. 2027ff. (Nr. 5456).

8 Zu den beiden Unterkategorien von *al-isnād al-ʿālī*, der Gleichwertigkeit (*musāwāt*) und des „Händeschüttelns" (*muṣāfaḥāt*), zu dem Ibn ʿAsākir eventuell ebenfalls eine Sammlung erstellte (vgl. vorige Fußnote), siehe Ibn aṣ-Ṣalāḥ (1998), S. 258f.; ders. (2010), S. 184f.

Ibn ʿAsākir wiederum aus dem Material, das ihm sein Lehrer Abū ʿAbd Allāh Muḥammad b. al-Faḍl aṣ-Ṣāʿidī l-Farāwī (gest. 530/1137) übermittelte.[9]

Von den beiden weiteren Vierzig Hadithen Ibn ʿAsākirs ist jeweils nur der Titel bekannt: Ḥāǧǧī Ḫalīfa zufolge sammelte Ibn ʿAsākir in *Al-arbaʿūn aṭ-ṭiwāl* vierzig der längsten Überlieferungen, die auf die Prophetie Muḥammads hinweisen und von den Vorzügen seiner Gefährten zeugen.[10] Über den Inhalt seines *Kitāb al-arbaʿūn fī l-abdāl al-ʿawāl* lässt sich wiederum nur spekulieren: Mangels Vorlage sind inhaltliche Einblicke und das Feststellen der genauen Hintergründe zu dieser Sammlung nicht möglich,[11] doch weist der Titel auf zwei Aspekte hin, zu denen das Werk entstanden sein könnte.

Nach den vorangegangenen Informationen zu Ibn ʿAsākirs auf Überliefererketten fokussierte Vierzig Hadithe liegt nahe, auch diese Sammlung in den Bereich der Hadithauswahl zu *al-isnād al-ʿālī* einzuordnen. Die Begriffsverwendung *al-ʿawālī* im Titel wird sich mit hoher Wahrscheinlichkeit darauf beziehen. Mit der zunehmenden Anerkennung des ‚Hadithkanons' erlosch das Übermitteln und damit das Anführen von Überliefererketten nicht etwa,

---

9 Zum Leben al-Farāwīs, der mitunter auch al-Furāwī vokalisiert wird, siehe Ibn ʿAsākir (2003), S. 24-27. Hier findet sich zudem der Hinweis – unter Berufung auf einen Eintrag in aḏ-Ḏahabīs *Taḏkirat al-ḥuffāẓ* (Bd. 4, S. 1329f.) –, dass Ibn ʿAsākir zwar die Vierzig Hadithe al-Farāwīs herleitete („…taḫrīǧ al-arbaʿīn al-musāwāt li-šayḫihi Abī ʿAbd Allāh al-Farāwī…"), zudem jedoch noch ein Werk mit dem Titel *Arbaʿūn al-musāwāt* erstellte, vgl. ebd. (1958) S. 28f. Der Editor der *Tārīḫ al-Islām* aḏ-Ḏahabīs führt den Namen al-Furāwī auf einen kleinen Ort an einer Bucht nahe Ḫawārizm zurück, der auch Ribāṭ Furāta genannt wird; s. Ḏahabī (1996): Tārīḫ Bd. 40, S. 71 (Fußnote 2). Möglicherweise leistete der Lehrer mehrere Beiträge zu den Vierzig Hadithen, zumal der Verdacht besteht, er könne zum einen mit Abū ʿAbd Allāh Muḥammad al-ʿAzzāwī identisch sein, der gleich in mehreren Werken angeführt wird und seine Sammlung im Jahr 528/1134 verfasst haben soll (vgl. Karahan (1954), S. 54, 73, 77; Brockelmann I (1943), S. 356; Ahlwardt (1889), S. 246). Mindestens George Vajda vermerkt in seinem Artikel *Quatre arbaʿūn peu remarqués ou inconnus* den Verdacht über ein und dieselbe Person, weist jedoch darauf hin, dass eine al-ʿAzzāwī zugeschriebene Handschrift in der Bibliothèque Nationale in Paris über abweichenden Inhalt gegenüber der ihm vorliegenden verfügt, vgl. Vajda, Georges: Quatre *arbaʿūn* peu remarqués ou inconnus. In: Arabica IV (1957), S. 39ff. Zum anderen listet Ḥāǧǧī Ḫalīfa einen Abū ʿAbd Allāh Muḥammad b. al-Faḍl aš-Šahrastānī l-Ġarāwī in seinem *Kašf aẓ-ẓunūn* auf, fügt seinem Eintrag jedoch abgesehen vom Namen und 548/1153 als Todesjahr keinerlei weitere Angaben hinzu (vgl. Ḥāǧǧī Ḫalīfa (1941), S. 57). Die Ähnlichkeit der Sammlernamen, deren Unterschied zum vollen Namen al-Farāwīs lediglich in der Verschiebung eines diakritischen Punktes bzw. dem Vertausch von ف mit غ besteht, sowie die zeitliche Nähe der Todesdaten lassen zumindest die Vermutung zu, dass es sich in allen Fällen um ein und dieselbe Person handeln könnte.

10 Vgl. Ḥāǧǧī Ḫalīfa (1941), S. 54, 57; Silafī (1992), S. 24; Bakrī (2005), S. 154ff. (Nr. 36); Karahan (1954), S. 73, 79.

11 Auf die Sammlung verweisen Silafī (1992), S. 24; Ḥāǧǧī Ḫalīfa (1941), S. 54, 57; Karahan (1954), S. 73, 79; Āǧurrī (2000), S. 10; Karabulut (2006), Bd. 3, S. 2027 (Nr. 5456.3, ihm nach ist ein Manuskript in der Damaszener Ẓāhiriyya erhalten).

vielmehr gingen Hadithgelehrte dazu über, andere Formen von Hadithsammlungen zu erstellen, da mit den *kutub as-sitta* ein umfassendes Zusammentragen bereits vorgenommen worden war. Infolgedessen konzentrierten sich die Sammler vermehrt auf kleine, übersichtliche Werke und hierbei auch auf die Präsentation von Besonderheiten, die sich unter anderem in den Überliefererketten niederschlagen konnte. Dabei wurden die *kutub as-sitta* nicht etwa außen vor gelassen, sondern als Maßstab genommen: Für Hadithe, die zwar auch in einem der ‚kanonischen' Werke vorkamen, einen Gelehrten allerdings über eine andere Kette als die in den *kutub as-sitta* vorhandene erreicht hatten, gab es verschiedene Bezeichnungen. Ibn aṣ-Ṣalāḥ stellt diese in seinem Grundlagenwerk zur Hadithwissenschaft als neunundzwanzigstes Kriterium näher vor, wobei der Unterschied zwischen „Übereinstimmungen" (*muwāfaqāt*), „Ersatz" (*abdāl*), „Gleichwertigkeit" (*musāwāt*) und „Händeschütteln" (*muṣāfaḥa*) darin liegt, an welcher Stelle die Kette vor beispielsweise al-Buḫārī oder Muslim divergiert (ab ihrem Lehrer oder dem Lehrer des Lehrers) und über wie viele Generationen die Überlieferung ab da bis hin zum letzten Sammler geht. Gemeinsam ist allen Bezeichnungen, dass ihre Ketten die Sammler der *kutub as-sitta* selbst nicht enthalten.[12] Da Ibn ʿAsākir mit der Hadithauswahl seines Lehrers al-Farāwī und mutmaßlich auch der eines Gefährten bereits eine, wenn nicht zwei Unterkategorien des Kriteriums *al-isnād al-ʿālī* bediente, liegt nahe die *Arbaʿūn fī l-abdāl al-ʿawāl* ebenfalls hier zu verorten. Den Erläuterungen Ibn aṣ-Ṣalāḥs folgend dürften die Überliefererketten Ibn ʿAsākirs in dieser Sammlung mit denen im ‚Hadithkanon' bis zur Generation vor deren Überlieferern (also bis bspw. zu den Lehrern der Lehrer al-Buḫārīs oder Muslims) übereinstimmen und ab da durch andere Tradenten „ersetzt sein" (*badala*).

Ebenso denkbar ist ein Zusammenhang der Sammlung über *abdāl* mit einem weiteren Interessensgebiet des Gelehrten: Ibn ʿAsākir scheint ein überwiegend asketisches Leben geführt zu haben und bevorzugte Lev zufolge die Zurückgezogenheit, sodass auch er als ein Beispiel für die enge Verbindung zwischen Dschihad und Askese angesehen werden kann. Sein Kontakt zur herrschenden Elite soll sich auf das Nötigste beschränkt haben, wie sich noch zeigen wird, konnte er ihn aufgrund seiner bereits erwähnten angesehenen Stellung und auch aufgrund einer starken Interessensüberschneidung zumindest mit dem Herrscher Nūr ad-Dīn jedoch nicht ganz umgehen. Seine Anwesenheit in Sitzungen mit diesem und mit Ṣalāḥ ad-Dīn al-Ayyūbī sollte nicht über eine bedingte Unabhängigkeit hinwegtäuschen, da Ibn ʿAsākir wohl jeglichen offiziellen Lehrposten ablehnte und für die Finanzierung sei-

12 Vgl. Ibn aṣ-Ṣalāḥ (1998), S. 258ff.; ders. (2010), S. 184ff.; Davidson (2014), S. 45f.; s.a. Kap. „Anfänge der Vierzig Hadithe" und „Differenzierung der Thematik und Haditherläuterungen" in Bartschat (2019).

ner Forschung selber aufgekommen sein soll. Seiner asketischen Neigung entsprechend scheint er ebenso wenig Interesse an Besitz- und Reichtum gezeigt, sondern Askese und einen einfachen Lebensstil bevorzugt haben, welche Lev zufolge „kennzeichnend für die sozial-orientierte Frömmigkeit waren, die sich in der mittelalterlichen, muslimischen Städtegesellschaft durchgesetzt hatte."[13] Diese Art der Asketen zeichnete sich dadurch aus, dass sie nicht unbedingt in völliger Zurückgezogenheit lebte, sondern wie Ibn ʿAsākir an dem gesellschaftlichen Leben durchaus noch teil hatte und Familien gründete. George Makdisi bezeichnet dies als den ‚zweiten Typ Asket'. Während der ‚erste Typ' sich ganz der Einkehr und Einsamkeit ergebe und ein frommes Leben in Zurückhaltung zwischen dem Zuhause und der Moschee fernab von Problemen führe, sei der zweite, weitaus verbreitetere Typ Asket jemand, der zwar wie Ersterer

> sich den eigenen Privilegien enthält und gewissenhaft seine religiösen Pflichten absolviert, aber anstatt der Welt und ihren Problemen zu entsagen, ist er seiner Ansicht nach der sozialen Gerechtigkeit zutiefst verpflichtet und reduziert seinen Verzicht auf die Entsagung der Unterstützung durch Wohl- und Machthabende, deren Kontakt dazu neigen würde seiner Unabhängigkeit und seiner Handlungs- und Redefreiheit zu schaden [...]. In der biographischen Literatur wird so eine Person als *zāhid*, Asket, oder *ṣūfī*, Mystiker bezeichnet (wobei beide Bezeichnungen häufig synonym verwendet werden) [...]. Er arbeitet selbstständig, was häufig bedeutet, dass er Manuskripte gegen ein Entgelt abschreibt, oder verfügt über eine Lehrposition in einer Moschee und wird vom Kalifen bezahlt; er akzeptiert keine andere Unterstützung und ist allein Gott, Seinem Propheten und dessen Stellvertreter auf Erden, dem Kalifen gegenüber pflichtschuldig. Durch die Aufgabe des einfachen und lukrativen Lebens erreicht [der Asket] eine große Anhängerschaft unter den Muslimen, die ihm loyaler ergeben ist als einem Befehlshaber, dessen Führungsposition unangefochten ist...[14]

Abgesehen von seinem eigenen, der Askese zugeneigten Verhalten scheint Ibn ʿAsākir auch Interesse an der völligen Zurückgezogenheit gezeigt zu haben. Zumindest wird ihm nachgesagt, eine Gruppe von Einsiedlern in den Bergen Libanons bewundert zu haben, die als *abdāl* („Vertreter/Ersatz") bezeichnet wurden. Yaacov Lev zufolge handelt es sich um fromme Asketen, die sich dem Schutz der Menschheit verschrieben hatten und im Falle des eigenen Todes durch eine andere Person ersetzt wurden. In Muḥammad b. al-Ḥusayn as-Sulamīs Sammlung *Al-arbaʿūn fī t-taṣawwuf* stoßen wir auf eine Prophetenüberlieferung, die diese Personen erwähnt. Sie wird unter der Überschrift des Nachweises angeführt, dass Gott auf der Erde Freunde (*awliyāʾ*) und Stellvertreter (*budalāʾ*) habe, und lautet wie folgt:

---

13 Lev (2008), S. 234.

14 Makdisi (1973), S. 166f.

von Anas, möge Gott Wohlgefallen an ihm haben, vom Propheten, Gott segne ihn und gebe ihm Heil, der sagte: „Die Stellvertreter (*budalāʾ*) meiner Gemeinde bestehen aus vierzig Männern, zweiundzwanzig in Šām und achtzehn im Irak. Jedes Mal wenn einer von ihnen stirbt, setzt (*abdala*) Gott an seine Stelle einen anderen, bis der Befehl erfolgt, dass sie sterben."[15]

Über diese *abdāl* verfasste Ibn ʿAsākir am Ende seines Lebens ein Werk, das *Kitāb al-abdāl*, das nicht für den öffentlichen, sondern nur für seinen privaten Gebrauch gedacht gewesen ein soll. Lev schlussfolgert anhand der Vorliebe des Gelehrten, dass es sich um ein biographisches Lexikon handeln müsse[16], vielleicht ist es aber auch das *Kitāb al-arbaʿūn fī l-abdāl al-ʿawāl*, welches u.a. Ḥāǧǧī Ḫalīfa und Abdülkadir Karahan nennen.[17]

In Verbindung mit der biographischen Darstellung des Propheten Jesus in Ibn ʿAsākirs Hauptwerk *Tārīḫ Madīnat Dimašq* erkennt Suleiman A. Mourad in den asketischen Ambitionen des Gelehrten viel weitreichendere Gründe, die wiederum eine mögliche Erklärung für seinen Aufruf zum Handeln auf dem Wege Gottes durch seine Dschihadsammlung bieten. Demnach fungiert die Darstellung von Jesus als Plattform für eine Ermahnung und einen Appell an die muslimische Gemeinschaft. Ibn ʿAsākir sieht diese zu stark vom Genuss des diesseitigen Lebens vereinnahmt, was die Unfähigkeit einer Verteidigung des islamischen Gebiets gegen die Kreuzritter zur Folge habe. Entsprechend verurteilt der Gelehrte die Welt und nimmt Zuflucht zum asketischen Leben, in welchem für ihn die Lösung des Problems liegt. Weniger der Lebenswandel des Gelehrten selbst, als vielmehr das Vorbild des Propheten Jesus soll dabei als Mitteilung an die Muslime dienen, indem Ibn ʿAsākir eine starke Betonung auf die asketische Seite in Jesus' Leben legt:

Die Verurteilung des Diesseits war eine Form der Reaktion Ibn ʿAsākirs, die er durch den zukünftigen Retter Jesus artikulierte. Da er versiert darauf war, ein neues Bild von Jesus im Einklang mit seinen eigenen religiösen und politischen Anliegen zu zeichnen, lässt sich schlussfolgern, dass es essentiell für Ibn ʿAsākir war Jesus als Asketen zu präsentieren, gelegentlich sogar als einen äußerst strengen, der stets entsagte, das Diesseits verurteilte und seine Anhänger ermahnte nur ‚Passan-

15 Sulamī (2007): Taṣawwuf, S. 50f. (20. Hadith). Auf diese *abdāl* weisen auch az-Zabīdī und Lane hin, wobei Letzterer beide Plurale anführt (*abdāl* und *budalāʾ*), sie nennen dabei jedoch eine Anzahl von insgesamt siebzig Personen, derer vierzig im Großraum Syrien und dreißig in „anderen Ländern" zu verorten sind, vgl. Zabīdī (1993), Bd. 28, S. 65f.; Lane (1863), S. 167.

16 Vgl. Lev (2008), S. 233ff. Auch aṣ-Ṣafadī führt in seiner umfangreichen Werksauflistung lediglich den Titel *Kitāb al-abdāl* an, vgl. Ṣafadī (2007), S. 558. Erl. *budalāʾ* auch bei Bonner (1996), S. 11.

17 Vgl. Ḥāǧǧī Ḫalīfa (1941), S. 54; Karahan (1954), S. 73, 79; Silafī (1992), S. 24; Āǧurrī (2000), S. 10 (*Titel hier*: Al-arbaʿūn al-abdāl al-ʿawālī). Yāqūt ar-Rūmī nennt in seinem Eintrag sogar zwei Titel bezüglich *abdāl*, deren Umfang sehr unterschiedlich zu sein scheint (vgl. oben, Fußnote 7, S. 90).

ten' zu sein. Infolgedessen war Ibn ʿAsākir der Ansicht, dass die Muslime durch die Imitation von Jesus' asketischer Lebensweise erfolgreicher in ihrem religiösen Kampf gegen die Invasoren wären.[18]

Eine Betonung des asketischen Lebens, sowie ein Erinnern an frühere Propheten und Gesandte finden sich auch in der Hadithauswahl der Vierzig Dschihad Hadithe wieder. Es lässt sich festhalten, dass Ibn ʿAsākir seine Werke nutzt, um Kritik am gesellschaftlichen Geschehen seiner Zeit zu üben, viel mehr aber noch, um von ihm als Lösung oder Konter empfundene Maßnahmen kundzutun. Diese manifestieren sich nach außen hin, also im Konflikt gegen die Kreuzritter, im Dschihad und einem Lebenswandel der Muslime hin zur Askese, und nach innen in einem ebenfalls als Dschihad verstandenen Vorgehen gegen die Schiiten.

1.3 Entstehungskontext der Vierzig Dschihad Hadithe

Der Einleitung seiner Vierzig Dschihad Hadithe ist zu entnehmen, dass Ibn ʿAsākir seine Hadithauswahl dem zengidischen Herrscher Nūr ad-Dīn widmet, der selber ein intensives Hadithstudium betrieben haben soll und in Hoffnung auf den aus dem *man ḥafiẓa*-Hadith hervorgehenden Lohn um ein solches Werk explizit gebeten hatte. Da die Sammlung selbst ferner ohne Datierung auskommt, ist ihr Entstehungszeitraum von 549/1154, dem Jahr der Eroberung Damaskus' und dem beginnenden Kontakt zwischen dem Gelehrten und dem Herrscher, bis zum frühesten Audienzvermerk wenige Jahre vor beider Ableben zu sehen.[19] Die Sammlung entstand demnach zwischen dem zweiten und dem dritten Kreuzzug in Damaskus. Die Stadt war während des zweiten Kreuzzugs (542-544/1147-1149[20]) wenigstens

18 Mourad (2001), S. 42f.; vgl. Mourad/Lindsay (2013), S. 8ff.

19 Zur Datierung s. Mourad/Lindsay (2013), S. 53. Zur Widmung in der Einleitung s. Ibn ʿAsākir (1984), S. 47f., Mourad/Lindsay (2013), S. 132f. sowie Übersetzung der Sammlung in Teil III. Auch der biographische Eintrag zu Nūr ad-Dīn in Ibn ʿAsākirs *Tārīḫ Madīnat Dimašq* kommt nahezu ohne Zeitangaben aus, sodass auch hier nicht klar wird, wann genau der Hadithgelehrte dem Herrscher die Vierzig Dschihad Hadithe erstellte, vgl. Ibn ʿAsākir (1997), Bd. 57, S. 123; Elisséeff (1972), S. 132, 139f.; Gabrieli (1973), S. 113.

20 Die in der vorliegenden Arbeit gebotene Darstellung von Ereignissen aus der Zeit der Kreuzzüge beschränkt sich auf ein absolutes Minimum, konstatierte doch Claude Cahen Anfang der achtziger Jahre bereits als Einleitung zu einem seiner Kreuzzugs-Werke: „Encore un livre sur les Croisades! Comme s'il n'en existait pas déjà bien des dizaines, sans parler de milliers d'articles." Cahen, Claude: Orient et Occident au temps des Croisades. Paris 1983, S. 5. Neben Cahens eigenen, äußerst zahl- wie umfangreichen Werken zum Thema existieren in der Tat unzählige weitere, auf die an dieser Stelle allgemein verwiesen sei und davon beispielhaft Folgende zu nennen sind: Setton, Kenneth M. (Hrsg.): A History of the Crusades. 6 Bde. Madison u.a. 1955-89; Sivan, Emmanuel: L'Islam et la Croisade. Idéologie et Propagande dans les

zwei Angriffen ausgesetzt, denen sie erfolgreich und mit Unterstützung von den Kreuzrittern aus Jerusalem widerstand. Nach weiteren Versuchen durch Aushungerungsmaßnahmen in den Jahren 546/1151 und 548/1153 nahm Nūr ad-Dīn Damaskus schließlich nach erneuter Belagerung sowie Verhandlungen ein. Aus Letzteren ging das Einverständnis der Damaszener hervor, Nūr ad-Dīn als Oberherrscher anzuerkennen, ihn in den Freitagspredigten zu nennen und seinen Namen auf Münzen zu prägen – faktisch jedoch soll Damaskus seine Unabhängigkeit bewahrt haben. Wie Ibn ʿAsākir diese krisengeschüttelte Zeit durchlebte, nachdem er zwanzig Jahre zuvor noch ausdrücklich abgereist war, um den Konflikten zu entgehen, erfahren wir nicht; wohl aber, dass sich Nūr ad-Dīn im Anschluss an die Eroberung seiner annahm.[21]

Réactions Musulmanes aux Croisades. Paris 1968; Elisséeff, Nikita: Nūr ad-Dīn: un grand prince musulman de Syrie au temps des croisades (511-569 A.H./1118-1174). 3 Bde. Damaskus 1967; Gabrieli, Francesco: Die Kreuzzüge aus arabischer Sicht. Aus den arabischen Quellen ausgewählt und übersetzt von Francesco Gabrieli / aus dem Italienischen von Barbara von Kaltenborn-Stachau. Zürich u. München: Artemis 1973.

21 In seinem biographischen Eintrag zu Nūr ad-Dīn merkt Ibn ʿAsākir nur an, dass zwei Belagerungen Damaskus' erfolglos verliefen, bevor Nūr ad-Dīn die Stadt beim dritten Versuch in Frieden einnahm, vgl. Ibn ʿAsākir (1997), 57, S. 120; Elisséeff (1972), S. 128, 137. Vgl. des Weiteren Elisséeff (1995), S. 128; ders. (1967), S. 710; Lev (2008), S. 253f.; Ibn al-Aṯīr, ʿIzz ad-Dīn Abū l-Ḥasan ʿAlī b. Abī l-Karam Muḥammad: Ḏikr mulk Nūr ad-Dīn Maḥmūd Madīnat Dimašq. In: ders.: Al-kāmil fī t-tārīḫ. Bd. 11. Bayrūt: Dār Ṣādir 1386/1966, S. 197f.; Ibn al-Qalānisī (1908), S. 297-300, 326-329; Gabrieli (1973), S. 98-105. Lindsay spricht von einer unblutigen Eroberung, bei der Nūr ad-Dīn aufgrund der Mithilfe der Stadtbewohner Damaskus einnehmen konnte, vgl. Lindsay (1995), S. 50; Lewis (1970), S. 200f.; Halm (2001), S. 196f.; Eddé (2010), S. 182f.; Gibb, Sir Hamilton: The Career of Nūr-ad-Dīn. In: Baldwin, Marshall W. u. Setton, Kenneth M. (Hrsg.): A History of the Crusades. Bd. 1: The First Hundres Years. Madison u.a.: Univ. of Wisconsin Press 1969, S. 513-519; Leder (2011), S. 81; ders.: Damaskus: Entwicklung einer islamischen Metropole (12.-14. Jh.) und ihre Grundlagen. In: Bauer, Thomas u. Stehli-Werbeck, Ulrike (Hrsg.): Alltagsleben und materielle Kultur in der arabischen Sprache und Literatur. Festschrift für Heinz Grotzfeld zum 70. Geburtstag. Wiesbaden: Harrassowitz 2005 (= Abhandlungen für die Kunde des Morgenlandes; 55.1), S. 238f. Die Unterstützung Damaskus' durch die Kreuzritter aus Jerusalem ist wiederum eines von zahlreichen Beispielen dafür, dass es auch unter Letzteren und den Muslimen durchaus zu Bündnissen kam (s. dazu bspw. auch Kap. „Diplomatic and Commercial Relations of the Mamluk Sultanate" in Holt (1986), S. 155-166). Diesbezüglich merkt Lev an: „Damascene resistance to the Zankid attempts of conquest, relying on the assistance of the Kingdom of Jerusalem, highlights another aspect of the twelfth-century Muslim Middle East: the integration of the Franks into the political fabric of the region. When discussing *jihād*, it is only too easy and tempting to ignore the broader political picture of the Eastern Mediterranean. In contrast to Byzantium, which usually played the role of an outside foreign force, intimidating both the Muslims and the Franks, the Franks were part of the local political puzzle and military cooperation with them had become acceptable." Lev (2008), S. 254; vgl. Mourad/Lindsay (2013), S. 47f. Zum Beispiel eines Bündnisses der Damaszener mit den Kreuzrittern gegen

Mit seiner Verbindung zu Ibn ʿAsākir baute Nūr ad-Dīn bei der Einnahme von Damaskus auf einen wirkungsmächtigen Verbündeten. Wie vor ihm schon sein Vater sorgte auch der zengidische Herrscher für die Etablierung einer Gelehrtenklasse zur Unterstützung des Regimes. Die Gelehrten stellten ein Standbein der zengidischen und später ebenso der ayyubidischen Regierung dar, hielten sie doch insbesondere den Kontakt zum Volk, traten für die Interessensvertretung ihm gegenüber ein und wirkten bei militärischen Entscheidungen gegen die Kreuzritter mit. M. Hilmy M. Ahmad führt drei Beispiele an, bei denen jeweils ein *qāḍī* für die Wiederherstellung oder Erhaltung der Loyalität zum Herrscher unter den Soldaten sorgte. Obwohl dabei kein Sammler von Vierzig Dschihad Hadithen erwähnt wird, gebe es allgemein zahlreiche Beispiele für den Einfluss von Gelehrten zu jener Zeit, sodass für Sammler wie Ibn ʿAsākir eine ähnliche Rolle angenommen werden kann, auch wenn keine Belege dafür vorliegen, dass er direkt zu den Soldaten gepredigt haben soll. Zwar wirke Ibn ʿAsākir wie ein unabhängiger Gelehrter, so Yaacov Lev, doch habe sich zwischen ihm und Nūr al-Dīn eine Beziehung mit beiderseitigem Nutzen entwickelt. Es heißt sogar, dass Ibn ʿAsākir in seiner beruflichen Entwicklung erst unter Nūr ad-Dīn so richtig aufblühte.[22]

Wie im Kontext mit as-Sulamīs Dschihad-Werk dargelegt, wurde der Dschihad bereits zu Beginn des 6./12. Jhs propagiert. Carole Hillenbrand zufolge sollen auch Inschriften aus den Zwanzigern jenes Jahrhunderts dies belegen und in ihnen verewigte Personen als Kämpfer des Dschihad benennen. Von einer Wiederbelebung des Dschihad durch Nūr ad-Dīn zu sprechen, wie Nikita Elisséeff[23] beispielsweise, mag daher von der Wortwahl etwas zu weit

---

Nūr ad-Dīns Vater ʿImād ad-Dīn Zanǧī s. Ibn al-Qalānisī (1908), S. 272; Gabrieli (1973), S. 87f. Francesco Gabrieli zufolge schildert Ḥamza b. Asad Ibn al-Qalānisī (gest. 555/1160, s. Brockelmann SI (1937), S. 566) die Belagerung von 1148 „ohne verderbliche literarische Ausschmückung"; da er Augenzeuge des Ganzen ist, gilt er für Gabrieli als am besten informierteste und zuverlässigste arabische Quelle der frühen Kreuzzugszeit, vgl. Gabrieli (1962), S. 102f.; Leder (2011), S. 86.

22 Vgl. Ahmad (1962), S. 79f. (insbes. Fußnote 3); Hillenbrand (1999), S. 108, 119-131; Mourad/Lindsay (2007), S. 47f.; dies. (2013), S. 49f.; Lev (2008), S. 235; Lindsay (2001), S. 5-8; ders. (1995), S. 50. Ibn ʿAsākir spricht in Verbindung mit Nūr ad-Dīn nicht über ihre persönliche Beziehung, sondern erwähnt lediglich ganz allgemein, der Herrscher habe die Gelehrten unterstützt, vgl. Ibn ʿAsākir (1997), Bd. 57, S. 120; Elisséeff (1972), S. 129.

23 Vgl. Elisséeff (1967), S. 750. Ähnlich ungenau erweist sich auch die Bezeichnung der damit einhergehenden ‚Wiederbelebung der Sunna', deren Verbreitung zwar mit Nachdruck vorangetrieben wird, auf die aber die dem Begriff Wiederbelebung inhärente Bedeutung des zuvor erloschen Seins nicht zutrifft, s.a. Anmerkung Makdisis in Fußnote 5, S. 88.

gegriffen sein. Doch wurde der Dschihad besonders unter den beiden Herrschern Nūr ad-Dīn und Ṣalāḥ ad-Dīn forciert, erst unter ihnen nahm die Propaganda des Einsatzes auf dem Wege Gottes definierte Züge an und soll ihren Höhepunkt letztlich mit Ṣalāḥ ad-Dīns Rückeroberung Jerusalems im Jahr 583/1187 erfahren haben. Yaacov Lev merkt an, dass auch für diese Zeit jedoch nur eine vage Vorstellung von der lokalen Wahrnehmung und der Bedeutung des Dschihad bestehe, und verweist dabei auf die lange Geschichte des Dschihad-Konzepts, das auf den Koran zurückgeführt wird und unter muslimischen Gelehrten verschiedener Epochen Diskussionen bezüglich seiner Verpflichtungen sowie der Unterscheidung in eine militärische und eine spirituelle Komponente zur Folge hatte.[24] Die Aufarbeitung der Vierzig Dschihad Hadithe Ibn ʿAsākirs wird dahingehend zumindest das in der Hadithauswahl ersichtliche Verständnis eines Gelehrten vom Dschihad beitragen und belegt zudem über die zahlreichen Audienzeinträge ein größeres Interesse an der Sammlung, als es dem *Kitāb al-ǧihād* ʿAlī b. Ṭāhir as-Sulamīs ein halbes Jahrhundert zuvor beschieden war. Im Gegensatz zu einer umfassenden Abhandlung wie der as-Sulamīs liefert die Sammlung Ibn ʿAsākirs mangels Erläuterungen jedoch ein weitaus weniger dezidiertes Bild und erhellt des Weiteren genauso wenig die allgemeine Wahrnehmung in seinem Umfeld.

24 Vgl. Hillenbrand (1994), S. 60-69; dies. (1999), S. 103f., 108, 110f., 188-195. Unter Berufung auf Sivan sieht sie die ernsthafte Mobilisierung zum Dschihad bereits mit ʿImād ad-Dīn Zanǧī und dessen Eroberung Edessas 539/1144, die den zweiten Kreuzzug auslöste. Die im Zuge der Forcierung des sunnitischen Islams errichteten, öffentlichen Bauwerke unter Nūr ad-Dīn wurden mit Inschriften versehen, die den zengidischen Herrscher als *muǧāhid* bezeichneten, und trugen aufgrund ihrer öffentlichen Sichtbarkeit signifikant zur Propaganda bei, vgl. Hillenbrand (1999), S. 122f.; Tabbaa (1986), S. 223f.; Lev (2008), S. 228f., 245f., 274ff.; Lewis (1970), S. 202-205; Eddé (2010), S. 185f. Dass bereits der Vater Nūr ad-Dīns, ʿImād ad-Dīn Zanǧī, mitunter als ein Kämpfer im Sinne des Dschihad dargestellt wird (s. bspw. Heidemann, S.: Zangī. In: EI² XI (2002), S. 451f.; Halm (2001), S. 196; Abū Šāma, Šihāb ad-Dīn ʿAbd ar-Raḥmān b. Ismāʿīl al-Maqdisī: Kitāb ar-rawḍatayn fī aḫbār ad-dawlatayn an-nūriyya wa-ṣ-ṣalāḥiyya / hrsg. Ibrāhīm Šams ad-Dīn. Bd. 1. Bayrūt: Dār al-Kutub al-ʿIlmiyya 1422/2002, S. 160-163. (Abū Šāma starb 665/1267)), soll wiederum Stefan Leder zufolge eine rückwirkende Projektion, eventuell sogar nur eine Erfindung von Historikern des späten 7./13. Jahrhunderts sein. Für ihn ist die Verwendung einschlägiger Bezeichnungen in Inschriften zudem nicht als Beweis für die besondere Bedeutung des Dschihad anzusehen, s. Leder (2011), S. 85, 89, 92. Auch Yasser Tabbaa spricht vom Fehlen des Titels *muǧāhid* in den Inschriften ʿImād ad-Dīns selbst nach der Eroberung Edessas. Er zeigt aber in einer Fußnote, dass ihm die Titulierung *zaʿīm al-muǧāhidīn* („Führer der *muǧāhidīn*") für ʿImād ad-Dīn durchaus bekannt war, die Hillenbrand als Grundlage für ihre Ansicht der Dschihad-Mobilisierung durch Zanǧī nimmt. Dieser Titel habe jedoch nicht denselben Wert wie die Bezeichnung *al-muǧāhid* selbst, vgl. Tabbaa (1986), S. 224, 238 (dort Fußnote 5).

Einen beispielhaften Aufruf zum Dschihad erwähnt Lev für das Jahr 552/1157, in dem Nūr ad-Dīn in Damaskus nach vorangegangenen Kämpfen und einem Vertragsbruch von Seiten der Kreuzritter die Belagerung von Bāniyās[25] vorbereitete. Auf seine Aufforderung zum Dschihad sollen Juristen und Inhaber religiöser Posten, aber auch Mystiker und weitere Personengruppen – Lev definiert sie unter Berufung auf den Zeitzeugen Ibn al-Qalānisī als Kämpfer (*ġuzāt* und *muǧāhidūn*), Kriegsfreiwillige (*mutaṭawwiᶜ*) sowie Anhänger der städtischen Miliz (*aḥdāṯ*) – eingegangen sein und für die Verbreitung der Dschihad-Propaganda in Traktakten, Gedichten, Predigten und dergleichen mehr gesorgt haben.[26] Ob Ibn ᶜAsākir ebenso auf diesen Aufruf einging und sich in diesem Rahmen möglicherweise veranlasst sah, seine Sammlung über den Dschihad zu erstellen, wird nicht erwähnt.

Ein früheres Ereignis soll ihn bereits zu einem anderen Dschihad-Werk veranlasst haben, aus dessen Titel die inhaltliche Ausrichtung jedoch nicht explizit hervorgeht: Mourad und Lindsay zufolge verfasste Ibn ᶜAsākir in Reaktion auf die Eroberung Askalons durch die Kreuzritter im Jahr 548/1153 einen Appell an die Muslime die Stadt zurückzuerobern. Dieses nicht erhaltene Werk trägt den Titel *Faḍl ᶜAsqalān* und wird neben ihnen auch von Nikita Elisséeff den Dschihad-Schriften zugeordnet.[27]

Zwei aufeinanderfolgende militärische Niederlagen der Muslime einige Jahre später böten ebenso einen Anhaltspunkt für Ibn ᶜAsākirs Dschihadsammlung, sah sich Nūr ad-Dīn um 558/1163 doch mit der schwerwiegenden Aufgabe konfrontiert, die verlorengegangene Zuversicht unter seinen Soldaten wie auch der Bevölkerung wiederherzustellen. Die Niederlagen sollen beim Herrscher selbst für ein Umdenken hin zu Frömmigkeit und Einhalten religiöser Vorschriften geführt haben, um sich der Unterstützung und des Respekts aus dem Volk zu versichern. Gerade einen Gelehrten wie Ibn ᶜAsākir, dessen biographische Darstellungen im besonderen seine eigene

---

[25] An der syrischen Mittelmeerküste nördlich von Ṭarṭūs gelegen, s. Karte in Halm (2001), S. 193. Ibn al-Aṯīr spricht von der Einnahme einer Festung Bāniyās' im Jahr 559/1164 durch Nūr ad-Dīn, die sich jedoch in der Nähe Damaskus befinden soll und seit 543/1148 in der Hand der Kreuzritter war. Die Festung soll ihnen nach der Eroberung durch die Muslime auch wieder übergeben worden sein, vgl. Ibn al-Aṯīr (1966), S. 304f.

[26] Vgl. Lev (2008), S. 267; Ibn al-Qalānisī (1908), S. 339f.; Gabrieli (1973), S. 106f.; Leder (2011), S. 86; Elisséeff (1995), S. 129. Elisséeff erwähnt hier zudem, dass Nūr ad-Dīn zu Beginn des Jahres 554/1159 aufgrund eines drohenden Bündnisses zwischen Kreuzrittern und Byzantinern eine explizite Aufforderung zum Dschihad erließ.

[27] Vgl. Mourad/Lindsay (2007), S. 47; dies. (2013), S. 11f.; Elisséeff (1972), S. 126. Eine knappe Schilderung der Einnahme Askalons findet sich bei Ibn al-Aṯīr (1966), S. 188f., eine ausführlichere Darstellung beim Zeitzeugen Ibn al-Qalānisī, der in diesem Kontext vom Dschihad spricht, vgl. Ibn al-Qalānisī (1908), S. 319ff.

Frömmigkeit und Zuverlässigkeit in religiösen Angelegenheiten betonen[28], könnte dies zur Unterstützung Nūr ad-Dīns bewogen haben. Im Falle mangelnder Zuversicht unter den Kämpfern dürfte sich das überschaubare Format der Vierzig Hadithe überdies besonders angeboten haben, mit Informationen zu den Vorzügen des Jenseits und dem Weg dorthin für erneute Kampfbegeisterung zu sorgen. Mangelnde Zuversicht und Uneinigkeiten unter den Soldaten sollen jedoch auch vier Jahre später noch ein Thema im Heer Nūr ad-Dīns gewesen sein, was dazu führte, dass der Herrscher sein Vorhaben Beirut zu erobern verwerfen musste.[29] Ob Ibn ʿAsākir auch in diesem Falle aufgrund seines Ansehens und seiner Nähe zum Volk einzugreifen gebeten wurde oder sich eventuell sogar von sich aus dazu verpflichtet sah, Nūr ad-Dīn zu helfen, bleibt mangels eindeutiger Äußerungen in Verbindung mit seiner Widmung Vermutungen überlassen. Gründe für das Erstellen seiner Vierzig Dschihad Hadithe waren zumindest zahlreich vorhanden.

Sunnitisch-schiitische Konflikte

Die Auseinandersetzungen mit den Kreuzrittern waren nicht die einzige Front, der sich der zengidische Herrscher Nūr ad-Dīn gegenüber sah. Innerislamische Konflikte zwischen den Sunniten und Schiiten – den Fatimiden in Ägypten (reg. hier 358-567/969-1171 und wurden von Ṣalāḥ ad-Dīn schließlich verdrängt[30]) und den ebenfalls ismailitischen Nizārīs[31] in Syrien –

28 Siehe hierzu vor allem die Biographie bei aḏ-Ḏahabī, in der wiederholt die Betonung auf Ibn ʿAsākirs Einhalten sämtlicher Pflicht- und Zusatzgebete sowie Fastentage gelegt wird, Ḏahabī (1996): Tāriḫ Bd. 40, S. 77-82; ders. (1958), S. 1331f.; Subkī (1999), S. 138. Ibn ʿAsākir erwähnt die Niederlagen in seinem biographischen Eintrag zu Nūr ad-Dīn nicht, wohl aber die starke Frömmigkeit des Herrschers, vgl. Ibn ʿAsākir (1997), Bd. 57, S. 118-124 (Nr. 7255); Elisséeff (1972), S. 126-133, Hinweis auf diese und weitere Auslassungen auf S. 135. Schilderung der Niederlage im Jahr 558 bei Ibn al-Aṯīr (1966), S. 294ff. Auch er schildert die Frömmigkeit des Herrschers; insgesamt kommt seine biographische Darstellung gänzlich ohne den Dschihad-Begriff aus (in Auseinandersetzungen mit den Kreuzrittern ist von *ġazw al-faranǧ* die Rede), vgl. ebd., S. 402-405.

29 Vgl. Elisséeff (1995), S. 130f.; Tabbaa (1986), S. 229; Hillenbrand (1999), S. 132-141.

30 Vgl. Halm (2001), S. 166-199; Hillenbrand (1999), S. 118; Eddé (2010), S. 164-172; Lev, Yaacov: The Fāṭimid caliphate (358-567/969-1171) and the Ayyūbids in Egypt (567-648/1171-1250). In: Fierro, Maribel (Hrsg.): The New Cambridge History of Islam. Vol. 2: The Western Islamic World. Eleventh to Eighteenth Centuries. Cambridge: Univ. Press 2010, S. 201-211.

31 ‚Die sich Opfernden' (*al-fidāʾiyyūn*) oder auch ‚Assassinen' aus Persien, die in Syrien ein neues fatimidisches Kalifat errichten wollten und gezielt gegen dortige sunnitsche, fatimidische und auch christliche Herrscher Attentate verübten, vgl. Lewis (1970), S. 197; ders.: The Ismāʿilites and the Assassins. In: Baldwin, Marshall W. u. Setton, Kenneth M. (Hrsg.): A History of the Crusades. Bd. 1: The First Hundres Years. Madison u.a.: Univ. of Wisconsin Press 1969, S. 99-132; Halm (2001),

bewogen ihn dazu, eine Art „zweifachen Dschihad"[32] zu führen: den Einsatz auf militärischer Ebene gegen die Kreuzritter und den auf religiöser Ebene gegen die Schiiten, der eng mit der sogenannten ‚Wiederbelebung des sunnitischen Islam'[33] einherging, welche über den Ausbau des *madrasa*-Systems forciert wurde. Allein unter Nūr ad-Dīn verdreifachte sich in Syrien die Anzahl dieser Institutionen, die den Herrschern dazu dienten, sich zum einen die Gegebenheiten der lokalen Gesellschaft anzueignen und zum anderen den sunnitischen Islam stärker in ihr zu verankern. Unter Dschihad wurde in diesem und dem darauffolgenden Jahrhundert demnach nicht ausschließlich der Kampf gegen externe Feinde, den Andersgläubigen verstanden, sondern er umfasste ebenso die interne Komponente des Einsatzes gegen Häresie und Nachlässigkeit. Carole Hillenbrand wendet die Bezeichnung in ihrer detaillierten Darstellung von Nūr ad-Dīns Karriere nicht auf beide Bereiche an, sondern spricht grundsätzlich vom Kämpfer des Dschihad *und* Bewahrer des sunnitischen Islam. Dass aber der Einsatz gegen die Schiiten ebenfalls mit Dschihad bezeichnet worden sein könnte, lässt sich zumindest bedingt an der Wortwahl Ibn ʿAsākirs festmachen, auch wenn er nicht wortwörtlich von einem ‚Dschihad gegen die Schiiten' spricht (s.u.).

Nūr ad-Dīn wird schon früh als *muǧāhid* betitelt, wie unter anderem aus Inschriften hervorgeht, in denen seine Titel je nach Anlass in ihrer Nennung oder zumindest der Reihenfolge variieren. Die Verwendung rein arabischsprachiger Titel setzt Yasser Tabbaa dabei mit Nūr ad-Dīns Hingabe zum Dschihad sowie seiner Tendenz zur sunnitischen Orthodoxie in Verbindung.[34] Allgemein kann festgehalten werden, dass die bereits in der ersten Hälfte des 6./12. Jhs. steigende Tendenz der Begriffsverwendung des Dschihad darauf verweist, dass ein zunehmendes gesellschaftliches Interesse an dem Thema bestand. Dies trifft zumindest – folgt man den Ausführungen Carole Hillenbrands zur Dschihadpropaganda Syriens zwischen den ersten beiden Kreuzzügen – auf den Großraum Syrien zu, dem einzigen Gebiet, in dem zu der Zeit die Bezeichnung Dschihad in Inschriften auftauchen soll. In jenen anderer Dynastien, wie beispielsweise der Fatimiden in Ägypten und

---

S. 191f.; auch *al-Bāṭiniyya*, vgl. Lindsay (1995), S. 47; Eddé (2010), S. 183f.; siehe dazu auch Hodgson, M.G.S.: Bāṭiniyya. In: EI² I (1960), S. 1099.

32 Diese Charakterisierung geht auf die Aufführungen Nikita Elisséeffs zurück und wurde nachfolgend vielfach aufgegriffen, vgl. Elisséeff, Nikita: Le Ǧihād de Nūr ad-Dīn. In: ders.: Nūr ad-Dīn: un grand prince musulman de Syrie au temps des croisades (511-569 A.H./1118-1174). Bd. 3. Damaskus 1967, S. 703-779; Lev (2008), S. 228; Tabbaa (1986), S. 223; Hillenbrand (1999), S. 118f.

33 Siehe Anmerkung oben, Fußnote 5 bzw. 23, S. 88 bzw. 97.

34 Vgl. Tabbaa (1986), S. 224, 226; Lev (2008), S. 270, 272f.; Mourad/Lindsay (2013), S. 50f. Zu ersten inschriftlichen Belegen, die eine Titulatur in Verbindung mit dem Dschihad beinhalten und auf die Jahre 514/1120, 518/1124 und später, also nach dem ersten Kreuzzug, datiert werden, siehe Hillenbrand (1994), S. 61ff.

der Seldschuken (reg. ab 447/1055 in Bagdad), tauchte der Begriff selbst dann nicht auf, wenn sich ihr Territorium nahe dem Einzugsgebiet der Kreuzritter befand. Sprechen historische Quellen in Bezug auf deren kriegerische Aktivitäten dennoch vom Dschihad, vermutet Hillenbrand nachträgliches Umschreiben der Geschichte.[35]

Die auf den Dschihad ausgerichteten Inschriften auf Gebäuden, deren Errichtung Nūr ad-Dīn in seiner Herrschaftszeit in großer Anzahl veranlasste, sollten die Betonung und weitere Verbreitung des Dschihad bewirken.[36] Doch auch diesem Kontext zum Trotz hält Yaacov Lev die Darstellung einer rigorosen Dschihad-Politik Nūr ad-Dīns, wie sie im Jahrhundert nach dem zengidischen Herrscher beispielsweise aus den Ausführungen Ibn al-Aṯīrs (gest. 630/1233) hervorgehen soll, letztlich für irreleitend. Zwar habe sich der Herrscher eben über die genannten Inschriften selber mit dem Dschihad in Verbindung gebracht, doch werde bereits hier deutlich, dass sein Titel *al-muǧāhid* nur zweitrangig ist. Der Dschihad war Teil seiner Herrschaftspolitik, doch bei weitem nicht der dominierende. Am angemessensten sei die zeitgenössische Beschreibung Ibn ʿAsākirs, die den Herrscher als gesellschaftlich angesehen und seine Politik als unter den Gelehrten anerkannt darstellt, sein Vorgehen gegen die Kreuzritter zwar als Dschihad bezeichnet, und doch weit davon entfernt ist, Nūr ad-Dīn als von einer Dschihad-Ideologie motiviert zu beschreiben. Seine größten territorialen Gewinne erzielte Nūr ad-Dīn über Auseinandersetzungen mit anderen muslimischen Herrschern, sein Dschihad – in diesem Sinne also der Einsatz gegen die Kreuzritter – bescherte ihm weitaus weniger Errungenschaften und ist in seiner Expansionspolitik lediglich ein geringfügiger Faktor.[37]

---

35 Vgl. Hillenbrand (1994), S. 68.

36 Vgl. Hillenbrand (1994), S. 67; Tabbaa (1986), S. 223; Elisséeff (1967), S. 750-779; Mourad/Lindsay (2013), S. 50; s.a. Fußnote 24, S. 98.

37 Vgl. Lev (2008), S. 258, 277; Ibn ʿAsākir (1997), Bd. 57, S. 118-124. Zu einem ähnlichen Ergebnis kommt Hillenbrand auch in ihrer Darstellung Ṣalāḥ ad-Dīns, dessen Expansionsgedanken den Irak und persisches Gebiet betroffen haben sollen und sich damit nicht nur gegen „schiitische Häretiker" richteten, sondern ebenso gegen muslimische Oberhäupter, die sich ihm nicht unterordneten. Ein solches Vorhaben könne dann nicht mehr als Dschihad aufgefasst werden, selbst wenn es derart propagiert worden war, vgl. Hillenbrand (1999), S. 183-186. Im Hinblick auf die Darstellung einer ‚rigorosen Dschihad-Politik' sei angemerkt, dass sie zumindest auf begrifflicher Ebene aus einigen Abschnitten über das Leben und die Eroberungen Nūr ad-Dīns in Ibn al-Aṯīrs *Al-kāmil fī t-tārīḫ* nicht in der Deutlichkeit hervorgeht: Wie bereits die Inhaltsübersicht des hier zugrundeliegenden 11. Bands erkennen lässt, kommt Ibn al-Aṯīr in seiner Darstellung ohne den Dschihad-Begriff aus, benennt die Ereignisse vielmehr mit *ġazw* und *ḥarb* und bezeichnet Nūr ad-Dīn auch nicht als *muǧāhid*, vgl. Ibn al-Aṯīr (1966), S. 402-405, 565-581.

In seinem biographischen Eintrag über den zengidischen Herrscher verwendet Ibn ʿAsākir mehrere Male die Wortwurzel *ǧ-h-d*[38]. Dabei fällt auf, dass er im Anschluss an diese allgemeine Bezeichnung zuerst auf die Kreuzritter, in einem Fall zudem die Byzantiner und Armenier zu sprechen kommt. Dass Ibn ʿAsākir erst an zweiter Stelle auf Nūr ad-Dīns Einsatz zur Verbreitung der Sunna in Aleppo und der Unterdrückung der dortigen Schiiten eingeht, die von Ibn ʿAsākir als *ar-rāfiḍa* („die Abtrünnigen", Bezeichnung für eine schiitische Gruppierung[39]) und *al-mubtadiʿa* („die Neuerer") bezeichnet werden, und diese Ausführungen damit nicht unmittelbar mit einem Dschihad-Begriff in Verbindung stehen, vermittelt eher den Eindruck einer Übereinstimmung mit Hillenbrands Trennung von Dschihad und dem Vorgehen gegen Schiiten. Erschwerend kommt hinzu, dass Ibn ʿAsākir zum einen weder die direkte Bezeichnung Schiiten oder Ismailiten, noch die zuvor genannten in seiner Einleitung der Vierzig Dschihad Hadithe erwähnt. Zum anderen kommen seine Ausführungen über die Fatimiden Ägyptens mit noch weniger religiösen Argumenten aus. Der Beschreibung von Nūr ad-Dīns Konflikten mit ihnen folgt lediglich der knappe Hinweis, dass die Sunniten schließlich wieder die Oberhand in Ägypten gewannen und sich in den Freitagspredigten dem abbasidischen Kalifen untergeordnet wurde.[40]

Dass Nikita Elisséeff und ihm folgend zahlreiche Weitere von einem Dschihad gegen die Schiiten ausgehen, mag dennoch auch auf Ibn ʿAsākirs Denkweise zutreffen, nämlich insofern, dass die Nennung der Kreuzritter und dann der Schiiten als eine Auflistung zur näheren Erläuterung des vorangegangenen Dschihad-Begriffs in Ibn ʿAsākirs Ausführungen verstanden werden kann. Zudem ist zu berücksichtigen, dass in der Zeit des Hadithgelehrten bereits Rechtswerke in Umlauf waren, denen eine differenzierte Unterteilung des Dschihad zu entnehmen ist. Der Dschihad als Bekämpfung der Polytheisten, wie sie bereits deutlich dem Koran als erster Rechtsquelle zu entnehmen ist[41], ist um weitere Arten ergänzt und umfasst mitunter das Vorgehen gegen Apostaten und Zwietracht Stiftende (*buġāt*, Sg. *bāġin*). Zwar habe es bereits in der Frühzeit des Islams interne Auseinandersetzungen unter Muslimen gegeben, doch waren jene nicht als Dschihad bezeichnet worden. Auch sollen sich die Gelehrten bis zum 5./11. Jh. weitestgehend davor gehütet haben im Falle interner Konflikte vom Dschihad zu sprechen. Den

---

38 Vgl. Ibn ʿAsākir (1997), Bd. 57, S. 119, 121f.; Elisséeff (1972), S. 127, 129f.

39 Vgl. Wehr (1985), S. 484; Zabīdī (1979), Bd.18, S. 350; Kohlberg, E.: Rāfiḍa. In: EI² VIII (1995), S. 386ff.; s.a. Ḏahabī (1995): Tārīḫ Bd. 37, S. 15; Mourad/Lindsay (2013), S. 29f., 51; Ibn al-Qalānisī (1908), S. 301 (er spricht von al-Ismāʿīliyya).

40 Vgl. Ibn ʿAsākir (1997), Bd. 57, S. 122f.; Elisséeff (1972), S. 131, 138f.; Mourad/Lindsay (2013), S. 51.

41 Zu den entsprechenden Koranversen s. die Einleitung von an-Nabhānīs Vierzig Dschihad Hadithen in Kap. II.4 und III.4.

anschließenden Wandel setzen Mourad und Lindsay mit der im 4./10. Jh. aufkommenden Herrschaft der schiitischen Dynastien der Bujiden, Hamdaniden und Fatimiden in Verbindung, die mitunter den Anstoß für eine stärkere Betonung des sunnitischen Islams durch die Gelehrten gab und in diesem Zuge auch zu einer Anwendung des Dschihad-Begriffs auf andere muslimische Gruppierungen führte.[42]

Des Weiteren würdigt Ibn ʿAsākir in der Biographie im Zuge seiner ersten Verbindung von Nūr ad-Dīns Handeln mit dem Dschihad dessen „Unterwerfung der Ungläubigen und Abweichenden, und die Wahrung der Interessen der Gottesdiener“[43]. Bei den hier als Abweichende (*ʿinād*) Bezeichneten handelt es sich mutmaßlich um die Schiiten, Elisséeff übersetzt den Begriff sogar mit dem sich eindeutig auf die Spaltung einer Religionsgemeinschaft beziehenden *schismatiques*. In der Einleitung seiner Vierzig Dschihad Hadithe greift Ibn ʿAsākir die oben zitierte Passage wiederum auf und eröffnet somit zumindest die Möglichkeit, durch die Erwähnung der *ʿinād* innerhalb seiner Sammlung auch den Einsatz gegen Schiiten als Dschihad zu verstehen.[44]

Nūr ad-Dīn scheint den Großteil seiner Herrschaftszeit mit innerislamischen Auseinandersetzungen verbracht zu haben, wohl weil ihm bewusst gewesen sei, dass der Dschihad nur Erfolg habe, sofern die muslimische Gemeinde wiedervereint und ein Zusammenhalt gewährleistet ist[45] - eine

---

42 Vgl. Mourad/Lindsay (2013), S. 27-30, 104ff.; Khadduri (1940), S. 39-45: Khadduri führt als Beispiel Abū l-Ḥasan ʿAlī b. Muḥammad b. Ḥabīb al-Māwardī (gest. 450/1058) an, der den Dschihad in vier Arten unterteilt. Neben den drei oben genannten stellt der Einsatz gegen Deserteure, Verbrecher und Räuber die vierte Art des Dschihad dar. Siehe auch Kap. 5.2 *Internal Hostilities* bei Dawoody, Ahmed Mohsen Al-: War in Islamic Law: Justifications and Regulations. Birmingham: University of Birmingham 2009, S. [133f.], 275-339, mit einer detailierteren Darstellung der unterschiedlichen Definitionen sowohl innerhalb einer Rechtsschule, als auch rechtsschulübergreifend. Spätestens mit Ibn Taymiyya (gest. 728/1328) findet sich eineinhalb Jahrhunderte nach Ibn ʿAsākir ein berühmter und bis heute häufig zitierter Gelehrter, der eine klare Position zum Dschihad gegen schiitische Gruppen, also andere Muslime bezieht, vgl. Mourad/Lindsay (2013), S. 107-114; s.a. Fußnote 13, S. 39.

43 „…wa-l-qamʿi li-ahli l-kufri wa-l-ʿinādi wa-l-qiyāmi bi-maṣāliḥi l-ʿibādi…“ Ibn ʿAsākir (1997), Bd. 57, S. 119; Elisséeff (1972), S. 137, vgl. S. 127.

44 Vgl. Ibn ʿAsākir (1997), Bd. 57, S. 119; Elisséeff (1972), S. 127, 137; Ibn ʿAsākir (1984), S. 47f.; Mourad/Lindsay (2013), S. 132f. Allgemein bedeutet *ʿinād* Opposition bzw. Widerstand in Verbindung mit einer Meinungsverschiedenheit, vgl. Zabīdī (1987), Bd. 4, S. 425.

45 Vgl. Marín (2010), S. 686f.; Humphreys (1998), S. 8f.; Eddé (2010), S. 183ff., 193; Hillenbrand (1999), S. 117-132; Mourad/Lindsay (2007), S. 41; Elisséeff (1967), S. 757ff.; Holt (1986), S. 78f.; Gibb, Sir Hamilton: The Career of Nūr-ad-Dīn. In: Baldwin, Marshall W. u. Setton, Kenneth M. (Hrsg.): A History of the Crusades. Bd. 1: The First Hundres Years. Madison u.a.: Univ. of Wisconsin Press 1969, S. 515f., 519; Leder (2011), S. 93-96; ders.: Damaskus: Entwicklung einer islamischen Metropole (12.-14. Jh.) und ihre Grundlagen. In: Bauer, Thomas u. Stehli-Werbeck, Ulrike

Idee, die auch von Yūsuf an-Nabhānī im Kontext seiner Vierzig Dschihad Hadithe gut siebenhundertfünfzig Jahre später im Besonderen vertreten wird. Es ist wahrscheinlich, dass Ibn ʿAsākir vor allem für diese weitere Kontroverse von Belang für Nūr ad-Dīn war und ihre auf gegenseitigen Nutzen ausgerichtete Beziehung auf diesem Aspekt fußt: Ibn ʿAsākir gehörte einer strikt sunnitischen Familie an und wuchs bereits mit den innerislamischen Konflikten auf. Sowohl ihm als auch Nūr ad-Dīn wird nachgesagt sich besonders dafür eingesetzt zu haben einer Spaltung der muslimischen Gemeinde entgegen zu wirken.

> Die Allianz, die sich zwischen beiden Männern entwickelte, erwies sich als beiderseitig von Nutzen. Ibn ʿAsākir war besonders an der Bewahrung dessen interessiert, was er als den richtigen sunnitischen Charakter des Islams verstand, und handelte demgemäß als eifriger und wirkungsvoller Befürworter von Nūr ad-Dīns Dschihad gegen die internen und externen Feinde des zengidischen Staates in Syrien, ob nun Schiiten oder Kreuzritter. Schon lange vor Ibn ʿAsākirs Bündnis mit Nūr ad-Dīn stand fest, dass er – wie auch sein Schutzherr – keinerlei Sympahtien für Schiiten hegte. Seine frühe Ausbildung und Erziehung hafteten an ihm sein Leben lang […].[46]

Die Interessensüberschneidung mit dem zengidischen Herrscher machte ihn besonders geeignet für die Stärkung des sunnitischen Islams, die Nūr ad-Dīn anregte und im Rahmen derer er dem Gelehrten das erste *dār al-ḥadīṯ*[47], auch bekannt als *dār as-sunna*, erbaute. So verwirklichte sich ein dem Vater Ibn ʿAsākirs nachgesagter Traum, demnach Gott durch einen seiner Söhne die Sunna wiederbeleben würde[48] - eine vermutlich später erfolgte Zuschreibung, um die besondere Bedeutung Ibn ʿAsākirs hervorzuheben. Ibn

---

(Hrsg.): Alltagsleben und materielle Kultur in der arabischen Sprache und Literatur. Festschrift für Heinz Grotzfeld zum 70. Geburtstag. Wiesbaden: Harrassowitz 2005 (= Abhandlungen für die Kunde des Morgenlandes; 55.1), S. 238f. Auch die gerechte Herrschaft stellt einen Aspekt dar, der zum Dschihad gezählt werden konnte, er spielt aber zumindest in den vier ausgewählten Vierzig Dschihad Hadithen keine Rolle. Vielmehr setzt sich besonders Yūsuf an-Nabhānī in anderen Werken des Sammlungstyps mit Herrschaftsfragen auseinander, in deren Kontext er mitunter Dschihadhadithe anführt (s.u.).

46 Lindsay (2001), S. 7f.; vgl. Mourad/Lindsay (2007), S. 46f.; dies. (2013), S. 10; Elisséef (1971), S. 714.

47 In Bezug auf diese Einrichtung spricht James E. Lindsay von einem „institutionalen Zentrum" für Nūr ad-Dīns Dschihad, Yaacov Lev zufolge eine unbegründete Behauptung: „…whatever that might mean in practical terms." Lev (2008), S. 235; vgl. Lindsay (2001), S. 8; ders. (1995), S. 50; Mourad/Lindsay (2007), S. 44; dies. (2013), S. 50. Hinweis auf das *dār al-ḥadīṯ* auch bei Sibṭ b. al-Ǧawzī (1951), S. 337; Hillenbrand (1999), S. 127, 164 und Elisséeff (1967), S. 750ff., 762ff. (ihnen nach wurde die Einrichtung 566/1170 erbaut).

48 Vgl. Lev (2008), 233; Ṣafadī (2007), S. 559; Ḏahabī (1996): Tārīḫ Bd. 40, S. 77; ders. (1958), S. 1331; Subkī (1999), S. 139. Mit den drei arabischen Geschichtsschreibern as-Subkī, aḏ-Ḏahabī und aṣ-Ṣafadī wurde Ibn ʿAsākirs herausragende Bedeutung für den sunnitischen Islam besonders im 8./14. Jh. betont.

ʿAsākir scheint primär für den Einsatz gegen die Schiiten und für die Verbreitung der sunnitischen Lehre zuständig gewesen zu sein, auch wenn diese Idee nicht explizit aus seinen Vierzig Dschihad Hadithen hervorgeht. Hier bleibt der Gelehrte in der Benennung des Ziels, also der zu bekämpfenden Gegner vage und erwähnt in seiner Einleitung lediglich, dass die Sammlung „als Ansporn zur Vernichtung der Ungläubigen und Abweichenden, die ihren Unglauben im Land stiften und in ihm Unrecht und Lasterhaftigkeit mehren"[49] dient. Ibn ʿAsākir hält so die Möglichkeit offen die Hadithauswahl sowohl dem Kontext der Byzantiner, der Kreuzritter, als auch der Schiiten zuordnen zu können.[50]

1.4 Ibn ʿAsākirs Vierzig Hadithe über den Dschihad

Die ‚Vierzig Hadithe über den Ansporn zum Dschihad' von ʿAlī Ibn ʿAsākir liegen in wenigstens drei Druckversionen vor, von denen die erste 1404/1984 von ʿAbd Allāh b. Yūsuf in Kuweit herausgegeben wurde. Diese mit einer umfassenden Einleitung über die Vierzig Hadithe im Allgemeinen, die Varianten des *man ḥafiẓa*-Hadithes und den Sammler versehene Ausgabe liegt den Ausführungen der vorliegenden Arbeit, insbesondere der Übersetzung im Kap. III.1 zugrunde. Sieben Jahre später gab Aḥmad ʿAbd al-Karīm Ḥalwānī die Sammlung dann in Damaskus im Zuge seiner Studie über den ‚Beitrag Ibn ʿAsākirs zum Dschihad gegen die Kreuzritter' erneut heraus. Ein gutes Jahrzehnt später wiederum begannen Suleiman A. Mourad und James E. Lindsay ihre gemeinsame Forschung an Leben, Werk und Wirken des Damaszener Gelehrten, aus der im Jahr 2013 das Werk *The Intensification and Reorientation of Sunni Jihad Ideology in the Crusader Period. Ibn ʿAsākir of Damascus (1105-1176) and His Age, with an Edition and Translation of Ibn ʿAsākir's The Forty Hadiths for Inciting Jihad* hervorging. Nicht nur diese intensive Auseinandersetzung mit dem Hadithgelehrten und seiner Sammlung in den vergangenen dreieinhalb Jahrzehnten zeugen von der Bedeutung, die dieser einen Sammlung im Bereich der Vierzig Hadithe zukommt. Auch die zahlreichen Verweise auf eben jene, sowie die große Anzahl sowohl an Audienz-Vermerken, als auch an darin genannten Teilnehmern zeugen von einem großen Interesse an den Vierzig Dschihad Hadithen, das

---

49 Ibn ʿAsākir (1984), S. 48; Mourad/Lindsay (2013), S. 132f.; s.a. Übers. im Teil III.

50 Vgl. Elisséeff (1971), S. 714; vgl. auch Mourad/Lindsay (2007), S. 49; dies. (2013), S. 58; Lindsay (2001), S. 2-8; ders. (1995), S. 50, für den die Umstände der Zeit eindeutig dafür sprechen, dass mit dem Aufruf zum Dschihad durch dieses Werk der Kampf gegen alle Gegner der Sunniten, also sowohl die Schiiten also auch die Kreuzritter, gemeint ist.

bis zum Ende der Kreuzzüge unter Gelehrten in Damaskus zu verorten ist.[51]

Wie die ihnen unmittelbar nachfolgende Sammlung al-Muqri's sind auch die Vierzig Dschihad Hadithe Ibn ʿAsākirs lediglich in einem Manuskript der Damaszener Ẓāhiriyya erhalten und mittlerweile in den Bestand der Maktabat al-Assad übergegangen, wobei Mourad und Lindsay andeuten, dass erhaltene Einzelseiten der Sammlung auf weitere, inzwischen verloren gegangene Handschriften hinweisen. Bei dem einzig vollständig erhaltenen Text handelt es sich um eine Abschrift aus dem Jahr 617/1221, die jener Muḥammad b. Yūsuf al-Birzālī erstellte, der als Kompilator der vermutlich frühesten Vierzig Hadithe über die Medizin bekannt ist.[52]

Was macht nun diese Sammlung so besonders, gerade im Hinblick auf die Feststellung der allgemeinen Bekanntheit der darin enthaltenen Prophetenüberlieferungen zu Thema Dschihad und einer relativ großen Überschneidung der jeweiligen Hadithauswahl verschiedener Vierzig Dschihad Hadithe? Mourad und Lindsay stellten sich diese Frage bereits in einem knappen Vergleich mit den Vierzig Dschihad Hadithen al-Muqri's. Ihre Aussage, dass sich nahezu alle Hadithe al-Muqri's auch bei Ibn ʿAsākir fänden[53], trifft nicht in dem starken Ausmaß zu – die beiden Sammlungen at-Tiṭwānīs und an-Nabhānīs beispielsweise weisen mit einer fünfundsiebzig prozentigen Überschneidung eine viel größere Übereinstimmung auf. Wohl aber lässt sich anhand der vier übersetzten Sammlungsbeispiele und den dabei vermerkten Überschneidungen zu anderen Sammlungen die Tendenz eines doch überwiegend gemeinsamen Hadithkorpus bestätigen.

Die Besonderheit der jeweiligen Vierzig Hadithe bestehe Mourad und Lindsay zufolge nicht in der Originalität der Sammlung, sondern vielmehr darin, dass sie „die allgemeine religiös-politische Stimmung in Damaskus als dem Epizentrum der Dschihadpropaganda gegen Schiiten und Franken in der Kreuzzugszeit bestätigt."[54] Im Rahmen der Propaganda sei dabei eine reine Hadithsammlung besser verwertbar als beispielsweise eine ausführliche Abhandlung über den Dschihad, die eine Darlegung der zahllosen rechtlichen Aspekte erforderlich mache, welche wiederum Einschränkungen und Beanstandungen nach sich ziehen. Indem er ausschließlich den Propheten zu Wort kommen lässt, umgeht Ibn ʿAsākir die Diskussion um gül-

51 Vgl. Mourad/Lindsay (2013), S. 83-94, 184-203; dies. (2007), S. 50f.; Ḥalwānī (1991), S. 143-149. In der Ausgabe ʿAbd Allāh b. Yūsufs werden die Audienz-Vermerke nicht aufgeführt. Zu zahlreichen Verweisen s. bspw. Liste D in Bartschat (2019).

52 Vgl. Mourad/Lindsay (2013), S. 63f., 82f.; Liste D in Bartschat (2019); zu al-Birzālī und dem *Kitāb al-arbaʿīn aṭ-ṭibbiyya* s. Kap. „Beispiele für das Thematisieren des *man ḥafiẓa*-Hadith…" in ebd.

53 Vgl. Mourad/Lindsay (2013), S. 60.

54 Ebd.

tige und ungültige Formen des Einsatzes auf dem Wege Gottes, die Behandlung und Rechte der Feinde und dergleichen mehr.[55] Gleichzeitig überlässt er es dem Empfänger der Sammlung, sich auf Basis der prophetischen Vorgaben sein eigenes Verständnis vom Dschihad zu formen und sich je nach Bedarf dem über die Hadithauswahl zusammengestellten Material zu bedienen. Diese Auffassung geht konform mit der zuvor dargestellten, vage gehaltenen Zielsetzung in der Einleitung: Indem er auch hier auf präzise Erläuterungen verzichtet, ermöglicht Ibn ʿAsākir ein Anwenden seiner Vierzig Dschihad Hadithe in verschiedenen Kontexten.

Das Anführen von Prophetenaussagen ist einer der Aspekte, die Niall Christie als ‚Strategien der Überzeugung' versteht. Neben den rein prophetischen Vorgaben betreffen diese auch die Vorgaben Gottes, also Koranverse, in denen zum Handeln auf dem Wege Gottes aufgerufen wird. Im Gegensatz zu Yūsuf an-Nabhānī, der als einer der wenigen Sammler der Vierzig Dschihad Hadithe dem sonst üblichen Vorgehen folgt und sein Werk mit einem Fokus auf einschlägigen Koranversen beginnt, verzichtet Ibn ʿAsākir jedoch auf die Nennung von Koranzitaten in seiner Einleitung und greift lediglich in sechs Fällen Verse innerhalb seines Hadithkorpus auf.[56] Eine weitere Maßnahme zur Überzeugung, die von Christie jedoch nicht in die Auswahl an Strategien aufgenommen wurde, mag die besondere Betonung des mit der Sammlung bedachten Herrschers sein. Unter den vier ausgewählten Vierzig Dschihad Hadithen bezieht Ibn ʿAsākir neben as-Suyūṭī am nachdrücklichsten Stellung zu seinem Auftraggeber, indem er Nūr ad-Dīn im Anschluss an das übliche Gottes- und Prophetenlob in der Einleitung explizit nennt und mit zahlreichen seiner Titel versieht, die auch aus den Inschriften seiner Zeit[57] hervorgehen: Er ist der Gerechte, der Asket, der *muǧāhid* und *murābiṭ*. Neben ihm als Vorbild sollen den sich Einsetzenden auf dem Wege Gottes die Hadithe selbst als Anregung dienen, bei denen der Hadithgelehrte bewusst auf gute Verständlichkeit des Inhaltes achtete. Erst am Ende seiner Einleitung, die bis dahin mit der Thematisierung des Dschihad primär auf die inhaltliche Ausrichtung der Sammlung fokussiert ist, kommt Ibn ʿAsākir auf den hadithwissenschaftlichen Bereich zu sprechen und führt die den Vierzig Hadithen allgemein zugrunde liegende Motivation durch den *man ḥafiẓa*-Hadith an. Unter den vier ausgewählten Sammlern führt neben ihm nur Barakat at-Tiṭwānī diese Überlieferung explizit an, während as-Suyūṭī und an-Nabhānī ihre Einleitungen und knappen Schlussworte allein der Betonung ihres

55 Vgl. Ebd., S. 55-58.

56 A4, A5, A16, A25, A26, A39; zu Gottes Wort als Strategie der Überzeugung s. Christie (2007), S. 2 (dieser Artikel geht der Edition der erhaltenen Teile von as-Sulamīs *Kitāb al-ǧihād* um acht Jahre voraus, hier nennt Christie nur drei Motive); ders. (2015), S. 16.

57 Siehe Unterkapitel „Sunnitisch-schiitische Konflikte".

Schwerpunktthemas vorbehalten. Das Vorgehen der beiden Letzteren mag damit zusammenhängen, dass mit der ihnen vorausgegangenen Hochphase des Sammlungstyps die *man ḥafiẓa*-Überlieferung bereits gemeinhin bekannt war. Zudem sind gerade as-Suyūṭī und an-Nabhānī unter den Sammlern mit Dschihadbezug jene, die die meisten Beiträge zu den Vierzig Hadithen allgemein leisteten und damit in anderen Sammlungen auf diese grundlegende Motivation näher eingehen konnten.

Die Überliefererketten in den Vierzig Dschihad Hadithen

Wie im Kontext der Vierzig Dschihad Hadithe al-Muqriʾs bereits angesprochen, sind dessen Sammlung und die des Ibn ʿAsākir die einzigen dschihadbezogenen Beiträge zum Sammlungstyp, die noch über vollständige Überliefererketten verfügen. Dass die Sammler im Allgemeinen über die Überliefererketten Besonderheiten ihrer Hadithauswahl zum Ausdruck bringen konnten, wird ebenfalls an al-Muqriʾs Sammlung deutlich. Auch Ibn ʿAsākirs Vierzig Dschihad Hadithe weisen Eigentümlichkeiten in der Auswahl der wiedergegebenen Überlieferungswege auf. Da auf diese in der Studie Suleiman Mourads und James Lindsays ausführlich eingegangen wird, die vorliegende Arbeit zudem den Fokus auf die Hadithinhalte und ihre Anordnung legt, um für alle vier ausgewählten Sammlungen in der Analyse gleichermaßen ein Vergleichsmoment zu haben, sei an dieser Stelle mit Verweis auf die Arbeit Mourads und Lindsays nur in aller Kürze auf die Ketten eingegangen.

Die beiden Editoren zeigen auf, dass sich Ibn ʿAsākir bereits vor seiner ersten Begegnung mit Nūr ad-Dīn intensiv mit der Dschihadthematik auseinandersetzte. Das wird nicht nur durch seine Lesung des *Kitāb al-ǧihād* Ibn al-Mubāraks deutlich, bezüglich der der anschließende kämpferische Einsatz und Märtyrertod eines zuhörenden Gelehrten bei Askalon überliefert[58] wird. Das *Muʿǧam aš-šuyūḫ*, in dem Ibn ʿAsākir seine Lehrer auflistet, soll zudem einige Damaszener Überlieferer beinhalten, unter denen er dschihadbezogene Hadithe erlernte. Im Abgleich mit den Überliefererketten in den Vierzig Dschihad Hadithen kommen Mourad und Lindsay dann zu der Erkenntnis, dass Ibn ʿAsākir die einschlägigen Hadithe jedoch ausnahmslos auf seine externen Lehrer zurückführte, denen er auf seinen Reisen in Bagdad, Nīsābūr, Isfahan und Herat begegnet ist. Insgesamt findet sich in den Ketten seiner Hadithauswahl nur ein einziger Damaszener, den Ibn ʿAsākir lediglich sekundär, nämlich in der Erwähnung eines alternativen Überlieferungsweges berücksichtigt.[59]

---

58 Siehe dazu die Anmerkung im Kap. „Das *Kitāb al-ǧihād* des Ibn al-Mubārak" mit Fußnote 26, S. 25.

59 Vgl. Mourad/Lindsay (2013), S. 37-42, 67ff. (Verortung der Ketten).

Dieses Vorgehen interpretieren Mourad und Lindsay wie folgt: Ibn ʿAsākir beabsichtigt sich seinem Umfeld und allen voran dem zengidischen Herrscher Nūr ad-Dīn als der herausragende Gelehrte auf dem Gebiet des Dschihad in Damaskus zu präsentieren. Zur nachdrücklichen Betonung dessen haben Zeitgenossen und ihm vorangegangene Gelehrte aus Damaskus, wie beispielsweise as-Sulamī, bei der Präsentation seines Materials keinen Platz. Das Umgehen Damaszener Überlieferer in seinen Ketten hat dabei den weiteren Effekt, dass Ibn ʿAsākir über seine Vierzig Dschihad Hadithe die Ausdehnung seiner Reise zum Wissenserwerb präsentieren kann, auch wenn er unter letzterem Aspekt gerade im Bereich der Vierzig Hadithe mit seiner *buldāniyya* einen um einiges anschaulicheren Beitrag leistete, in dem er vierzig Überlieferungen von vierzig Gelehrten aus vierzig Orten von vierzig Prophetengefährten zusammenstellte. Des Weiteren wird an der Hadithauswahl Ibn ʿAsākirs deutlich, dass sein Material größtenteils in den umfassenden Hadithsammlungen zu finden ist, der Gelehrte jedoch davon unabhängige Überliefererketten präsentiert. Neben seinen weiteren Beiträgen zu den Vierzig Hadithen stellt also auch die dschihadbezogene Sammlung ein Beispiel dafür dar, dass die *kutub as-sitta* zwar als Maßstab genommen wurden, durch das Umgehen ihrer Sammler in den Ketten aber Wert darauf gelegt wurde, dass aus eben jenen die ausgewählten Hadithe nicht einfach kopiert wurden.[60]

Die inhaltlichen Schwerpunkte der dschihadbezogenen Hadithauswahl

In ihrer Studie zu den Vierzig Dschihad Hadithen Ibn ʿAsākirs nehmen Suleiman Mourad und James Lindsay eine Unterteilung der Sammlung nach inhaltlichen Kriterien vor. Die vier vorgeschlagenen Themenbereiche überschneiden sich dabei sowohl in Teilen mit den von Niall Christie im Kontext des *Kitāb al-ǧihād* as-Sulamīs erarbeiteten Überzeugungsstrategien, als auch mit der von Michael Bonner anhand des gleichnamigen Werkes Ibn al-Mubāraks dargelegten inhaltlichen Dreiteilung dschihadbezogener Überlieferungen. In letzterem Fall wird nach 1) diesseitigem Lohn (*aǧr*), 2) der Absicht (*niyya*) und 3) dem Vorzug sowie der jenseitigen Belohnung unterteilt. Die Darstellung der Belohnung findet sich mit seinem Antonym der Bestrafung ebenso bei as-Sulamī, wobei Christie im Gegensatz zu Bonner den diesseitigen und jenseitigen Lohn nicht getrennt aufführt. Auch Mourad und Lindsay nehmen diese Trennung nicht vor und unterteilen neben den beiden genannten Kategorien der Belohnung und Bestrafung des Weiteren in die Bedeutung des Dschihad und seine Voraussetzugen. Unter

60 Vgl. ebd., S. 42, 66f.; dies. (2007), S. 49f.; s.a. Unterkapitel „Ibn ʿAsākirs Beiträge zu den Vierzig Hadithen"; zu seiner *buldāniyya* s. Liste D in Bartschat (2019).

Letztere fällt Bonners Hadithgruppe zum Thema der Absicht, während sich seine Kategorie des Vorzugs dem Bereich der Bedeutung des Dschihad zuordnen lässt.[61]

Die vier von Mourad und Lindsay vorgeschlagenen Themenschwerpunkte, denen sie zumindest ein Viertel der Hadithauswahl Ibn ᶜAsākirs zuordnen, sollen nachfolgend eines besseren Überblicks halber auf die vier ausgewählten Vierzig Dschihad Hadithe angewendet und – wo nötig – um weitere Bereiche ergänzt werden. Dabei kann es zu Überschneidungen bzw. einer Zuordnung der Hadithe in mehrere Bereiche kommen, insbesondere in den Fällen, in denen ein Sammelhadith vorliegt, der mehrere, auch separat überlieferte Aussagen Muḥammads kombiniert.

Bedeutung des Dschihad gegenüber anderen religiösen Pflichten

Ibn ᶜAsākir beginnt seine Hadithauswahl mit einer Darlegung der Bedeutung des Dschihad, die eines der zentralsten Themen innerhalb der einschlägigen Hadithe ausmacht. Insgesamt finden sich in gut der Hälfte aller Hadithe bei Ibn ᶜAsākir Aussagen zur Rangordnung bzw. Stellung des Dschihad (oder eines mit ihm zusammenhängenden Aspekts) gegenüber anderen Handlungen oder Pflichten, sie ziehen sich praktisch durch die gesamte Sammlung und unterstreichen damit die Wichtigkeit des Dschihad. Ibn ᶜAsākirs Wahl des ersten Hadithes fällt auf eine der bekanntesten Aussagen, die den Dschihad in Relation zu zwei Säulen des Islam, dem Glauben und der Pilgerfahrt setzt. Diese Überlieferung findet sich ebenfalls zu Beginn der drei anderen Sammlungen, dort mit einer Variante in der Wortwahl: Während in A1 der Prophet nach dem besten Glauben (*Ayyu l-īmāni afḍal?*) gefragt wird, wird in der weit häufigeren Variante die Frage nach der besten Tat (N2) bzw. den besten Taten (N2, S3, T4: *Ayyu l-aᶜmāli afḍal?*) gestellt. Diese schematisierte Form[62] der Fragestellung findet sich auch in zahlreichen weiteren Hadithen, mitunter mit variierendem Frageobjekt, so auch in den nächsten beiden Überlieferungen bei Ibn ᶜAsākir. In A2 wird die Eingangsfrage nach der besten Tat direkt mit dem Dschihad beantwortet, die weitere Befragung des Propheten betrifft dann die Freilassung der besten Sklaven sowie in Abstufung Ersatzhandlungen, sofern die vorige Tat nicht durchgeführt werden kann. Hier zeigt sich bereits eine Verbindung zur Askese: Wer anstelle der Sklavenfreilassung auch nicht zur Unterstützung eines Armen und Rücksicht gegenüber eines Einfältigen in der Lage

---

[61] Vgl. Mourad/Lindsay (2013), S. 69-75; dies. (2007), S. 51-54; Christie (2007), S. 8-13; Bonner (2004): Observations, S. 20-26.

[62] Zu Schematisierungen im Ausdruck der Hadithe s. Stetter, Eckart: Topoi und Schemata im Ḥadīṯ. (Inaugural-Dissertation) Tübingen 1965.

ist, der solle seinen Ärger gegenüber den Mitmenschen zurückhalten. Diese Idee, die hier in einem nur von Ibn ʿAsākir angeführten Hadith zum Ausdruck kommt, wird in einer kürzeren, weitaus bekannteren Überlieferung aufgegriffen, welche wiederum Bestandteil zahlreicher Vierzig Dschihad Hadithe[63] – auch jenseits der vier beispielhaft übersetzten – ist. Nachdem der Dschihad zuvor an zweiter bzw. erster Position genannt wurde, erfolgt seine Nennung in der dritten Überlieferung Ibn ʿAsākirs in Relation zu einer weiteren Säule, dem Gebet, und der Achtung gegenüber den Eltern (*birr al-wālidayn*) an dritter Stelle. Auch wenn in allen drei Überlieferungen durch die Partikel *ṯumma* oder die Frage „Und wenn nicht…?" eine klare Reihenfolge vorgegeben wird, vertreten Mourad und Lindsay die Ansicht, dass es Ibn ʿAsākir bei seiner Auswahl nicht um die Darlegung der Wichtigkeit einer Handlung gegenüber einer anderen gehe, was in Verbindung mit den fünf Grundpflichten des Islams zur Verwirrung führen könnte, da der Dschihad eben jenen nicht angehört, ihnen in einigen Hadithen aber vorangestellt wird. Vielmehr gehe es um die allgemeine Betonung der Wichtigkeit des Dschihad, indem er überhaupt zusammen mit diesen Pflichten genannt wird. Bedingt durch derartige Hervorhebungen wird der Dschihad häufig als die inoffizielle ‚sechste Säule' des Islam aufgefasst, ist von den Rechtsgelehrten als solche jedoch nicht festgelegt worden.[64]

Die Betonung als eindeutig bessere Handlung findet sich hingegen im vierten Hadith Ibn ʿAsākirs, in dem der Dschihad in Verhältnis zu zwei Handlungen, dem Tränken der Pilger und der Instandhaltung der heiligen Moschee in Mekka, gesetzt wird, die zwar ehrvolle Aufgaben darstellen, jedoch nicht den Grundpflichten angehören. Die höhere Bedeutung des Dschihad wird durch die Tatsache unterstrichen, dass sie aus dem Koran als erster Rechtsquelle selbst hervorgeht: Hier liegt ein Hadith vor, der die näheren Umstände der Offenbarung eines Koranverses (*sabab an-nuzūl*[65]) darlegt, denen nach drei Männer während einer Freitagspredigt über die Wichtigkeit der zuvor genannten Handlungen diskutierten, woraufhin Vers 9:19 als Antwort offenbart worden sei. Wenn auch nicht in dem Hadith aufgeführt, wird der korankundigen Zuhörerschaft Ibn ʿAsākirs auch die Botschaft des nachfolgenden Verses bekannt gewesen sein, die im Bereich des

---

63 Siehe A7, N3, S7, T11, sowie M7, Q3, Š21.

64 Vgl. Mourad/Lindsay (2013), S. 69f.; dies. (2007), S. 51f.; Hillenbrand (1999), S. 89; Khadduri (1940), S. 31f.

65 Zu den Offenbarungsanlässen als einem Bestandteil der Koranwissenschaft s. bspw. Suyūṭī, Ǧalāl ad-Dīn ʿAbd ar-Raḥmān as-: An-nawʿ at-tāsiʿ: Maʿrifa sabab an-nuzūl. In: ders.: Al-itqān fī ʿulūm al-qurʾān / hrsg. V. Muḥammad Abū l-Faḍl Ibrāhīm. Bd. 1. S.l. 1398/1974, S. 107-126; Krawulsky, Dorothea: Eine Einführung in die Koranwissenschaften - ʿUlūm al-Qurʾān. Bern u.a.: Peter Lang 2006 (= Welten des Islams; 1), S. 47, 51.

Dschihad von zentraler Bedeutung ist und den sich Einsetzenden eine klare Vorrangstellung einräumt: {Die geglaubt haben, ausgewandert sind und sich mit ihrem Vermögen und Leben [*anfusihim*[66]] auf Gottes Weg eingesetzt [*ǧāhadū*] haben, sind bei Gott mächtiger im Rang [*aʿẓamu daraǧatan ʿinda Llāhi*]. Das sind die Gewinner.}[67]

Ibn ʿAsākirs fünfter Hadith liefert ebenfalls die Rahmenerzählung zu einem Koranzitat: Einige Gefährten des Propheten diskutierten darüber, wer von ihnen zu Muḥammad gehen und ihn nach der wünschenswertesten Tat (*Ayyu l-aʿmāli aḥabbu…*) fragen solle, wobei sich keiner traut, bis Muḥammad sie schließlich zu sich ruft und zu rezitieren beginnt. Es werden nur die ersten beiden Verse der 61. Sure wiedergegeben mit dem anschließenden Vermerk, dass Muḥammad sie vollständig vortrug. Dass die beiden angeführten Verse allein keinen Zusammenhang dieser Überlieferung mit dem Kernthema des Ansporns zum Dschihad erkennen lassen zeigt, dass das von Ibn ʿAsākir adressierte Publikum bestens mit den Inhalten der einzelnen Suren vertraut gewesen sein muss[68], sodass ihr vollständiges Anführen nicht erforderlich war. Dem Unkundigen eröffnet sich erst beim Blick in den Koran die Verbindung zum Thema: Hier heißt es im vierten Vers {Gott liebt die, die auf seinem Weg in einer Reihe kämpfen [*yuqātilūna*], als wären sie ein fest gefügter Bau.}[69] und im elften Vers dann {Ihr glaubt an Gott und seinen Gesandten, setzt euch [*tuǧāhidūna*] auf Gottes Weg mit eurem Vermögen und eurem Leben ein – Das ist besser für euch, falls ihr Bescheid wisst.}[70]. Ibn ʿAsākir stellt so in seiner Hadithauswahl erstmalig die Verbindung zur Kampfesthematik her. Bis einschließlich der neunten Überlieferung kommt die Hadithauswahl mit der reinen Darstellung des Dschihad im Verhältnis zu anderen Taten aus, ohne ihn dabei näher zu definieren. Abgesehen von der Verwendung der Wortwurzel *q-t-l* in der obigen Sure, die durch die gekürzte Wiedergabe des Koranzitats jedoch nicht direkt in der Hadithauswahl auftaucht, finden sich erst ab der zehnten Überlieferung deutliche Bezüge zum kämpferischen Verständnis vom Dschihad.

Die im fünften Hadith angesprochene Sure birgt mit der Nennung von Moses und Jesus prophetische Bezüge, die auf das besondere, in der Biographie Ibn ʿAsākirs (s.o.) angedeutete Interesse des Hadithgelehrten hinweisen könnten und hier der Stärkung von Muḥammads Position dienen: Jesus kündigt einen ihm nachfolgenden Gesandten an, dessen Namen „hoch gepriesen" (*Aḥmad*, 61:6) über die gleiche Wortwurzel wie Muḥam-

---

66 In die Koranzitate mit eckigen Klammern eingefügte Transkription arabischer Begriffe und Satzteile wurden von d. Verf. ergänzt.

67 9:20; Zirker (2010), S. 120; vgl. Mourad/Lindsay (2013), S. 139f.

68 Vgl. Mourad/Lindsay (2013), S. 75.

69 Sūrat aṣ-Ṣaff („Die Reihe"), 61:4; Zirker (2010), S. 345.

70 61:11; ebd.

mad verfügt und auf ihn verweisen soll.[71] Des Weiteren tauchen in der Sure Warnungen auf, {Gott führt nicht das frevlerische Volk} bzw. {...das Volk, das Unrecht tut}[72], es ist von Sünden (61:12) und schmerzhafter Strafe (61:10) die Rede, ohne Letztere näher zu benennen. Deutlich genannt wird hingegen der auf den in 61:11 angesprochenen Einsatz folgende Lohn mit einer knappen Beschreibung der Paradiesgärten, der sich darüber hinaus auch auf Gottes Hilfe, einen baldigen Tag der Auferstehung (61:13) sowie der Überlegenheit gegenüber dem Feind (61:14) erstreckt. Die fünfte Überlieferung Ibn ʿAsākirs lässt sich demnach ebenso dem Themenschwerpunkt der Belohnung (s.u.) zuordnen. Sie ist im Kontext der Bedeutung des Dschihad jedoch dahingehend anzuführen, dass die in der Überlieferung implizierte Sure die Liebe Gottes gegenüber den Kämpfern und den Einsatz auf dem Wege Gottes als Handel, der vor schmerzhafter Strafe bewahrt, thematisiert. Die Bedeutung des Dschihad erschließt sich hier nicht aus einer Relation zu anderen Handlungen, sondern aus der Höhe des Lohnes, die einem Gläubigen in Aussicht gestellt wird.

Der sechste Hadith Ibn ʿAsākirs ist nach A2 der zweite, der sich in keiner der anderen Vierzig Dschihad Hadithe findet. Es handelt sich hierbei um die umfangreichste Überlieferung in der Auswahl Ibn ʿAsākirs, die mit Jesus und Johannes (Yaḥyā b. Zakariyyā) erneut Bezüge zu früheren Propheten aufweist[73] und zudem veranschaulicht, dass bereits in ihrem Kontext die grundlegenden Pflichten der Gläubigen nahezu identisch mit den späteren fünf Säulen des Islam sind – einzig das häufige Gottgedenken wird anstelle der Pilgerfahrt genannt. Die fünf Pflichten werden von Johannes durch Gleichnisse anschaulich erläutert, bevor in einem zweiten Teil der Überlieferung Muḥammad das Wort ergreift und fünf andere Aspekte aufzählt, die ihm wiederum von Gott befohlen wurden – darunter der Dschihad. Neben seiner Erwähnung unter weiteren grundlegenden Aspekten, die auch in diesem Hadith die Bedeutung des Dschihad betonen, findet sich ein erster Hinweis auf einen weiteren Themenschwerpunkt der Hadithsammlung: den der Bestrafung. Im Anschluss an die fünf Befehle, die an Muḥammad ergingen, erläutert er, dass das Entfernen von der Gemeinschaft einem Entfernen vom Islam gleichkomme und ein Festhalten an den Gewohnheiten

71 Vgl. Khoury (2001), S. 97; Paret, Rudi: Der Koran. Kommentar und Konkordanz. 5. Aufl. Stuttgart/Berlin/Köln: W. Kohlhammer 1993, S. 476 (mit Hinweisen auf weitere Deutungen von *aḥmad*).

72 61:5/7; Zirker (2010), S. 345.

73 Mourad und Lindsay zeigen auf, dass beide zudem eine besondere Verbindung zu Damaskus, der Heimatstadt Ibn ʿAsākirs haben: Jesus sei als Kind mit seiner Mutter hierher geflohen und werde bei seiner Rückkehr auf die Erde ebenhier erscheinen. Yaḥyā b. Zakariyyā liegt wiederum in der Damaszener Umayyadenmoschee begraben, wo auch knapp die Hälfte der in den Audienz-Einträgen der Vierzig Dschihad Hadithe vermerkten Sitzungen stattgefunden haben, vgl. Mourad/Lindsay (2013), S. 79f.

der vorislamischen Zeit (*ǧāhiliyya*) den Aufenthalt in der Hölle nach sich ziehe, woran selbst das Ausführen der Grundpflichten des Fastens und Betens nichts ändern könnten.

Mit den nachfolgenden drei Hadithen führt Ibn ʿAsākir dann wieder sehr bekannte und innerhalb der Vierzig Dschihad Hadithe häufig aufgegriffene Überlieferungen an, die die Vorrangstellung des Dschihad darlegen: Er ist eine von zwei Handlungen, die den Menschen zu den besten seiner Art gehören lassen (A7), was alternativ nur über einen asketischen Lebensstil durch Gottgedenken und Verschonen der Menschen erreicht werden könne. Des Weiteren kann Muḥammad die Frage nach einer gleichwertigen Handlung zum Dschihad nur mit einer praktisch nicht umzusetzenden Aufgabe beantworten (A8), die im nachfolgenden Hadith in Form eines Gleichnisses wiederholt wird (A9): Dem Handeln eines *muǧāhid* kommt nur derjenige in vergleichbarer Weise nach, der während des gesamten Einsatzes des *muǧāhid* unaufhörlich betet und ununterbrochen fastet.

Über einen Zusatz, der sich zum Teil nicht (N4, N5) oder nur gekürzt (S9) in anderen Vierzig Dschihad Hadithen findet, leitet Ibn ʿAsākir in seiner achten Überlieferung ein weiteres, zentrales Motiv der dschihadbezogenen Hadithe ein: das Pferd als Begleiter des *muǧāhid*. Seine Bedeutung als Fortbewegungsmittel, besonders in kriegerischen Einsätzen, wird mitunter durch Werke der Reitkunst (*furūsiyya*)[74] gewürdigt. Es ist schon im Hinblick auf ihre Nützlichkeit in diesem Kontext kaum verwunderlich, dass die Pferde ihren festen Platz in Hadithsammlungen über den Dschihad haben. Unterstrichen wird ihre Bedeutung in den Hadithen zudem dadurch, dass sie ihrem Besitzer Lohn bescheren. In der Anmerkung des achten Hadith wird dieser Aspekt frei von jeglicher näheren Erklärung nur genannt: „Wenn das Pferd des *muǧāhid* lebhaft in seinem Zaumzeug galoppiert, schreibt (Gott) ihm Wohltaten an."[75] Inwieweit und wodurch das Pferd dem sich auf Gottes Weg Einsetzenden Vorteile bringt, wird im Fortlauf der Hadithauswahl Ibn ʿAsākirs näher definiert. Bis heute hin wird die Pferdethematik in den dschihadbezogenen Sammlungen aufgegriffen, auch wenn das Tier durch die Entwicklung und den Einsatz schnellerer Fortbewegungsmittel zumindest im Hinblick auf seine Nützlichkeit an Wert verloren hat. Die Idee, dass beispielsweise der Bewegungsradius des Pferdes (s. A28) dem *muǧāhid* Vorteile bringt, ließe sich auch auf heutige Fortbewegungsmittel übertragen und wäre demnach immer noch von Bedeutung. Das mit Vorteilen behafte-

---

74 Zu militärischen Handreichungen und der Bedeutung des Pferdes, die sich in der Kultivierung des Pferdesports bzw. Kampfkunst zu Pferd niederschlägt, siehe Hillenbrand (1999), S. 435-450, 512ff.; s.a. Viré, F.: Faras. In: EI² II (1965), S. 784-787; Douillet, G. u. Ayalon, D.: Furūsiyya. In: EI² II (1965), S. 952-955; Haarmann (1994), S. 238-243.

75 Ibn ʿAsākir (1984), S. 67; Mourad/Lindsay (2013), S. 144f.

te Pferd zeigt aber vor allem, dass sich der Dschihad nicht allein auf den Akt des Kämpfens beschränkt, sondern weitere Aspekte und Handlungen, die mit ihm in Verbindung stehen, ebenso von Bedeutung sind und Lohn nach sich ziehen können. Mit der Erwähnung des Einsatzes von Pferden, ebenso wie der Ausrüstung der Ausziehenden und der Versorgung von Hinterbliebenen[76] werden weitere Anreize geschaffen, sich um ein Handeln auf dem Wege Gottes zu bemühen.

Bei der zehnten Überlieferung in Ibn ʿAsākirs Vierzig Dschihad Hadithen handelt es sich um einen Sammelhadith, der insgesamt vier Aussagen Muḥammads kombiniert. Sowohl diese im Einzelnen überlieferten Aussagen, als auch der Sammelhadith wurden mit leichten Varianten in diverse dschihadbezogene Werke des Sammlungstyps aufgenommen. Der Dschihad wird in keiner der vier Aussagen zu einer anderen Handlung in Relation gesetzt, vielmehr erschließt sich hier die Besonderheit als erstes erneut durch einen besonders hohen Lohn: Gott verbürgt sich für den *muǧāhid* und gibt ihm die Garantie des Eintritts ins Paradies bzw. der sicheren Heimkehr, wodurch einmal mehr die Vorrangstellung des sich Einsetzenden gegenüber anderen Personen unterstrichen wird. Als zweites erfolgt die Darstellung einer Besonderheit der Märtyrer und damit einhergehend eine deutliche Annäherung an die Kampfesthematik: Auf dem Wege Gottes zugefügte Wunden erscheinen am Tag der Auferstehung unverändert, also blutend wie am Tag der Zufügung. Neben dem frischen Blut ist der Duft von Moschus ein weiteres Kennzeichen[77] für den Märtyrertod. Die beiden übrigen Aussagen setzen den Dschihad dann erstmals eindeutig mit dem Kämpfen und Sterben in Verbindung. Die Besonderheit besteht hier in der nachdrücklichen Betonung, mit der Muḥammad sein Bestreben Kriegszüge zu führen (*ġazā*) und dabei getötet zu werden zum Ausdruck bringt. Zum einen würde er niemals einen Expeditionstrupp losziehen lassen wollen, ohne selber mitzuziehen, doch bedeute dies für all jene Muslime eine unerträgliche Belastung, die zurückbleiben müssten. In der von Ibn ʿAsākir gewählten, kürzeren Version der Überlieferung bleibt Muḥammads diesbezügliche Erläuterung „Aber ich finde keine Gelegenheit…“[78] unklar. Die in den Sammlungen at-Tiṭwānīs und an-Nabhānīs angeführte Variante (T14, N16) gibt dahingehend Aufschluss, worin die fehlende Gelegenheit und die dar-

---

[76] Letzterer Aspekt liegt in der Sammlung Ibn ʿAsākirs in Verbindung mit Bestrafung in negierter Form vor (A20); die weitaus häufigere Version in Verbindung mit Belohnung findet sich in den anderen Sammlungen (N22, T22, L11, Q27, Š4). As-Suyūṭī führt als einziger eine eigene Überlieferung an, deren Grundidee aber dieselbe ist (S36).

[77] Dazu auch Horsch-Al Saad (2011), S. 189f.

[78] *Wa-lākin lā aǧidu saʿatan…*, Ibn ʿAsākir (1984), S. 70; Mourad/Lindsay (2013), S. 146f.

aus resultierende Belastung besteht: Ein Teil der Anhänger des Propheten verfügt über keine Reittiere und wenn selbst Muḥammad keine Möglichkeit findet sie auszustatten, sind sie zum Zurückbleiben gezwungen. Aus Solidarität sowie zur Vermeidung von Unmut und schlechtem Gewissen entscheidet sich Muḥammad bisweilen gegen sein Bestreben und bleibt ebenfalls zurück. Die Betonung liegt hier nicht allein auf dem ausdrücklichen Kampfeswunsch des Propheten als dem zentralen Vorbild aller Muslime, sondern auf eben demselben Eifer seiner Anhänger, für die ein Kampfverzicht einer schweren Belastung gleichkommt. Zum anderen findet sich im letzten Teil des Sammelhadith mit der dreimaligen Wiederholung ein und derselben Aussage ein gängiges Schema der besonderen Hervorhebung[79]: Muḥammad betont hier nachdrücklich seinen Wunsch, einen Kriegszug zu unternehmen und dabei getötet zu werden.

Der elfte Hadith steht wiederum unter dem Themenschwerpunkt der Belohnung, zeigt aber auch hier durch ihre Steigerung im Falle des Dschihad dessen besondere Bedeutung an: Er wird erneut mit einer der Säulen des Islam, dem Glaubensbekenntnis, in Verbindung gebracht. Diese mache das Paradies unabdingbar, wer jedoch den Dschihad führe, der würde im Paradies noch um einhundert Stufen erhöht. Die hohe Zahl allein zeigt schon die herausragende Wirkung des Einsatzes auf dem Wege Gottes, diese wird jedoch auch hier nachdrücklich betont, indem die Distanz von nur zwei Stufen mit dem geradezu unvorstellbaren Abstand zwischen Himmel und Erde beschrieben wird. Ergänzend schließt der zwölfte Hadith mit der Erläuterung an, Gott habe diese Stufen extra für die *muǧāhidīn* bereitet.

Mit dem dreizehnten Hadith liegt das erste Beispiel ohne wörtlichen Dschihad-Bezug vor, dem in der übrigen Sammlung dann noch zahlreiche folgen. Hier wird vielmehr der Aufenthalt in einer Schlachtreihe (*ṣaff*), der durch die vorangegangenen, kampfbezogenen Ausführungen in A10 jedoch als Dschihad zu verstehen ist, in Relation zu den gottesdienstlichen Handlungen gesetzt. Letztere würden auch nach sechzig Jahre langer Ausführung durch den einmaligen Aufenthalt übertroffen. Der nachfolgende Hadith räumt wiederum dem Gebet den höheren Rang ein, nach dem der Dschihad die zweite Tat ist, bei der die Paradiesesstufen erstrebt, das Gesicht verändert und die Füße staubfarben würden. Letzteres ist ein weiteres, grundlegendes Motiv bei der Beschreibung des Einsatzes auf dem Wege Gottes: Wie die unter dem Themenschwerpunkt der Bestrafung aufgeführten Überlieferungen der Dschihadsammlungen noch zeigen werden, ist das Aufwirbeln von Staub eine der Bedingungen zum Entgehen des Höllenfeuers und als Sinnbild für den aktiven körperlichen Einsatz zu verstehen. Des Weite-

---

79 Zur Triplikation als einfachstem Mittel der Ausdrucksverstärkung s. Stetter (1965), S. 36-39.

ren wird im vierzehnten Hadith wieder auf den Lohn mittels des Reittieres – hier allgemein wiedergegeben mit *dābba* – angespielt, das für Gewicht in der Waage des Jüngsten Gerichts sorgt, sofern es auf dem Wege Gottes verendet oder auf diesem zumindest bewegt wurde.

Während bei den übrigen drei übersetzten Vierzig Dschihad Hadithen eine stringentere Anordnung der Hadithe nach Themenblöcken auszumachen ist, scheint Ibn ʿAsākir sie stellenweise eher abwechselnd aufeinander folgen zu lassen. Den beiden auf die Paradiesesstufen anspielenden Überlieferungen (A12, A14), denen eine Aussage bezüglich des Aufenthalts in der Schlachtreihe (A13) eingeschoben ist, folgt mit A15 eine ausführlichere Variante zu letzterem Aspekt: Die Überlieferung beginnt mit der narrativen Darstellung eines Gefährten, der während eines Kriegszugs eine Höhle entdeckt, die ihn mit allem Lebensnotwendigen versorgen würde und ihn überlegen lässt sich darin zurückzuziehen. Die Ablehnung dessen durch den Propheten erfolgt wiederum in einem Sammelhadith, dessen drei Aussagen auch separat überliefert werden: Er nimmt eine Abgrenzung zum Juden- und Christentum vor und setzt das einmalige Ausziehen und Zurückkehren auf dem Wege Gottes sowie den Aufenthalt in einer Schlachtreihe in Relation zum Diesseits bzw. zu einer hier konkret genannten, gottesdienstlichen Handlung: dem Gebet.

Das offenkundige Hin und Her in der Vorrangstellung von Gebet oder Dschihad bzw. Kriegszug findet hier sein Ende. Der vermeintliche Widerspruch, der sich durch die Aussagen der einzelnen Hadithe ergibt, lässt sich wohl durch die Annahme Mourads und Lindsays beheben, denen nach es nicht im wörtlichen Sinne um die Frage des Besserseins geht, sondern das in Beziehung Setzen des Dschihad zu einer der Grundpflichten lediglich dessen Bedeutung im Besonderen unterstreichen soll (s.o.). Des Weiteren ist zu berücksichtigen, dass Ibn ʿAsākir seine Hadithe weniger strikt anordnet. Zwar ist der Hadithauswahl in ihrer vorliegenden Reihenfolge zu Beginn überwiegend die Frage nach der Rangordnung des Dschihad zu entnehmen, der sich die Kampfesthematik und die Stationierung an der Front anschließt und vorwiegend mit Paradiesbeschreibungen endet. Doch finden weitere Aspekte wie die Bedeutung des Pferdes an unterschiedlichen Stellen Erwähnung, sodass die Vierzig Dschihad Hadithe Ibn ʿAsākirs nicht als eine in sich geschlossene Darstellung des Dschihad, sondern vielmehr als eine Materialsammlung aufgefasst werden können, der sich der jeweilige Empfänger je nach Bedarf bedienen kann. In diesem Fall würde die Konfusion um die Vorrangstellung von Gebet oder Dschihad hinfällig. Beide Handlungen werden im Übrigen zum Ende der Sammlung hin erneut aufgegriffen: In dem gängigen Frageschema nach der besten Art eines Aspekts wird in A38 erst nach dem besten Dschihad und dann nach dem besten Gebet gefragt, beide also nicht weiter einander gegenüber, sondern nebeneinander gestellt.

Nach einem kurzen Intermezzo, bei dem die harte Bestrafung der Dschihad-Verweigerer (A16) vom Erreichen des Paradieseslohns (A17) kontrastiert wird, fährt Ibn ʿAsākir mit der Thematisierung von besonders bedeutungsvollen Handlungen fort. Insgesamt lässt sich an dieser Stelle jedoch ein Hinwenden zu der zweiten großen Themengruppe in seinen Vierzig Hadithen erkennen: In der Mehrheit der übrigen Hadithe liegt der Fokus auf der Belohnung und damit auf dem Anreiz sich einzusetzen, wohingegen nur vereinzelt auf Abschreckung durch die Darlegung der Bestrafung gesetzt wird.

In seinem achtzehnten Hadith bringt Ibn ʿAsākir mit der Stationierung auf dem Wege Gottes (*ribāṭ*) erstmals ein weiteres Kernthema des Dschihad zur Sprache, das an dieser Stelle gleich dem Dschihad als eine bessere Tat gegenüber einer anderen verdienstlichen, jedoch nicht verpflichtenden Handlung[80] bezeichnet wird. Im nachfolgenden Hadith wird die in A7 bereits aufgeworfene Frage nach dem besten Menschen aufgegriffen und um sein Pendant, dem schlechtesten Menschen, erweitert. Während sich Ersterer durch seinen Einsatz auf dem Wege Gottes auszeichnet – hier fehlt die asketische Komponente aus A7 – gehört zu Letzteren generell jemand, der sich durch frevlerisches Verhalten und Unverständnis gegenüber dem Koran hervortut.

Nach weiteren, der Belohnung und Bestrafung zuzuordnenden Überlieferungen kommt Ibn ʿAsākir erneut auf die Stationierung zu sprechen, die er im dreiundzwanzigsten Hadith über das „Diesseits und alles, was zu ihm gehört"[81] stellt. Dieses Vergleichsmoment ist bereits in A15 in Verbindung mit dem Ausziehen und Zurückkehren auf dem Wege Gottes gegeben. Es wird in A23, einem Sammelhadith, mittels strengem Satzparallelismus wieder aufgegriffen und neben *ribāṭ* und *rawḥa wa-ġadwa* auch mit dem Ort des *sawṭ* (vermutlich: Hinterlassenschaft oder Anteil[82]) im Paradies in Relation gesetzt.

Die besondere Bedeutung von Handlungen auf dem Wege Gottes ergibt sich in zwei weiteren Vergleichen, die sich im neunundzwanzigsten und dreißigsten Hadith der Sammlung finden: Zum einen führt Ibn ʿAsākir hier

---

80 Der Vergleich bezieht sich hier auf das Verweilen der Schicksalsnacht am schwarzen Stein: Die Schicksalsnacht (*laylat al-qadr*) fällt auf eine nicht näher bekannte, ungerade Nacht zum Ende des Monats Ramadan, in der die Engel auf die Erde herabkommen sollen. Sie gilt als segenreichste Nacht, da in ihr die erste Offenbarung an Muḥammad erfolgt sein soll, und sie sollte möglichst zur Gänze wach und im Gebet verbracht werden. Die Besonderheit dieser einen Nacht geht bereits aus dem Koran hervor, siehe 97. Sūrat al-Qadr; vgl. auch Mourad/Lindsay (2013), S. 77f.; Hartmann, Richard: Die Religion des Islam. Eine Einführung. Darmstadt: WBG 1992, S. 87; Plessner, M.: Ramaḍān. In: EI² VIII (1995), S. 417f. Bei dem schwarzen Stein (*al-ḥaǧar al-aswad*) wiederum handelt es sich um einen in die Kaʿba eingemauerten Stein ungeklärten Ursprungs, dessen Berührung beim Umlauf um jene ebenfalls von besonderer Bedeutung ist, vgl. Reidegeld, Aḥmad A.: Handbuch Islam. Die Glaubens- und Rechtslehre der Muslime. Kandern: Spohr 2005, S. 594ff.

81 Ibn ʿAsākir (1984), S. 87; Mourad/Lindsay (2013), S. 160f.

82 Siehe dazu die Übersetzung von A23 mit Anmerkung in Teil III.1.

das Bogenschießen ein, das von anderen Sammlern zum Kernthema der Vierzig Dschihad Hadithe gemacht wurde, von Ibn ʿAsākir jedoch nur dieses eine Mal bedacht wird. Nach der Nennung des vielfachen Lohns, den ein einziger Pfeil bewirken kann, werden das Schießen und Reiten (bzw. der Umgang mit Pferden) als zwei der drei einzig legitimen Zeitvertreibe angeführt und in Beziehung zueinander gesetzt. Die Bezeichnung des Schießens als bessere der beiden Taten wird durch die vorbildliche Darstellung eines im Bogenschießen äußerst aktiven Prophetengefährten in der Rahmenerzählung untermauert. Der zweite Vergleich (A30) legt in aller Kürze die Gleichwertigkeit von Ausgaben während der Pilgerfahrt und auf dem Wege Gottes dar. In beiden Fällen beträgt der Wert das Siebenhundertfache einer ‚normalen' Ausgabe.

Zum Ende seiner Sammlung bringt Ibn ʿAsākir dann noch einmal drei Hadithe im Hinblick auf den Themenschwerpunkt der Bedeutung ein: Die bereits angesprochene achtundreißigste Überlieferung weist letztmalig das Frageschema nach der besten Art eines Aspekts auf, wobei hier die Hingabe an Gott, der Dschihad und das Gebet nebeneinander gestellt werden. Eine Art Rangordnung ergibt sich in diesem besonderen Fall in interner Hinsicht: Da hier nach dem besten Dschihad gefragt wird und dies mit „der desjenigen, dessen Pferd verwundet und dessen Blut vergossen wird"[83] beantwortet wird, ergibt sich aus Ibn ʿAsākirs Hadithzusammenstellung letztlich eine Vorrangstellung der kämpferischen Form des Dschihad, auch wenn ihr ebenso weitere verdienstliche Taten im Sinne des Dschihad zu entnehmen sind. Diese Aussage wird umrahmt von zwei Überlieferungen (A37, A39), die mitunter speziell den besonderen Rang der Märtyrer herausstellen. In beiden Hadithen werden die Märtyrer von Gott aufgefordert Wünsche zu äußern, wobei sie jeweils nur einen einzigen vorbringen: auf die Erde zurückgesandt zu werden, um erneut für Gott zu kämpfen und zu sterben. Wie aus Überlieferungen anderer Vierzig Dschihad Hadithe (T31, N25, L17, M31) hervorgeht, zeichnet dieser Wunsch die Märtyrer im Besonderen vor allen anderen Menschen aus, denn sie sind die einzigen, die überhaupt nach Erlangen des Paradieses dieses wieder verlassen würden um ihre Handlung zu wiederholen. In diesem Sinne endet Ibn ʿAsākir seine Sammlung mit einer Verherrlichung des Sterbens, wobei die Intention dahinter ist, den sich Einsetzenden die Angst vor dem Sterben zu nehmen und sie zur wichtigsten Form des Dschihad, dem Kampf, zu motivieren.

---

83 Ibn ʿAsākir (1984), S. 113; Mourad/Lindsay (2013), S. 178f.; s. Übers. in Kap. III.1.

Niall Christie bezeichnet im Kontext seiner Analyse von as-Sulamīs *Kitāb al-ǧihād* dessen Warnung vor der Ungnade Gottes und seine Thematisierung des Höllenfeuers als eine der Überzeugungsstrategien. Diese lässt sich ebenso in allen Vierzig Dschihad Hadithen aufzeigen und wird im Fall der Sammlung Ibn ᶜAsākirs von Mourad und Lindsay als zweiter zentraler Themenschwerpunkt aufgeführt. Sie weisen dieser Kategorie nur einen einzigen Hadith zu (A16), der sich zur Gänze dem Thema widmet.[84] Darüber sind jedoch einem Fünftel der Hadithauswahl Teilaspekte zu entnehmen, die ebenfalls dieser Kategorie zugeordnet werden können. Wie im vorigen Unterkapitel bereits angesprochen, findet sich ein erster Hinweis in der sechsten Überlieferung, wo das Festhalten an Gegebenheiten der vorislamischen Zeit mit der unumgänglichen Höllenstrafe verbunden wird, die nicht einmal durch zwei der Grundpflichten, dem Fasten und Beten, annulliert werden könne.

Bei dem sechzehnten Hadith handelt es sich wiederum um den Rahmenbericht zu einem Koranvers der 18. Sure („die Höhle"), die den frühen Offenbarungen der mekkanischen Zeit zugeordnet wird und allgemein Ermahnungen zum aufrichtigen Glauben und Warnungen vor Bestrafung beinhaltet. Erst der narrative Rahmen der von Ibn ᶜAsākir angeführten Überlieferung setzt den ausgwählten Vers {„… Wer da will, möge glauben, und wer will, ungläubig sein!" Denen, die Unrecht tun, haben wir Feuer bereitet, ...}[85] in Bezug zum Einsatz auf dem Wege Gottes, indem eine Aussage über den Gehorsam gegenüber Gott eines Kriegszugführenden vorgeschaltet wird. Im Anschluss an die Nennung des Koranverses fungiert der fortlaufende Bericht als Korankommentar: Der Prophet wird gefragt, wer nach dieser Überlieferung den Dschihad überhaupt noch unterlassen würde. Diese Nachfrage ist im Kontext der gesamten Sure, auf die hier nur in einem Teilvers angespielt wird, besser nachvollziehbar: Die Sure beginnt bereits mit der Thematisierung der schweren Bestrafung im Falle von Unglauben und beschreibt diese im Anschluss an das titelgebende Beispiel der gläubigen *ahl al-kahf* in eindringlichen Bildern genauer: Der Ungläubige wird von Feuer umgeben und erhält auf seine Hilferufe hin anstelle von kühlendem besonders heißes Wasser, das ihm sein Gesicht „brät". Der abschließend in dem Koranvers als „schlimmer Ruheplatz" bezeichnete Ort wird den Zuhörern Muḥammads auch als solcher im Gedächtnis bleiben, dennoch gebe es – so die Antwort des Propheten auf die vorige Frage seines Gefährten – eine Gruppe von Leuten, die sich dem Dschihad verweigert. Ihnen gebührt die Bestrafung, die

[84] Vgl. Christie (2015), S. 17f.; ders. (2007), S. 8; Mourad/Lindsay (2013), S. 70f.; dies. (2007), S. 52.

[85] Sūrat al-Kahf („die Höhle"), 18:29; Zirker (2010), S. 184.

Gott sich als Versprechen auferlegt habe. Nachdem Ibn ʿAsākir in allen vorangegangenen Hadithen seiner bisherigen Auswahl die bedeutende Stellung des Dschihad dargelegt hat, die bereits starken Anreiz geben sollte dem Handeln in diesem Sinne nachzukommen, erfolgt nun eine eindrückliche Betonung der schweren Strafe für den Fall, dass man dem eben nicht nachkommt – laut Hadith bestraft Gott sogar „derart, wie Er sonst niemandem in der Welt bestraft"[86].

Alle weiteren Überlieferungen in den Vierzig Dschihad Hadithen, die Hinweise auf den Themenbereich der Bestrafung beinhalten, bauen dieses Schreckensszenario nicht weiter aus, sondern sprechen lediglich von Unglück (A20), Bürde (A28), Hölle(nfeuer, A33, A37, A40) und Zugrundegehen (A35). Nachdem durch A16 klargestellt ist, dass die Strafe besonders heftig ausfallen wird, dienen die übrigen Überlieferungen dem Hinweis darauf, welche Handlungen bzw. Unterlassungen vielmehr zu eben jener Bestrafung führen. Ibn ʿAsākir führt sie vorwiegend im letzten Viertel der Hadithauswahl an und setzt sie so als Kontrastpunkte in die dominierende Darstellung der hohen Belohnung für den Einsatz auf dem Wege Gottes, wohl unter der Idee einer effektiven Abschreckung und Erinnerung an die einzig umfassende Warnung im sechzehnten Hadith.

Bezüglich des hier wie auch den in anderen Hadithbeispielen nur in gekürzter Form angegebenen Koranverses merken Mourad und Lindsay an, dass der Zuhörerschaft Ibn ʿAsākirs die Inhalte der jeweils angesprochenen Suren wohlbekannt waren,[87] was im Hinblick auf die den Audienz-Einträgen zu entnehmenden Gelehrtenkreise plausibel erscheint. Auch im Falle des Hauptadressaten der Vierzig Dschihad Hadithe, Nūr ad-Dīn b. Zanǧī, wird es sich nicht anders verhalten haben. Interessant wird es dahingehend erst unter Berücksichtigung der den Vierzig Hadithen allgmein zugrunde liegenden Funktion der Handreichung für ‚jedermann'. Zwar ist ein Fronteinsatz der Sammlung selbst ebensowenig überliefert wie ein einschlägiges Predigen des Sammlers vor den Soldaten. Dennoch kann die Möglichkeit nicht ganz ausgeschlossen werden, dass die motivierende Hadithauswahl auch unter den Kämpfern kursierte. Hier stellt sich die Frage, inwieweit Ibn ʿAsākir bei seiner Hadithzusammenstellung fehlendes Hintergrundwissen der potentiellen Adressaten berücksichtigte. Hatte er bedacht, dass koranunkundigen Empfängern seiner Sammlung die eindrücklichen Beschreibungen der Höllenstrafe womöglich entging? Sollte im konkreten Fall der sechzehnten Überlieferung die abschließende Warnung der besonders heftigen Bestrafung als ausreichend abschreckend gewertet werden? Es scheint hier eher ein weiteres Indiz

86 Ibn ʿAsākir (1984), S. 79; Mourad/Lindsay (2013), S. 154f., vgl. ebd., S. 78.
87 Vgl. ebd., S. 155, 165, 169, 181.

für die im Kontext osmanenzeitlicher Sammlungen[88] aufgeworfene Annahme vorzuliegen, dass die Hadithauswahl im Wesentlichen der Information begrenzter Personenkreise diente, sich Ibn ʿAsākir bei ihrer Zusammenstellung folglich nach dem Kenntnisstand seines Hauptadressaten Nūr ad-Dīn und seinem Schülerzirkel richtete. Dass Ibn ʿAsākir andernfalls dem Einsatz von furchterregenden Hinweisen keine so große Bedeutung als Überszeugungsstrategie beimisst, wie es zum Beipsiel as-Sulamī[89] tut, ist meines Erachtens eher unwahrscheinlich.

Nach A16 findet sich die erste Abschreckung in der Hadithauswahl Ibn ʿAsākirs in der Negation der drei grundlegenden Handlungen, die als Dschihad definiert werden: In A20 heißt es, „wer *keinen* Kriegszug durchgeführt hat, *keinen* Kriegführenden ausgerüstet oder ihn auf gute Weise bei seinen Angehörigen ersetzt hat, dem lässt Gott am Tage der Auferstehung Unglück widerfahren."[90] In seinem positiven Pendant taucht diese Überlieferung weitaus häufiger in den Vierzig Dschihad Hadithen auf (T22, N22, L11, Q27, Š4) und verspricht im dortigen Kontext hohen Lohn. Ibn ʿAsākir nutzt hier mit der gegenteiligen Darstellung die Möglichkeit, an die eindrückliche Warnung vor Unterlassung in A16 anzuknüpfen. Dem schließen sich die Aussagen in A33 und A37 an, denen in allgemeinerer Form zu entnehmen ist, dass eine gute Tat gute Konsequenzen und im Umkehrschluss eine schlechte Tat schlechte Konsequenzen hat. Die in A37 enthaltene Bezeichnung des Paradieses als beste Wohnstätte (*ḫayru manzilin*) und der Hölle als schlimmste Wohnstätte (*šarru manzilin*) erinnern dabei – wenn auch nicht durch dieselbe Wortwahl – an eine vergleichbare Benennung als schöner bzw. schlimmer Ruheplatz (*…wa-ḥasunat murtafaqan* bzw. *…wa-sāʾat murtafaqan*) in der in A16 implizierten Sure (18:29/31).

Die achtundzwanzigste Überlieferung in Ibn ʿAsākirs Auswahl ist hier insofern von Interesse, da sie nicht nur die im vorigen Unterkapitel bereits angesprochenen Vorzüge der Pferde als Begleiter näher ausführt. Vielmehr können sich diese unter bestimmten Umständen ins Gegenteil verkehren, denn auch in dieser Überlieferung ist die Quintessenz, dass ein jeder für seine Taten entsprechend entlohnt wird – im Negativen wie im Positiven. Die Besonderheit der Pferde besteht hierbei darin, den Lohn oder eben die Aussicht auf Bestrafung zu verstärken. Wer sein Pferd zur Augendienerei, Prahlerei oder in Auseinandersetzung mit den Gläubigen führt, dem wird das Tier zur Bürde. Neben diesen drei als negativ bewerteten Verhaltensweisen gehen weitere aus der fünfunddreißigsten Überlieferung hervor, in der vom Zugrundegehen derjenigen die Rede ist, die dem Gold, dem Geld oder der Kleidung erlegen

88 Siehe Unterkapitel *Die Frage nach den Adressaten der Vierzig Hadithe* in Kap. I.3.1.
89 Siehe dazu Christie (2007), S. 8f.
90 Ibn ʿAsākir (1984), S. 85; Mourad/Lindsay (2013), S. 158f.

sind. Der Hadith ist als deutliche Kritik am Materialismus zu verstehen, dem der Einsatz auf dem Wege Gottes – auch hier wieder in Verbindung mit dem Pferd – gegenübergestellt wird. Während der Materialist nur zufrieden ist, wenn er sein Objekt der Begierde erhält, und sich ansonsten als zornig und unbelehrbar zeigt – dargestellt am Bildnis des Stachels, den er nicht entfernt – , stellt der sich Einsetzende keine Anforderungen. Er ist zufrieden mit der Aufgabe, die ihm zuteil wird, und lässt sich auch nicht zur negativen Einstellung verleiten, sollten seine Bitten nicht erhört und für ihn keine Fürsprache eingelegt werden. Dieses Verhalten spiegelt im Grunde den Einsatz gegen die innere Treibseele wieder, der als Definition des ‚großen Dschihad' verstanden wird und beispielsweise von Ibn ʿAsākirs Landsmann as-Sulamī als die wichtigste Form des Einsatzes verstanden wurde.[91]

Den Fehlverhalten, die Bestrafung nach sich ziehen, wird im letzten Hadith der Sammlung Ibn ʿAsākirs schließlich das wohl größte Vergehen hinzugefügt: die Heuchelei. In synthetisch parallelen Aussagen[92] werden in der vierzigsten Überlieferung drei Arten des Märtyrers definiert – zwei ‚echte' und ein vermeintlicher. Während sich Ersterer nichts hat zu Schulden kommen lassen und Zweiterer seine Vergehen durch den kämpferischen Einsatz hat ausgleichen können, sodass beide ins Paradies eingehen, bringt dem dritten sein Einsatz nichts, da „das Schwert die Heuchelei nicht annulliert“[93]. Ibn ʿAsākir schließt seine Sammlung demnach mit einem Fokus auf der Darlegung korrekten und zu unterlassenden Verhaltens und liefert dabei gleichzeitig die Grundvoraussetzungen, die für den Dschihad notwendig sind (s.u.).

Belohnung derer, die den Dschihad ausführen

Neben der Abschreckung vom Gegenteil eines gewünschten Zieles erweist sich eine nachdrückliche Betonung der positiven Aussichten als effektive Motivationsstrategie. In diesem Sinne ist es kaum verwunderlich, dass Ibn ʿAsākir im Anschluss an die Hervorhebung des besonderen Stellenwertes des Dschihad einige abschreckende Beispiele einfügt, sein Hauptaugenmerk jedoch auf die positiven Konsequenzen des Einsatzes auf dem Wege Gottes legt. Die Anzahl der entsprechenden Hinweise innerhalb der Hadithe sowie überhaupt der ausschließlich auf die Belohnung zielenden Aussagen ist dabei mit der des ersten Themenblocks vergleichbar.

---

91 Vgl. Christie (2007), S. 10f.

92 Zu dieser Form der gängigen Schematisierung im Hadith siehe den Abschnitt *Zahlensprüche* bei Stetter (1965), S. 71-79.

93 Ibn ʿAsākir (1984), S. 117; Mourad/Lindsay (2013), S. 182f.

Das bereits über A5 indirekt angesprochene Paradiesversprechen Gottes stellt den zentralen Lohn dar, der aus den meisten Überlieferungen dieses Schwerpunktthemas hervorgeht. Unterschiede ergeben sich dahingehend lediglich in der Darstellung, wie der Belohnte das Paradies betritt, in welcher Art er dabei oder darin geehrt wird und wo er sich darin aufhalten wird. Neben dieser jenseitigen Ausrichtung liegt ein weiterer Fokus der lohnbezogenen Überlieferungen auf den diesseitigen Mitteln und Maßnahmen (bzw. Handlungen), die zum jenseitigen Lohn beitragen und damit die Aussicht auf den Eingang ins Paradies erhöhen.

Der einzige, nur auf das Diesseits ausgerichtete Lohn wird im zehnten Hadith erwähnt, womit sich die Unterteilung in diesseitigen und jenseitigen Lohn, wie sie Michael Bonner in Verbindung mit dem *Kitāb al-ǧihād* Ibn al-Mubāraks vornehmen konnte, im Fall der Vierzig Dschihad Hadithe Ibn ᶜAsākirs als hinfällig erweist. Aus dem Sammelhadith ergeben sich zwei Möglichkeiten der Belohnung für den *muǧāhid*: Sofern er verstirbt, lässt Gott ihn ins Paradies eingehen, andernfalls wird ihm eine sichere Heimkehr mit seiner Kriegsbeute (*ġanīma*) gewährt. ᶜAlī b. Ṭāhir as-Sulamī widmet diesem Thema wiederum einen umfangreichen Abschnitt in seinem *Kitāb al-ǧihād*, dennoch soll auch er dem „weniger materialistischen Lohn klare Präferenz eingeräumt“[94] haben.

Im nachfolgenden elften Hadith Ibn ᶜAsākirs ergibt sich der Paradieseslohn bereits aus einer anderen Tat, dem Bekennen zur Religion des Islam, während der Dschihad für eine Steigerung dieses Lohnes innerhalb des Paradieses sorgt, indem der sich Einsetzende noch um einhundert Stufen emporgehoben würde, die eigens nur für seinesgleichen bereitet wurden (s.a. A12). Den Eingang ins Paradies durch eine andere Gegebenheit als dem Dschihad geht auch aus einer späteren Überlieferung (A32) in der Auswahl Ibn ᶜAsākirs hervor: Hier ist den Eltern dreier noch im Kindesalter verstorbener Nachkommen das Paradies sicher. Dem schließt sich eine zweite, davon unabhängige Aussage an, die nur durch die Rahmenerzählung über einen Prophetengefährten – er wird zum Berichten von Aussagen aufgefordert, die er von Muḥammad hörte – mit der vorigen Aussage verbunden ist. Hier geht es um den Lohn für Ausgaben auf dem Wege Gottes, der explizit durch die Aufmerksamkeit der Paradiespförtner ausgedrückt wird (sie eilen zu dem Ausgebenden). Ob dies den Eingang ins Paradies impliziert, bleibt hier offen. Ibn ᶜAsākir führt in seiner Stadtgeschichte Damaskus' mehrere Versionen dieser zweiten Aussage an, von denen keine über den unmittelbaren Wortlaut hinsichtlich des Paradieseintritts verfügt. Wohl aber wird der Ausgebende zum

94 Christie (2007), S. 9; vgl. as-Sulamīs Kapitel zur Beute in Sulamī (2007): Ǧihād, S. 143-165; Christie (2015), ab S. 337; Bonner (2004): Observations, S. 20-26.

Eintritt ins Paradies aufgefordert, woraus sich ableiten lässt, dass auch ihm dieser Lohn zusteht.[95]

Dass der kämpferische Einsatz selbst für den Eingang ins Paradies sorgt, geht dann aus einer bekannten und in nahezu allen Vierzig Dschihad Hadithen enthaltenen Überlieferung hervor, dernach sich das „Paradies im Schatten der Schwerter“[96] befinde. Diese Aussage kann ohne weitere Zusätze in einem Hadith vorkommen; in drei der vier ausgewählten Sammlungsbeispiele liegt sie jedoch in unterschiedlichen Rahmenerzählungen vor. Ibn ʿAsākirs Wahl fällt auf die Version, in der der vorbildliche Fall eines Kämpfers dargestellt wird, der auf diese Aussage des Propheten hin – als Zeichen seiner Entschlossenheit und endgültigen Entscheidung – seine Schwerthülle zerbricht und kämpft, bis er getötet wird. Mit einer knappen Situationsschilderung sowie der Beschreibung der Person und ihres Mutes wird ein unmittelbares Hineinversetzen in die Szene ermöglicht. Von den vorliegenden Überlieferungsbeispielen ist diese Version damit die wohl eindrücklichste, die Anreiz zur Nachahmung schafft.

Mit der zwanzigsten Überlieferung beginnt dann eine nahezu lückenlose Aneinanderreihung von lohnbezogenen Hadithen. Aus A20 selbst ergibt sich erst im Umkehrschluss zur dortigen Negativdarstellung desjenigen, der sich dem Kriegführen, dem Ausrüsten und dem Versorgen von Hinterbliebenen entzieht, ein nicht näher definierter Lohn. Die nachfolgenden vier Hadithe legen den Fokus auf die *murābiṭūn*, deren Lohn in drei Aussagen näher benannt wird: Ihre Taten werden bei ihrem Tod nicht versiegelt, sondern sorgen bis zum Tag der Auferstehung für die Mehrung des Lohns (A21, A22). Des Weiteren werden die *murābiṭūn* von Gott versorgt (A24) und vor der Befragung der Todesengel im Grab ebenso verschont (A21, A24), wie vor der Furcht am Tag der Auferstehung (A24). Letzterer Aspekt taucht mehrfach in den Vierzig Dschihad Hadithen Ibn ʿAsākirs auf, so auch im sechsunddreißgsten Hadith, der das Bild des weinenden Auges am Tage der Auferstehung liefert, welches für die Angst vor der anstehenden Abrechnung durch Gott stehen wird. Diese Angst soll durch drei Arten des Handelns zu verhindern sein (*wörtlich*: die Augen weinen nicht): durch das Abwenden von Verbotenem, das nächtliche Wachen auf dem Wege Gottes und das Tränen Vergießen aus Gottesfurcht. Der Lohn ist hier implizit: Wer die Vorgaben Gottes berücksichtigt, sich auf Seinem Wege einsetzt und aufrichtig an Ihn glaubt, hat bei der Auferstehung nichts zu befürchten. Ibn ʿAsākir kommt zum Ende seiner Sammlung hin zunehmend auf die grundlegenden Ängste der Gläubigen zu sprechen, denen er über seine Ha-

[95] Vgl. Ibn ʿAsākir (1984), S. 104; ders. (1995), Bd. 30, S. 99-102, (1997), Bd. 51, S. 106; Mourad/Lindsay (2013), S. 172f.

[96] Siehe A17, N8, N35, T17 sowie L33, Š18; Mourad/Lindsay (2013), S. 154f.

dithauswahl die entscheidende Lösung bietet. Mourad und Lindsay gehen aufgrund der häufigen Thematisierung des Jüngsten Gerichts, des Propheten Jesus und der Paradiesbeschreibung davon aus, dass der Hadithgelehrte sogar vom anstehenden Ende, also einer nahenden Abrechnung in seiner Zeit ausging,[97] die ihn einmal mehr dazu bewogen haben wird, mit Hilfe der Sammlung zum richtigen Verhalten und dem Einsatz im Sinne des Dschihad aufzurufen.

Mit dem fünfundzwanzigsten und dem sechsundzwanzigsten Hadith folgen zwei längere Beschreibungen des Paradieseintrittes der Märtyrer und ihrem Aufenthalt darin aufeinander, deren Lohn darin besteht, ohne Abrechnung und Strafe eintreten zu dürfen, dabei von den Engeln begrüßt zu werden (A25) und je nach dem Martyrium vorangegangener Absicht im Paradies dann auf unterschiedliche Weise im Besonderen bedacht zu werden (A26). Im Zusammenhang mit jenem Märtyrer, der bei seinem Einsatz das Töten und Getötetwerden nicht beabsichtigte, werden in dieser Sammlung einmalig die Verheiratung mit Paradiesjungfrauen (in unbestimmter Anzahl) und seine Krönung genannt. Wer bei seinem Einsatz das Töten, jedoch nicht das Getötetwerden in Kauf nimmt, befindet sich mit Abraham bei Gott. Diese im Vergleich zu den beiden anderen Märtyrerarten sehr knappe Beschreibung wird durch einen Koranvers (54:55) untermauert, der am Ende einer Sure mit starkem Fokus auf der Bestrafung steht. Die Sure hat das Fehlverhalten mehrerer Völker und die darauf folgenden, schwerwiegenden Konsequenzen zum Thema, bevor sie in den letzten beiden Versen auf den Paradieseslohn der Rechthandelnden zu sprechen kommt, der in Ibn ʿAsākirs ausgewähltem Hadith wiederum auf die zweite Art der Märtyrer übertragen wird.[98]

Der dritte Märtyrer tötete nicht nur bereitwillig, sondern ging ebenso von seinem eigenen Tod aus und wird beim Einzug ins Paradies für diese Opferung besonders gefeiert. Hier werden erste Paradiesbeschreibungen preisgegeben, denen nach sich dieser Typ Märtyrer an Kanzeln aus Licht zur Rechten des Throns Gottes aufhalten und dem Richten über die Menschen zuschauen wird. Er hat die freie Wahl im Paradies zu wohnen, wo er will, und sich zu wünschen, was er will. Sämtliche Ängste, die alle übrigen Menschen aufgrund der Ungewissheit über den Tod, den Tag des Jüngsten Gerichts und die Zeit dazwischen plagen, sind für diesen Märtyrer nicht existent.

Nachdem bereits im achten Hadith über einen Zusatz auf die Vorzüge des Pferdes angespielt worden ist, führen der siebenundzwanzigste und der achtundzwanzigste Hadith den Lohn durch das Pferd als Begleiter des *muǧāhid*

---

97 Vgl. ebd., S. 8f., 71; Mourad (2001), S. 24-43.

98 Vgl. Sūrat al-Qamar („der Mond"), 54:1-55; Zirker (2010), S. 330ff.; Mourad/ Lindsay (2013), S. 78f.

nun näher aus. Nicht nur die Bewegung des Tieres (A8) sorgt für die Zuschreibung von Wohltaten, sondern ebenso dessen Sättigung, Urin und Dung. Diese Überlieferung findet sich auch in den anderen Vierzig Dschihad Hadithen und ist bisweilen von einem vierten Aspekt, dem Durst des Pferdes ergänzt (N23, S38, T25, M27, Š5). Die Vorteile – und, wie im Kontext der Bestrafung bereits angesprochen, auch der Nachteil – des Pferdes werden in A28 detaillierter ausgeführt, indem die in A27 nur aneinandergereihten, Wohltaten erbringenden Aspekte nun in eine Szenenbeschreibung eingebaut werden: Das angebundene Pferd weidet und sorgt mit allem, was es im Radius seines Stricks erreichen kann, für Wohltaten. Diese werden noch durch das vom *muǧāhid* nicht beabsichtigte Trinken und die Spuren erhöht, die es im Falle seines Ausreißens und frei Bewegens hinterlässt.

Die nachfolgende Überlieferung (A29) behandelt die Vorzüge des Bogenschießens, wobei ein einziger Pfeil bis zu drei Personen Lohn bringen soll. Die Darstellung erfolgt in einem vergleichbaren Schema wie die der drei lohnbringenden Handlungen in Verbindung mit Kriegszügen: Es wird nicht nur der Kämpfende, im Falle des Bogenschießens also der Schütze mit dem Paradies belohnt, sondern ebenso der Ausrüstende. Als drittes geht der Lohn in diesem Kontext an den Hersteller des Pfeiles; Ibn ʿAsākir liefert also auch hier als Anreiz weitere, lohnerbringende Handlungen über den direkten Kampf hinaus. Mourad und Lindsay zufolge geht es dem Hadithgelehrten darum, die gesamte muslimische Gesellschaft um die *muǧāhidīn* zu versammeln und diese in jeglicher Hinsicht darin zu unterstützen, dass der Dschihad ein erfolgreiches Unterfangen wird.[99]

Diese Idee wird dann in einer allgemeineren Form in A31 noch einmal zum Ausdruck gebracht und liefert die zentrale Definition des Handelns im Sinne des Dschihad: Er bedeutet den Einsatz gegen die Polytheisten mit dem Besitz, dem Selbst und der Zunge, also in materieller, physischer und verbaler Hinsicht mit allem, was man hat. Speziell im Hinblick auf Gelehrte wie Ibn ʿAsākir, der mutmaßlich selber nicht physisch kämpfte, genau diese Form des Einsatzes in seiner Sammlung aber als die höchste preisgibt, sind derartige Definitionen grundlegend, um auch ihren eigenen Einsatz – den Dschihad der Zunge oder des Stifts[100] – als solchen deklarieren zu können.

Die dreiunddreißigste Überlieferung thematisiert die Grundvoraussetzung des monotheistischen Glaubens Gott nichts beizugesellen, die bei Befolgen mit dem Paradies, im Falle der Ablehnung mit der Hölle bestraft wird. Hinzu kommt auch hier die Belohnung von guten und Bestrafung von schlechten Taten, wobei Erstere durch das Handeln auf dem Wege Gottes um ein Vielfaches erhöht werden kann. Es ist eine von zahlreichen

---

99 Vgl. ebd., S. 72; Haarmann (1994), S. 243.
100 Vgl. Mourad/Lindsay (2013), S. 73.

Überlieferungen in der Sammlung Ibn ʿAsākirs, die die grundsätzlichen Voraussetzungen für ein Handeln im Sinne des Dschihad implizieren: Über allem stehen die richtige Absicht und der aufrichtige Glaube (s.u.).

Neben der besonderen Hervorhebung der Pferde und des Pfeiles wird auch die Besonderheit des Schwertes, das auf dem Wege Gottes zum Einsatz kommt, als ein Mittel der Lohnerhöhung dargelegt. Es eröffnet nicht nur den Weg ins Paradies, welches sich bildlich gesprochen in seinem Schatten befinde (A17), sondern sorgt während seines gesamten Einsatzes für die unterstützenden Gebete der Engel und am Tage der Auferstehung dann für den Erhalt zweier mit nichts zu vergleichender Schärpen (A34), die aufgrund dieser Eigenschaft den sich Einsetzenden vor allen anderen Menschen sichtbar auszeichnen. Der sich auf dem Wege Gottes Einsetzende zeichnet sich wiederum noch im Diesseits durch die Eigenschaft aus, dass er sich auch im Falle des Scheiterns nicht verleiten lässt, sondern geduldig ausharrt und jene Aufgaben übernimmt, die ihm zugeteilt werden (A35).

Schließlich bieten die beiden im Kontext der besonderen Bedeutung der Märtyrer bereits behandelten Überlieferungen (A37, A39) auch im Hinblick auf den Lohn nähere Informationen: Er besteht nicht nur im Aufenthalt an der „besten Wohnstätte“ (s.o.), sondern auch darin, dass die Märtyrer sich in dieser, also in dem Paradies frei bewegen können. A39 bietet hier eine anschauliche Beschreibung des Zustands und Ergehens der Märtyrer nach ihrem Tod und ist zugleich Erläuterung eines Koranverses (*tafsīr bi-l-maʾṯūr*). Der zentrale Vers (3:169) soll aus Anlass der Ungewissheit unter den Hinterbliebenen der Schlacht von Uḥud offenbart worden sein. Die im Jahr 3/625 erfolgte Auseinandersetzung ging zu Ungunsten der Muslime aus und soll Überlieferungen zufolge Fragen bezüglich des Zustands der Gefallenen aufgeworfen haben. Die Offenbarung und besonders die in der Überlieferung erfolgende Erläuterung lässt keine Zweifel daran, dass sich die Gefallenen als Märtyrer bei Gott und im Paradies befinden. Zahlreiche weitere Überlieferungen dieser Art, die ähnliche Beschreibungen beinhalten und zum Teil den Aufenthalt der Märtyrer nur mit der Nähe zum Paradies angeben, führten unter den Gelehrten zu Diskussionen über Verbleib und letztlich auch den Zustand der Toten in der Zwischenzeit bis zum Tag der Auferstehung. Einen Überblick über die vielfältigen Positionen, die allein aus den Überlieferungen hervorgehen, liefert beispielsweise Muḥammad b. Ǧarīr aṭ-Ṭabarī in seiner Koranauslegung.[101]

[101] Vgl. Ṭabarī, Abū Ǧaʿfar Muḥammad b. Ǧarīr aṭ-: Ǧāmiʿ al-bayān ʿan taʾwīl al-Qurʾān. Bd. 3. 2. Aufl. Miṣr: Muṣṭafā al-Bābī 1373/1954, S. 170-175; Khoury (1993), S. 288; Khoury, Adel Theodor: Der Ḥadīth. Urkunde der islamischen Tradition. Bd. 1: Der Glaube. Gütersloh: WBG 2008, S. 323; Mourad/Lindsay (2013), S. 76f. Zur Diskussion um die sogenannten „Märtyrer-Verse“ siehe auch Horsch-Al Saad (2011), S. 113-122.

Im Hinblick auf Narrative mit Bezug zu Uḥud im *Kitāb al-ǧihād* as-Sulamīs geht Niall Christie von einer weiteren Strategie der Überzeugung aus,[102] die sich auch im Vorgehen Ibn ʿAsākirs vermuten lässt. Demnach könnten Schilderungen der größten Niederlage der Muslime aus der Zeit Muḥammads – ebenso wie seiner größten Erfolge – unter der Idee des Vergleichs mit der jeweils gegenwärtigen Situtation angeführt werden. So wie as-Sulamī im Nachhall des ersten Kreuzzuges mit der Thematisierung der Ereignisse von Uḥud auf eine vergleichbar dramatische Situation aus der Zeit des Propheten hinweisen möchte, mag Ibn ʿAsākir mit der Einbringung der Thematik in seine Vierzig Dschihad Hadithe in der Zeit nach dem zweiten Kreuzzug, vielleicht sogar nach einer konkreten Niederlage Nūr ad-Dīns[103], dasselbe intendieren. Dabei wird es nicht allein darum gehen aufzuzeigen, dass das Vorbild Muḥammad ebenfalls mit Niederlagen umzugehen hatte. Vielmehr wird den Hadithsammlern dessen anschließender Erfolg vor Augen gewesen sein: Trotz der schweren Niederlage, die den Muslimen bei Uḥud zugefügt worden war, gelang ihnen schließlich die friedliche Einnahme Mekkas. In einer Übertragung auf die eigene Gegenwart sollte diese Idee für Zuversicht unter den Empfängern der Vierzig Dschihad Hadithe sorgen.

Auch der letzte Hadith in Ibn ʿAsākirs Auswahl gibt mitunter Auskunft über den Verbleib der Märtyrer, derer hier zwei Arten neben dem vermeintlich dritten genannt werden, dessen Heuchelei jedoch zur unausweichlichen Strafe führt. Bei den beiden Märtyrerarten scheint der Eingang in das Paradies sicher, Ibn ʿAsākir setzt sich demnach in seiner ganzen Sammlung nicht mit der Diskussion um den Aufenthaltsort auseinander, sondern wählt dahingehend ausschließlich Überlieferungen mit eindeutiger Aussage, um das Ziel seiner Sammlung, den Anreiz zum Einsatz nicht mit gegebenenfalls aufkommenden Zweifeln zu gefährden. Besonders diese letzte Überlieferung eröffnet die Aussicht auf Lohn für verschiedene Gläubige. Wer sich aufrichtig und vollends dem Einsatz hingibt, dem scheint der Platz nahe Gott sicher und er erreicht einen Status, der von dem der Propheten nur durch ihre Prophetie übertroffen wird. Aber auch der bereits sündig gewordene Gläubige hat Aussichten auf den Paradieseslohn. Stirbt er bei seinem aufrichtigen Einsatz, annulliert sein Schwert die Fehler und eröffnet ihm die Möglichkeit, das Paradies durch ein Tor seiner Wahl zu betreten. In Verbindung mit den Märtyrern zeigt sich damit ein zweites Mal[104] in der Sammlung Ibn ʿAsākirs, dass auch eine Art interner Rangordnung beim Dschihad besteht. Fehlverhalten im Laufe des Lebens führt mindestens zu einer Abstufung im Rang der Märtyrer.

---

102 Vgl. Christie (2015), S. 19ff.

103 Dazu s.o. Unterkapitel *Beispiele für Dschihadaufrufe gegen die Kreuzritter* in Kap. II.1.3.

104 Vgl. Seite 120 der vorliegenden Arbeit.

Voraussetzungen für die muǧāhidīn, *die zur Ausführung des Dschihad erfüllt sein müssen*

Zweifellos ist der Kampf mit dem Schwert in der Darstellung Ibn ᶜAsākirs die herausragende Handlung zum Erreichen des Paradieses, doch sind zwei Grundvoraussetzungen gegeben, ohne die selbst diese höchste Handlung kein positives Resultat erzielt.

Die Idee der Absicht (*niyya*) als eine der beiden Grundvoraussetzungen geht sehr viel deutlicher aus der Sammlung at-Tiṭwānīs hervor, der seine Hadithauswahl mit mehreren einschlägigen Aussagen beginnt. In Ibn ᶜAsākirs Auswahl findet sich dieser Aspekt nur implizit, so zum Beispiel im Kontext der Pferdethematisierung (A28), bei der - mit der abschließenden Märtyrerthematisierung vergleichbar - drei Fälle aufgezeigt werden, von denen die beiden sich bewusst auf dem Wege Gottes Einsetzenden oder zumindest den Anspruch Gottes nicht Vergessenden entlohnt werden. Wer jedoch rein diesseitsbezogene Absichten verfolgt, dem gebührt Bestrafung.

Im Hinblick auf die Diskussion um den inneren und äußeren Dschihad, der von as-Sulamī eindeutig abgehandelt wird, äußert sich Ibn ᶜAsākir des Weiteren mangels Haditherläuterungen nicht explizit, aus seiner Hadithauswahl ist aber herauszulesen, dass für ihn der Erstere den Letzteren bedingt: Obwohl auch andere Handlungen wie der verbale Einsatz und die Versorgung (A20, A31) als Dschihad gelten, sei der Kampf, also der äußere Einsatz die beste Form. Über den abschließenden Hadith (A40) ist er jedoch mit der eindeutigen Voraussetzung verbunden, dass aufrichtiger Glaube vorhanden sein müsse. Im Falle dessen Fehlens hätte selbst der physische Kampf keine positiven Auswirkungen mehr.[105]

Unter dem Dschihad versteht Ibn ᶜAsākir demnach eine Verbindung von äußerer, physischer Aktivität und innerer Moral. Diese Grundvoraussetzung geht im Gegensatz zu den anderen Kernthemen der Bedeutung, Belohnung und Bestrafung verhältnismäßig selten aus der Hadithauswahl hervor. Sie ist aber die wohl wichtigste Botschaft, die der Sammlung zu entnehmen ist, sodass der Hadithgelehrte sie in ihrer deutlichsten Form zur besonderen Hervorhebung ans Ende positioniert.

105 Dazu auch Mourad/Lindsay (2013), S. 73ff.; Leder (2011), S. 93f.

2. Ǧalāl ad-Dīn ʿAbd ar-Raḥmān b. Abī Bakr as-Suyūṭī (gest. 911/1505) als mamlukenzeitliches Beispiel

2.1 Zum Leben Ǧalāl ad-Dīn as-Suyūṭīs

Ǧalāl ad-Dīn Abū l-Faḍl ʿAbd ar-Raḥmān b. Abī Bakr b. Muḥammad b. Abī Bakr b. ʿUṯmān b. Muḥammad b. Ḫiḍr b. Ayyūb b. Muḥammad b. al-Humām al-Ḫuḍayrī s-Suyūṭī š-Šāfiʿī stammt aus einer Familie der oberägyptischen Stadt Asyūṭ (*auch*: Suyūṭ), in der zahlreiche öffentliche Ämter von seinen Familienmitgliedern bekleidet wurden. Ǧalāl ad-Dīn selbst wurde in Kairo im Raǧab 849 / Oktober 1445 von einer türkischen oder tscherkessischen Sklavin[106] zur Welt gebracht. Der Familiengeschichte, mit der die Biographien as-Suyūṭīs in der Regel beginnen, ist zu entnehmen, dass die Vorfahren väterlicherseits möglicherweise persisch-stämmig waren und einer von ihnen im Bagdader Stadtteil al-Ḫuḍayriyya[107] lebte, dem nach die Familie dann den entsprechenden Namenszusatz erhielt. Erst der Vater Ǧalāl ad-Dīns erhielt eine einschlägig wissenschaftliche Bildung und verließ Asyūṭ wiederum, um in Kairo zu studieren. Nach einer einprägsamen Erkenntnis über die Nachteile des Alkoholkonsums soll er zurückgezogen gelebt und sich intensiv mit dem Koran, aber auch mit Recht und Grammatik auseinandergesetzt haben. Bei seinem Tod im Ṣafar 855 / März 1451 war Ǧalāl ad-Dīn erst wenige Jahre alt und wuchs fortan bei Freunden und Schülern des Vaters auf, die mitunter ebenfalls einen sehr asketischen Lebensstil geführt haben sollen.[108]

Die an diese Informationen angeschlossene Biographie as-Suyūṭīs entspricht der gängigen Form eines Gelehrten: Noch vor seinem achten Lebensjahr soll er den Koran auswendig gekannt haben und erhielt im Jahr 864/1460 eine *iǧāza* als Befähigungsnachweis nach erfolgreicher Prüfung durch zahlreiche namhafte Gelehrte seiner Zeit, unter ihnen sein zukünftiger

---

[106] Türk.: vgl. Wüstenfeld (1882), 3. Abt., S. 58; Brockelmann II (1949), S. 143ff.; Sartain (1975), S. 22; Saḫāwī (s.a.), S. 65; tscherk.: vgl. Geoffroy (1997), S. 913; Sartain (1975), S. 23; Saleh (2001), S. 74. Ǧalāl ad-Dīn as-Suyūṭī wurde der Beiname *Ibn al-kutub* („Sohn der Bücher") zuteil, der mit einer visionären Anekdote zur Geburt as-Suyūṭīs in Verbindung steht. Ihr nach soll er von seiner Mutter in der Familienbibliothek der Suyūṭīs zur Welt gebracht worden sein, vgl. Geoffroy (1997), S. 913; Sartain (1975), S. 24; Saleh (2001), S. 74.

[107] Vgl. Geoffroy (1997), S. 913; Brockelmann II (1949), S. 143ff.; Sartain (1975), S. 19f.; Suyūṭī (1975), S. 5f. Lt. Wüstenfeld (1882), 3. Abt., S. 58: „al-Ḫuḍayra". Diese und weitere Abstammungsmöglichkeiten bleiben selbst für as-Suyūṭī unklar und sind daher reine Spekulation; vgl. Sartain (1975), S. 20.

[108] Vgl. Sartain (1975), S. 24ff.; Ibn al-ʿImād (1993), Bd. 10, S. 74f.; Wüstenfeld (1882), 3. Abt., S. 59; Saleh (2001), S. 73f.; Kaḥḥāla (1958), Bd. 5, S. 128; Ziriklī (1969), Bd. 4, S. 71; Geoffroy (1997), S. 913; Brockelmann II (1949), S. 143ff.; Suyūṭī (1988), S. 12f.

Lehrer ʿAlam ad-Dīn Ṣāliḥ al-Bulqīnī (gest. 868/1464) und ein Sammler der Vierzig Hadithe, Šaraf ad-Dīn Yaḥyā al-Munāwī (gest. 871/1466). Infolgedessen begann er im Alter von vierzehn Jahren seine Studien bei berühmten Gelehrten – sieht man von zwei der in seiner Autobiographie aufgelisteten Lehrer einmal ab: as-Suyūṭī vermerkte hier sowohl Ibn Ḥaǧar al-ʿAsqalānī, als auch Abū Nuʿaym Riḍwān b. Muḥammad al-ʿUqbī (beide gest. 852/1448), zu deren Sitzungen as-Suyūṭīs Vater ihn mitnahm, als er gerade einmal drei Jahre alt war. Es bleibt dahingestellt, inwieweit diese beiden als berühmte Lehrer as-Suyūṭīs betrachtet werden können.[109] Neben al-Munāwī gehören jedoch auch sie, ebenso wie der Enkel al-Munāwīs und vehemente Kritiker as-Suyūṭīs, Šams ad-Dīn as-Saḫāwī (gest. 902/1496), zu den Sammlern der Vierzig Hadithe. Auch wenn sich in den biographischen Einträgen und in der Autobiographie as-Suyūṭīs allgemein nur wenige Informationen zu seinen zahlreichen Vierzig Hadithen finden, könnten diese Gelehrten wiederum als Einfluss bzw. Ideengeber in Betracht kommen. Zwar ist es unwahrscheinlich, dass as-Suyūṭī als Dreijähriger den Inhalt von eventuell im Unterricht behandelten Sammlungen Ibn Ḥaǧars oder Riḍwāns behalten hat. Doch wird ihm die jeweilige Hadithauswahl auch schriftlich vorgelegen haben und später von ihm verwendet worden sein, da er im Gegensatz zu zahlreichen anderen Gelehrten dem Umgang mit reinem Textmaterial ohne mündlicher Komponente weniger kritisch gegenüber stand (s.u.).

Neben arabischer Grammatik und kurz darauf auch islamischem Recht begann as-Suyūṭī im Jahr 864/1460 mit dem Studium von Hadithen und erhielt bereits zwei Jahre später eine erste Erlaubnis zu Unterrichten. Zeitgleich soll er mit dem Verfassen erster eigener Texte begonnen haben. Es ist die klassische Ausbildung eines Schülers mit seinem Hintergrund.[110] Während er Sartain zufolge einen Großteil seiner übrigen Ausbildung unter zahlreichen Gelehrten in Kairo absolvieren konnte, war es schließlich die Hadithwissenschaft, die as-Suyūṭī dazu bewegte, seinen Heimatort vorerst zu verlassen:

> Das angemessene Studium prophetischer Überlieferungen konnte nicht adäquat innerhalb der Mauern einer (einzigen) *madrasa* durchgeführt werden, worin es sich von anderen Disziplinen unterscheidet. Es reichte nicht aus, dass as-Suyūṭī bereits zahlreiche Hadithsammlungen oder Überlieferungen bezüglich des Propheten er-

---

109 Vgl. Sartain (1975), S. 26f.; Suyūṭī (1975), S. 45, 50, 236.

110 Vgl. Sartain (1975), S. 27, 29; Suyūṭī (1975), S. 236f., 240-247; Wüstenfeld (1882), 3. Abt., S. 59; Saleh (2001), S. 74. As-Suyūṭī sagt über sich selber, er habe bereits im Alter von um die vierzehn Jahre mit dem Bücherschreiben angefangen, seine frühesten Texte jedoch zerstört. Zwei Jahre später soll er dann beständig geschrieben haben, vgl. Sartain (1975), S. 47; Suyūṭī (1975), S. 237f. Es wird im Folgenden nur auf as-Suyūṭīs für die vorliegende Arbeit relevante Ausbildung im Bereich der Prophetenüberlieferung eingegangen. Für detailliertere Erläuterungen zu den einzelnen Bereichen, in denen er ausgebildet wurde, seine dortigen Lehrer sowie die Werke, die er erlernte, siehe E.M. Sartains Edition von as-Suyūṭīs Autobiographie.

lernt hatte. Nachdem er also den Großteil seiner Ausbildung abgeschlossen und zu lehren und schreiben begonnen hatte, lockte die ‚Suche' nach Hadithen (*ṭalab al-ḥadīṯ*). Diese umfasste das Sammeln eigener Überlieferungen durch das Aufsuchen eines jeden, der einige auswendig kannte, selbst wenn dies ins Ausland zu reisen bedeutete.[111]

An dieser Stelle betont Elisabeth Sartain die Wichtigkeit der mündlichen Überlieferung gegenüber der schriftlichen: Es galt als unzureichend, Hadithe nur gelesen zu haben. Erst das Erlernen durch Hören von einem Gelehrten befähigte einen Schüler, später selber als Überlieferer tätig zu sein. Neben diesem Bereich, *ar-riwāya* genannt, umfasst die Hadithwissenschaft ein weiteres Feld: das der Methoden zur Klassifikation einer Überlieferung und zur Bestimmung der Zuverlässigkeit einzelner Überlieferer. Dieses zweite Feld wird *ad-dirāya* bezeichnet und ist im Gegensatz zur *riwāya* nicht auf Ortswechsel angewiesen, sondern kann vielmehr an einer *madrasa* erlernt werden.[112] Diesbezüglich bezieht as-Suyūṭī eindeutig Stellung zum zweiten Feld. Zwar begann er im Jahr 868/1463-4 mit dem Sammeln von Überlieferungen und trat entsprechend kurz darauf auch eine Reise an, doch währte sie im Vergleich zu den ausufernden Reisen seiner Vorgänger und Zeitgenossen nicht lange, was er wie folgt begründet:

> Dann wurde mir die ‚Suche nach Hadithen' nahegelegt, und zwar nachdem ich das Studium durchgeführt und alles, was es zu erlernen galt, gelernt hatte. Ich begann mit der Audienz (*samāʿ*) und dem Erwerb von Überlieferungserlaubnissen (*iǧāzāt*) im Rabīʿ II [868], doch bin ich der Audienz aus mehreren Gründen nicht häufig nachgegangen: Zum einen aufgrund meiner Beschäftigung mit *ad-dirāya*, bei der ich lehrte, schrieb und unter ihren angesehenen Autoritäten lernte, um die Möglichkeit zu nutzen mich an sie zu halten, bevor sie verstarben. Das ist meiner Ansicht nach wichtiger als *ar-riwāya*. Zum anderen aufgrund meiner Erkenntnis, dass die Überlieferer in den Audienzen Laien, Pöbel, Frauen und Alte sind. Ich verabscheue unter ihnen (Hadithe) zu lesen, wo ich doch selber ein Lehrer bin.[113]

Einhergehend mit seiner Ablehnung der Philosophie, Mathematik und Medizin, vor allem aber der Logik, die er schließlich als *ḥarām* bezeichnete, und seiner damit verbundenen Hinwendung zu einer orthodoxen Form des Islam begann as-Suyūṭī schon weit vor seinem zwanzigsten Lebensjahr, sich intensiv mit den Prophetenüberlieferungen auseinanderzusetzen. Wie im obigen Zitat deutlich wird, maß er dem allgemeinen Trend entgegen langen Reisen zum Sammeln von Hadithen keine große Bedeutung bei, sondern wollte vielmehr die Erreichbarkeit hochbetagter und angesehener Gelehrter

---

111 Sartain (1975), S. 30, vgl. ebd. S. 124f.

112 Nähere Informationen bezüglich des Disputs um die Vorrangstellung der mündlichen gegenüber der schriftlichen Wissensvermittlung s. bspw. Bartschat (2012), S. 131-139; Sezgin (1967), S. 53-84; Brown (2014), S. 43-46.

113 Suyūṭī (1975), S. 247; vgl. auch Sartain (1975), S. 30f.

vor Ort zum Wissenserwerb nutzen, bevor sie nicht mehr möglich war. Zudem scheint er die Ansicht vertreten zu haben, dass das Überlieferungsmaterial im Wesentlichen durch die ‚kanonischen' Sammlungen bereits schriftlich festgehalten und klassifiziert war, worauf sich zu berufen sei und die mündliche Tradierung nicht länger dieselbe Relevanz habe. Folglich entnahm er einen Großteil seines Hadithwissens den Werken, die er zumindest teilweise in Sitzungen erlernte und in seiner Autobiographie auflistete. Hier finden sich neben (Ausschnitten) diverser großer Hadithsammlungen vierzehn Sammlungen der Vierzig Hadithe. Mit Ausnahme der *Buldāniyya* as-Silafis und *Al-arbaʿīn fī ṣṭināʿ al-maʿrūf* al-Mundiris werden diese jedoch nur als *Al-arbaʿīn li...* mit nachfolgendem Sammlernamen aufgelistet, was ein genaues Nachhalten der einzelnen Sammlungsinhalte schwierig macht. Bei einem Teil der genannten Namen, wie al-Ḥākim und al-Ǧawzaqī, kann mangels Vorlage der Sammlung über die inhaltliche Ausrichtung nur gemutmaßt werden. In weiteren Fällen, wie aš-Šaḥḥāmī, al-Bakrī und aḏ-Ḏahabī, sind wiederum mehrere Titel bekannt.[114] Die eindeutig zuordenbaren Werke zeigen jedoch, dass as-Suyūṭī mit dem Erlernen von Sammlungen beispielsweise zur Pilgerfahrt, zu Überlieferungsorten oder besonderen Überliefererketten vielfältigen Einblick in die Vierzig Hadithe erlangte. In seinen eigenen Vierzig Hadithen, die die Anzahl der zuvor erlernten noch um einige Sammlungen übersteigt, kopiert as-Suyūṭī die Schwerpunkte nicht etwa, sondern greift zahlreiche weitere Themenbereiche auf.[115]

Sartain betont die Auffälligkeit bei dieser Auflistung, der nach as-Suyūṭī in der Regel nur Teile beziehungsweise den Großteil eines Werkes erlernte. Ihr zufolge war er mangels festgelegten Lehrplans nicht verpflichtet, dem Unterricht in seiner Gänze zu folgen. As-Suyūṭī soll fehlendes Wissen durch seine ausgiebige Lesetätigkeit aufgearbeitet haben, was unter zeitgenössischen Hadithgelehrten auf große Kritik stieß, denn auch damit ging er gegen den Trend: Wissen aus Büchern anzuhäufen war nicht als gleichwertig mit dem Wissenserwerb über Lehrer angesehen.[116]

Da as-Suyūṭī Audienzen zum Erlernen von Hadithen (*samāʿ*) nicht gänzlich ablehnte, gelang es ihm durchaus einige Überlieferungen auf mündlichem Wege zu sammeln, die sogar über hohe Überliefererketten (*ʿawālī*) verfügten, also aufgrund der geringstmöglichen Anzahl an Überlieferern zwischen as-Suyūṭī und dem Propheten von besonderer Bedeutung waren. As-Suyūṭī listet besagte Hadithe in seiner Autobiographie[117] auf. Hier zeigt

---

[114] Siehe dazu die Kapitel *Anfänge der Vierzig Hadithe* und *Differenzierung der Thematik* in Bartschat (2019) sowie die dortige Liste D.

[115] Vgl. Suyūṭī (1975), S. 39-42, 249ff. (die Auflistung der Vierzig Hadithe befindet sich auf S. 40f.); Sartain (1975), S. 76f.

[116] Vgl. ebd, S. 31f.; Suyūṭī (1975), S. 39-42, 241f., 249ff.

[117] Vgl. ebd., S. 71-78; Sartain (1975), S. 31.

sich jedoch, dass er zumindest die drei Hadithe mit zehngliedriger Kette (*ʿušāriyya*) wieder durch eine weniger anerkannte Überlieferungsmethode erhielt: Bei der *kitāba* fand kein mündlicher Austausch mit seinem Lehrer statt, vielmehr wurden ihm die Inhalte als Schriftstück vorgelegt. Insgesamt scheint as-Suyūṭī von diesen besonderen Überlieferungen nur wenige erhalten zu haben, denn es spricht wohl für sich, dass er mit seinem Hang zu enorm vielen Schriften über ebenso viele Thematiken und als Sammler von mitunter den meisten Vierzig Hadithen[118] keine derartige Sammlung mit besonders hohen *asānīd* erstellte.

Seine nahezu einzige auswärtige Reise begann as-Suyūṭī durch einige Städte Ägyptens, bevor er sich dann im Rabīʿ II 869 / Dezember 1464 auf den Weg nach Mekka machte. Es war üblich, dass sich Studenten nach begonnenem Wissenserwerb in ihrem Heimat- oder zumindest einem nahegelegenen Ort als erstes nach Mekka zur Pilgerfahrt aufmachten und dort ihre Studien fortsetzten. So auch as-Suyūṭī, der jedoch schon im Folgejahr zurück nach Kairo reiste und abgesehen von einer zweiten Pilgerfahrt im Jahr 873/1469, die er antrat, um einer Plage in Ägypten zu entgehen, seine Heimat nicht mehr verlassen zu haben scheint. Sartain zufolge gehen mehrere moderne Autoren davon aus, der Gelehrte sei auch in Syrien, Indien, Nord- und Westafrika sowie im Jemen unterwegs gewesen. Hierbei handle es sich jedoch um ein Missverständnis, beruhend auf der Schilderung as-Suyūṭīs, seine Schriften seien in diese Länder ‚gereist'. As-Suyūṭī arbeitete stark an der Verbreitung seiner Schriften – wer ihn besuchte, soll in der Regel diverse mit nach Hause genommen haben, vor allem mit ins Heimatland, von wo aus einigen Schilderungen zufolge bald zahlreiche Interessierte anreisten. Zudem stattete er seine Studenten auf ihren Reisen mit seinen Büchern aus, die sie dann andernorts verkauften. Schon vor as-Suyūṭīs dreißigstem Lebensjahr verbreiteten sich so seine Schriften im Ausland, wo sein Ansehen bald größer war als in seiner Heimat Ägypten.[119]

As-Suyūṭī selbst reiste viel im Landesinneren, so bereits im Jahr seiner Rückkehr von der ersten Pilgerfahrt (870/1466), als er einen Monat im Norden Ägyptens verbrachte. Hierbei soll er weniger studiert, als vielmehr seine bis dahin verfassten Werke gelehrt und die Hadithe rezitiert haben, für deren Überlieferung er autorisiert worden war. Schon im Folgejahr unterrichtete er regulär in Kairo, erteilte Wüstenfeld zufolge Rechtsgutachten und diktierte seit Anfang 872/1467 Prophetenüberlieferungen in der Ibn Ṭūlūn-

118 Siehe dazu auch Kap. I.2.3 *Selbstpräsentation* in Bartschat (2019).

119 Vgl. Sartain (1975), S. 41f., 48-53; Suyūṭī (1975), S. 155-159; Saḫāwī (s.a.), S. 65f.; Saleh (2001), S. 77f.; Brockelmann II (1949), S. 143ff.; Hunwick (1978), S. 88; Suyūṭī (1988), S. 9f. (hier geht der Editor der Sammlung bspw. davon aus, as-Suyūṭī sei weit gereist).

Moschee. Dabei behauptete as-Suyūṭī von sich, das Hadithdiktat wiederbelebt zu haben, das mit dem Versterben Ibn Ḥağar al-ʿAsqalānīs (gest. 852/1449) zwanzig Jahre zuvor in Stagnation geraten sei. Dem widerspricht jedoch einer seiner wohl größten Kritiker, Šams ad-Dīn as-Saḫāwī, der ebenfalls Prophetentraditionen diktierte – und das auch in den zwanzig Jahren nach Ibn Ḥağars Tod. As-Suyūṭīs Versuch der Wiederbelebung scheint ohnehin gescheitert zu sein, da er bereits 874/1469-70 wieder aufhörte und nur einmal noch 888/1483 dreißig Diktatsitzungen auf Wunsch eines Schülers hin abhielt.[120]

Laut Sartain scheint es, als sei as-Suyūṭī in der Ibn Ṭulūn-Moschee gar nicht angestellt gewesen. Kritiker werfen ihm vor, er habe dort nur mit dem Unterrichten von Hadithen begonnen, da er wusste, dass an einer anderen Lehreinrichtung, der Šayḫūniyya, die Professur für Hadith frei würde, die er schließlich dann auch im Jahr 877/1472 im Alter von achtundzwanzig Jahren erhielt. Unübersehbar oft tauchen in as-Suyūṭīs Biographie Konflikte mit seinen Zeitgenossen auf, unter denen er nicht wenige Kritiker gehabt zu haben scheint. Dass die Auseinandersetzungen weit über die Ebene von Gelehrtendisputen hinausreichten, soll mit seinen Ansprüchen und einer rechthaberischen Art zusammenhängen, aus der ein häufiges Zurechtweisen seines Umfelds resultierte. Neben Plagiats- und Täuschungsvorwürfen gehen aus den biographischen Einträgen, aber auch seiner Autobiographie, zur Überheblichkeit tendierende Aussagen hervor, aus denen vielfach geschlossen wird, dass as-Suyūṭī kein angenehmer Zeitgenosse war. Selbst gegenüber den mamlukischen Sultanen zeigte er ungebührliches Verhalten, indem er Qāʾit Bāy (reg. 872-901/1468-1496) beispielsweise, der in Verbindung mit dem Wiederaufbau der Prophetenmoschee in Medina bereits Erwähnung fand, die regelmäßigen Höflichkeitsbesuche verwehrte. Die offizielle Begründung für seine ablehnende Haltung soll in einem vergleichbaren Verhalten der frühen, frommen Muslime gegenüber weltlichen Herrschern bestanden haben, was as-Suyūṭī mitunter zur Grundlage einer weiteren Schrift über das Frequentieren von Herrschern machte. [121] Sein Verhalten unterstreicht dabei ebenso seine asketische Einstellung, die vielen Sammlern der Vierzig Dschihad Hadithe zu eigen war, auch wenn sie sich bei keinem der anderen Beispiele in einer derart deutlichen Ablehnung der Obrigkeit äußerte.

---

120 Vgl. Sartain (1975), S. 37-41, 125; Suyūṭī (1975), S. 79, 83, 88f.; Wüstenfeld (1882), 3. Abt., S. 59f.; Geoffroy (1997), S. 913; Hunwick (1978), S. 93; Saḫāwī (s.a.), S. 68; ders.: Aḍ-ḍawʾ al-lāmiʿ li-ahl al-qarn at-tāsiʿ. Bd. 8. Bayrūt: Dār al-Ğīl s.a., S. 13.

121 Vgl. Sartain (1975), S. 42-46, 80, 86-91, 104ff.; Suyūṭī (1975), S. 88-91, 244; Saleh (2001), S. 73-81; Ziriklī (1969), Bd. 4, S. 71; Geoffroy (1997), S. 913f.; Haarmann (2001), S. 254; Ibn al-ʿImād (1993), Bd. 10, S. 76 (er erwähnt hier den Rückzug und die Ablehnung von Besuch und Anfrage des Sultans, geht dabei aber nicht auf die zahlreichen Konflikte as-Suyūṭīs ein).

Trotz der offenkundig großen Antipathie, die as-Suyūṭī hervorrief, hatte auch er seine Anhänger und zumindest bis zu seinem konfliktbedingten Rückzug aus dem öffentlichen Leben eine erfolgreiche Karriere hingelegt. Er erhielt Professuren verschiedener Einrichtungen,

> aber durch sein anmassendes und unredliches Wesen wurde er in Streitigkeiten verwickelt und machte sich bei den Gelehrten so verhasst, dass sie ihn mieden. Da er den Çufiten seiner Schule ihre Stipendien aus Habsucht verkürzte oder willkürlich anderen zutheilte, erhoben sie sich am 12. Raǵab 906 gegen ihn und er wurde nach einem richterlichen Erkenntnisse am 26. d. M. von dem Sultan el-Malik el-'âdil Ṭumân Bâi seiner Stelle entsetzt.[122]

Das Angebot der Professur, die ihm zuvor entzogen worden war, nach dem Tod seines Nachfolgers drei Jahre später wieder anzunehmen, soll er ausgeschlagen und stattdessen die letzten Jahre seines Lebens auf der Insel Rawḍa in Kairo verbracht haben. Sein Rückzug hierhin erfolgte zu einem nicht eindeutig geklärten Zeitpunkt im Alter von über vierzig Jahren. As-Suyūṭī scheint vor allem in diesem letzten Lebensabschnitt eine große Anzahl seiner Werke niedergeschrieben zu haben – vermutlich auch den Großteil seiner Vierzig Hadithe –, bevor er in aller Abgeschiedenheit im Ǧumādā I 911 / Oktober 1505 verstarb.[123]

2.2 As-Suyūṭīs Beiträge zu den Vierzig Hadithen

Ǧalāl ad-Dīn as-Suyūṭī gilt als der arabische Autor mit den meisten Schriften, deren Anzahl sich in verschiedenen Auflistungen auf 300 bis 561 Titel beläuft, wobei der Gelehrte selber erstere Anzahl für sein Schaffen bis zum Jahr 901/1495-6, also zehn Jahre vor seinem Ableben angegeben haben soll. Von diesen Werken führt Wüstenfeld dreiundsechzig auf, wobei es sich nur um die geschichtsbezogenen und die zu seiner Zeit (Ende des 19. Jhs.) gedruckten Werke handelt. Entsprechend finden sich die Vierzig Dschihad Hadithe nicht darunter, die erstmalig 1408/1988 ediert wurden. Die von Sartain herausgegebene Biographie as-Suyūṭīs handelt ebenfalls mit zwei verschiedenen Zahlen; die hier von as-Suyūṭī eigens erstellte Auflistung seiner Schriften umfasst 433 Werke mit der unbestimmten Angabe, dass er sie viel früher als die umfangreichere Liste anfertigte. Letztere wiederum umfasst um die 550 Titel und wurde von as-Suyūṭīs Schüler und Biographen

---

122 Wüstenfeld (1882), 3. Abt., S. 60; vgl. Saleh (2001), S. 75; Geoffroy (1997), S. 914.

123 Vgl. Wüstenfeld (1882), 3. Abt., S. 58-61; Ibn al-ʿImād (1993), Bd. 10, S. 76, 78f.; Geoffroy (1997), S. 913-916; Sartain (1975), S. 80f., 102ff.; Saleh (2001), S. 75; Kaḥḥāla (1958), Bd. 5, S. 128; Ziriklī (1969), Bd. 4, S. 71; Brockelmann II (1949), S. 143ff.

ʿAbd al-Qādir b. Muḥammad b. Aḥmad aš-Šāḏilī (gest. Ende 935/1529[124]) im Jahr 904/1498 angelegt.[125]

Wie im vorangegangenen Unterkapitel bereits genannt, zählt zu den Vorwürfen, mit denen sich as-Suyūṭī konfrontiert sah, der des Plagiats. Bei der schieren Menge an Schriften, die auf ihn zurückgeführt wird, und seiner Vorliebe für das Erlernen und Weitergeben von Wissen aus schriftlichen Quellen ist der Gedanke nicht allzu abwegig, dass der Gelehrte (mitunter) Texte anderer Personen zusammenstellte und als sein eigenes Schaffen deklarierte. Wüstenfeld vermerkt diesbezüglich:

> Seine Kenntnisse waren so ausgebreitet, dass sie Erklärung des Corân, Traditionen, Rechtslehre, Sprachkunde und alle Fächer der Rhetorik umfassten und zwar nach der Methode der Araber in beredter Sprache, nicht wie die Perser und alten Philosophen, und er machte sich anheischig, ‚als der Ausgang aus dieser Welt näher rückte, das Alter begonnen hatte und der schönste Theil des Lebens vorüber war', über jede beliebige Frage aus diesen Wissenschaften zu schreiben, und er hat in den meisten derselben geschrieben. Es wird ihm indess schuld gegeben, dass er fremde Bücher genommen, ein wenig verändert und umgestellt und sie dann für sein eigen ausgegeben habe, und es ist ein Beweis seiner Eitelkeit, wenn er sich rühmt, dass seine Schriften, bis zur Vollendung seines Geschichtswerkes über Ägypten an der Zahl dreihundert, in der ganzen Welt verbreitet seien, [...] wenn schon er sich hinter die Redensart versteckt, dass er Alles nur durch Gottes Gnade und Beistand erreicht habe.[126]

---

124 Vgl. Kaḥḥāla (1958), Bd. 5, S. 298.

125 Ibn al-ʿImād spricht von fünfhundert Schriften, vgl. Ibn al-ʿImād (1993), Bd. 10, S. 76; az-Ziriklī nennt wiederum eine Anzahl von um die sechshundert Schriften, derer er fünfundsiebzig auflistet, darunter keine der Vierzig Hadithe, vgl. Ziriklī (1969), Bd. 4, S. 71ff.; Ali und Ahmet Karabulut listen in ihrem Handschriften- und Druckausgaben-Katalog der Nummerierung nach 576 Schriften as-Suyūṭīs auf, überspringen in der Zählung jedoch wenigstens zehn Zahlen, vgl. Karabulut (2006), Bd. 2 u. 3, S. 1555-1608 (Nr. 4350, unter der Nummerierung 24-26 finden sich die einzigen eindeutigen Titel an Vierzig Hadithen). Der Editor der Vierzig Dschihad Hadithe geht sogar von 980 Schriften des Gelehrten aus, vgl. Suyūṭī (1988), S. 17. Auch wenn diese Zahl die übrigen Angaben deutlich übersteigt, ist sie nicht unwahrscheinlich, wurden doch die meisten Auflistungen unter einem bestimmten (Themen)Schwerpunkt oder bis zu mehreren Jahren vor Ableben des Gelehrten erstellt und sind entsprechend nicht als vollständig zu erachten. Weitere Zahlenvorschläge gibt Saleh (2001), S. 83.

126 Wüstenfeld (1882), 3. Abt., S. 60. Die Richtigkeit der Darstellung as-Suyūṭīs, insbesondere was die negativen Aussagen zur Person angeht, seien dahingestellt – immerhin vermerkt Wüstenfeld selber, dass der Gelehrte und Muḥammad b. ʿAbd ar-Raḥmān as-Saḫāwī (gest. 902/1497), auf dessen Angaben sich Wüstenfeld überwiegend zu stützen scheint, in Konflikt standen. As-Saḫāwī lässt sich gewissermaßen vom Neid nicht ganz freisprechen, hatte er sich doch im Bereich der Prophetenüberlieferungen spezialisiert und im Gegensatz zu as-Suyūṭī im aufnahmefähigen Alter unter Ibn Ḥaǧar al-ʿAsqalānī studiert. Zudem soll er weite Reisen auf der Suche nach Hadithen unternommen haben, doch blieb ihm, abgesehen von kleineren Posten, eine richtige Anstellung zum Unterrichten von Hadithen verwehrt. Entsprechend leichter nachzuvollziehen ist, dass sein biographisches Werk *Ḍawʾ al-lāmiʿ li-ahl al-*

Eric Geoffroy formuliert es in seinem Eintrag der *Encyclopaedia of Islam* über as-Suyūṭī positiver: Mit seinem ausgiebigen Zitieren früherer Werke erhält er auch solche, die längst als verloren gelten. Des Weiteren kompiliert as-Suyūṭī nicht bloß, sondern strukturiert das Material und sortiert es nach Themenbereichen.[127]

Auch wenn die von as-Suyūṭī erstellte Liste seiner eigenen Werke nicht vollständig ist, ist eine Betrachtung allein aufgrund ihrer Einteilung lohnenswert: In der Regel erfolgen Auflistungen seiner Schriften nach Themengebieten, as-Suyūṭī selbst unterteilte sie jedoch in 1.) einzigartige Schriften, 2.) beachtenswerte, doch nicht einzigartige, umfangreiche Schriften und 3.) beachtenswerte kleinere Werke. Dem folgen 4.) kleine (einlagige[128]) Werke ohne *fatāwā*, 5.) ebenso kleine Werke mit *fatāwā*, 6.) unbedeutende Schriften und zu guter Letzt 7.) unvollendete Werke, an denen er das Interesse verlor.[129] Die für die vorliegende Arbeit interessanten Sammlungen der Vierzig Hadithe sortierte as-Suyūṭī in die vierte und sechste Kategorie, wobei er jedoch nur um die fünf bis sieben seiner insgesamt siebzehn Sammlungen nennt. Demnach zählt er seine Vierzig Dschihad Hadithe und die *Arbaʿūn ḥadīṯan fī waraqa* (sowie eine dazugehörige Erklärungsschrift) zu den kleinen Werken von nur einer Lage Umfang. Auch tauchen in dieser Abteilung zwei Titel auf, bei denen es sich um weitere Vierzig Hadithe handeln könnte.[130] Die weitaus interessantere Kategorie der „unbedeutenden" Schriften beschreibt as-Suyūṭī wie folgt:

---

qarn at-tāsiʿ neben den üblichen Informationen zur Bildung, den Reisen und den Werken reichlich Kritiken und jegliche Art skandalösen Geschehens im Leben eines Gelehrten beinhaltet, vgl. Sartain (1975), S. 73-76; Wüstenfeld (1882), 3. Abt., S. 61. Obige Plagiatsanschuldigungen finden sich bspw. bei Saḫāwī (s.a.), S. 66.

127 Vgl. Geoffroy (1997), S. 913ff.; s.a. Saleh (2001), S. 81ff.; Wüstenfeld (1882), 3. Abt., S. 60f.; Sartain (1975), S. 74f., 114.

128 Ein Werk, bestehend aus seiner Lage Papier, umfasst zehn Blätter (vgl. Lane (1885), S. 2606: *kurrāsa*). Diesbezüglich stand as-Suyūṭī in der Kritik, zum Teil Texte in diesem Umfang oder auch nur auf einer Seite verfasst und als Werk deklariert zu haben; vgl. Sartain (1975), S. 74. „Ausserdem bestanden manche seiner Schriften nur aus einem Blatt, viele füllten noch nicht eine Papierlage (10 Blätter), so dass [zum Beispiel; Einf. d. Verf.] ein einziger Band [.] vierzig Tractate von ihm enthält." Wüstenfeld (1882), 3. Abt., S. 60.

129 Vgl. Sartain (1975), S. 46f.; Suyūṭī (1975), S. 105-136; Saleh (2001), S. 85-88.

130 Nr. 45: *Arbaʿūn ḥadīṯan fī l-ǧihād*; Nr. 46f.: *Arbaʿūn ḥadīṯan fī waraqa*, *šarḥuhā*; Nr. 48: *Al-assās fī faḍl Banī l-ʿAbbās*, vgl. Suyūṭī (1975), S. 118. Bei letzterem Werk handelt es sich sehr wahrscheinlich um die Sammlung *Al-assās fī manāqib Banī l-ʿAbbās* im Umfang von 40-41 Überlieferungen, über deren Umstände Ahlwardt informiert, s. Ahlwardt (1889), S. 234 (Nr. 1518) und Liste D in Bartschat (2019). Des Weiteren findet sich unter Nr. 35 ein Werk mit dem Titel *Ṭay al-lisān ʿan ḏamm aṭ-ṭaylasān* („Verbergen der Zunge vor der Missbilligung des *ṭaylasāns*"), vgl. Suyūṭī (1975), S. 117. Wenngleich hier zwei verschiedene Werke vorliegen können, steht es doch zumindest thematisch in enger Verbindung zu den *Arbaʿūn ḥadīṯan fī ṭ-ṭaylasān* und ist möglicherweise aus denselben Beweggründen heraus entstanden. Letztere nennen bspw.

> Die sechste Abteilung beinhaltet Schriften, die für mich nicht zählen, da sie durch die Methode der Faulen entstanden, die sich mit nichts anderem beschäftigen außer dem bloßen Überliefern. Ich erstellte sie in der Zeit der Audienzen und des *iǧāzāt*-Erwerbs. [Sie zählen für mich nicht,] obwohl sie Nützliches im Vergleich zu dem beinhalten, was andere geschrieben haben.[131]

Dies lässt Rückschlüsse auf die Entstehungszeit der in dieser Kategorie aufgeführten drei Vierzig Hadithe[132] zu, deren Informationen in der Autobiographie generell recht spärlich ausfallen. Der Gelehrte hat sich offensichtlich schon früh mit dem Phänomen der Vierzig Hadithe auseinandergesetzt und möglicherweise angeregt durch seine Audienzen, in denen er wenigstens vierzehn Sammlungen erlernte (s.o.), mit dem Erstellen eigener Sammlungen begonnen. Neben seinen drei frühen, scheinbar auf Personen und *asānīd* konzentrierten Sammlungen, und den zwei bis vier Sammlungen, die er offenkundig als höherwertig einstuft, erstellte er jedoch noch um die zehn weitere Vierzig Hadithe, die rechtliche, religiöse und sufische Aspekte, die rechtgeleiteten Kalifen sowie einwandfreie und gute Überlieferungen thematisieren. Da er diese jedoch nicht in seiner Werkeliste nennt, ist davon auszugehen, dass er sie erst gegen Ende seines Lebens zu Beginn des 10./16. Jh. erstellte, quantitativ beurteilt also erst dann ein stärkeres Interesse an dieser Art der Sammlungen entwickelte, als er sich aus dem öffentlichen Leben zurückgezogen hatte. Über seine Beweggründe für die einzelnen Sammlungen erfahren wir nichts, es lässt sich entsprechend nur spekulieren, dass er an dem Umfang von vierzig Überlieferungen Gefallen fand, da er so im kleinen Rahmen noch möglichst viele Themen behandeln konnte – und das, obwohl er von dieser Art Werk zuvor so wenig zu halten meinte.

Im Hinblick auf seine Verbindung zu den Vierzig Hadithen lässt sich festhalten, dass Ǧalāl ad-Dīn as-Suyūṭī unter den ausgewählten Beispielen der Sammler mit dem beträchtlichsten Kontakt zum Sammlungstyp ist. Begonnen mit dem Erlernen einer vergleichsweise großen Anzahl an früheren Sammlungen lernte er gleichzeitig bei mehreren Gelehrten, die ebenfalls als Sammler der Vierzig Hadithe in Erscheinung traten. Unter seinem eigenen schriftlichen Schaffen in diesem Bereich fällt ein kleines Werk ins Auge, in dem sich der Gelehrte mit den Überliefererwegen des *man ḥafiẓa*-Hadithes[133] auseinandersetzt. Seine wenigstens siebzehn eigenen Kompilationen dieser

---

Sartain (1975), S. 86-91; Geoffroy (1997), S. 915. Goldziher nennt den Titel *[Al-aḥādīṯ al-ḥisān] fī faḍl aṭ-ṭaylayān*, bei dem es sich primär um ein Werk religiösen und rituellen Charakters handeln soll, das aber ebenso philologische Komponenten beinhaltet, vgl. Hunwick (1978), S. 95.

131 Suyūṭī (1975), S. 126; s.a. Saleh (2001), S. 88.

132 Nr. 2: *Arbaʿūn ḥadīṯan mutabāyina*; Nr. 3: *Arbaʿūn ḥadīṯan tawāfiq fīhā ism aš-šayḫ wa-ṣ-ṣaḥābī*; Nr. 14: *Arbaʿūn ḥadīṯan min riwāya Mālik ʿan Nāfiʿ ʿan Ibn ʿUmar*, vgl. Suyūṭī (1975), S. 127.

133 Vgl. Karabulut (2006), Bd.2, S. 1575 (Nr. 4350.184).

Art warten mit der Behandlung verschiedenster Themenbereiche auf, seien es die Vorzüge der vier Kalifen oder der Angehörigen der Prophetenfamilie, seien es Aspekte der Hadithklassifizierung oder Merkmale der Überliefererketten, sei es Material anderer Gelehrter oder konkrete Themen wie Kleidung, Askese, Gebetshandlung und natürlich Dschihad. Zwar wurde as-Suyūṭī bereits von einem Zeitgenossen im Hinblick auf die Menge der Vierzig Hadithe bei weitem übertroffen[134], davon unberührt kann er aber als einer der produktivsten Sammler angesehen werden, denn an seine breite inhaltliche Aufstellung innerhalb des Sammlungstyps kommt bislang niemand heran.

2.3 muǧtahid *und* muǧaddid *– as-Suyūṭī zwischen Anspruch und Anmaßung*

In ihrer mit der Autobiographie as-Suyūṭīs verbundenen Darstellung seines Lebens und Wirkens geht Elisabeth Sartain auf viele der zahlreichen Dispute as-Suyūṭīs im Einzelnen ein. Eine der größten Kontroversen stellt darunter wohl seine im Jahr 889/1484 an die Öffentlichkeit geratene Ansicht dar, sich zum Treffen eigenständiger Rechtsentscheide durch die Interpretation von Koran und Hadith, sowie die Anwendung des Analogieschlusses befähigt zu sehen. Dabei ging as-Suyūṭī im Rahmen eines Disputs über ein Rechtsgutachten (*fatwā*), bei dem der mamlukische Sultan sowie mehrere Notabeln anwesend gewesen sein sollen, so weit die Anwesenheit zweier weiterer *muǧtahidūn* zu fordern, da er als selbiger nicht mit Angehörigen niedereren Ranges diskutieren könne. In der Provokation Diskussionspartner zu fordern, die es der weitverbreiteten Meinung unter sunnitischen Rechtsgelehrten gar nicht mehr geben konnte, zeigt sich gleichermaßen as-Suyūṭīs Überzeugung seinen Mitmenschen bei weitem überlegen zu sein. Auf dieser Überzeugung basiert auch as-Suyūṭīs Erklärung für sein von vielen kritisiertes Verhalten: Als *muǧtahid* sei es seine Aufgabe, seinen Mitmenschen richtiges und falsches Verhalten aufzuzeigen. Dass er so vielen Zeitgenossen widerspricht und mit ihnen streitet, liege folglich daran, dass sie eine falsche Richtung eingeschlagen haben. Für sich selbst, der den Status *muǧtahid* als von Gott gegebene Pflicht auffasst, begründet as-Suyūṭī die große Anzahl seiner Gegner schließlich damit, dass Gott ihn testen wolle, so wie er schon die Propheten und viele frühere Gelehrten auf die Probe gestellt habe.[135]

Es gibt gleich mehrere Fachbereiche, in denen as-Suyūṭī meint so umfangreiches Wissen angesammelt zu haben, dass er seine Lehrer übertrumpfte, und für mindestens die *šarīʿat*rechtlichen Bestimmungen, den Hadith und die

134 Siehe dazu das Kap. *Vierzig Hadihte als Selbstpräsentation und „best of“* in Bartschat (2019).

135 Vgl. Sartain (1975), S. 53-72, 78; Suyūṭī (1975), S. 20, 160-163, 199f.; Hunwick (1978), S. 95f.

arabische Sprache beansprucht er für sich den Rang des *iǧtihād* erreicht zu haben. Offiziell galt das ‚Tor des *iǧtihād*' seit dem 4./10. Jh. als verschlossen, es sollte hernach keiner mehr die Qualifikation zur eigenständigen Rechtsfindung besessen haben, sondern vielmehr den Urteilen der großen Gelehrten der sunnitischen Rechtsschulen gefolgt werden (*taqlīd*). In der Praxis war dies jedoch nicht immer der Fall und gerade unter den Šāfiʿiten, auf die sich auch as-Suyūṭī bezieht, soll mitunter die Meinung vertreten worden sein, dass der *iǧtihād* jederzeit notwendig sei.[136]

Ebenfalls mit der Idee der herausragendste Gelehrte seiner Zeit zu sein hängt as-Suyūṭīs zweiter Anspruch zusammen, der des zyklischen Erneuerers (*muǧaddid*). Diese Bezeichnung beruht auf einer Tradition, der nach der Prophet Muḥammad erwähnt haben soll, dass Gott alle einhundert Jahre eine Person zur Erklärung religiöser Angelegenheiten sendet:

> ...von Abū Hurayra vom Gesandten Gottes (ṣ), der sagte: ‚Gott entsendet dieser Gemeinde zu Beginn eines jeweiligen Jahrhunderts jemanden, der ihr die Religion erneuert.'[137]

Der Ursprung dieses Hadithes ist nicht eindeutig geklärt und lässt diverse, unter anderem die Eschatologie betreffende Deutungsmöglichkeiten offen. Doch bedeutet die Klassifizierung als eschatologisch laut Ella Landau-Tasseron nicht automatisch – wie zum Teil angenommen –, dass die *muǧaddidūn* den Tag des Jüngsten Gerichts zu verschieben versuchen. Plausibel erscheint vielmehr die Vorstellung, dass die *muǧaddid*-Tradition den Erhalt der Religion gewährleisten soll. Neben al-Ġazzālī (gest. 505/1111) und aš-Šāfiʿī (gest. 204/819) galt insbesondere der umayyadische Kalif ʿUmar b. ʿAbd al-ʿAzīz (gest. 101/719) als von Gott geleitet. War in den ersten beiden Jahrhunderten noch von nur je einem *muǧaddid* die Rede, wurde in späterer Zeit der Ehrentitel (*laqab*) häufiger vergeben – sowohl an Herrscher als auch an Gelehrte –, sodass mehrere *muǧaddidūn* für ein Jahrhundert gleichzeitig ‚zuständig' waren. As-Silafī gilt beispielsweise neben al-Ġazzālī als fünfter *muǧaddid* – also als zyklischer Erneuerer des fünften Jahrhunderts nach der *hiǧra*.[138]

---

136 Vgl. Sartain (1975), S. 62-68; Saleh (2001), S. 76f.; Suyūṭī (1975), S. 203-214; Schacht, J. u. Macdonald, D.B.: Idjtihād. In: EI² III (1971), S. 1026f. As-Suyūṭī bespricht neben der Nennung aller *muǧtahidīn* vor ihm zahlreiche Gelehrtenmeinungen zu den Arten des *iǧtihād*; s.a. Geoffroy (1997), S. 914.

137 Abū Dāʾūd Sulaymān b. al-Ašʿaṯ b. Isḥāq al-Azdī as-Siǧistānī: Sunan Abī Dāwud. Bd. 1 [Miṣr] 1371/1952, S. 424.; vgl. Landau (1989), S. 79; Hunwick (1978), S. 81. Mourand und Lindsay zufolge setzt Ibn ʿAsākir diese Überlieferung wiederum in den Kontext von Jesus, vgl. Mourad/Lindsay (2013), S. 8f.

138 Vgl. Gilliot, Claude: al-Silafī. In: EI² IX (1997), S. 607; Donzel, E. van: Mudjaddid. In: EI² VII (1993), S. 290; Hunwick (1978), S. 81-84. In ihrem Artikel diskutiert Landau-Tasseron den Hintergrund dieses Hadithes sowie seine Authentizität, führt die Gelehrten und Herrscher auf, die als *muǧaddid* bezeichnet wurden, und zeigt auf, dass es sich um eine šāfiʿitische Tradition handelt. Des Weiteren führt sie eine Reihe

Die Bezeichnung war lediglich ein ehrbarer Titel und verfügte über keine formelle Ernennungsmethode. Eine diesbezügliche Diskussion dreht sich um die Ernennung zum *muǧaddid* durch die Gesellschaft (*iǧmāʿ*) oder durch das Anspruchеrheben der einzelnen Gelehrten, das dann von der Allgemeinheit akzeptiert oder abgelehnt werden musste. So konstatiert Zayn ad-Dīn al-ʿIrāqī (gest. 806/1403), ein Sammler von orts- und *isnād*bezogenen Vierzig Hadithen, – und nach ihm dann auch as-Suyūṭī –, dass die ‚Ernennung' zum *muǧaddid* der Meinung von Zeitgenossen und der Leistung der Schüler unterlag.[139]

As-Suyūṭī versucht durch eine Reihe von Zitaten zu belegen, dass ein *muǧaddid* ein Gelehrter religiöser Disziplinen sowie ein Befürworter der Orthodoxie sein muss, dessen Zeitgenossen anerkennen, dass er mit seinem Wissen und seinen Büchern der muslimischen Gemeinschaft nützt.[140] Dass diese Beschreibung mindestens in ihren ersten beiden Punkten auf as-Suyūṭī zutrifft, ist nicht von der Hand zu weisen. Durch die große Anzahl an Gegnern, die er hatte, scheint ihm nur die Anerkennung ausgeblieben zu sein. Hier liegt ein möglicher Beweggrund as-Suyūṭīs Vierzig Hadithe zu erstellen. Den Status eines *muǧaddid* des 9./15. Jh. würde ihm nur zuteil, sollte er zur Jahrhundertwende noch am Leben sein. Die gut zehn Jahre, die er letztlich im neuen Jahrhundert (nach der *hiǧra*) überlebte, scheint er – wie oben schon aufgezeigt – sich intensiver als zuvor mit den Sammlungen der Vierzig Hadithe auseinandergesetzt zu haben, bei denen wiederum der Nutzen für die muslimische Gemeinde eine ganz zentrale Rolle spielt. Versuchte as-Suyūṭī vielleicht (auch) auf diesem Wege seine fehlende Anerkennung zu kompensieren, seine Zeitgenossen mit einer enorm großen Anzahl an entsprechenden Schriften bewusst darauf zu stoßen, dass die genannten Kriterien auf ihn zutreffen? As-Suyūṭī vergleicht seine Hoffnung auf den Rang eines *muǧaddid* mit der von al-Ġazzālī für das 5./11. Jh. und belegt die Notwendigkeit des Erscheinens eines *muǧaddid* durch die Geschehnisse seines Jahrhunderts. Interessanterweise nennt er diesbezüglich drei Aspekte, die im Grunde auch ein Ansporn für den Aufruf zum Dschihad wären: die Rückeroberung von Teilen Spaniens durch die Christen, das Bekämpfen von Gläubigen und Zerstören ihrer Städte in Westafrika, das erst zum Ende des Jahrhunderts gestoppt werden konnte, sowie die zunehmende Verbreitung ‚allgemeiner Unwissenheit' und dem damit einhergehenden Verschwinden von Gelehrten in der Welt. In all diesen Geschehnissen sieht as-

von Anzeichen für die Unechtheit des *muǧaddid*-Hadith an, stieß jedoch in keiner Weise auf eine Ungültigkeitserklärung, sodass der Hadith als *ṣaḥīḥ* zu betrachten ist, auch wenn die Überliefererkette an zwei Stellen lückenhaft und somit problematisch (*muʿḍil*) ist, vgl. Landau (1989), S. 81-97.

139 Vgl. ebd., S. 85f., 90f.

140 Vgl. Sartain (1975), S. 69-72; Suyūṭī (1975), S. 215-227; Hunwick (1978), S. 88f.

Suyūṭī das Erfordernis, die Religion des Islams durch einen *muǧaddid* zu stärken. Ob er ebenso das Bedürfnis sah, zum Dschihad aufzurufen, seine Sammlung über den Dschihad also mitunter entsprechend zu kontextualisieren ist, ist annehmbar, bleibt aus seinen Texten heraus jedoch unbeantwortet.[141]

Überhaupt stellt sich hier die Frage, was as-Suyūṭī zum Erstellen seiner Vierzig Dschihad Hadithe bewogen hat. Dass er sie zusammenstellte, weil er über ein immenses Hadithwissen zu den unterschiedlichsten Themenbereichen verfügte, praktisch zu jedem erdenklichen Aspekt eine Hadithauswahl treffen konnte und seine Werke auch insgesamt wohl kaum ein Thema vermissen lassen, stellt eine naheliegende und doch zu einfache Erklärung dar. Wie sich im nachfolgenden Kapitel noch zeigen wird, steht auch as-Suyūṭīs dschihadbezogene Sammlung im Zusammenhang mit dem kriegerischen Einsatz eines Herrschers, auch wenn der Gelehrte selbst im Gegensatz zu Ibn ʿAsākir der ‚Front' beziehungsweise dem Gebiet, in dem es zu Auseinandersetzungen zwischen Christen und Muslimen kam, vergleichsweise fern war. Im Hinblick auf seine zuvor dargestellten Ambitionen sich selbst als *muǧtahid* zu sehen sei angemerkt, dass sich seine damit verbundene Aufgabe die Mitmenschen zu unterrichten und zurechtzuweisen gut auf die Funktion seiner Vierzig Dschihad Hadithe übertragen lässt: Er liefert darin nicht nur die Vorgaben des korrekten Einsatzes auf dem Wege Gottes, sondern über seine Widmung auch ein herausragendes Vorbild für diesen Einsatz.

2.4 As-Suyūṭīs Vierzig Hadithe über den Dschihad[142]

Die *Arbaʿūn ḥadīṯan fī faḍl al-ǧihād* as-Suyūṭīs sind in wenigstens drei Manuskripten in Kairo und Istanbul erhalten und wurden Anfang des 15./Ende des 20. Jhs. innerhalb weniger Jahre zwei Mal herausgegeben. Die der Übersetzung im Teil III der Arbeit zugrunde liegende Ausgabe wurde von Marzūq ʿAlī Ibrāhīm 1408/1988 in Kairo erstellt, dem dafür wiederum nur das Kairiner Manuskript vorlag. Ǧamīl b. Muṣṭafā l-ʿAẓm führt in seinem Ergänzungswerk zum *Kašf aẓ-ẓunūn* neben dieser eine zweite Ausgabe an, die 1414/1993-4 unter Muḥammad Ibrāhīm az-Zaġalī und ʿAṣām al-Ḥarastānī in Beirut entstanden sein soll.[143]

Zu den Vierzig Dschihad Hadithen Ibn ʿAsākirs weist die Sammlung as-Suyūṭīs lediglich elf Überschneidungen auf und ist trotz derselben Anzahl an Hadithen insgesamt deutlich kürzer im Umfang, da as-Suyūṭī ausschließlich

---

141 Vgl. Sartain (1975), S. 69-72; Suyūṭī (1975), S. 215-227; Saleh (2001), S. 77f.; Geoffroy (1997), S. 914.

142 Zu S. Burges Analyse, die nicht mehr berücksichtigt werden konnte, s. Fußnote 48, S. 33.

143 Verweise dazu s. Liste D in Bartschat (2019).

kurze Aussagen aneinanderreiht. In gut einem Viertel der Fälle ergänzt er um eine Anmerkung meist lexikographischer Natur, die jedoch in zwei Fällen unvollendet ist. Bereits Ibn ᶜAsākir war nicht konsequent in der Angabe der *kutub as-sitta*, die er durchaus trotz der bei ihm noch vorliegenden, vollständigen Überliefererwege im Anschluss an die Hadithinhalte anführt. Bei as-Suyūṭī sind diese Angaben zwar bei jedem Hadith enthalten, darin wird jedoch ersichtlich, dass er seine Hadithauswahl kaum auf die sechs grundlegenden Sammlungen zurückführt[144], sondern sich überwiegend dem *Musnad* Aḥmads, dem *Muᶜǧam al-kabīr* aṭ-Ṭabarānīs, *Aṣ-ṣiḥāḥ* von al-Ǧawharī und vor allem dem *Mustadrak* al-Ḥākim an-Nīsābūrīs bedient. Indem er seine Auswahl damit aus vergleichsweise vielen Quellen schöpft, nutzt as-Suyūṭī die Plattform der Vierzig Dschihad Hadithe, seine breite Kenntnis in zahlreichen umfassenden Hadithsammlungen zu präsentieren. Dem gegenüber geht die Tendenz in den Sammlungen seiner Nachfolger dahin, möglichst einwandfreie Vierzig Dschihad Hadithe zu erstellen: Bis auf die letzten sieben der insgesamt einundvierzig Überlieferungen entnimmt Baraka at-Tiṭwānī alle seine Hadithe den *ṣaḥīḥayn* al-Buḫārīs und Muslims, Yūsuf an-Nabhānī führt seine Auswahl sogar ausschließlich auf die beiden zurück.

Bei den elf Überschneidungen zur Sammlung Ibn ᶜAsākirs handelt es sich um nahezu identische oder zumindest in Teilen in der Wortwahl deckungsgleiche Aussagen. Darüber hinaus beinhalten die Vierzig Dschihad Hadithe as-Suyūṭīs mit der Staub- und der Pferdethematik, weiteren Beispielen der Rangordnung, der Grabespein und der Zustandsbeschreibung der Märtyrer aus der Sammlung Ibn ᶜAsākirs bereits bekannte Motive. Mit der maritimen Thematik, dem Bild des sich wieder füllenden Kameleuters beim Melken, dem Mönch- und Wanderasketentum und dem Antichristen führt as-Suyūṭī darüber hinaus neue Aspekte ein, die teilweise auch in späteren Sammlungen verortet sind. Insgesamt erweisen sich die Vierzig Dschihad Hadithe as-Suyūṭīs aber als der Beitrag mit den wenigsten Schnittstellen zu den anderen drei Werken dieser Art. Im Hinblick auf einige Aspekte inhaltlicher Ausrichtung – wie in as-Suyūṭīs Fall beispielsweise die meeresbezogenen Überlieferungen, die sich in der Häufung in keiner anderen Sammlung dieser Art finden – könnte dies mit den unterschiedlichen Umständen und gesellschaftlichen Anforderungen zusammenhängen, mit denen sich die Sammler konfrontiert sahen. Es mag vor allem aber ein Resultat der zuvor angesprochenen unterschiedlichen Quellenlage der einzelnen Sammlungen sein.

Unabhängig von den vier Schwerpunktthemen der Bedeutung, Bestrafung, Belohnung und Voraussetzung, die sich problemlos auch auf as-Suyūṭīs Ha-

---

[144] Lediglich S3, S7, S8, S10, S31 und S40 sind den Sammlungen al-Buḫārīs und/oder Muslims entnommen, hinzu kommen S20, S26, S32 und S37 aus den Werken an-Nasāʾīs, Ibn Māǧas, Abū Dāwuds und at-Tirmiḏīs.

dithauswahl anwenden lassen, fällt bei dieser eine stringentere inhaltliche Sortierung auf. Von wenigen Ausnahmen einmal abgesehen führt as-Suyūṭī zu einem Motiv mehrere Überlieferungen hintereinander an und greift diese nicht wie Ibn ʿAsākir an unterschiedlichen Stellen wiederholt auf.

Neben der nun schon mehrfach angedeuteten Besonderheit, dass Ǧalāl ad-Dīn as-Suyūṭī seine Vierzig Hadithe einem Herrscher widmete, dem er selber gar nicht unterstand, sind das ihn thematisierende Vor- und Schlusswort der Sammlung in zweierlei Hinsicht von Interesse: Zum einen lässt as-Suyūṭī auf ein vergleichsweise knappes Gottes- und Prophetenlob eine umfangreiche Preisung des von ihm bedachten osmanischen Sultans, Muḥyī d-Dīn Abū l-Fatḥ Muḥammad b. Murād b. Bāyazīd b. ʿUṯmān (Mehmed II, reg. 848-850/1444-1446 und 855-886/1451-1481) folgen. Dabei betont er, dass die sich bei dem Sultan aufhaltenden Gelehrten besonders von Aufrichtigkeit geprägt seien und dass die Hadithübermittlung dort nicht nur gerne gesehen sei, sondern auch mit Überlegenheit betrieben würde.[145] Diese Ausführungen lesen sich ebenso wie ein Seitenhieb auf die gelehrten Landsleute as-Suyūṭīs, mit denen er nicht gut stand, wie die im Fortlauf der Einleitung erfolgende Kommentierung des Sultans:

> …[da] der Sultan Muḥammad b. ʿUṯmān […] zu jenen gehört, die alle Lasten des Dschihad auf sich nehmen und die Grenzen verschließen, dessen gastfreundliche Aufnahme und Ehrenbezeigung den Gelehrten zuteil wird, als der berühmte Wegweiser, dehnt sich die Fortdauer unseres Bittgebets auf das Äußerste aus, ebenso wie die Sehnsucht sein Antlitz zu Gesicht zu bekommen, ihn zu treffen und in den Bereich seiner Gnade und gastlichen Aufnahme einzukehren. Ich ersuche seine Exzellenz um die Verwirklichung jenes und die Erfüllung seiner Gewissenhaftigkeit…[146]

Ruft man sich das ablehnende Verhalten as-Suyūṭīs gegenüber den mamlukischen Sultanen, insbesondere das geschilderte gegenüber Qāʾit Bāy, in Erinnerung, erhalten diese Ausführungen einen geradezu höhnischen Unterton.

Zum anderen ist der Umstand erwähnenswert, dass as-Suyūṭī selbst den begrenzten Rahmen der Einleitung und des Schlusswortes seiner Vierzig Hadithe nutzt um seine Eigenleistung besonders hervorzukehren. Er schuf hier ein „vortreffliches Geschenk“, das „das beste [beinhalte], was den Herrschern als erhabenste Rechtleitung gewidmet werden kann“[147] – und das innerhalb nur einer einzigen Stunde. Letztere Information greift er in seinem Schlusswort gleich als erste wieder auf und führt näher aus, dass er die Hadithauswahl in aller Eile zwischen dem Mittags- und dem Nachmittagsgebet

---

145 Vgl. Suyūṭī (1988), S. 49f.; Übersetzung in Kap. III.2.
146 Suyūṭī (1988), S. 50; s.a. Kap. III.2.
147 Ebd.

traf, und zwar aus einer unzählbaren Menge an Überlieferungen zum Thema Dschihad.[148]

Die Widmung

Was war so besonders an Mehmed „dem Eroberer“, dass as-Suyūṭī gerade ihm die Sammlung der Vierzig Dschihad Hadithe widmete? Das osmanische Oberhaupt eroberte mit Konstantinopel eben jene Stadt, deren Einnahme durch die Muslime in einem Hadith ‚vorausgesagt‘ worden war. As-Suyūṭī führt diese Überlieferung in seiner Dschihad-Sammlung selbst nicht an, doch wird sie ihm zweifellos bekannt gewesen sein. Auch andere Vierzig Dschihad Hadithe beinhalten die Überlieferung nicht, eine Anspielung auf sie findet sich hingegen im *Kitāb al-ǧihād* ᶜAlī b. Ṭāhir as-Sulamīs, der die Diskussion eines Prophetengefährten mit Anhängern der nachfolgenden Generation (*at-tābiᶜūn*) über die Frage anführt, welche der beiden vorhergesagten Einnahmen Konstantinopels und Roms als erstes erfolgen würde. Niall Christie zufolge galten beide Städte als die ‚Zentren der christlichen Macht‘, deren Einnahme – insbesondere die Konstantinopels aufgrund ihres zeitlichen Vorangehens und der näheren geografischen Lage der Stadt – zu einem zentralen Aspekt in der muslimischen Eschatologie wurden.[149]

Das Anführen der zu Zeiten as-Sulamīs noch nicht erfüllten Prophezeiung ordnet Niall Christie der Überzeugungsstrategie der Lohnaussicht zu: Indem as-Sulamī die Möglichkeit der Erfüllung einer gottgewollten Voraussage darlegt und diese mit dem Erhalt besonders hohen Lohns verbunden ist, verschafft er seinem Aufruf zum Dschihad einen besonderen Anreiz. Zu as-Suyūṭīs Zeiten war diese Prophezeiung bereits eingetreten, sodass sie beim Ansporn zum Einsatz auf dem Wege Gottes keine derartige Funktion mehr erfüllen konnte. Das Vorgehen as-Suyūṭīs, mit der Widmung dennoch auf dieses Ereignis anzuspielen, ließe sich vielmehr einer anderen Überzeugungsstrategie zuordnen: dem Vorhalten vernachlässigter Pflichten zum Hervorrufen von Schuldgefühlen,[150] das dann jedoch nicht auf den Beschenkten, sondern vielmehr auf die Mamluken abzielte (s.u.).

Die Eroberung Konstantinopels erfolgte im Ǧumādā I 857 / Mai 1453, noch in Kindheitstagen Ǧalāl ad-Dīn as-Suyūṭīs. Die Vierzig Dschihad Hadithe widmete er dem Sultan in Anspielung auf diesen Erfolg erst ein Viertel Jahrhundert später im Rabīᶜ I 882 / Juni 1477 mit der Anmerkung, dass

[148] Vgl. Suyūṭī (1988), S. 97.

[149] Vgl. Sulamī (2007): Ǧihād, S. 54f.; Christie (2015), S. 18f., 217f.; ders. (2007), S. 9f. (mit Literaturverweis hinsichtlich muslimischer Sichtweisen auf Konstantinopel); Babinger (1953), S. 92.

[150] Vgl. Christie (2007), S. 2-10; ders. (2015), S. 17ff.

sie ihm als Begleiter auf seiner Reise dienen solle. Ob er sich dabei auf ein konkretes Ereignis bezieht, bleibt unklar. Insgesamt finden sich nur wenige Informationen zu Mehmed II und seinen Beziehungen nach Ägypten, das er in jenem Jahr der Widmung – und auch ansonsten – sehr wahrscheinlich nicht aufsuchte, sodass sich die beiden wohl kaum begegnet sind. Vielmehr spricht Franz Babinger in seiner Biographie des Eroberers explizit davon, dass sich Mehmed II nach einem längeren Eroberungszug vermutlich das gesamte Jahr 1477 über in seiner Residenz in Konstantinopel aufhielt.[151]

Albrecht Fuess zufolge stellte die Einnahme Konstantinopels nicht nur eine militärische, sondern ebenso eine ideologische Herausforderung der Mamluken durch die Osmanen „als Vorkämpfer des Islam"[152] dar. Möglicherweise liegt hier der eigentliche Beweggrund as-Suyūṭīs den Osmanen mit einer Sammlung zu bedenken: Er sieht ihn als den wahren Verfechter des Glaubens und honoriert dies entsprechend. Yehoshua Frenkel bezeichnet diese Widmung als ein Zeichen der Dankbarkeit as-Suyūṭīs gegenüber dem Eroberer für seine herausragende Tat für den Islam[153]. Dass allerdings diese Ehrerbietung in einer Zeit steigender Rivalität zwischen dem mamlukischen und dem osmanischen Oberhaupt erfolgt, kann kaum ein Zufall sein, zumal das zentrale Ereignis der Eroberung etliche Jahre zurückliegt. Da as-Suyūṭī zum Zeitpunkt der Erstellung seiner Sammlung noch öffentlich wirksam war und mitunter durch seine ablehnende Haltung Qā'it Bāy (reg. 872-901/1468-1496) gegenüber auffiel, wird die Widmung primär einen Seitenhieb auf Letzteren darstellen, indem sie seine Vernachlässigung der Dschihadpflicht unterstreicht, und die Ehrung Mehmeds II lediglich zweitrangig sein.

Dies erklärt allerdings nicht, warum as-Suyūṭī von einem Vorgehen in aller Eile spricht. Dass sich Mehmed II auf einer Durchreise und as-Suyūṭī gerade in seiner Nähe befand, ist den Ausführungen Babingers nach unwahrscheinlich. Möglich wäre, dass sich aus dem Umfeld as-Suyūṭīs jemand unmittelbar vor seiner Abreise nach Konstantinopel befand, den der Hadithsammler mit seinem Geschenk ausstatten wollte. Diese Überlegung passt zumindest zu dem ihm nachgesagten Vorgehen, seine Schüler auf ihren Reisen mit seinen Werken zu versehen, um diese an den jeweiligen Zielorten verbreiten zu lassen (s.o.). Ebenso denkbar ist, dass es sich bei der nachdrücklichen Betonung seines kurzfristigen Vorgehens in Einleitung und Schlusswort um eine geschickt verpackte Selbstdarstellung handelt: As-

---

[151] Vgl. Babinger (1953), S. 261f., 386; İnalcık (1991), S. 978ff. Eine ausführliche Beschreibung der Einnahme Konstantinopels liefert Babinger auf den Seiten 86-105, wobei er auch auf wenigstens zwei Prophetenüberlieferungen verweist, die dieses Unterfangen der Muslime befeuert haben sollen, vgl. Babinger (1953), S. 92.

[152] Fuess (2003), S. 239.

[153] Vgl. Frenkel (2011), S. 111.

Suyūṭī braucht für die Auswahl und Zusammenstellung der wichtigsten Hadithe aus einem umfassenden Korpus an Überlieferungen zu einem Thema eben nicht mehr als eine Stunde.

Das Fehlen von Hadithen über Pestopfer als Märtyrer

Ein Thema, das widererwartend nicht in as-Suyūṭīs Vierzig Dschihad Hadithe aufgenommen wurde, ist die Frage nach den Arten der Märtyrer. Ibn al-Mubārak behandelt sie in mehreren Überlieferungen seines *Kitāb al-ǧihād*, Ibn Baṭṭa al-Ḥanbalī widmet ihnen in seinen Siebzig Hadithen sogar einen ganzen Abschnitt und fügt diesem einen weiteren speziell in Bezug auf Pestkranke an. Da besonders zu Lebzeiten Ǧalāl ad-Dīn as-Suyūṭīs von schweren Pestepidemien und mit ihnen einhergehend von Hungersnöten die Rede ist, die in Ägypten und im Großraum Syrien zum Tod von bis zu einem Drittel der Bevölkerung geführt haben sollen, wäre ein Aufgreifen dieser Thematik in den Vierzig Hadithen zu erwarten, zumal der Gelehrte 873/1469 ein zweites Mal die Pilgerfahrt angetreten haben soll um einer Epidemie in Ägypten zu entgehen. As-Suyūṭī verzichtet jedoch auf die Aufnahme einschlägiger Hadithe, die auch anderen Opfern neben den im Kampf Gefallenen den Status eines Märtyrers zusprechen. Einzige Ausnahme stellt der Seekranke dar, dessen Einsatz auf dem Meer besonders schwer wiegt und von as-Suyūṭī in drei Überlieferungen seiner Hadithauswahl betont wird.[154]

Maritime Hadithe

Kriegerische Auseinandersetzungen auf dem Meer finden im Koran keine Erwähnung, sondern sind über Prophetenaussprüche frühestens mit dem *Kitāb al-ǧihād* Ibn al-Mubāraks belegt. Wie in seinem Kontext bereits angedeutet, spielen derartige Überlieferungen in den Vierzig Dschihad Hadithen kaum eine Rolle. Lediglich as-Suyūṭī führt drei der Art an, was sich darauf zurückführen ließe, dass seinerzeit die Kriegszüge auf dem Meer eine weitaus größere Rolle spielten als beispielsweise in der Zeit Ibn ʿAsākirs. Albrecht Fuess begründet Letzteres damit, dass keine Verbindungen zu holzreichen Regionen bestanden, die für den Schiffbau unabdingbar waren. Die zuletzt im 5./11. Jh. bestehende Flotte der Fatimiden hatte bei der ayyubidischen Eroberung Ägyptens mangels Kontakt in die holzreiche maghrebi-

154 Siehe S24, S25, S26; die Überlieferungen zum Thema finden sich bei Ibn al-Mubārak (1972), S. 95, 173ff., und Ibn Baṭṭa (1989), S. 55-62; zu den Epidemien von der Mitte des 8./14. Jhs. bis zum Ende der Mamlukenherrschaft vgl. Holt (1986), S. 194; ders. (1991), S. 324; Levanoni (2010), S. 256; Lewis (1970), S. 221.

nische Küstenregion keinen Bestand mehr, sodass sie nicht etwa im Kampf gegen die auch über See eintreffenden Kreuzritter hätte eingesetzt werden können. Die von Fuess genannte Idee einer idealisierten Darstellung der fatimidischen Flotte zur Vorhaltung gegenüber den mamlukischen Sultanen ließe sich hinsichtlich der Intention auch in as-Suyūṭīs Hadithauswahl der Dschihad-Sammlung sehen: Mitunter thematisiert er den Vorzug von Kriegszügen auf dem Meer und mag damit eher auf die mangelhafte maritime Aktivität der Mamluken abzielen, als auf die seltenen Erfolge, die jene zur See erzielten. Dass die Mamluken über keine schlagkräftige Flotte verfügten, sei Fuess zufolge zum einen auf die genannten, fehlenden Ressourcen zurückzuführen, zum anderen auf der primären Kampftechnik zu Pferd.[155] Erst die Osmanen entwickelten sich zu einer eindrucksvollen Streitmacht im Mittelmeerraum – ein Umstand, der in seinen Anfängen bereits zur Zeit as-Suyūṭīs sichtbar geworden sein wird, erwarben die Osmanen doch mit der Eroberung Konstantinopels „die logistische Infrastruktur, die einen kontinuiertlichen Aufbau und Aufenthalt von Flotten ermöglichte. […] Die Osmanen stellten ab Anfang des 16. Jahrhunderts die bedeutendste Seemacht des östlichen Mittelmeeres dar."[156] Letzteres wird as-Suyūṭī nicht mehr miterlebt haben, wohl aber den Beginn der zunehmenden osmanischen Präsenz auf dem Mittelmeer, was ihn dazu bewogen haben mag, die Vorzüge der maritimen Kriegszüge zu betonen, um einmal mehr die Tatkraft der Osmanen zu unterstreichen, so wie as-Suyūṭī es auch insgesamt mit seiner dem osmanischen Sultan gewidmeten Sammlung intendiert – für Fuess „(eventuell) ein Indiz dafür, dass ihm das Vertrauen in die mamlukische Seeverteidigung abhanden gekommen war."[157]

Bedeutung des Dschihad gegenüber anderen Handlungen

Zwei der drei maritimen Überlieferungen (S24, S25) sind dem ersten Themenschwerpunkt der Bedeutung zuzuordnen, der wie in der Sammlung Ibn ʿAsākirs auch neben dem Schwerpunkt der Belohnung den Hauptteil der Hadithauswahl ausmacht. In über einem Drittel der Überlieferungen lassen sich Aussagen bezüglich der Rangordnung des Dschihad feststellen, wobei as-Suyūṭī mit der Relation zu Glaube und Pilgerfahrt (S3), der Darlegung

[155] Vgl. Fuess (2013), S. 178ff., 189-192; Hillenbrand (1999), S. 556-581.
[156] Fuess (2013), S. 194.
[157] Ebd., S. 193. Während der letzten Lebensjahre as-Suyūṭīs kam es zudem zu einer zunehmenden portugiesischen Dominanz auf dem Indischen Ozean und einer Bedrohung des Roten Meeres. In ihrer Konfrontation mit den Portugiesen sollen die Mamluken Unterstützung durch die Osmanen erhalten haben. Für einen Einfluss auf die Vierzig Dschihad Hadithe kamen diese Ereignisse allerdings zu spät, vgl. Holt (1991), S. 324.

des *muǧāhid* und Asketen als besten Menschen (S7) und der Relation des Aufenthaltes auf dem Wege Gottes bzw. in einer Schlachtreihe zum Gebet bzw. den gottesdienstlichen Handlungen während sechzig Jahren (S14, S15) zu Beginn Überlieferungen anführt, die aus der Sammlung Ibn ʿAsākirs bekannt sind. Zu letzterer Haditheinheit ist eine weitere, nur bei as-Suyūṭī zu findende Überlieferung (S13) zu zählen, die die Bedeutung des Einsatzes in einen allgemeineren Vergleich setzt: „Der Dschihad für einen Tag auf dem Wege Gottes ist besser als tausend Tage für etwas anderes.“[158]

Auch der Vergleich der Handlungen eines *muǧāhid* mit denen eines unablässig Fastenden und Betenden wird zu Beginn der Hadithauswahl aufgegriffen: An neunter Stelle in der Version, die auch in allen anderen Vierzig Dschihad Hadithen zu finden ist und den Anschein erweckt, dass den Taten des sich Einsetzenden nichts ebenbürtig ist. Diese Unvergleichlichkeit wurde zuvor geringfügig durch eine zeitliche Einschränkung in zwei Überlieferungen relativiert, denen nach das beständige Fasten am Tag und das Beten in der Nacht (S4) bzw. das Fasten und Beten im Ramaḍān (S8) dem Handeln des *muǧāhid* gleichkommen – folglich eine Tat, die einem jeden Muslim für einen Monat im Jahr ohnehin auferlegt ist. Im weiteren Verlauf seiner Hadithauswahl kehrt as-Suyūṭī diese Relativierung ins Gegenteil und führt als neunzehnte Überlieferung eine Aussage an, dernach eine Entsprechung des Einsatzes in folgender Aufforderung zu finden ist: „Bete und setze dich nicht, faste und brich das Fasten nicht, gedenke (Gottes) und werde nicht nachlässig.“[159] Bereits durch das Fehlen einer zeitlichen Eingrenzung, wie sie in S4 und S8 noch gegeben ist, wird hier die erforderliche Beständigkeit der Handlung betont, die nahezu undurchführbar erscheint. Die anschließende Aussage Muḥammads im weiteren Verlauf der Überlieferung lässt daran dann keinen Zweifel mehr: „Selbst wenn jenes in deiner Macht läge […], würdest du nicht einmal ein Zehntel der Handlung [des *muǧāhid*] erreichen.“[160] Dass dem Einsatz auf dem Wege Gottes nichts ebenbürtig ist, wird hier also im Besonderen unterstrichen. Wie diesem ansatzweisen Widerspruch zu den relativierenden Überlieferungen zu begegnen ist, ist eine Frage der Interpretation. Ähnlich wie im Falle Ibn ʿAsākirs und der unterschiedlichen Relation vom Dschihad zu den fünf Säulen wird auch as-Suyūṭī kaum eine Verwirrung seiner Leserschaft intendieren, sondern mit den unterschiedlichen Ansätzen lediglich die Besonderheit der Tat unterstreichen wollen. Zudem bietet auch er durch die unkommentierte Aneinanderreihung verschiedener Aussagen ein übersichtliches Maß an Informationen, denen man sich je nach Bedarf bedienen kann. Denkbar wäre im

---

[158] Suyūṭī (1988), S. 66; s. Übers. in Kap. III.2.
[159] Suyūṭī (1988), S. 73; s. Übers. in Kap. III.2.
[160] Suyūṭī (1988), S. 74; s. Übers. in Kap. III.2.

Hinblick auf die Reihenfolge in der Darstellung der Unvergleichbarkeit des Dschihad noch, dass as-Suyūṭī auf eine Steigerung der Bedeutung abzielt. Während dem Leser zu Beginn der Sammlung nach einer eindeutigen Aufforderung zum Dschihad (S1) vorerst aufgezeigt wird, dass es sich dabei um eine schwere, doch durch die Vergleichbarkeit mit dem Fasten und Beten im Ramaḍān im Grunde für jeden erfüllbare Aufgabe handelt, erfolgt hernach die Steigerung hin zu einer Tat, die durch nichts anderes mehr ausgeglichen werden kann. Wer folglich nach der mit dem Dschihad verbundenen Belohnung strebt, kommt nicht umhin ihn auch auszuführen.

Dass ein Handeln im Sinne des Dschihad den übrigen Taten eines Muslims übergeordnet wird, findet sich bereits in der zweiten Überlieferung as-Suyūṭīs, wo die sinnbildliche Darstellung des Islam als Haus den Dschihad als den höchsten Raum berücksichtigt, der über den Zimmern des islamischen Glaubens und der um Vorrang streitenden Taten der Muslime liegt. Eine vergleichbare Vorrangstellung ergibt sich auch aus dem zwanzigsten Hadith, der im Rahmen einer typischen Situationsschilderung („Ein Mann kam zum Gebet, während der Prophet mit uns betete, … und sagte…“) die Frage nach einem höheren Lohn als dem der aufrichtigen Diener mit einem eindeutigen Kampfbezug beantwortet. Vergleichbar mit der Sammlung Ibn ʿAsākirs, wenn auch weniger häufig führt as-Suyūṭī überwiegend zu Beginn seiner Sammlung Hadithe mit dem Begriff Dschihad an, ohne dass dabei eine Definition ersichtlich würde. Vielmehr wird er vorerst nur zu anderen wichtigen Taten in Relation gesetzt, um seine Bedeutung zu unterstreichen. Abseits des Dschihad-Begriffs finden sich jedoch zahlreiche Kampfbezüge, die ersten bereits im fünften sowie im vierzehnten Hadith mit einem Fokus auf der Belohnung für das Kämpfen (*qātala*) auf dem Wege Gottes, mit dem Aufenthalt in der Schlachtreihe (S15) und der Warnung vor dem Ablehnen von Kriegszügen (S10). In S20 wird dann der erfragte höhere Lohn mit dem verletzten Pferd und dem Erleiden des Märtyrertodes beantwortet. As-Suyūṭī führt damit eine Überlieferung ein, die in ihrer Wortwahl sehr deutlich das Sterben verherrlicht, indem sie es als das Bessere bezeichnet.

Mit der dreiundzwanzigsten und vierundzwanzigsten Überlieferung fügt as-Suyūṭī eine Haditheinheit ein, die auf recht einfache Weise dem bei Ibn ʿAsākir auftauchenden Problem der unterschiedlichen Vorrangstellung des Dschihad zu den fünf Säulen zumindest im Falle der Pilgerfahrt Abhilfe schafft: Während die dem Propheten zugeordnete Aussage „Eine Pilgerfahrt ist besser als vierzig Kriegszüge, und ein Kriegszug ist besser als vierzig Pilgerfahrten“ (S23) auch in Verbindung mit einer von as-Suyūṭī angefügten Anmerkung mehr für Unklarheit als Klarheit sorgt, wird die nachfolgende Überlieferung in ihrer Wortwahl eindeutig und ist als Erläuterung zum vorangegangenen Hadith zu sehen: Wer die Pilgerfahrt noch nicht verrichtet hat, für den ist diese Handlung wichtiger; wer sie hingegen absolviert hat, für den ist der Kriegszug wichtiger. Diese zweite Überlieferung leitet gleichzeitig über in den nächsten Themenblock, bestehend aus drei Hadithen, die wiederum dem Kriegszug auf dem Meer Vorrang vor seinem Pendant zu Lande einräumen (S24) und ihn als einen adäquaten Ausgleich für den Fall der verpassten Teilnahme an einem Kriegszug mit dem Propheten darlegen (S25), bevor die besondere Belohnung der Märtyrer zur See preisgegeben wird (S26, s.u.).

Im letzten Viertel der Hadithauswahl finden sich schließlich noch zwei weitere Hinweise, die auf die Bedeutung zweier Aspekte des Dschihad anspielen. Zum einen wird in der lohnfokussierten Haditheinheit zum Thema *ribāṭ* dieser im gängigen Vergleichsschema zum Fasten und Beten in Relation gesetzt, wobei die Stationierung für einen Tag und eine Nacht die für einen Monat vollzogenen letzteren Handlungen übertrifft (S31). Zum anderen bringt as-Suyūṭī mit der Definition der besten Kriegführenden (S36) ein einziges Mal eine Art innere Rangordnung ein. Interessant ist hierbei, dass in der Darstellung des Hadithes unter den Kriegführenden gerade jenen eine höhere Position zugesagt wird, die Taten abseits des Kämpfens vollbringen, wie das Dienen und Informieren der Kämpfenden, das Fasten und das Versorgen mit Wasser. Es ist nicht das einzige Mal, dass as-Suyūṭī ‚friedfertige' Handlungen mit dem Dschihad in Verbindung setzt – er betont sogar stärker noch als Ibn ʿAsākir die Verbindung zwischen Dschihad und Askese (S7, S11, S12). Hingegen fehlt bei ihm die Idee des Dschihad mit der Zunge oder dem Stift, ebenso wie die in allen anderen Vierzig Dschihad Hadithen vorkommende Gleichsetzung des Ausrüstens der Kämpfer oder Versorgens der Hinterbliebenen mit dem Handeln des sich Einsetzenden selbst (s. A20, N22, T22, L11, M29, Q27, Š4). Die Idee der Versorgung bringt as-Suyūṭī in S36 vielmehr auf eigene Weise ein und schreibt ihr einen höheren Lohn zu. Das eigentliche Ziel dieser Darstellung sollte aber in allen Fällen gleich sein: In allen einschlägigen Sammlungen geht es sowohl um die Motivation zum Kampf, als auch um die Motivation für den Einsatz der Kämpfer in jeglicher Form aufzukommen.[161]

Bestrafung derer, die die Pflicht des Dschihad vernachlässigen

In seinen Vierzig Dschihad Hadithen legt Ǧalāl ad-Dīn as-Suyūṭī stärker noch als Ibn ʿAsākir den Fokus auf die Belohnung für den Einsatz auf dem Wege Gottes und bringt vergleichsweise wenige Anhaltspunkte für die Bestrafung ein. Ein erster findet sich mit der Nennung des Höllenfeuers in einer Haditheinheit mit zwei bildlichen Darstellungen (S5, S6). Zum einen

[161] Siehe dazu auch Frenkel (2011), S. 108, 119f.

wird das Bild des sich nach dem Melken wieder mit Milch füllenden Kameleuters dazu genutzt, die Zeitspanne anzugeben, die für das Kämpfen (*qātala*) auf dem Wege Gottes zum Entgehen des Höllenfeuers erforderlich ist. Zum anderen findet der Staub auf dem Wege Gottes Erwähnung, der sich nur dann in das Herz des Menschen mischt, wenn feststeht, dass dieser nicht ins Höllenfeuer geht. Wie in Verbindung mit A14 bereits angesprochen, stellt der Staub ein grundlegendes Motiv bei der Beschreibung des Einsatzes auf dem Wege Gottes dar, dessen Aufwirbeln eine der Bedingungen zum Entgehen des Höllenfeuers und als Sinnbild für den aktiven körperlichen Einsatz zu verstehen ist. Dieses Motiv greift as-Suyūṭī in noch zwei weiteren Überlieferungen auf (S18, S29), in denen es dem Rauch der Hölle gegenübergestellt wird.

Im weiteren Verlauf der Sammlung fügt as-Suyūṭī drei Warnungen ein, in denen die Strafe nicht explizit benannt wird, aus der Art des angeführten Vergehens aber abgeleitet werden kann. Mit dem zehnten Hadith greift er das schwerste, von Ibn ʿAsākir zuletzt genannte und damit deutlicher hervorgehobene Vergehen auf: die Heuchelei. In as-Suyūṭīs Hadithwahl wird das Unterlassen sowie die fehlende Anerkennung von Kriegszügen mit ihr gleichgesetzt, die daraus resultierende Strafe des Höllenfeuers findet jedoch keine Erwähnung, auch weil as-Suyūṭī die Heuchelei in keinem weiteren Hadith bedenkt – im Gegensatz zu Ibn ʿAsākir, in dessen Hadithauswahl sie wortwörtlich mit der Hölle vergolten wird (A40). In einer auf die besondere Bedeutung der Kriegsführung auf dem Meer folgenden Haditheinheit erfolgt dahingehend eine Warnung, dass das Unterlassen des Dschihad einem Riss zwischen Gott und Mensch gleichkommt (S27), ihr Verhältnis also nachhaltig gestört ist, und Gott niemanden in diesem Fall vor der (hier nicht weiter definierten) Strafe verschont (S28).

Neben der vergleichsweise geringen Anzahl an Hinweisen auf Bestrafung fällt an as-Suyūṭīs Sammlung zudem das gänzliche Fehlen von Koranversen auf. Während ihre Einbringung bei Ibn ʿAsākir besonders im Bereich der Strafe von Bedeutung ist, verzichtet as-Suyūṭī sowohl auf die Untermauerung der von ihm ausgewählten Aussagen durch das Wort Gottes, als auch auf die Strategie der Abschreckung durch eine hinreichende Auswahl einschlägiger Hadithe.

Belohnung derer, die den Dschihad ausführen

Der besondere Fokus as-Suyūṭīs auf der Belohnung schlägt sich in knapp der Hälfte der Hadithauswahl nieder. In einigen Fällen wird dabei allgemein das Paradies als Lohn für den Dschihad genannt (S1, S14) oder die Belohnung ergibt sich aus den Schilderungen zum Entgehen des Höllenfeuers (S5, S6, S18, S29, S30). Alle übrigen Hadithe liefern zu einzelnen Aspekten des Lohnes konkretere Angaben.

In der achten Überlieferung findet sich die aus der Sammlung Ibn ʿAsākirs bereits bekannte Unterteilung des Lohnes in den Paradieseingang und der alternativen Rückkehr in unversehrtem Zustand mit Kriegsbeute. Diese Optionen werden im Anschluss an einen bildlichen Vergleich im zweiundzwanzigsten Hadith um zwei Aspekte ergänzt: Zum einen wird dem sich Einsetzenden das Zurücklassen von Vermögen und Angehörigen entschädigt, zum anderen „geht keine Sonne unter außer mit seinen Vergehen"[162], das heißt seine Fehler werden täglich annulliert. Ein ähnlicher Lohn wie der zuletzt genannte ergibt sich bereits aus dem vorangestellten bildlichen Vergleich. Demnach werden die Vergehen des Kriegführenden als Balken über der Tür seines Hauses angebracht, sodass er sie beim Losziehen hinter sich lässt und „ihm von ihnen nichts bleibt gleich dem Flügel einer Mücke"[163]. Ein ähnlich ausdrucksstarkes Bild liefert bereits der vorangegangene Hadith (S21), demnach die Sünden von einem Gläubigen, dessen Herz auf dem Wege Gottes erzittert, abfallen wie das Dattelbüschel von der Palme. Hier wird nicht nur die Belohnung in Form der Sündenvergabe offenbar, sondern ebenso die Gottesfurcht als eine Grundvoraussetzung für den Einsatz.

Neben dieser nur in as-Suyūṭis Sammlung befindlichen Hadithgruppe führt der Sammler auch mit dem sechzehnten Hadith einen neuen Aspekt des Lohnes ein: Hier wird die besondere Bedeutung der Auswanderer (*muhāǧirūn*) als erste Anhänger Muḥammads bekannt gegeben, die für ihren kämpferischen Einsatz – sinnbildlich wiedergegeben durch das Schwert, das sich bis zu ihrem Tod auf ihren Schultern befand – nicht zur Rechenschaft gezogen werden und bereits vierzig Jahre vor den übrigen Menschen Einzug ins Paradies erhalten. Zusammen mit dem nachfolgenden Hadith, der eine weitere, nicht näher benannte Gruppe an Muslimen und ihren unablässigen Kampf thematisiert (S17), liegt eine Hadітheinheit vor, die den vier von Mourad und Lindsay vorgeschlagenen Themenschwerpunkten einen weiteren hinzufügen: das konkrete Vorbild.

Die generelle Vorbildfunktion Muḥammads außen vor gelassen, die den Hadithen inhärent ist, zeichnen sich beide Überlieferungen dadurch aus, dass sie Personen(gruppen) in ihrem besonderen Einsatz darstellen, sodass der Hörer oder Leser der Hadithe konkretere Vorstellungen des Handelns bekommt und diese als Vorbild nehmen kann. Bereits in Ibn ʿAsākirs Sammlung findet sich ein Hadith mit dem Einsatz einer beispielhaften Person (A17). In as-Suyūṭis Sammlung lässt sich im neunzehnten Hadith noch ein weiterer Fall aufzeigen: Bevor eine Frau zum Kern ihres Anliegens, der

[162] Suyūṭī (1988), S. 77.
[163] Ebd.

Frage nach einer ebenbürtigen Handlung zu der eines Kriegführenden, kommt, schildert sie ihre Situation vor dem Kriegszug ihres Mannes. Sie pflegte zu fasten, zu beten und sich dem Dienste Gottes zu widmen, wann immer er es tat. Mit seinem Ausziehen und ihrem Zurückbleiben erlischt für die Frau nicht etwa die Motivation, vergleichbar zu ihrem Mann zu handeln, weshalb sie nun nach einer ebenbürtigen Handlung suche. Neben der unvergleichlichen Leistung eines *muǧāhid* als Hauptaussage dieser Überlieferung, ließe sich hier als weitere Botschaft die Aufforderung zur Folgsamkeit der Frauen sehen.

Überwiegend im letzten Viertel der Vierzig Dschihad Hadithe as-Suyūṭis zentrieren sich die Überlieferungen eschatologischen Inhalts. Lohnbezogene Angaben betreffen hier vor allem die Sicherheit vor den Peinigern des Grabes speziell für die auf dem Wege Gottes Stationierten (S31, S32) oder allgemein für die Märtyrer (S33, S35). Im Fall der Märtyrer zur See besteht der Lohn als Zeichen der besonderen Ehre in der Ergreifung ihrer Seelen durch Gott selbst (S26).

Darüber hinaus führt as-Suyūṭī weitere Merkmale und Auszeichnungen des Märtyrers an: Das Motiv des Moschusduftes und der Farbe des Blutes ist bereits aus Ibn ᶜAsākirs Sammlung (A10, s.a. T14, N12, N16) bekannt, das Besondere bei as-Suyūṭis Hadithwahl ist der Vergleich der Wundenfarbe mit Safran (S29). Zudem positioniert Letzterer die Märtyrer anders als Ibn ᶜAsākir: Während in A29 von ihrem Aufenthalt im Paradies ausgegangen wird, befinden sie sich laut S34 an einem Fluss beim Paradies und erhalten täglich ihre Versorgung herausgebracht. Dem schließt sich eine Überlieferung mit angeblich sieben, tatsächlich acht Formen des Lohnes an, die eine Erweiterung zur Definition des ersten Märtyrertyps bei Ibn ᶜAsākir (A26) darstellt. Neben der von dort bekannten Vergebung, den Paradiesjungfrauen – auch hier ein einziges Mal und ohne konkrete Anzahl genannt –, dem Entgehen von Grabespein und Furcht, sowie dem Erhalt einer Krone ist vom Erblicken seines Platzes im Paradies, einem Gewand (eventuell vergleichbar zu A34?) und von seinem Status als Fürsprecher für siebzig Verwandte die Rede.

Bevor Ǧalāl ad-Dīn as-Suyūṭī – wie Ibn ᶜAsākir auch – seine Vierzig Hadithe mit einer zentralen Bedingung für den Einsatz auf dem Wege Gottes schließt, erfolgt eine letzte Haditheinheit in Bezug auf das Pferd als Begleiter des *muǧāhid*. Es fand im Verlauf der Sammlung bereits an zwei Stellen Erwähnung, zum Beispiel im Kontext der in den Vierzig Dschihad Hadithen allgemein verbreiteten Überlieferung zur Relation vom Dschihad und dem beständigen Fasten und Beten (S9). Auch as-Suyūṭī führt hier einen Zusatz im Hinblick auf das Pferd an, jedoch in gekürzter Form. Indem er lediglich vom lebhaften Galopp des Pferdes spricht, fehlt die entscheidende Information der Bedeutung des Tieres. Dass es seinem Reiter Lohn beschert, wird indirekt durch die Bezeichnung des verletzten Pferdes auf dem Wege Gottes als etwas Besseres angedeutet (S20), vielmehr aber erst am Ende in einer den Pferden vorbehaltenen Haditheinheit (S38, S39) deutlich. In ihr führt as-Suyūṭī dann den bekannten Hadith über den aus der Sättigung, dem Durstlöschen, dem Dung und Urin resultierenden Lohn an und ergänzt um einen erläuternden Hadith im Hinblick auf das Aussehen des Pferdes. Hier ist erneut eine Erweiterung der vorgeschlagenen Themenschwerpunkte Mourads und Lindsays erforderlich. Mit einer rein deskriptiven Darstellung des Pferdes lässt sich die Überlieferung keinem der vier Bereiche zuordnen.

Definition als weiterer Schwerpunkt

Bei der neununddreißigsten Überlieferung handelt es sich vielmehr um eine Ergänzung zum vorangegangenen Hadith, die das zuvor genannte Pferd näher definiert, davon abgesehen aber keinen Bezug zum Oberthema Dschihad aufweist. Der mit dem Pferd im Zusammenhang stehende Superlativ „beste" gibt zwar eine interne Rangordnung vor. Aufgrund fehlender Vergleichsmomente, wie bspw. Handlungen, die wie im Falle des Dschihad oder *ribāṭ* in Relation gesetzt werden, wird jedoch nicht aufgezeigt, worin das Bessersein des in diesem Fall schwarzen Pferdes besteht. Eine vergleichbare Definition im Hinblick auf optimale Gruppengrößen findet sich bereits im siebenunddreißigsten Hadith, wo in der Menge die besten Gefährten mit vier, die besten Expeditionstrupps mit vierhundert, etc. angegeben werden. Nach einer näheren Definition der lohnreichsten Handlungen der Kriegsführenden im vorangegangenen Hadith (S36, s.o.) ergänzt as-Suyūṭī damit um die Definition ihrer Gruppengröße.

Die zahlreichen Vergleiche und Verbindungen, die hinsichtlich des Dschihad im Verlauf der Sammlung an- und hergestellt werden, ermöglichen eine Definition des Dschihad zum einen als Einsatz gegen jene, die sich nicht zum Islam bekennen, und zum anderen als Unterstützung der Kämpfenden und Verteidigenden. Darüber hinaus finden sich Hinweise, dass auch eine asketische Lebensweise Teil des Dschihad ist. Ibn al-Mubārak machte diesen Aspekt zu einem zentralen Thema in seinen Werken, unter den ausgewählten Vierzig Dschihad Hadithen berücksichtigt es as-Suyūṭī am häufigsten. Neben der in allen Sammlungen enthaltenen Überlieferung, dernach ein Gläubiger auf einem Bergpfad gottesfürchtig ist und die Menschen vor seinem Übel verschont (A7, S7, T11, N3) führt nur as-Suyūṭī beide Hadithe an, die den Dschihad als Wanderasketentum (*siyāḥa*, S11, auch T37) und Mönchtum (*rahbāniyya*, S12) definieren.

Voraussetzungen für die mu ǧāhidīn, *die zur Ausführung des Dschihad erfüllt sein müssen*

Ǧalāl ad-Dīn as-Suyūṭī beginnt und endet mit zwei grundlegenden Voraussetzungen, die für den Einsatz auf dem Wege Gottes erforderlich sind. Mit dem Bildnis des Hauses im zweiten Hadith seiner Auswahl stellt er gleich zu Anfang klar, dass der Glaube grundsätzlich ist. Er ist der untere Raum, der betreten werden muss um zum höchsten Raum, dem Dschihad, gelangen zu können. Im vierzigsten und damit letzten Hadith wird die Frage nach dem richtigen Kämpfen (*qātala*) auf dem Wege Gottes gestellt: Alle drei dabei angegebenen Optionen des Kampfes der Beute, Erinnerung oder des Ranges wegen werden abgelehnt, vielmehr gilt als Dschihad, wer zur Erhöhung des Wortes Gottes kämpft, sich also für den Erhalt und wohl auch die Verbreitung der Botschaft des Islam einsetzt. Die Ablehnung der drei vorigen Optionen impliziert dabei die weitere Grundbedingung einer korrekten Absicht, die ebenfalls Ibn ʿAsākirs letztem Hadith zu entnehmen ist und wie sich noch zeigen wird, beim nachfolgenden Sammler Barakat at-Tiṭwānī das zentrale Thema zu Beginn der Vierzig Dschihad Hadithe darstellt.

3. Abū l-Ḥasan ʿAlī b. Muḥammad Barakat at-Tiṭwānī (gest. 1120/1709) als maghrebinisches Beispiel

3.1 Marokko im 11./17. Jahrhundert

ʿAlī b. Muḥammad Barakat at-Tiṭwānī kam zum Ende einer Zeit im Norden Marokkos zur Welt, die als eine dunkle Phase in der Geschichte des Landes aufgefasst wird: Nach langjähriger Herrschaft starb der Sultan der Banū Saʿd, Aḥmad al-Manṣūr (reg. 986-1012/1578-1603), ohne seine Nachfolge geregelt zu haben. Es folgten etliche Jahre der Anarchie: Streitigkeiten unter seinen drei Söhnen führten zur Zweiteilung des Herrschaftsgebiets, wobei ein Sohn al-Manṣūrs den Regierungssitz in Marrakesch übernahm und ein Enkel von Fes aus die Herrschaft für sich beanspruchte. In den Zwanzigern des 11./17. Jhs. sollen sich Jamil Abun-Nasr zufolge zudem wenigstens drei bedeutende Oppositionen zu der Herrschaft der Banū Saʿd gebildet haben, die alle gleichermaßen mit religiösen Ansprüchen aufwarteten. Die wohl einflussreichste Opposition bildeten die Dilāʾiyya, benannt nach der 967/1560 gegründeten *zāwiya*[164] Dilāʾ im Mittleren Atlas[165], die der Verbrei-

[164] Siehe Fußnote 85, S. 67.
[165] S. Karte in Abun-Nasr (1971), S. 4.

tung einer orthodoxen Form sufischer Glaubenslehre und der Versorgung der Armen diente. Nach dem Tod al-Manṣūrs sollen die lokalen Berberstämme vor allem das Oberhaupt der Dilāʾiyya um politische Führung ersucht haben: Muḥammad al-Ḥāǧǧ (reg. 1046-1079/1636-1668) ging darauf nicht nur mit der Errichtung einer befestigten Hauptstadt nahe der *zāwiya* ein, sondern sorgte auch für den Aufbau einer regulären Berber-Armee. Die erhabene Abstammung der Banū Saʿd vom Propheten soll Muḥammad al-Ḥāǧǧ zwar anerkannt haben, er warf ihnen aber Unfähigkeit effektiven Regierens vor, wodurch die Banū Saʿd ihr Recht auf Herrschaft verwirkt hätten und das Vorgehen der Dilāʾiyya gegen sie legitimiert sei.[166]

Eine weitere Opposition der Banū Saʿd hatte sich ab 1024/1615 an der Atlantikküste etabliert, wo Muḥammad al-ʿAyyāšī als Führer arabischer Stämme zum Dschihad aufrief. Während der Vater Muḥammad al-Ḥāǧǧs ihn dabei unterstützte, soll al-Ḥāǧǧ selbst ihn vielmehr als Hindernis bei seinem Bestreben gesehen haben, wichtige Küstenstädte im Norden des Landes zu beherrschen. Im Jahr 1051/1641 kam es schließlich zum Kampf zwischen den vorwiegend arabischen Anhängern al-ʿAyyāšīs und der Berber-Armee al-Ḥāǧǧs, der für Ersteren tödlich endete.[167] Es ist nur eines von zahlreichen Beispielen für die Vielfalt an Gruppierungen, die Marokko in lokale Fürstentümer unterteilten und deren unterschiedliche Positionen und Machtkämpfe selbst über einem gemeinsamen Ziel wie dem Dschihad gegen die europäischen Besatzer standen.

Nach dem Tod al-ʿAyyāšīs unterwarfen die Dilāʾiyya die zentralen Städte seines Einflussgebietes von Meknes und Fes bis Salā und Tiṭwān an der Küste. In letzteren beiden Städten hatten sich Geflohene aus Andalusien nach dessen Rückeroberung durch die Spanier angesiedelt und etablierten hier zwei Zentren der Piraterie. Über zwanzig Jahre lang hatte die politische Führung der Dilāʾiyya Bestand, doch reichte ihre Anerkennung Abun-Nasr zufolge kaum über die Berberstämme des Mittleren Atlas hinaus. Die Legitimität ihrer Herrschaft wurde vielmehr von den zahlreichen *šurafāʾ* Marokkos, insbesondere in Fes infrage gestellt, konnten sie doch keine Abstammung vom Propheten vorweisen und hatten mit al-ʿAyyāšī einen aktiven *muǧāhid* im Kampf gegen die spanischen Besatzer beseitigt. Muḥammad al-Ḥāǧǧ konnte sich in den Sechzigern des 11./17. Jhs. nur noch wenige Jahre behaupten und Rebellionen in Fes und Salā vorerst unterdrücken, bevor ihm endgültig die Kontrolle entzogen war. Mit den ʿalawidischen *šurafāʾ* trat indes Ende desselben Jahrzehnts eine neue Dynastie die Herrschaft an

[166] Vgl. ebd., S. 216-221 (*hier* Dalāʾiyya); Rogerson (2012), S. 249-252; Cory (2010), S. 458-465; Yver (1986), S. 1191 (*hier* Maḥammad al-Ḥāǧǧ); Terrasse (1960), S. 355.

[167] Vgl. Abun-Nasr (1971), S. 218-221; Rogerson (2012), S. 250f.; Cory (2010), S. 462-463; Sivers (2001), S. 524; Yver (1986), S. 1191.

und beendete damit den Zeitraum, der gemeinhin mit den Termini Anarchie und *fitna* bezeichnet wird.[168]

3.2 Leben Barakat at-Tiṭwānīs

Abū l-Ḥasan ʿAlī b. Muḥammad b. Muḥammad Barakat al-Andalusī t-Tiṭwānīs Leben scheint sich überwiegend in seinem Geburtsort Tiṭwān und seinem Studienort Fes abgespielt zu haben, wo er sowohl den Ausgang der oben angedeuteten Machtkämpfe, als auch die Herrschaft der ʿAlawīden erlebt haben wird. Die wenigen Angaben zu seinem Leben kommen nahezu ohne Zeitangabe aus, sodass seine Kindheit in der Zeit vor der Machtergreifung der ʿAlawīden nur vermutet werden kann. Gesichert ist lediglich die Angabe seines Todes am 29. Šawwāl 1120/11. Januar 1709, der jedoch die Erwähnung seines erreichten Alters fehlt. Obwohl sein Ableben auf den Anfang des 12./18. Jhs. fällt, ordnet Muḥammad Dāwud den Sammler in seiner *Tārīḫ Tiṭwān* noch in die zweite Hälfte des vorigen Jahrhunderts ein, da dieses die Hauptzeit seiner Aktivitäten, der Hingabe zum Studium und zur Lehre gewesen sei.[169]

In der vorliegenden Sammlung Barakat at-Tiṭwānīs findet sich kein direkter Herrscherbezug, die Vierzig Hadithe sind den Belagerern Ceutas und keinem Sultan namentlich gewidmet (s.u.). Auch kommen die biographischen Angaben gänzlich ohne politische Aktivitäten des Sammlers aus. Es ist anhand übersichtsartiger Darstellungen der Geschichte Marokkos entsprechend nur zu vermuten, welche Gegebenheiten Barakat at-Tiṭwānī zum Erstellen seiner Sammlung veranlasst haben könnten. Die starke Antipathie Europäern und Osmanen gegenüber, die besonders unter dem langjährigen ʿAlawīdenherrscher Mawlāy Ismāʿīl (reg. 1082-1139/1672-1727) forciert worden sein soll[170], mag hier eine Rolle gespielt haben, geht aber nicht in der expliziten Form aus den Vierzig Dschihad Hadithen und dem biographischen Eintrag der *Tārīḫ Tiṭwān* hervor.

Auch lässt sich über die *nisba* al-Andalusī, die der Sammler trägt, nur anhand geschichtlicher Ereignisse spekulieren, da der umfangreiche biographische Eintrag in der Stadtgeschichte Tiṭwāns keinen Aufschluss über die Fami-

---

[168] Vgl. Abun-Nasr (1971), S. 221-224, 229; Ferhat (2000), S. 549; Rogerson (2012), S. 241, 249-252; Raymond (1970), S. 266f.; Cory (2010), S. 462-465; Sivers (2001), S. 520-525; Terrasse (1960), S. 355f.

[169] Vgl. Dāwud (1959), S. 347; s.a. Kaḥḥāla (1959), Bd. 7, S. 186; Ismāʿīl Bāšā (1951), Bd. 1, S. 764; Rahūnī (2003), S. 111f.

[170] Vgl. Abun-Nasr (1971), S. 229, der den Herrschaftsbeginn Ismāʿīls ins Jahr 1673 datiert (vgl. ebd. S. 227). Oben genannte Herrschaftszeiten geben u.a. Burns (2011), S. 429; Rogerson (2012), S. 252; Cory (2010), S. 465, 469; Raymond (1970), S. 267; Yver (1986), S. 1191; Terrasse (1960), S. 356 an.

lienverhältnisse gibt. Tiṭwān ist neben Salā (bei Rabat) zur Zeit Barakat at-Tiṭwānīs Piratenhochburg und Sammelstelle für Immigranten von der Iberischen Halbinsel. Mit der Rückeroberung Granadas 897/1492 durch die Christen fiel „die letzte Bastion muslimischer Herrschaft in Iberien"[171] und zwang die dort verbliebenen Muslime zur Übersiedlung in den Maghreb. Der Heimatverlust machte gerade diese Geflohenen empfänglich für den Einsatz gegen die Spanier, was sich unter anderem in ihrer Verbündung mit dem als *muǧāhid* auftretenden al-ʿAyyāšī sowie der Forcierung der von den beiden Städten ausgehenden Piraterie äußerte.[172] Vorfahren Barakat at-Tiṭwānīs könnten selbst zu diesen Geflohenen gehört haben, sodass sein Interesse an dem Einstatz ‚für die Sache Gottes' aus ihrem Einfluss herrühren mag. Vielleicht ist der Sammler aber auch nur generell von dem Tiṭwāner Umfeld, in dem er aufwuchs und sicherlich des öfteren mit den Auswirkungen der Piraterie konfrontiert war, geprägt worden. Trotz der Nähe zur Grenze scheint Barakat at-Tiṭwānī selbst nicht aktiv gekämpft zu haben. Vielmehr wird in den biographischen Einträgen das Bild eines herausragenden Sufis gezeichnet, der aufrichtig und bescheiden aufgetreten sein und sich besonders um die Weitergabe nützlichen Wissens bemüht haben soll.[173]

Der Hadithsammler gehört damit einer der beiden Personengruppen an, die maßgeblich ab dem 10./16. Jh. das politische und soziale Leben in Marokko bestimmten:

> *Šarīfe* und Sufi *šayḫ*s führten die öffentliche Meinung an, formten das intellektuelle Leben und soziale Gewohnheiten. Das Sprachrohr der marokkanischen muslimischen Gemeinschaft waren nicht länger die *ʿulamāʾ* […]. Die *šarīfe* forderten als Sultane Gehorsam gegenüber ihrer Person, die [in ihrer Position; Anm. d. Verf.] niedereren *šarīfe* und Sufi *šayḫ*s unterrichteten die Massen darin ihnen zu gehorchen und zu vertrauen, selbst wenn sie in offenkundigem Gegensatz zum Gesetz handelten.[174]

Zwar trägt ʿAlī Barakat at-Tiṭwānī in seinem Namen mit dem Segen (*baraka*) eine Gabe, die Abun-Nasr zufolge den *šurafāʾ* aufgrund ihrer Abkunft vom Propheten nachgesagt wird und für das Vertrauen in ihre dadurch vermeintlich geleitete Herrschaft maßgeblich ist, doch geben die vorliegenden biographischen Anmerkungen zur Person keinerlei Hinweise auf eine Zugehörigkeit at-Tiṭwānīs zu den *šurafāʾ*. Vielmehr kann der Hadithsammler der zweiten Gruppierung der Sufis zugeordnet werden und wird den Namen Baraka auf-

171 Sivers (2001), S. 504.

172 Vgl. Abun-Nasr (1971), S. 229; Yver (1986), S. 1190; Rogerson (2012), S. 250.

173 Vgl. Dāwud (1959), S. 348-351, 378-383; Rahūnī (2003), S. 110f.; s.a. Ismāʿīl Bāšā (1951), Bd. 1, S. 764.

174 Abun-Nasr (1971), S. 230f. (die im Zitat inkonsequente Wiedergabe arabischer Plurale ist dem englischen Originaltext nachempfunden: Abun-Nasr spricht hier von *ʿulamāʾ* einerseits und *sharifs* und *shaikhs* – anstelle von ‚*shurafa*' und ‚*shuyukh*' – andererseits).

grund seiner als herausragend beschriebenen Persönlichkeit als Asket und aufrichtiger *šayḫ* erhalten haben. Stephen Cory zufolge ist *baraka* die spirituelle Kraft, die vor allem den *murābiṭūn* als Vermittlern von kämpferischem Einsatz und Frömmigkeit nachgesagt wird, und von diesen *murābiṭūn* hätten sich wiederum viele als vom Propheten abstammend erklärt. Dass Barakat at-Tiṭwānī zu diesen spirituellen Führern zu zählen ist, der hohes Ansehen erlangte, wird auch durch Muḥammad Dāwuds Erwähnung einer *zāwiya* in Verbindung mit at-Tiṭwānīs Grabstätte bestärkt. Diese stehe für alle Muslime offen und habe sich zu einem bedeutenden Ort der Heiligenverehrung entwickelt, da ʿAlī Barakat at-Tiṭwānī letztlich nicht nur mit Segen, sondern ebenso mit Wundertaten (*karāmāt*) in Verbindung gebracht würde.[175]

Ob eine so deutliche Trennung zwischen den sufischen Führern bzw. *murābiṭūn* und den *ʿulamāʾ*, wie sie neben dem obigen Zitat beispielsweise auch aus den Ausführungen Stephen Corys und Houari Touati hervorgeht[176], angemessen ist, bleibt im Hinblick auf ʿAlī Barakat at-Tiṭwānīs Leben fraglich. Er wird einerseits wiederholt als *ʿālim* bezeichnet, scheint vorwiegend in Fes studiert und sich unter anderem mit Koran, Recht und Hadith auseinandergesetzt zu haben. Zudem heißt es, er habe Kontakte zu Gelehrten „aus Ost und West“[177] gehabt. Doch fehlt andererseits dem Eintrag in der *Tārīḫ Tiṭwān* die für so viele, als *ʿulamāʾ* aufgefasste Sammler der Vierzig Hadithe übliche, genaue Angabe von Studienfächern und -dauer, Stationen des Wissenserwerbs und damit zusammenhängend aufgesuchten Lehrern. Der Biograph legt vielmehr den Fokus zum einen auf die nachdrückliche Betonung des asketischen Verhaltens at-Tiṭwānīs, das sich neben seiner Bescheidenheit unter anderem in einer „einzigartigen Menge gottesdienstlicher Betätigung“[178], dem wöchentlichen Besuch des großväterlichen Grabes sowie einem intensiven Bemühen der (inhaltlich nicht genauer dargelegten) Wissensvermittlung gezeigt haben soll. Zum anderen liegt der Fokus des Eintrages primär auf Texten von at-Tiṭwānī selbst. Neben einer Diskussion zur Bestimmung der Gebetsrichtung (*qibla*) und einem Schreiben, das die Grabespein (*ʿaḏāb al-qabr*) thematisiert, finden sich zahlreiche Gedichte unterschiedlichen Inhalts aufgeführt. Bei zwei Beispielen handelt es sich um umfangreiche Bittgebete und Erflehen von Gottes Beistand, wobei der Hintergrund des einen Gedichts nur vermutet werden kann: Muḥammad Dāwud hält für wahrscheinlich, dass es sich um eine Reaktion at-Tiṭwānīs auf die Hinrichtung von Angehörigen der in Tiṭwān führenden Familie der Naqsīs im Jahr 1098/1686 handeln könnte.

---

175 Vgl. Dāwud (1959), S. 377, 383; Abun-Nasr (1971), S. 231; Cory (2010), S. 463, 473; Rahūnī (2003), S. 112; Touati (2010), S. 504.
176 Vgl. Cory (2010), S. 473; Touati (2010), S. 504.
177 Dāwud (1959), S. 353f., 357.
178 Ebd., S. 348.

Diese hatten sich mit dem Neffen Mawlāy Ismāʿīls verbündet und an Rebellionen gegen den Sultan beteiligt. Die beim Tod des Neffen erfolgte Unterwerfung der Naqsīs unter Mawlāy Ismāʿīls Herrschaft nahm Letzterer nicht an, sondern ordnete ihre Hinrichtung an. Diese Ereignisse hätten Barakat at-Tiṭwānī mit großem Leid erfüllt und seien aus Sicht Dāwuds das wahrscheinlichste Motiv für dessen Verse. Das zweite Gedicht erstellte er wiederum im Zusammenhang mit der Seuche, die seine Heimatstadt im Jahr 1088/1677 heimsuchte.[179] Auch wenn die Seuche ebenso wie Kriegszüge auf dem Meer ein Thema in der Piratenhochburg Tiṭwān waren und den Hadithsammler in seinen Schriften beschäftigten, brachte er beide Themen – im Gegensatz zu as-Suyūṭī und an-Nabhānī hinsichtlich maritimer Überlieferungen – nicht in seine Vierzig Dschihad Hadithe ein.

Muḥammad Dāwud kommt zu dem Schluss, dass Barakat at-Tiṭwānī sich zwar intensiv mit Wissenserwerb und -weitergabe, sowie gottesdienstlichen Handlungen auseinandersetzte, seine Hauptbeschäftigung aber der Literatur (*adab*) und Dichtung (*šiʿr*) galt. Einen bedingten Eindruck von den verschiedenen Bereichen, mit denen sich Barakat at-Tiṭwānī in seinen Studien auseinandersetzte, bietet eine *iǧāza*, die er einem seiner Schüler im Jahr 1094/1683 ausstellte und die zur Gänze im Eintrag der *Tārīḫ Tiṭwān* erhalten ist. Barakat at-Tiṭwānī nennt darin einige Werke, die er erlernte und lehrte; für den Bereich der Hadithwissenschaft sind dies unter anderem das *Ṣaḥīḥ al-Buḫārī* und die Vierzig Hadithe an-Nawawīs, wobei hervorgehoben wird, dass er über vollständige Überliefererketten bis hin zu den Urhebern der Niederschriften verfügte. Diese werden im Fortlauf der *iǧāza* auch genannt, im Falle der Vierzig Hadithe an-Nawawīs reicht der *isnād* at-Tiṭwānīs über fünf Generationen zurück auf Ibn Ḥaǧar al-ʿAsqalānī, dessen Niederschrift ihm vorgelegen habe. Wie auch der Einleitung zu at-Tiṭwānīs Vierzig Dschihad Hadithen zu entnehmen ist, in der auf an-Nawawī ausdrücklich verwiesen wird, gab damit der

179 Vgl. ebd., S. 348-377; Abun-Nasr (1971), S. 218, 227f.; Ferhat (2000), S. 549; Cour datiert die Seuche für weite Teile Marokkos auf das Jahr 1090/1679, vgl. Cour (1991), S. 891. Bei einem der von Dāwud abgedruckten Gedichte handelt es sich um ein Schreiben at-Tiṭwānīs aus Meknes, der damaligen Hauptstadt des Sultans Mawlāy Ismāʿīl, an seinen Bruder Aḥmad in Tiṭwān. Dies ist neben der Information, dass Barakat at-Tiṭwānī von seinem Vater unterrichtet wurde, der einzige familiäre Hinweis, verbunden mit der einzigen weiteren Örtlichkeit neben Fes und Tiṭwān, die in den Biographien explizit als Aufenthaltsort genannt werden, vgl. Dāwud (1959), S. 349, 367. Rahūnīs Angaben zu Barakat at-Tiṭwānī stellen eine Kurzform des biographischen Eintrags von Dāwud dar, in denen er von den zahlreichen Gedichten nur das mutmaßlich für die Naqsīs erstellte zitiert. Abschließend folgt ein kurzer Abschnitt über einen Sīdī l-Ḥāǧǧ Aḥmad, der hier als der Sohn ʿAlī Barakas dargestellt wird und nach seinem Vater Imam in dessen Moschee gewesen sein soll, vgl. Rahūnī (2003), S. 112ff.

bekannteste aller Vertreter des Sammlungstyps auch für diesen Beitrag zu den Vierzig Hadithen den Anstoß.[180]

Nicht nur bei der Nennung der Werke, sondern ebenso im Hinblick auf die Erwähnung seiner Lehrer entsteht der Eindruck, dass at-Tiṭwānī lediglich eine Auswahl der wichtigsten anführt. Dabei wird nicht klar, wer seine Lehrer außerhalb Marokkos waren, obwohl von „ašyāḫ min al-mašriq wa-l-maġrib"[181] die Rede ist. Sämtliche angeführten Personen sind Muḥammad Dāwud zufolge Lehrer aus Fes, woraus seiner Ansicht nach aber nicht geschlossen werden darf, dass er nur bei lokalen Größen lernte. Da er mindestens die Pilgerfahrt nach Mekka verrichtet haben soll,[182] die in Dāwuds Eintrag jedoch nicht datiert und im Hinblick auf Studienaufenthalte näher behandelt wird, kann zumindest angenommen werden, dass auch at-Tiṭwānī auf der Suche nach Wissen reiste und mit Gelehrten aus einem weit größeren geographischen Gebiet in Kontakt kam, als die wenigen vorliegenden Informationen preisgeben.

Die biographischen Einträge zu ʿAlī Barakat at-Tiṭwānī geben insgesamt keine Auskünfte über die Vierzig Dschihad Hadithe, worauf auch der Herausgeber der Sammlung hinweist. Lediglich Aḥmad ar-Rahūnī (gest. 1373/1953), dessen Eintrag im Großen und Ganzen in die Ausführungen von Muḥammad Dāwud eingeflossen ist, nennt in seiner *ʿUmdat ar-rāwīn fī tārīḫ Tiṭṭāwīn* die Vierzig Dschihad Hadithe neben einer weiteren Sammlung dieser Art von at-Tiṭwānī über die Missbilligung des Weins. Bei Dāwud finden sich wiederum zwei Anhaltspunkte für die intensive Auseinandersetzung des Sammlers mit der Dschihadthematik: Zum einen erstellte er 1112/1701 eine umfassende Schrift zu zahlreichen grundlegenden Bereichen des Islams, die Dāwud zufolge auch eine allgemeine Abhandlung über den Dschihad beinhaltet. Zum anderen führt der Biograph in der Auswahl an Gedichten at-Tiṭwānīs folgende dreizehn Verse (im Metrum *kāmil*) über den Dschihad an:[183]

1 Oh [du], der am frühen Morgen zu einer gottesdienstlichen Pflicht kommt, sich nähert
und bei den beiden heiligen Stätten Unermüdlichkeit sieht, bist unermüdlich.

---

180 Vgl. Dāwud (1959), S. 350-357, 370; Tiṭwānī (1986), S. 7. Siehe auch Kaḥḥāla (1959), Bd. 7, S. 186; Ismāʿīl Bāšā (1951), Bd. 1, S. 764 - aus beiden äußerst kurzen Einträgen geht at-Tiṭwānī als Philologe (*naḥawī*) hervor.

181 Dāwud (1959), S. 357.

182 Vgl. Dāwud (1959), S. 353f., 357; Rahūnī (2003), S. 110ff.

183 Dāwud zufolge ist das Werk mit dem Titel *Ad-durar al-ḫuṭab fīmā yuḫāṭib bih al-insān min al-Islām wa-l-īmān wa-l-iḥsān* in einer Abschrift aus dem Jahr 1132/1720 in Tiṭwān erhalten und sein Druck und die Verbreitung zu wünschen, er macht aber keine Angaben zur Lokalisierung des Manuskripts, vgl. Dāwud (1959), S. 358f., 369. Die zweite Sammlung at-Tiṭwānīs trägt den Titel *Arbaʿūn ḥadīṯan fī ḏamm al-ḫamr*, vgl. Rahūnī (2003), S. 111.

2 Bei Gott! Wenn du eine Gruppe von ihnen
im Dschihad gegen die Feinde Gottes erblickst, so nähere dich,
3 damit du an der Seite desjenigen, den du in Augenschein nimmst, erfährst,
dass derjenige, den du in Augenschein nimmst, nicht berechnet.
4 Selbst wenn die Tränen über seine Wangen herabströmen,
ist er ein Frommer, der Gott fürchtet und Ehrfurcht empfindet.
5 So bluten jene sich früh Erhebenden beständig
aus ihren Kehlen, die verschmiert und gefärbt sind.
6 Oder sein Pferd ermüdet im unablässigen Lauf,
denn ihre Pferde strengen sich durch die Schläge[184] auf das äußerste an.
7 Sie kommen mit durch die Hufe aufgewirbeltem Staub,
wobei der Staub bei ihnen den köstlichsten Duft verbreitet,
8 denn ein Hadith von guter Beschaffenheit brachte deutlich ans Licht
mit seiner Aussage, die vorzüglicher ist:
9 Wirbeln die Füße eines Mannes niemals Staub auf
auf dem Wege des Herrn der Schöpfung, wenn er sich bewegt,
10 so trifft ihn das Höllenfeuer ganz und gar.
Vielmehr noch besteht Glückseligkeit, dessen Beständigkeit nicht unglücklich macht.
11 [Ein Hadith] brachte bereits hervor, dass kein Ungläubiger
mit seinem Möder im Feuer zusammentrifft, wo er bestraft wird.
12 Das Bekenntnis des Korans betrifft die Märtyrer in dem Moment,
in dem ihre Leben dahin [d.h. zum Martyrium; Anm. d. Übers.] gekommen sind und [ihnen] köstliche Versorgung [gebührt].
13 Die Aussage eines über seinen Vorzug Sprechenden hatte keinen Bestand –
welch ein Irrtum! Frei von Not ist ein sich ausführlich Äußernder, wenn er sich äußert.[185]

In diesen, den Dschihad verherrlichenden Versen finden sich mitunter Zitate einschlägiger Dschihad-Hadithe[186], die der Kategorie ‚Bestrafung' zuzuordnen sind: Es wird mit dem Höllenfeuer für denjenigen gedroht, der den Einsatz auf dem Wege Gottes unterlässt. Abschließend räumt at-Tiṭwānī mit dem „Irrtum" auf, dass die Aussagen desjenigen, der die Vorzüge des Dschihad verbreitet, keinen Bestand hätten. Dies könnte als Aufforderung aufgefasst werden, sich mit dem Dschihad und seinen Vorzügen auseinanderzusetzen, denn erst dadurch gebühre einem der in so zahlreichen Überlieferungen und auch den Sammlungen der Vierzig Dschihad Hadithe propagierte Lohn – eine Hoffnung, die Barakat at-Tiṭwānī dazu bewogen haben mag, seine Vierzig Hadithe überhaupt zum Thema des Dschihads zu erstellen.

---

184 *laṭīma*, laut Wahrmund auch „Moschus" (vgl. Wahrmund (1898), S. 639), damit eventuell eine Anspielung auf das Blut, das bei Märtyrern nach Moschus duften soll?

185 Dāwud (1959), S. 369.

186 Anfang Vers 9 und 10 = T20; Mitte Vers 11 = T29.

Barakat at-Tiṭwānīs *Arbaʿūn ḥadīṯan fī faḍl al-ǧihād* scheinen erstmalig 1406/1986 von Abū Uways Muḥammad Bū Ḫubza in Tiṭwān herausgegeben worden zu sein. Ihm zufolge ist nur ein einziges Manuskript in einer Tetouaner Bibliothek erhalten, das zudem aus der Zeit des Sammlers stammen soll. Hinweise auf mögliche weitere, erhaltene Ausgaben fanden sich in den Bibliothekskatalogen nicht. Erst in jüngster Zeit ist ein steigendes Interesse an den Vierzig Dschihad Hadithen auszumachen: Ibn Maḥmūd verweist in seiner Übersicht über Dschihad-Schriften auf diese Sammlung, die ihm zufolge mit Erläuterungen im Jahr 1424/2003 vom Beiruter *Dār al-Kutub al-ʿIlmiyya* in einem Sammelwerk veröffentlicht worden sein sollen. Seit Anfang 1430/2009 ist die Sammlung des Weiteren auf der Website von *Minbar at-tawḥīd wa-l-ǧihād* einsehbar, die sich der Zugänglichkeit von dschihadbezogenen Texten verschrieben und unter anderem umfassendes Material zu Abū Qatāda al-Filasṭīnī online gestellt hat. Die dort zur Verfügung gestellte Ausgabe Barakat at-Tiṭwānīs ist ebenfalls von Abū Uways Muḥammad Bū Ḫubza al-Ḥasanī herausgegeben, dessen kurze Einleitung mit Hinweisen auf die Biographie at-Tiṭwānīs jedoch ausgelassen wurde. Zudem ist die in der Druckausgabe vorangestellte Widmung hier hinten angefügt und die in den Fußnoten bereitgestellten Quellenangaben der Hadithe sind um Hadithnummern ergänzt. Dass das vor allem jüngst ansteigende Interesse an der Sammlung Barakat at-Tiṭwānīs primär in salafistischen Kreisen zu verorten ist, wird nicht nur an obiger Website ersichtlich. Muḥammad Bū Ḫubza beruft sich in den wenigen Anmerkungen, die er zur Hadithauswahl at-Tiṭwānīs macht, wenigstens zweimal auf die Hadithbeurteilung Muḥammad Nāṣir ad-Dīn al-Albānīs (gest. 1420/1999) und verweist auf zwei von dessen Hadithschriften.[187]

Mögliche Adressaten der Vierzig Dschihad Hadithe

Die Sammlung selbst kommt ohne Datierung aus. Zwar äußert sich der Sammler einleitend umfassend über seine Motivation, die vom *man ḥafiẓa*-Hadith herrührt, doch gehen daraus wie auch aus dem knappen Schlusswort keine Angaben über Ort und Zeitraum der Hadithzusammenstellung hervor. Die selbst dem Titelblatt vorangestellte und damit von der eigentlichen Sammlung losgelöste Widmung für die muslimischen Belagerer Ceutas könnte auch ein Kontextualisierungshinweis von Seiten des Editors sein,

[187] Vgl. http://www.ilmway.com/site/maqdis/MS_8911.html (zuletzt abgerufen am 15.04.2017); Tiṭwānī (1986), S. 31, 33 (Fußnoten zu T36 und T40); s.a. Kap. I.4; Ibn Maḥmūd (2007), S. 29 (Nr. 93).

womit die Sammlung selbst zu einem zeitlosen Aufruf zum Dschihad wird. Hierin unterscheiden sich die Vierzig Dschihad Hadithe at-Tiṭwānīs von den übrigen drei näher vorgestellten Beispielen, die jede auf ihre Weise einem bestimmten Herrscher gewidmet sind.

Sofern die Widmung von at-Tiṭwānī persönlich intendiert ist, ließe sich aber in zweiter Linie ein Herrscher ausmachen, der mit diesen Vierzig Hadithen mitunter angesprochen sein könnte: Der ʿalawīdische Sultan Mawlāy Ismāʿīl soll Ceuta von 1104/1693 bis 1133/1721 belagert haben, sodass Barakat at-Tiṭwānī für wenigstens sechzehn Jahre Zeitzeuge dieses Ereignisses wurde und seine Vierzig Dschihad Hadithe entsprechend gegen Ende seines Lebens erstellt haben könnte. Ceuta (*Sabta*) war bereits 818/1415 von den Portugiesen vereinnahmt worden und ging 988/1580 in spanisches Herrschaftsgebiet über. Trotz der lange andauernden Belagerung der Stadt und seiner Erfolge im Hinblick auf die Rückeroberung anderer marokkanischer Hafenstädte blieb Mawlāy Ismāʿīls Vorgehen im Falle Ceutas erfolglos. Zur Wahrung seiner Unabhängigkeit hatte sich der Herrscher eine eigene, isoliert ausgebildete Sklavenarmee – die *ʿAbīd al-Buḫārī* – aufgebaut, die ihm im Kampf gegen die Machtbestrebungen der zahlreichen Araber- und Berberstämme im Landesinneren treu ergeben war. Da sie ihm ebenso in den Auseinandersetzungen mit den europäischen Besatzern diente, könnte es sich primär um diese Personengruppe handeln, der Barakat at-Tiṭwānī seine Vierzig Dschihad Hadithe widmete. Vielleicht ist hier ein Indiz dafür zu sehen, dass die besonders von Mawlāy Ismāʿīl forcierte Feindlichkeit gegenüber den europäischen Besatzern und seine Eigendarstellung als *muǧāhid* auch at-Tiṭwānī nicht verfehlte, der die Armee aufgrund des gemeinsamen Zieles mit seiner Hadithsammlung unterstützte, selbst wenn er ansonsten nicht hinter dem Sultan und den in der Gesellschaft wenig angesehenen *ʿAbīd al-Buḫārī* gestanden haben mag.[188]

---

188 Vgl. Ferhat (1995), S. 690f. Hier werden die Jahresangaben zur Belagerung gegeben, denen nach Ceuta ganze siebenundzwanzig Jahre der Blockade ausgesetzt war; Yver hingegen spricht ohne Angabe von Jahreszahlen von siebzehn Jahren Belagerung, vgl. Yver (1986), S. 1190ff.; Sivers (2001), S. 504. Über die Rekrutierung der ʿAbīd al-Buḫārī gibt es unterschiedliche Angaben darüber, ob es sich um sudanesische Sklaven oder aber Angehörige eines marokkanischen Berberstammes handelt, die eine vergleichsweise dunkle Hautfarbe hatten. Mawlāy Ismāʿīl brachte diese Armee in speziellen Baracken in und um seine Hauptstadt Meknes unter, wo sie isoliert von der übrigen Gesellschaft ausgebildet wurden und Sklavinnen zur Familiengründung gestellt bekamen, um über ihren Nachwuchs für den Fortbestand der Armee zu sorgen, vgl. Abun-Nasr (1971), S. 227; Cour (1991), S. 891f.; Burns (2011), S. 429f.; Rogerson (2012), S. 253f.; Cory (2010), S. 465f.; Sivers (2001), S. 524f.; Terrasse (1960), S. 356; Raymond (1970), S. 267f.; Watts, Tim J.: Abid al-Bukhari. In: Mikaberidze, Alexander (Hrsg.): Conflict and Conquest in the Islamic World. A Historical Encyclopedia. Bd. 1. Santa Barbara u.a.: ABC-Clio 2011, S. 20ff. Zur Namenserläuterung dieser Armee und ihre Verbindung zu Tiṭwān siehe Dāwud, Muḥammad: Tiṭwān wa-

Wahrscheinlicher ist jedoch, dass weitere Personengruppen an der Belagerung teilhatten, die nicht der Armee des Sultans angehörten. Womöglich mobilisierte at-Tiṭwānī mittels der Hadithauswahl seine Schülerschaft zur Teilnahme am Einsatz um Ceuta und bezeichnete eben jene als Belagerer Ceutas. Dāwuds Vermutung im Zusammenhang mit einem der Bittgebete beinhaltenden Gedichte at-Tiṭwānīs für die von Mawlāy Ismāʿīl hingerichteten Angehörigen der führenden Familie Tetouans (s.o.) spricht insgesamt eher für eine Positionierung des Sufis und Dichters gegen den Sultan. Unterstützend kommt hinzu, dass at-Tiṭwānī sich für seine Studien vorwiegend in eben jener Stadt aufhielt, in der mitunter der größte Widerstand gegen Mawlāy Ismāʿīl aufgebracht wurde: Cory bezeichnet Fes als „selbsternannte religiöse Hauptstadt Marokkos“[189], deren Gelehrte sich unter anderem gegen unrechtmäßige Steuereintreibung, erzwungene Rekrutierung von Sklaven und Versagen bei der Förderung des Dschihad auflehnten. Zudem sollen sich auch die Gelehrten aus Fes an jener Rebellion beteiligt haben, die der Tetouaner Familie der Naqsīs zum Verhängnis wurde. Mawlāy Ismāʿīl scheint Zeit seiner Herrschaft hart gegen Kritiker wie die Gelehrten aus Fes vorgegangen zu sein, degradierte sie und sorgte Cory zufolge durch jahrelange Unterdrückung für die Marginalisierung der *murābiṭūn*.[190]

Unter Einfluss dieser Ereignisse scheint es weniger wahrscheinlich, dass Barakat at-Tiṭwānī mit seinen Vierzig Dschihad Hadithen schließlich einen unterstützenden Beitrag zum Einsatz des Sultans und seiner Armee im Kampf gegen die spanischen Besatzer lieferte. Vielmehr wird die Sammlung der Unterrichtung seines Zuhörerkreises gedient haben, der unabhängig von der Belagerung des Herrschers seinen eigenen Dschihad gegen die Spanier geführt haben könnte.

Zur Einleitung der Arbaʿūn ḥadīṯan fī faḍl al-ǧihād

Der Anfang der Einleitung mit dem Gottes- und Prophetenlob sowie Ermahnung, bevor at-Tiṭwānī zum Thema seiner Vierzig Hadithe kommt, ist in Reimprosa (mit Paarreimen) verfasst. Der Hadithsammler nutzt hier bereits die Gelegenheit auf sein Kernthema des Dschihad zu sprechen zu kommen, indem er teils über Anspielungen auf Überlieferungen, die auch in seine Auswahl der Vierzig Hadithe eingingen, den Stellenwert des Dschihad darlegt und ihn in Beziehung zu Gott und dem Propheten setzt. Nach der Ankündigung zum eigentlichen Thema überzugehen (*wa-baʿd*) nennt at-

ǧayš ʿAbīd al-Buḫārī. In: ders.: Tārīḫ Tiṭwān. Bd. 2. Tiṭwān: Maʿhad Mawlāy al-Ḥasan 1379/1959, S. 34-38.

189 Cory (2010), S. 467.

190 Vgl. ebd, S. 465-470, 473f.; Sivers (2001), S. 525.

Tiṭwānī für die Erstellung seiner Sammlung den klassischen Beweggrund: Er hätte sich mit dem *man ḥafiẓa*-Hadith auseinandergesetzt und folge den Ausführungen an-Nawawīs, die er dann größtenteils paraphrasiert. Um sein Vorgehen nicht allein mit einem als schwach eingestuften Hadith zu fundieren, stützt sich at-Tiṭwānī in Anlehnung an an-Nawawī auf zwei weitere Überlieferungen, die als einwandfrei kategorisiert wurden und die Verpflichtung zur Weitergabe von Wissen postulieren. Hieran schließt Barakat at-Tiṭwānī, erneut in Reimprosa, die Darlegung seiner mit der Hadithzusammenstellung verbundenen Wünsche und der Themenwahl an.[191]

Vierzig Hadithe über die Vorzüge des Dschihad und des *ribāṭ* zusammenzustellen, die Barakat at-Tiṭwānī überwiegend auf die *ṣaḥīḥayn* al-Buḫārīs und Muslims zurückführen kann, sei eine Eingebung Gottes gewesen. Da beide Bereiche insgesamt einen hohen Stellenwert haben, erhofft er Nützlichkeit und hohen Lohn nicht nur für den an der Sammlung Interessierten, sondern durch dessen Motivierung mittels der Sammlung auch für sich selbst und erbittet, zu den *muǧāhidīn* gehören zu dürfen. Der in seiner Einleitung wiederholt angedeutete Rang [*rutba*] des Dschihad schlägt sich auch in dieser Sammlung in einer hohen Anzahl an Hadithen nieder, die den Kategorien ‚Bedeutung' und ‚Lohn' zuzuordnen sind. Insgesamt überschneidet sich seine Hadithauswahl zur Hälfte mit der der beiden vorangegangenen Sammler. Bevor at-Tiṭwānī in seine eigentliche Sammlung überleitet, merkt er in Bezug auf die getroffene Auswahl an Hadithen an, dass er sie „mit zwei oder drei Hadithen zur Absicht und den Eigentümlichkeiten [des Dschihad] beginne, auf dass sie enthalten, was der *muǧāhid* an Belehrung hinsichtlich der Absicht und aufrichtigen Ergebenheit bedarf."[192] Insgesamt erhält die Sammlung dadurch einen deutlicheren Lehrcharakter als die drei anderen Beispiele.

Zuordnung der Hadithe:
Voraussetzungen für die muǧāhidīn, *die zur Ausführung des Dschihad erfüllt sein müssen*

Wie dem obigen Zitat aus der Einleitung at-Tiṭwānīs zu entnehmen ist, legt der Hadithsammler besonderen Wert auf den Anfang seiner Sammlung: Er zielt hier auf die richtige Intention desjenigen, der am Einsatz als *muǧāhid* interessiert ist, und legt die im ersten und dritten Hadith angegebenen Voraussetzungen ausführlich in einer umfangreichen Überlieferung (T2) dar. Barakat at-Tiṭwānī beginnt somit seine Sammlung, wie as-Suyūṭī sie endete. Neben der richtigen Intention, nicht der weltlichen Güter und des Anse-

---

191 Vgl. Tiṭwānī (1986), S. 7ff.; Nawawī (1984), S. 4f.; Nawawī/Schöller (2007), S. 10f.; 383f.

192 Tiṭwānī (1986), S. 9.

hens wegen, sondern für Gott und die Umsetzung seiner Vorschriften zu kämpfen, bringt at-Tiṭwānī über den fünften Hadith eine weitere Grundvoraussetzung ein: Im Falle des Sterbens im Einsatz auf dem Wege Gottes erfolgt das Vergeben der Fehler nur bei Schuldenfreiheit, ist damit also an dieselbe Bedingung geknüpft wie eine der fünf Säulen, die Pilgerfahrt[193].

Gegen Ende seiner Vierzig Hadithe kommt Barakat at-Tiṭwānī dann noch einmal auf den Aspekt der Absicht zurück, indem er über die vierunddreißigste Überlieferung den Kriegszug in zwei Arten unterscheidet: Er wird entlohnt, sofern der Teilnehmer dabei nach dem Antlitz Gottes strebt, gehorsam gegenüber dem Imam und nachsichtig gegenüber den Gefährten ist, sein Vermögen einsetzt und sich von Lasterhaftigkeit abwendet. Im hier auch ausgeführten Umkehrschluss führen die Nichtbeachtung dieser Vorgaben, sowie das Streben nach Ruhm und Ansehen zum Ausbleiben des Lohns.

Bedeutung des Dschihad gegenüber anderen Handlungen

Während besonders Ibn ʿAsākir in der Anordnung seiner Überlieferungen anfangs überwiegend die Bedeutung des Dschihad darlegt und die zweite Hälfte seiner Sammlung vorrangig der Belohnung widmet, lässt at-Tiṭwānī die Hadithe zu den beiden Hauptfeldern tendenziell abwechselnd aufeinander folgen. Die ersten Aussagen mit einem Fokus auf der Bedeutung sind dabei aus den anderen Sammlungen bereits bekannt: Der Dschihad wird in Relation zum Glauben und zur Pilgerfahrt gesetzt (T4), keine Handlung ist ihm ebenbürtig (T6, T15) und bereits ein einmaliges Ausziehen oder die Stationierung für einen Tag sind mehr wert als das Diesseits (T10, T23) bzw. das Fasten und Beten für einen Monat (T24). Des Weiteren führt auch at-Tiṭwānī den Einsatz und asketisches Verhalten als beste Lebensführung an (T11) und ergänzt einen Hadith zur näheren Erläuterung (T12), der zudem ihre Exklusivität unterstreicht: „Nur die [so Handelnden] gehören zu den besten Menschen.“[194]

Die Bedeutung des Dschihad erschließt sich ferner aus dem ebenfalls aus der Sammlung Ibn ʿAsākirs bekannten Motiv des besonderen Märtyrerwunsches: Sie sind die einzigen, die nach Betreten des Paradieses dieses zum erneuten Kämpfen und Sterben für Gott wieder verlassen würden. At-Tiṭwānī führt diese Besonderheit in Verbindung mit der Zustandsbeschreibung der Märtyrer im Paradies gleich zweimal an (T30, T31). Über einen Sammelhadith (T14), der in der Form oder in Teilen auch in allen anderen (außer as-

[193] Siehe dazu bspw. Reidegeld, Aḥmad A.: Handbuch Islam. Die Glaubens- und Rechtslehre der Muslime. Kandern: Spohr 2005, S. 606ff.
[194] Tiṭwānī (1986), S. 17.

Suyūṭis) Vierzig Dschihad Hadithen vorkommt, bringt at-Tiṭwānī die Idee des wiederholt für Gott Kämpfens und Sterbens zuvor auch als ausdrücklichen Wunsch des Propheten ein und unterstreicht damit, dass das Sterben in dieser Form nicht mit dem in anderen Überlieferungen thematisierten Schrecken und der Grabespein zu verbinden ist, sondern vielmehr als Ehre[195] angesehen wird.

Die Bedeutung des Handelns im Sinne des Dschihad ergibt sich schließlich in einem Hadith at-Tiṭwānīs aus der Höhe des zu erwartenden Lohns: In einer sehr knappen Schilderung (T33) werden für eine Kamelin auf dem Wege Gottes siebenhundert ihresgleichen im Jenseits in Aussicht gestellt. In diesem Sinne endet der Hadithsammler seine Vierzig Hadithe dann mit einer ebenso knappen Aussage (T40), die den Kern seiner Lehrsammlung auf den Punkt bringt: „Die Tat, mit der man Gott (ǧ) am nächsten ist, ist der Dschihad auf dem Wege Gottes, und nichts kommt dem nahe."[196]

Wie seinem Schlusswort zu entnehmen ist, fügt Barakat at-Tiṭwānī zu Ehren Muḥammads dem Ganzen eine einundvierzigste Überlieferung an, die inhaltlich über das Oberthema Dschihad hinausgeht und allumfassend über Vorschriften und Verhaltensregeln informiert. Im Anschluss an die grundsätzliche Aufforderung den fünf Säulen des Islam nachzukommen, die mittels bildlicher Darstellung verdeutlicht und durch ein Koranzitat untermauert werden, wird in einem weiteren bildhaften Vergleich die besondere Stellung des Dschihad erneut hervorgehoben. Ähnlich dem Bild des Hauses zu Beginn von as-Suyūṭīs Sammlung werden hier anhand des Kamels die Grundlagen des Islam in Beziehung zu einander dargestellt: Der Kopf des Ganzen als die wesentliche Voraussetzung ist der Islam, also das Bekenntnis und die Gottergebenheit. Die Stütze (*ʿamūd*) - demnach der Körper, der diese Voraussetzung trägt – ist das Gebet und der höchste Punkt des Höckers ist der Dschihad. Damit greift at-Tiṭwānī die zu Beginn des Vorworts bereits erfolgte Hervorhebung des Dschihad wieder auf, bei der er ihn im Vorgriff auf die Sammlungsinhalte als vorrangige und gewichtige Tat dargestellt und mittels eindeutiger Wortwahl primär als Kampf definiert hatte.[197] Die Belehrung am Ende seiner Sammlung reicht dann über die Kampfdarstellung hinaus: Der Dschihad ist zwar die wichtigste Handlung, bedarf aber grundsätzlich dem Bekenntnis und der Ausführung der von Gott gegebenen Vorschriften. Dies führt at-Tiṭwānī zu einem weitaus weniger kampfbezogenen Abschluss seiner Vierzig Dschihad Hadithe, als sie von ihrem Beginn an vermuten lassen: Die letzte Warnung des Propheten ergeht über die Tätigkeit der Zunge, dernach darauf zu achten ist was man sagt.

---

195 Als solche auch explizit in T31 und N25 bezeichnet.
196 Tiṭwānī (1986), S. 33.
197 Vgl. ebd., S. 7.

Neben der Vergebung von Fehlern, die im fünften Hadith einem Gläubigen im Falle seines Todes während des Einsatzes als Lohn in Aussicht gestellt wird, geben die ersten von at-Tiṭwānī angeführten Hadithe mit Lohnbezug Auskunft über den Paradieseintritt durch den aufrichtigen Glauben und das Verrichten der religiösen Pflichten. Der Dschihad wird hier vorerst als lohnsteigernde Maßnahme dargestellt, indem er den Aufstieg des *muǧāhid* um eigens für ihn errichtete Stufen im Jenseits bewirkt (T7, T8). Der Paradieseingang als Lohn für den Dschihad wird erst im weiteren Verlauf der Hadithauswahl verkündet, erstmalig in einem Sammelhadith (T14), der die Paradiesgarantie zusammen mit dem alternativen Lohn der sicheren Rückkehr beinhaltet, und in einem Hadith mit dem Motiv vom Paradies im Schatten der Schwerter (T17). Neben diesen bereits aus der Sammlung Ibn ʿAsākirs bekannten Aussagen resultiert die vorangehende längere Schilderung einer Szene vor und zu Beginn der Schlacht von Badr[198] in der Aussicht auf den Paradieseslohn (T16). Im Moment der Begegnung mit dem Feind spornt Muḥammad der Überlieferung nach seine Gefährten durch die Erwähnung des Paradieses an, wodurch mit einem der Gefährten ein Dialog zustande kommt, in dessen Verlauf Muḥammad ihm das Paradies verspricht. Die direkte Rede und das Schildern von Nebensächlichkeiten – der Gefährte holt Datteln aus seinem Köcher, beginnt zu essen und wirft den Rest weg um sich in den Kampf zu stürzen – bewirken ein unmittelbares Hineinversetzen in die Situation der Person, deren scheinbar furchtloses Handeln als Vorbild dienen soll und damit auch der Kategorie des konkreten Beispiels zuzuordnen ist. Die Verknüpfung mit dem Ereignis von Badr, dem ersten großen Erfolg der Muslime, wird diesen Zweck noch untermauern. Niall Christie sieht in der Thematisierung konkreter Ereignisse aus dem Leben des Propheten, sei es ein Sieg wie der bei Badr oder eine Niederlage wie die von Uḥud, in dem Dschihad-Werk as-Sulamīs eine Strategie der Überzeugung[199]: Die Schilderungen sollen den Hörer oder Leser zum Vergleich mit der eigenen Situation bewegen und zur Nachahmung motivieren. Eine ähnliche Idee mag hinter der Wahl dieser Überlieferung durch Barakat at-Tiṭwānī stehen um aufzuzeigen, dass der überzeugte Einsatz zu hohem Lohn führen wird.

In insgesamt vier in der Sammlung verstreuten Hadithen bringt at-Tiṭwānī die mit Tieren zusammenhängende Belohnung ein. Den in nahezu allen Vierzig Dschihad Hadithen thematisierten Lohn durch den Galopp (T6), die Nahrungsaufnahme und die Ausscheidungen des Pferdes (T25) er-

---

198 Sie erfolgte im Jahr 2/624 gegen die polytheistischen Mekkaner und ging zugunsten der Muslime aus, s. bspw. Horsch-Al Saad (2011), S. 53-70.

199 Vgl. Christie (2015), S. 19ff.

gänzt er um die Information, dass das Pferd zudem der Träger der Belohnung ist, an dessen Stirnhaar diese bis zum Tag der Auferstehung hänge (T21). Die vierte einschlägige Überlieferung stellt ein anderes Tier dergestalt in den Fokus, dass die auf dem Wege Gottes zum Einsatz kommende Kamelin im Jenseits mit dem Siebenhundertfachen ihresgleichen entlohnt wird (T33).

Die in Ibn ᶜAsākirs Vierzig Dschihad Hadithen bereits im Umkehrschluss genannten gleichwertigen Handlungen zum kämpferischen Einsatz - die Ausrüstung und die Versorgung - finden sich ebenso in der Hadithauswahl at-Tiṭwānīs (T22). Der Lohn für sie ergibt sich hier implizit durch die Gleichsetzung mit einer Tat, welche in anderen Überlierferungen bereits mit hohem Lohn in Verbindung gebracht wird. Für die Ausgabe des eigenen Vermögens auf dem Wege Gottes wird dann an anderer Stelle (T32) der Ruf durch die Paradiespforten als Lohn genannt. Auch weitere kampflose Handlungen auf dem Wege Gottes ziehen Lohn nach sich, so zum Beispiel das Fasten für einen Tag, das zur Entfernung vom Höllenfeuer für die Dauer von siebzig Jahren (wörtlich „siebzig Herbsten“, T26) führt. Der Lohn für diese kampflose Tat ist nur temporär und demnach nicht vom selben Wert wie die uneingeschränkte Paradiesgarantie für den Kämpfer (s. T14). Dass selbst für ihn nicht in jedem Fall der Lohn der gleiche ist, ergibt sich wiederum aus der achtundzwanzigsten Überlieferung at-Tiṭwānīs, der nach die Teilnehmer eines erfolgreichen Expeditionstrupps, die unversehrt blieben und Beute machten, zwei Drittel ihres nicht näher definierten Lohnes erhalten. Voller Lohn gebühre hingegen den angstgeplagten und verletzten Teilnehmern eines von Misserfolg gekrönten Expeditionstrupps. Diese Überlieferung ist wohl als besonderer Anreiz zum kämpferischen Einsatz zu sehen, da ihr nach bei Misserfolgen nicht etwa mit Strafe zu rechnen ist, sondern diese vielmehr noch höher entlohnt werden. Die Verwundung ist dabei nicht etwas zu Vermeidendes, sondern Anzeichen für einen Einsatz bis auf das Äußerste und gehört im Todesfall sogar zu den besonderen Kennzeichen des Märtyrers (s. T14).

Dass im Hinblick auf den „Ungläubigen“ als Feind ebenfalls bis zum Äußersten gegangen werden sollte, ergibt sich aus dem nachfolgenden neunundzwanzigsten Hadith: „Ein Ungläubiger und sein Mörder treffen niemals im Höllenfeuer zusammen“[200] bedeutet für all jene, die sich einsetzen und der Hölle entgehen wollen, dass sie diese Sicherheit durch das Töten des Feindes erlangen. Neben dem Verletztwerden und Töten wird in einem dritten Schritt (T30) das Getötetwerden in ein positives Licht gerückt. At-Tiṭwānī führt hier die aus A39 bekannte Überlieferung bezüglich des Zustands und Verbleibs der Märtyrer im Paradies an, deren Motivation für

---

200 Tiṭwānī (1986), S. 26.

Gott erneut getötet werden zu wollen auch durch einen separaten Hadith (T31) nachdrücklich betont wird. Zur näheren Definition der Märtyrer und ihres Lohnes führt Barakat at-Tiṭwānī schließlich den fünfunddreißigsten Hadith an, in dem in insgesamt vier Arten unterschieden wird. Im Gegensatz zu A40, wo nur zwei der dort aufgeführten drei Märtyrertypen Paradieseslohn erhalten, gehen die bei at-Tiṭwānī genannten vier aufgrund ihres Martyriums und je nach einwandfreier bis bedingt lasterhafter Lebensführung auf einer unterschiedlichen Stufe ins Paradies ein.

Aus der achtunddreißigsten Überlieferung ergibt sich neben dem *muǧāhid* auch für den Schulden Ausgleichenden und den aus Sittsamkeit Heiratenden ein besonderer Lohn: der Beistand Gottes. Nachdem at-Tiṭwānī einen gewichtigen Anteil seiner Hadithauswahl zur Darstellung der Bedeutung des Dschihad genutzt hat, indem er ihn in Relation zu den Grundpflichten und anderen wichtigen Handlungen setzt, verkehrt er hier sein Vorgehen ins Gegenteil und betont die Bedeutung weiterer Handlungen durch das Nebeneinanderstellen mit dem Dschihad. Dabei greift er zum einen die anfangs aufgeführte Voraussetzung der Schuldenfreiheit (T5) wieder auf und führt zum anderen die Sittsamkeit als weiteres, bedeutendes Verhaltens ein.

Nachdem Barakat at-Tiṭwānī mit der Thematisierung der Absicht seine Sammlung so begann, wie Ǧalāl ad-Dīn as-Suyūṭī sie endete, kommt er gegen Ende zu einer Überlieferung, mit der as-Suyūṭī begann. In ihr erfolgt die Aufforderung zum Dschihad, da dieser ins Paradies führe (T39). Diese Aussage ist zusammen mit der nachfolgenden, welche noch einmal betont, dass dem Dschihad nichts ebenbürtig ist, als die Quintessenz der dschihadbezogenen Hadithauswahl at-Tiṭwānīs anzusehen, die einen starken Fokus auf der kämpferischen Form des Einsatzes aufweist. Dass jedoch auch seiner Sammlung eine differenziertere Bestimmung des Dschihad zu entnehmen ist, lässt sich an einer Hand voll Hadithen aufzeigen.

Definitorische Hadithe

Eine erste Überlieferung definitorischen Charakters findet sich in der Sammlung at-Tiṭwānīs an neunter Stelle. Eine der Frauen des Propheten, ʿĀʾiša, konstatiert, dass der Dschihad die beste Tat sei und fragt dann, warum sie – also die Frauen – sich dann nicht einsetzen. Muḥammad begründet dies mit der Pilgerfahrt als bestem Dschihad, hält damit also fest, dass der Dschihad für die Frauen in einer der Grundpflichten des Islam, folglich einer gewaltfreien Form besteht.

Die nächsten Hinweise auf eine Definition ergeben sich aus der zweiundzwanzigsten Überlieferung, in der das Ausrüsten eines Kriegführenden und das Versorgen der Hinterbliebenen dem Unternehmen eines Kriegszuges gleichgestellt werden. Die Erwähnung dieser unterschiedlichen Aspekte ist deshalb wichtig, da sie den Hörern und Lesern der Sammlung aufzeigen, dass praktisch jeder eine Handlung im Sinne des Dschihad durchführen kann – sei es nun, dass er selber in dem Kampf zieht; sei es, dass er über ausreichend Mittel verfügt um die Kämpfenden auszustatten oder dass er sie durch die Versorgung seiner Familie unterstützt.

Im siebenundzwanzigsten Hadith liegt eines der wenigen Koranzitate in der Sammlung at-Tiṭwānīs vor, das durch eine Aussage des Propheten ergänzt wird (*tafsīr bi-l-maʾṯūr*). In dem zitierten Ausschnitt des Verses 8:60 ergeht ein klarer Kampfaufruf, der sich innerhalb der gesamten achten Sure „Die Beute“ in eine Reihe an Ermahnungen zum Gottgehorsam und Warnungen vor der harten Strafe Gottes einfügt. Der Kampfaufruf wird durch Muḥammads dreifache Aussage unterstrichen, dernach die Macht (oder Kraft, *quwwa*) im (Pfeil)Schießen bestehe. Im Gegensatz zu anderen Sammlern der Vierzig Dschihad Hadithe, die weitere Überlieferungen zum Thema einbringen oder ihre Sammlung vollständig dem Fokus auf das Schießen unterstellen, führt at-Tiṭwānī das Motiv nicht weiter aus.

Gegen Ende seiner Sammlung findet sich schließlich eine definitorische Haditheinheit, die vier Abstufungen des Märtyrerstatusses gemessen an dem Grad der Vortrefflichkeit des Glaubens und Verhaltens definiert (T35) und den Aufruf beinhaltet zu reisen und Dschihad zu führen (T36). Hernach wird der Dschihad als das Wanderasketentum (*siyāḥa*, T37) der muslimischen Gemeinde bezeichnet, womit die bereits in T11 angedeutete Verbindung zur Askese hergestellt wird, die allen Vierzig Dschihad Hadithen zu entnehmen ist.

Bestrafung derer, die die Pflicht des Dschihad vernachlässigen

Barakat at-Tiṭwānī setzt bereits zu Beginn seiner Hadithauswahl deutlich auf die Strategie der Abschreckung, indem er in einer ausführlichen Hadithvariante (T2) die drei Personentypen des vermeintlichen Märtyrers, Gelehrten und Freigebigen näher vorstellt, die aufgrund ihrer falschen Absicht die Höllenstrafe erhalten. Eine implizite Bestrafung in Form eines unzufriedenen Lebens lässt sich zudem im dreizehnten Hadith über die Diener des Geldes, Goldes und der Kleidung erkennen. Dem folgt eine letzte strafbezogene Haditheinheit: Hier wird deutlich vor dem Auslassen und der fehlenden Anerkennung von Kriegszügen gewarnt (T18), die mit der Heuchelei gleichgesetzt werden und damit implizit die Höllenstrafe in Aussicht stellen. Wie as-Suyūṭī (S10) geht auch at-Tiṭwānī in seiner Sammlung nicht weiter auf diesen Aspekt ein, den vielmehr nur Ibn ʿAsākir deutlich benennt (A40).

Der neunzehnte Hadith ließe sich als Ergänzung zu der Idee der Versorgung der Hinterbliebenen verstehen, wird von at-Tiṭwānī jedoch im Vorhinein, als eine Art Voraussetzung für die in T22 genannte Form des Dschihad angeführt. Er thematisiert hier als einziger unter den ausgewählten Sammlern die Unantastbarkeit der hinterbliebenen Frauen der *muǧāhidīn*, deren Betonung für at-Tiṭwānī sicherlich erforderlich war, um den aktiv Kämpfenden ihre Abwesenheit von zu Hause zu erleichtern. Sollte einer der zurückbleibenden Versorger einen *muǧāhid* mit dessen Frau betrügen, zählt diese Tat – als negatives Äquivalent zur Tat des *muǧāhid* – dauerhaft bis zum Tag der Auferstehung. Mit dieser beständigen Anhäufung der Sünde endet die Strafe des Hintergehenden jedoch noch nicht. Vielmehr ist dann am Tag der Abrechnung der Betrogene dazu berechtigt, von den guten Taten seines Widersachers so viele für sich zu deklarieren, wie ihm beliebt.

Die dritte Warnung der Haditheinheit (T20) greift schließlich erneut das Unterlassen des Einsatzes auf – bildlich dargestellt anhand des Motivs vom Staub, den die Füße nicht aufwirbeln – und wird in diesem Fall mit der expliziten Höllenstrafe besiegelt. Mit Ausnahme des in T27 angedeuteten Koranverses, der in der Sure „die Beute“ auf eine wiederholte Nennung der Höllenstrafe bzw. harten Strafe durch Gott folgt[201], endet mit der Haditheinheit (T18-T20) bereits in der Sammlungsmitte der Themenbereich der Warnung.

4. Abū l-Maḥāsin Yūsuf b. Ismāʿīl an-Nabhānī (gest. 1350/1932) als osmanenzeitliches Beispiel

4.1 Wichtigste Lebensdaten

Bei Yūsuf b. Ismāʿīl b. Yūsuf b. Ismāʿīl b. Ḥasan b. Muḥammad an-Nabhānī handelt es sich um einen Dichter, Literaten und Richter des ausgehenden 19. und anfangenden 20. Jahrhunderts, dessen *nisba* auf die Banī Nabhān, ein im Norden Palästinas niedergelassener Stamm Wüstenaraber, zurückgeführt wird. In selbiger Gegend, nahe Ḥayfā, soll an-Nabhānī im Jahr 1265/1849 geboren worden und aufgewachsen sein. Von 1283/1866 bis 1289/1872 studierte er an der Azhar-Universität in Kairo bei Vertretern der vier sunnitischen Rechtsschulen und wurde zwei Jahre darauf zum *qāḍī* ernannt. Ihm wird nachgesagt, nach seinem Studium weit gereist zu sein in dem Bestreben sein erworbenes Wissen zu verbreiten und dem Islam sowie den Muslimen zu dienen – ein Vorhaben, das sich auch in der Quantität und der thematischen Vielfalt seiner Vierzig Hadithe niederschlägt. Bro-

201 Vgl. Zirker (2010), S. 114-117.

ckelmann nennt als Aufenthaltsorte Istanbul, Diyārbakır, Aleppo, Jerusalem, Mosul, Šahrazūr, Samarra und Bagdad, sowie den Ḥiǧāz. An-Nabhānī scheint sich zwischen 1293/1876 und 1300/1883 erst in einer Istanbuler Zeitungsredaktion und Druckerei betätigt zu haben, bevor er Richterämter in Nābulus, Mosul und Jerusalem innehatte. 1305/1888 wurde er schließlich zum Präsidenten des Beiruter Gerichtshofs (*Maḥkamat al-Ḥuqūq*) ernannt und führte dieses Amt die folgenden zwanzig Jahre. Den Ḥiǧāz scheint an-Nabhānī öfter und einmal für längere Zeit bereist zu haben, jedenfalls datiert Brockelmann seine Pilgerfahrt auf das Jahr 1310/1892, während az-Ziriklī erwähnt, an-Nabhānī habe eine Reise nach Medina beendet, als der Erste Weltkrieg ausbrach, um in sein Heimatdorf zurückzukehren, wo er schließlich im Ramaḍān des Jahres 1350 / Februar 1932 verstarb. Muḥammad Ḫayr Ramaḍān Yūsuf geht davon aus, dass an-Nabhānī ganze sieben Jahre in Medina verweilte.[202]

Wie auch aus den Auflistungen seiner zahlreichen Schriften hervorgeht, setzte sich Yūsuf an-Nabhānī insbesondere mit den klassischen Disziplinen der Koran- und Hadithwissenschaft, der Prophetenbiographie, des islamischen Rechts und der Sufik auseinander. Er galt als bekennender Reformgegner, der sich vehement gegen die Bestrebungen seiner Zeitgenossen Ǧamāl ad-Dīn al-Afġānī (gest. 1315/1897), den er zu Studienzeiten in Ägypten getroffen hatte, Muḥammad ʿAbduh (gest. 1323/1905) und Rašīd Riḍā (gest. 1354/1935) äußerte. Seiner Ansicht nach seien Reformen nicht Teil der Religion des Islams, sondern vielmehr von der protestantischen Bewegung übernommen und damit als christlich anzusehen.

Seine abgeneigte Einstellung gegenüber christlichen Einflüssen kommt nicht von ungefähr: Zur Zeit seines mehrjährigen Studienaufenthaltes befand sich Ägypten, durch Staatsanleihen bereits tief verschuldet, fest in der Hand der Briten und Franzosen. Es kam schließlich zur britisch-französischen Oberaufsicht der Staatsfinanzen ab 1293/1876, in etwa zeitgleich mit der Bankrotterklärung der osmanischen Regierung in Istanbul. Nur sechs Jahre später erfolgte dann die Besetzung Ägyptens durch die Briten, die mehrere Jahrzehnte andauern sollte. Auch in anderen Teilen des osmanischen Reiches waren die imperialistischen Bestrebungen von außerhalb spürbar. In Beirut beispielsweise, einem der hauptsächlichen Aufenthaltsorte an-Nabhānīs, sollen von Amerika gesteuerte Missionare für den Protestantismus geworben und dabei unter anderem auf die Literaturwissenschaft eingewirkt haben. Während europäische Bildung und Literatur auch über eigens eingerichtete Schulen vor Ort zunehmend Verbreitung fanden, habe die osmanische Regie-

[202] Vgl. Ziriklī (1969), Bd. 9, S. 289f.; Brockelmann SII (1938), S. 763ff.; Rabāb (2001), S. 7; Nabhānī (2005), S. 9ff.; ders. (s.a.), S. 16-24; Kaḥḥāla (1961), Bd. 13, S. 275f.; Muḥammad (2008), S. 451f.

rung – so Brockelmann – „so gut wie nichts zur Verbreitung und Hebung der arabischen Literatur“[203] getan. Wohl aber bildete sich besonders im Libanon schon früh die arabische *nahḍa* (Wiederbelebung, geistiges Erwachen) heraus und beeinflusste Akteure, die durch die ‚westliche‘ Bildung ihrer Herkunft entfremdet wurden und sich später intensiv für die Umsetzung panarabischer oder -islamischer Ideen einsetzten. Herbert Landolin Müller behandelt in seiner Dissertationsschrift einige dieser Akteure des späten 13./19. Jhs. und ihren jeweiligen Einsatz im Hinblick auf Dschihadaufrufe. Während dabei die Ablehnung der französischen und britischen Kolonialmächte und teils die Idee des osmanischen Sultans und Kalifen als die Religionsgemeinschaft einendes Oberhaupt der Muslime geteilt wird,[204] scheint Yūsuf an-Nabhānī darüber hinaus jedoch jeglichem ‚westlichen‘ Aspekt bedeutend kritischer gegenüber gestanden zu haben. Im Gegensatz zu den von Müller vorgestellten Beispielen scheint er nicht einmal einen Fuß auf europäischen Boden gesetzt zu haben.

An-Nabhānī ruft dazu auf, die Jugend von den Verlockungen des gegenwärtigen Lebens und dem importierten Gedankengut fernzuhalten. Diese Idee geht sogar so weit, dass er für das Unterlassen von fremdsprachlichem Unterricht für muslimische Kinder plädiert, da europäische Sprachen über säkulares und nationalistisches Vokabular verfügten. Vielmehr sollten sie durch einen ‚reinen Islam‘ erzogen werden. An-Nabhānī warnt vor dem immensen Einfluss, der Verbreitung von westlichem Gedankengut und westlicher Kultur. Neben dieser ‚Gefahr von außen‘ sieht er des Weiteren eine ‚Gefahr von innen‘, die in der Uneinigkeit der verschiedenen Strömungen des Islams, vor allem aber der Schiiten und Wahhābiten bestehe.[205] Vergleichbar der Situation, in der Ibn ʿAsākir im 6./12. Jh. seine Vierzig Hadithe zum Dschihad erstellte und zu dessen Befolgen aufrief, entstehen Anfang des 14./20. Jhs. die Vierzig Hadithe über den Dschihad und weitere Werke dieser Art an-Nabhānīs, die sich sowohl gegen den äußeren christlichen Einfluss, wie auch gegen innermuslimische Konflikte richten, die seinerzeit über die Schiiten hinaus auch die Wahhābiten umfassen.

Letztere hatten sich ab Mitte des 12./18. Jhs. auf der arabischen Halbinsel erstmalig etabliert, besetzten Anfang des darauffolgenden Jahrhunderts

---

203 Brockelmann II (1949), S. 493.

204 Vgl. Holt (1970), S. 383, 385-388; Brockelmann II (1949), S. 492f.; Nabhānī (s.a.), S. 19, 27-38; Matuz (2010), S. 240-243; Hourani (2016), S. 380-383; Heyd (1970), S. 356-362, 367ff.; Hansich (2014), S. 26-31; Müller (1991), Kap. 8, S. 235-331. Die finanzielle Abhängigkeit von Europa betraf nicht allein Ägypten, vielmehr wurde die osmanische Regierung zeitgleich mit Ägypten für bankrott erklärt und der europäischen Finanzkontrolle unterstellt. Über den starken wirtschaflichen Einfluss Großbritanniens auf ägyptisches, syrisches und irakisches Gebiet s.a. Schölch (2001), S. 417-420.

205 Vgl. Muḥammad (2008), S. 452; Nabhānī (s.a.), S. 30, 33ff.

wiederholt die beiden heiligen Städte und stellten so die Position des osmanischen Sultans als Schutzherrn Mekkas und Medinas[206] in Frage. Auf die mehrmalige Besetzung folgte vorerst eine Verdrängung der Wahhābiten, die mit der Wiedererrichtung des Wahhābitenstaates ein knappes Jahrhundert später dann für das Ende des osmanischen Einflusses auf der arabischen Halbinsel sorgte. Yūsuf an-Nabhānī hielt sich sowohl kurz vor als auch nach dem entscheidenden Jahr 1320/1902 auf der arabischen Halbinsel auf. Die wahhābitischen Attacken richteten sich gegen das Osmanische Reich unter anderem aufgrund der dortigen Förderung von Gelehrten und sufischen Orden. An-Nabhānīs Konfrontation mit den Wahhābiten ist in diesem Zusammenhang mit seinen eigenen sufischen Interessen und ihrer Verurteilung von Seiten der Wahhābiten zu sehen. Vor allem sieht an-Nabhānī jedoch in der wahhābitischen Auflehnung gegen die Herrschaft der Osmanen eine Gefahr der Spaltung innerhalb der muslimischen Gemeinschaft. Des Weiteren disputiert er auf Gelehrtenebene mit den Wahhābiten um die grundlegenden Rechtsquellen. Während sich Letztere einzig auf Koran und Sunna berufen, den Analogieschluss (*qiyās*) und das Berufen auf frühere Gelehrte (*taqlīd*) entsprechend ablehnen, ist für Yūsuf an-Nabhānī niemand mehr zur eigenen Rechtsfindung (*iǧtihād*) fähig und der *taqlīd* demnach unabdingbar. Die Ablehnung des *iǧtihād* bedeutet gleichermaßen die Unmöglichkeit einer Modernisierung.[207]

Der palästinensische Gelehrte erweist sich schließlich auch dahingehend als konservativ, dass er zum Festhalten am osmanischen Sultanat und Kalifat aufruft, auch wenn der seinerzeit regierende Sultan ʿAbd al-Ḥamīd II (1293-1327/1876-1909) durchaus ein Befürworter von al-Afġānīs Idee des In-Einklag-Bringens von Religion und Erkenntnissen moderner Naturwissenschaften war und für die Errichtung weiterer europäischer Schulen sorgte: Wichtig sei ein muslimischer Zusammenhalt, der nicht durch Neuerungen der Europäer oder muslimischer Modernisten verhindert werden dürfe. Diese Loyalität gegenüber dem osmanischen Sultan führte im Zuge dessen Absetzung während der jungtürkischen Revolution Anfang 1327/1909 auch zur Amtsenthebung an-Nabhānīs. Josef Matuz spricht in diesem Kontext von einer „militanten Türkifizierungspolitik“[208] der neuen Machthaber: Die positive Einstellung vieler arabischer Muslime gegenüber der Beendung von ʿAbd al-Ḥamīds Autokratie schwand bald, da der jungtürkische Nationalismus letztlich auch bedeutete, dass arabische Beamte aus dem Staatsdienst

---

206 Siehe dazu auch Fußnote 38, S. 49.

207 Vgl. Muḥammad (2008), S. 452; Nabhānī (s.a.), S. 30-33; Holt (1970), S. 380-383; Matuz (2010), S. 258f.; Hourani (2016), S. 386ff.; Schölch (2001), S. 421ff.; Mejcher (2001), S. 451-456.

208 Matuz (2010), S. 254; s.a. Mejcher (2001), S. 437.

entlassen wurden, so auch an-Nabhānī, und an ihrer Stelle türkische Beamte eingesetzt und Türkisch zur Amtssprache erhoben wurde.[209]

4.2 An-Nabhānīs Beiträge zu den Vierzig Hadithen

An-Nabhānī verfasste zahlreiche Werke, von denen az-Ziriklī in seinem knappen biographischen Eintrag jedoch nur um die zwanzig nennt, darunter keine seiner diversen Vierzig Hadithe. Ergiebiger erweist sich dahingehend der Eintrag im *Muʿǧam al-maṭbūʿat al-ʿarabiyya wa-l-muʿarraba*, in dem sich unter den achtundvierzig aufgelisteten Titeln immerhin vier Vierzig Hadithe befinden. Eines dieser Werke ist an-Nabhānīs *Maǧmūʿ al-arbaʿīn*, mit dem der Gelehrte in Bezug auf die Quantität Sammlern wie as-Suyūṭī den Rang abläuft: Es handelt sich um ein Sammelwerk der Vierzig Hadithe, das insgesamt vierzig verschiedene *kutub al-arbaʿīn* beinhaltet, die zudem unterschiedliche Thematiken abdecken. Trotz dieser inhaltlichen Vielfalt setzt an-Nabhānī einen klaren Fokus auf die Grundlagen des Islams und betont einmal mehr die althergebrachte Tradition, an der es festzuhalten gelte. Neben zwei Werken zum Gottgedenken ermahnt er auf rechtlicher, politischer und sittlicher Ebene zum rechten Benehmen und dem Unterlassen von Fehlverhalten, und das unter anderem in Form von Vierzig Hadithen zum Gehorsam gegenüber dem Herrscher, zur Gerechtigkeit, zum Zinsverbot, zum Konsumverbot von Berauschendem sowie zur Aufforderung, nicht nur zu reden, sondern auch zu handeln. Eine Sammlung scheint hier ganz besonders seine persönliche Einstellung wiederzuspiegeln, indem sie die Sunna des Propheten lobt und jegliche Form von Neuerung (*bidʿa*) verbietet[210], mit der sich an-Nabhānī zu genüge in seiner Zeit konfrontiert sieht. Auch die intensive Thematisierung des Propheten selbst (in mindestens fünf Sammlungen über sein Verhalten, sein Erscheinungsbild, etc.), seiner Familie und Gefährten, sowie den Zentren seines Lebens – Mekka und Medina – scheinen die seinem Verständnis nach traditionelle Form des Islams genauso heraufbeschwören zu wollen, wie die unzähligen Sammlungen des Gelehrten zum Glauben und den Säulen des Islams, sowie diverser weiterer Gebetsformen.

Wenigstens fünfunddreißig Sammlungen seiner Vierzig Hadithe Kompilation gehen auf an-Nabhānī selbst zurück, von denen vier zudem in separaten Ausgaben veröffentlicht wurden. Darüber hinaus erstellte an-Nabhānī zwei weitere Sammlungen zu sprachlichen Aspketen und zur Dschihadthematik,

[209] Vgl. Muḥammad (2008), S. 452; Nabhānī (s.a.), S. 27-38; Holt (1970), S. 389; Matuz (2010), S. 240f., 253f.; Heyd (1970), S. 371ff.; Müller (1991), S. 58-62, 79f.; Hourani (2016), S. 388f.; Schölch (2001), S. 421-427.

[210] Vgl. Nabhānī, Yūsuf b. Ismāʿīl an-: Arbaʿūn ḥadīṯan fī madḥ as-sunna wa-ḏamm al-bidʿa. In: ders. (1952), S. 265-275.

die nicht in die Auswahl seines Sammelbandes aufgenommen wurden. An dessen Ende finden sich vielmehr fünf bekannte Hadithsammlungen früherer Gelehrter, darunter die weitverbreiteten *Arbaʿūn ḥadīṯan fī ṣṭināʿ al-maʿrūf* al-Munḏirīs, die sufischen Vierzig Hadithe al-Mālīnīs und Ibn Wadʿāns von as-Silafī weitertradierte Predigtensammlung.[211]

Die Auflistungen zu an-Nabhānīs Schriften geben überwiegend keine Auskunft über das Erscheinungsjahr seiner einzelnen Werke. Die gedruckt vorliegende Ausgabe der *Maǧmūʿ al-arbaʿīn* ist die posthum veröffentlichte, zweite Auflage des Werks. Lediglich Yūsuf Sarkīs erwähnt in Verbindung mit diesem Sammelwerk das Jahr 1329[212][/1911], bei dem es sich um das Jahr der Erstveröffentlichung handeln könnte. Demnach entstand an-Nabhānīs Vierzig Hadithe Kompilation drei Jahre vor seinen Vierzig Dschihad Hadithen, was das Fehlen dieser Sammlung in der Zusammenstellung erklären könnte. Eine der in die Kompilation wiederum aufgenommenen Vierzig Hadithe an-Nabhānīs entstand dagegen einige Jahre früher: Seine Sammlung zum Gehorsam gegenüber dem Herrscher wurde erstmalig in Beirut im Jahr 1312/1894 unter dem Titel *Al-aḥādīṯ al-arbaʿīn fī wuǧūb ṭāʿat amīr al-muʾminīn* veröffentlicht. Wie dem Titelblatt dieser früheren Ausgabe zu entnehmen ist, kam Yūsuf an-Nabhānī persönlich für den Druck von zehntausend Exemplaren auf „um sie als Quelle des guten Rates für die Gemeinde Muḥammads und zur [Erzeugung von] Liebe zum Osmanischen Reich zu verteilen, über das einige Wissende sagten, dass nach der Zeit der Prophetengefährten kein besseres Reich als eben dieses bestand“[213]. Damit liegt ein Zeugnis über die erst durch den Druck ermöglichte Verbreitung einer hohen Anzahl an Exemplaren von Vierzig Hadithen und die damit verbundene Intention vor. Über die tatsächliche Rezeption der Sammlung innerhalb der adressierten Bevölkerung sagt dies jedoch nichts aus. Denkbar ist dennoch, dass die kleine Auswahl an Prophetensprüchen viele Muslime im Umfeld an-Nabhānīs erreichte und ansprach. Unter diesen Umständen sind auch seine Vierzig Dschihad Hadithe zu betrachten, für die jedoch kein Vermerk über den Umfang ihres Drucks vorliegen. Mit dem Dschihad-Aufruf zu Beginn des Ersten Weltkriegs im Jahr 1332/1914 entstand die Dschihadsammlung zudem in einem anderen Kontext als die Vierzig Hadithe zum Gehorsam gegenüber dem Herrscher. Letztere wiederum und sehr wahrscheinlich auch weitere Sammlungen der Vierzig Hadithe Kompilation waren vielmehr dem osmanischen Sultan ʿAbd al-Ḥamīd und seinen panislamischen Bestrebungen gewidmet und

---

211 Vgl. Ziriklī (1969), Bd. 9, S. 289f.; Sarkīs (1928), S. 1838-42 (Nr. 2-4, 6); Nabhānī (1952), *insbes.* Inhaltsübersicht S. 374ff. sowie Liste D in Bartschat (2019).

212 Vgl. Sarkīs (1928), S. 1838 (Nr. 6).

213 „… li-tawzīʿ maǧānan naṣīḥa li-l-umma al-muḥammadiyya wa-maḥabba bi-d-dawla al-ʿaliyya al-ʿuṯmāniyya al-latī qāl fīhā baʿd al-ʿārifīn annahū lam yaʾt baʿd ʿaṣr aṣ-ṣaḥāba dawla ḫayr minhā.“ Nabhānī (1894), S. 1; vgl. ders. (s.a.), S. 40.

dementsprechend in einer früheren Schaffensphase an-Nabhānīs entstanden. Der Sultan stand Reformen aufgeschlossen gegenüber, soll sich vor allem aber gegen kolonialistische Bestrebungen aus Europa eingesetzt und in diesem Zusammenhang muslimische Gelehrte und Sufis gefördert haben, die wiederum mit der Bewahrung des muslimischen Erbes beauftragt wahren – so auch Yūsuf an-Nabhānī.[214]

Der frühen Druckausgabe in fünfstelliger Höhe seiner *Arbaʿīn fī wuǧūb ṭāʿat amīr al-muʾminīn* ist eine kurze Abhandlung über die Rechtmäßigkeit ʿAbd al-Ḥamīds angefügt, die unterstützend zu den vorangegangenen Hadithen die Pflicht zum Gehorsam gegenüber dem Herrscher betont, indem seine Errungenschaften in der Verteidigung und Förderung des islamischen Glaubens gepriesen werden. Als einen von zahlreichen Aspekten führt an-Nabhānī hier die durch den Sultan erfolgte Unterstützung von *muǧāhidīn* mittels des Ausbaus von Festungen, der Restaurierung von Kriegsschiffen und der Versorgung mit Waffen an.[215] In der Auswahl der vorangehenden Vierzig Hadithe spielt der Dschihad immerhin einmal als einer von fünf Befehlen eine Rolle, die von Gott an den Propheten und damit auch an die Muslime ergangen seien. Des Weiteren wird in der Hadithauswahl mehrere Male der Sultan als „Schatten Gottes" bezeichnet, dem ein Gläubiger selbst bei ungerechter Herrschaft zu folgen habe, um die Gemeinschaft nicht zu spalten.[216] In der Dschihad-Sammlung an-Nabhānīs tauchen sowohl die dschihadbezogene Überlieferung, als auch der Loyalitätsgedanke nicht auf, obwohl gerade dieser an-Nabhānīs politische Einstellung bestimmte.

Im Kolophon seiner *Arbaʿīn fī wuǧūb ṭāʿat amīr al-muʾminīn* erwähnt an-Nabhānī, er habe die dortige Hadithauswahl primär drei Quellen entnommen und sie anschließend in den *ṣaḥīḥayn* al-Buḫārīs und Muslims nachgeprüft. Zwei dieser Quellen sind umfassende Hadith-Werke al-Munḏirīs und as-Suyūṭīs,[217] woran neben den fünf in an-Nabhānīs Kompilation aufgegriffenen *kutub al-arbaʿīn* anderer Gelehrter seine intensive Auseinandersetzung mit den ihm vorangegangenen Sammlern und dessen Werken festgemacht werden kann. Ein Netzwerk wie in der Frühzeit der Vierzig Hadithe[218] lässt sich seinerzeit hingegen schwerlich rekonstruieren, da mit dem Wegfall der vollständigen Überliefererketten, den fehlenden Audienzvermerken und dem Zurückführen der Hadithe in den meisten Fällen auf die als kanonisch anerkannten Hadithsammlungen ein Beleg über die direkte Weitergabe und mögliche Beeinflussung durch die Lehrer eines Sammlers fehlen.

---

214 Vgl. ebd., S. 41. Zum Panislam s. Hanisch (2014), S. 26-31.

215 Vgl. Nabhānī (1894), S. 20f.; ders. (s.a.), S. 43f.

216 Siehe bspw. Hadithe 4, 6, 10, 14 (= Dschihad-Hadith), 17-18, 26-30 in Nabhānī (1894), S. 4-8, 10f.; ders. (s.a.), S. 61, 65f., 70, 78, 82f., 98-104.

217 Vgl. Nabhānī (1894), S. 14.

218 Dazu s. Bartschat (2019), Kap. I.3.1.2.

Insgesamt zeichnet einer der wenigen Lexikon-Einträge zu Yūsuf an-Nabhānī ein weniger positives Bild von dessen Schaffen: Vieles sei laut az-Ziriklī durcheinander gemischt und Negatives auf die ‚Koryphäen' des Islams, wie Ibn Taymiyya und Ibn Qayyim al-Ǧawziyya, zurückgeführt. Eigens zur Schmähung al-Afġānīs, ʿAbduhs und Riḍās soll an-Nabhānī eine lange *qaṣīda* verfasst haben. Wenig verwunderlich hatten seine harten Angriffe entsprechende Reaktionen in umfangreichen Streitschriften zur Folge. Im Vorwort einer dieser Schriften wird an-Nabhānī gar selbst als ein Vertreter von Neuerungen angefeindet, da er als Angestellter eines Zivilgerichts arbeite, an dem ungeachtet der göttlichen Offenbarung geurteilt würde.[219]

4.3 Die Vierzig Hadithe über den Dschihad

Hintergründe des Erstellens der Sammlung

Auslöser für das Zusammenstellen von dschihadbezogenen Hadithen ist im Falle Yūsuf an-Nabhānīs die kulturelle und politische Entwicklung im Nahen Osten ab dem 13./19. Jh., der sich unter zunehmendem europäischen und amerikanischen Einfluss befand. Dem palästinensischen Gelehrten wird nachgesagt, eine „äusserst fruchtbare theologische Schriftstellerei, in der er den Islām gegen die christliche Kultur zu verteidigen bemüht war"[220] eröffnet zu haben. Hier mag ein Hinweis auf die Verwendung der Hadithsammlungen zu sehen sein: Vergleichbar zur Zeit Ibn ʿAsākirs kam es auch zu Lebzeiten an-Nabhānīs zu kriegerischen Auseinandersetzungen, in denen der Dschihad thematisiert wurde, doch scheint es in beiden Fällen zumindest nicht primär die Auseinandersetzung auf dem Schlachtfeld gewesen zu sein, die zum Erstellen einer Dschihadsammlung animierte. Vielmehr sind es vom Standpunkt der Sammler aus fremde kulturelle Einflüsse auf die örtliche Kultur und Gegebenheiten. Streng sunnitisch aufgewachsen setzte sich Ibn ʿAsākir gegen den verbreiteten schiitischen Einfluss in Damaskus zur Wehr; an-Nabhānī wiederum fürchtete um seinen islamischen Hintergrund, der zusehends von europäischen Ideen und Lehren verdrängt wurde. Hier dienten die kleinen Hadithsammlungen als Appell an die Mitmenschen, Fremdes nicht weiter zuzulassen, sondern sich vielmehr auf die eigenen Wurzeln zu besinnen. Einen Weg dahin bietet der Dschihad, dessen Stellenwert und Belohnung zu Genüge in den Vierzig Dschihad Hadithen thematisiert wird.

---

219 Vgl. Ziriklī (1969), Bd. 9, S. 289; Alūsī, Abū l-Maʿālī Maḥmūd Šukrī l-: Ġāyat al-amānī fī r-radd ʿalā n-Nabhānī / hrsg. v. Abū ʿAbd Allāh ad-Dānī b. Munīr Āl Zahwī. Bd. 1. Ar-Riyāḍ: Maktabat ar-Rušd 1422/2001, S. 7f.

220 Brockelmann SII (1938), S. 763; vgl. Brockelmann II (1949), S. 492f.

In dem Vorwort seines *Kitāb al-aḥādīṯ al-arbaʿīn fī faḍl al-ǧihād wa-l-muǧāhidīn* spricht an-Nabhānī von „Übergriffen der Feinde“[221], die bereits den Verlust von zahlreichen Gebieten des Osmanischen Reichs zur Folge hatten. Zwar benennt er die Gebiete[222] nicht näher, wohl aber wird im Fortlauf seiner Ausführungen klar, auf welche „Feinde“ er sich bezieht:

> Wo nun – nach dem Hilfegesuch bei Gott und der Verstärkung durch die Geistigkeit des Gesandten Gottes – der Befehl des mächtigen Kalifen und erhabenen Sultan zum heiligen Dschihad gegen das russische, das englische und das französische Reich zur Erhöhung des Wortes Gottes ergangen ist, obliegt es einem jeden Muslim sich unter dem Banner des Kalifen der Muslime und des Befehlshabers der Gläubigen zum Dschihad auf dem Wege Gottes zusammenzuschließen.[223]

An-Nabhānī benennt hier die Feinde explizit mit England, Russland und Frankreich. Es sind letztlich die Länder, die dem Osmanischen Reich kurz darauf, am 2. und 5. November 1914[224], den Krieg erklären und dieses damit offiziell Teilschauplatz des Ersten Weltkriegs wird.

Die einleitenden Ausführungen an-Nabhānīs sind darüber hinaus in viererlei Hinsicht von Interesse:

Als erstes betrifft dies an-Nabhānīs Zuhilfenahme von Koranversen, um seinen Standpunkt von göttlicher Seite zu untermauern. Das wird nicht nur in der Hadithauswahl der Sammlung selbst und den in sie überleitenden Koranversen deutlich, sondern ebenso in dem Vorwort, in dem an-Nabhānī ungekennzeichnet aus dem Koran zitiert. Er beginnt hier mit dem allgemein für Vierzig Hadithe üblichen Gottes- und Prophetenlob, wobei er Gott als denjenigen bezeichnet, „der die *muǧāhidīn* vor den *qāʿidīn* durch gewaltigen Lohn ausgezeichnet hat“[225] – eine Wortwahl, die sich auch in Vers 4:95 findet. Worum es sich bei dem gewaltigen Lohn handelt, löst an-Nabhānī am Ende seiner Koranvers-Auswahl sowie in seinen ausgesuchten vierzig Überlieferungen auf. Über einen Hadith spielt er im Fortlauf seiner Einleitung zudem auf einen weiteren Vers an: „Welch kleine Schar überwältigt doch eine große Schar durch die Erlaubnis Gottes!“[226] führt an-Nabhānī auf Muḥammad zurück, tangiert damit gleichzeitig die Aussage der Verse 8:65f., die explizit zum Kampf (*qitāl*) und zur Standhaftigkeit anspornen mit Verweis auf die Überlegenheit zahlenmäßig unterlegener Muslime aufgrund ihres Glaubens und der Unterstützung Gottes. Neben einer

221 Nabhānī (1914), S. 2.

222 Siehe diesbezüglich bspw. Holt (1970), S. 388f.; Nabhānī (s.a.), S. 45; Matuz (2010), S. 238, 243ff., 251-256; Heyd (1970), S 359ff.

223 Nabhānī (1914), S. 2.

224 Vgl. Mejcher (2001), S. 438. Loth zufolge erging die erste Erklärung am 3. November 1914, vgl. Loth (2014), S. 7.

225 Nabhānī (1914), S. 2; s.a. Übersetzung in Teil III.

226 Nabhānī (1914), S. 3; s.a. Übersetzung in Teil III.

genauen Kontextualisierung beginnt Yūsuf an-Nabhānī seine Sammlung folglich mit eindeutigen Anreizen und Appellen, wie sie sich in der ausführlichen Form noch nicht in den Vierzig Dschihad Hadithen ihm vorangegangener Sammler finden. Näheres zu der möglichen Überzeugungsstrategie mittels Einsatz von Koranversen findet im Kontext der dschihadbezogenen Koranverse Erwähnung (s.u.).

Zweitens fällt in den oben wiedergegebenen, einleitenden Worten der Gebrauch des Begriffes „heilig“ in Verbindung mit dem Dschihad auf. Auch dieses Vorkommnis lässt sich in keiner der anderen Vierzig Dschihad Hadithe aufzeigen. Hier könnte sich womöglich ein europäischer Ausdruck eingeschlichen haben, denn der Dschihad wird in der Regel mit „Heiliger Krieg“, „Holy War“ bzw. „guerre sainte“ übersetzt. Friedrich W. Graf zufolge handelt es sich dabei um eine Bezeichnung europäischen Ursprungs[227], die kein arabisches Pendant kennt. Tatsächlich fehlt in arabischen Wörterbüchern und Lexika unter der Wurzel *ǧ-h-d* der Bezug zum Aspekt des „Heiligen“, vielmehr steht der dritte Stamm *ǧāhada* für „sich anstrengen, bemühen, streben“ und das davon abgeleitete Verbalsubstantiv *ǧihād* wortwörtlich für die „Anstrengung, Bemühung“.[228] Auch Herbert L. Müller spricht beim „Heiligen Krieg“ von einer ungenauen Übersetzung, räumt ihr aber eine gewisse Berechtigung ein, da die wortwörtliche Wiedergabe „keine Rückschlüsse auf den religiösen und militanten Kontext (zulasse), in dem das Wort von den Rechtsgelehrten verwandt wurde.“[229] Um die Verwendung des umstrittenen Begriffs „heilig“ zu umgehen, wurde im Verlauf der Arbeit bislang der arabische Ausdruck unübersetzt bestehen gelassen. Er wird auch nachfolgend beibehalten, um gleichermaßen all jene Bedeutungsnuancen des Dschihad mitzuberücksichtigen, die nicht in direkter Verbindung mit Kampfhandlungen stehen und im Korpus der Vierzig Dschihad Hadithe beispielsweise über die Versorgung von Hinterbliebenen oder Gefährten (S36, T22, N22, Š4), die Pilgerfahrt (T9) und den verbalen Einsatz (A31) ebenso Bestand haben.

---

[227] In Kap. 6 *Heiliger Krieg* geht er näher auf erste Belege der Formelverwendung im Englischen und Deutschen ein, die auf das 17. Jh. n.Chr. datiert werden können, vgl. Graf (s.a.), S. 17-23, 26, unter Berufung auf Ess, Josef van: Heiliger Krieg – II. Islam. In: Religion in Geschichte und Gegenwart. http://referenceworks.brillonline.com/entries/religion-in-geschichte-und-gegenwart/heiliger-krieg-COM_09507?s.num=0&s.f.s2_parent=s.f.book.religion-in-geschichte-und-gegenwart&s.q=heiliger+Krieg (zuletzt abgerufen am 03.04.2017).

[228] Vgl. Zabīdī (1994), Bd. 7, S. 534-539; Lane (1865), S. 473; Wahrmund (1898), S. 464f.; Wehr (1985), S. 209 (in Letzterem wird jedoch dem heute gängigen Verständnis entsprechend das Verbalsubstantiv auch mit „heiliger Krieg“ übersetzt); s.a. Tyan (1965), S. 538; Graf (s.a.), S. 26f.; Colpe (1994), S. 58.

[229] Müller (1991), S. 174.

Graf spricht im Kontext seiner Begriffsdefinition von einem „Dauerdisput über ‚das Heilige'"[230], der Ende des 13./19. Jhs. seinen Anfang in religionsdeutenden Wissenschaften nahm, und geht dabei näher auf die problematische Verwendung des Begriffs ein, der bis heute hin eine klare Definition vermissen lässt. Dieser Problematik unterliegt praktisch auch an-Nabhānīs Begriffsverwendung in der Einleitung seiner Vierzig Dschihad Hadithe. Graf verweist darauf, dass

> selbst wenn etwa ‚Gott' […] als Subjekt eines Krieges bezeichnet, vorgestellt wird, ist es ja nicht diese Divinalautorität selbst, die den Krieg zu einem ‚heiligen' macht. Vielmehr sind es bestimmte menschliche Akteure, etwa politische Machthaber, Parteipolitiker, Militärs, Mobilisierungsideologen, Dichter, Wissenschaftler, religiöse Virtuosen oder Religionsintellektuelle, die einen Krieg als ‚heilig' qualifizieren.[231]

Es gelte folglich zu „erkunden, wer wann aus welchen Motiven und mit welchen Argumenten seinen (oder einen) Krieg als ‚heilig' qualifiziert hat."[232] Die ersten beiden Interrogativa sind mit Yūsuf an-Nabhānī und dem Beginn des Ersten Weltkrieges bereits beantwortet. Auch die Motive werden im Hinblick auf die aus an-Nabhānīs Koranvers- und Hadithauswahl hervorgehenden göttlichen und prophetischen Appelle, sowie dem von an-Nabhānī einleitend angeführten Aufruf des osmanischen Sultans ersichtlich. Schwieriger wird es hingegen bei der Beantwortung der Frage nach den Argumenten. Warum an-Nabhānī den Dschihad mit dem Adjektiv „heilig" (*muqaddas*) versieht, dazu äußert er sich nicht. Aus seiner bereits dargestellten, ablehnenden Haltung gegenüber westlichem Gedankengut heraus ist es wenig naheliegend, ihn mit der seinerzeit vorherrschenden wissenschaftlichen Debatte in Europa[233] in Verbindung zu bringen.

Wohl aber fällt mit dieser eine zeitliche Überschneidung auf, da nach den Ausführungen Grafs beispielsweise Friedrich Schwally (gest. 1337/1919) während des Ersten Weltkriegs einen Aufsatz über den „Heiligen Krieg im Islam" publizierte und seiner Arbeit nachfolgend zahlreiche weitere Abhandlungen folgten, die den Dschihad mit dem Ausdruck „Heiliger Krieg" in Verbindung brachten. Des Weiteren seien bereits ein halbes Jahrhundert zuvor Aufstände in Indien gegen die Briten mit *ǧihād* bezeichnet und als „Holy War" übersetzt worden. Dennoch sei bis heute nicht geklärt, wann genau der Dschihad in europäischen Abhandlungen erstmalig mit eben jenen Wortverbindungen

---

230 Vgl. Graf (s.a.), Kap. 2, S. 3-7.

231 Ebd., S. 7.

232 Ebd.

233 Verweise auf Forschungsübersichten und die Theorieentwürfe von Emile Durkheim, Rudolf Otto und weiteren finden sich ebd., S. 3-7. S.a. Colpe (1994), S. 56-62 (Kap. XV).

übersetzt wurde.[234] Ähnliches gilt auch für eine entsprechende Begriffsverwendung im arabischsprachigen Kontext. Wie bereits erwähnt weisen van Ess und Graf zwar darauf hin, dass die Wortverbindung eine europäische Kreation ist und im Arabischen keine Entsprechung hat, doch scheint an-Nabhānī in seiner Einleitung eine eben solche zu erstellen. Zumindest ist er der erste unter den Sammlern vorliegender Vierzig Dschihad Hadithe, der von einem *ǧihād muqaddas* spricht. Dies schließt nicht aus, dass bereits in anderen arabischen Diskursen äquivalente Ausdrücke Verwendung fanden. In seinem Artikel über den osmanischen Dschihad-Aufruf nennt Mustafa Aksakal nicht nur einen Werktitel, der diese Bezeichnung führt, sondern verweist auch darauf, dass der Ausdruck des ‚heiligen Dschihad' allgemein weit verbreitet war.[235] Inwieweit im arabischen Kontext eine Sakralisierung kriegerischer Auseinandersetzungen auf Begriffsebene Verbreitung fand, gilt noch zu erforschen. Gerade im Fall des Ersten Weltkriegs ließen sich Graf zufolge aber „Sakralisierungstendenzen […] in allen am Krieg beteiligten Nationen wahrnehmen"[236], sodass an-Nabhānī nur einer unter vielen gewesen sein wird, der mittels religiöser Überhöhung zur aktiven Teilnahme im Kampf anspornt, und dessen Wortwahl ein Siegversprechen aufgrund von Gottes Beistand einmal mehr unterstreicht.

Der dritte Aspekt in Yūsuf an-Nabhānīs einleitenden Ausführungen, der hier von Interesse ist, betrifft seine genaue Benennung der Beweggründe für das Erstellen seiner Sammlung: Es gab von Seiten des osmanischen Sultans einen Aufruf zum Dschihad, dem an-Nabhānī als loyaler Untertan Folge leistet. Dieser Dschihad-Aufruf soll in Form einer *fatwā* offiziell am 14. November 1914, also knapp zwei Wochen nach der Kriegserklärung der Briten, Franzosen und Russen an das Osmanische Reich vom höchsten Vertreter der Rechtsgelehrten (*šayḫ al-islām*) verlesen worden sein und erfolgte darüber hinaus noch weitere Male vor verschiedenen Hörerschaften.[237] Yūsuf

234 Vgl. Graf (s.a.), S. 9f., 24-28; Colpe (1994), S. 56.

235 Vgl. Aksakal (2016), S. 65, 69. Auch Rudolph Peters und – unter Verweis auf ihn – Carsten Colpe vermerken, dass „moderne sunnitische Autoren" den Ausdruck *al-ǧihād al-muqaddas* verwenden, vgl. Peters (1979), S. 4, 172f.; Colpe (1994), S. 60.

236 Graf (s.a.), S. 29; vgl. Zürcher (2016), S. 15f.

237 Vgl. Müller (1991), S. 173, 228; Zürcher (2016), S. 14, 20f. Peter Heine zufolge gibt es insgesamt fünf Rechtsgutachten, die auf den 11. November 1914 datiert sind. Die Verlesung durch den *šayḫ al-islām* erfolgte dann drei Tage später, vgl. Heine, Peter: C. Snouck Hurgronje versus C.H. Becker. Ein Beitrag zur Geschichte der angewandten Orientalistik. In: Die Welt des Islams XXIII-XXIV (1984), S. 378, 385; Aksakal (2016), S. 56; Hanisch (2014), S. 16; Cook (2005), S. 92. Für Loth erfolgte die Lesung hingegen am 11. November, vgl. Loth (2014), S. 7. In seiner Auswertung von Flugblättern und -schriften des Ersten Weltkrieges datiert Gottfried Hagen die Veröffentlichung der fünf *fatāwā* bereits auf den 7. November, wohingegen am 11. November eine damit verbundene feierliche Zeremonie stattgefunden haben soll, vgl. Hagen (1990), S. 3f. Zwei von Hagen ins Deutsche übersetzte Flugblätter mit der Proklamation des Dschi-

an-Nabhānī übernimmt in seinem Vorwort mit der ‚Bemächtigung zahlreicher muslimischer Länder durch die Feinde', der klaren Benennung jener mit Russland, England und Frankreich, sowie der ‚Verpflichtung eines jeden Muslim zum Dschihad' mehrere Schlagworte, die den Proklamationen gemeinsam sind. Anschließend gibt er explizit kund, dass ihn dies dazu bewogen habe, aus den Hadithsammlungen al-Buḫārīs und Muslims eine angemessene Hadithauswahl zu treffen. Entsprechend besteht kein Zweifel an dem Dschihad-Aufruf des Sultans als Anstoß für seine Vierzig Dschihad Hadithe. Interessant wird es jedoch bei einem Blick in den Kolophon der Sammlung. Hier wird erwähnt, dass an-Nabhānī seine Sammlung in Beirut im Monat Ḏū l-Qaᶜda 1332, das ist Ende September 1914, vollendet hat,[238] also über einen Monat vor dem offiziellen Aufruf.

Es gibt bereits zahlreiche wissenschaftliche Veröffentlichungen, die sich mit dem Dschihad im Kontext des Ersten Weltkriegs und seinen Akteuren auseinandersetzen.[239] Dabei scheint mit Max Freiherr von Oppenheim (gest. 1365/1946) insbesondere ein Deutscher aktiv mitgewirkt zu haben, auch wenn Herbert L. Müller wohl zu recht betont, dass von deutscher Seite wiederum die türkischen Akteure im deutsch-türkischen Bündnis der Zeit wenig Beachtung finden. Als eine der Hauptpersonen stellt Müller in Kürze Enver Pāšā (gest. 1340/1922) vor, einen Anhänger der jungtürkischen Bewegung, der Anfang 1332/1914 zum Kriegsminister der osmanischen Regierung befördert wurde und neben der Errichtung eines Geheimdienstes auch für die Vorbereitung von Waffentransporten, Propagandakampagnen und

had und den Rechtsgutachten befinden sich ebd. S. 55-59, 67ff. Der ins Deutsche übersetzte Wortlaut der *fatwā* findet sich auch bei Hartmann, Martin: Kriegsurkunden. In: Die Welt des Islams 3 (1914), S. 2-6; Tschudi, Rudolf: Die Fetwa's des Schejch-ül-Islam über die Erklärung des heiligen Krieges. In: Der Islam 5 (1914), S. 391ff.; eine englische Übersetzung ist bei Peters (1979), S: 90f., sowie online einsehbar unter http://www.firstworldwar.com/source/ottoman_fetva.htm [zuletzt abgerufen am 19.06.2017].

238 Vgl. Nabhānī (1914), S. 2f., 28; s.a. Übersetzung der Sammlung im Teil III.

239 Mit zahlreichen Verweisen auf einschlägige Artikel in den Fußnoten siehe Müller, Herbert Landolin: Islam, ǧihād („Heiliger Krieg") und Deutsches Reich. Ein Nachspiel zur wilhelminischen Weltpolitik im Maghreb 1914-1918. Frankfurt a.M. [u.a.]: Peter Lang 1991 (= Europäische Hochschulschriften. Reihe III: Geschichte und ihre Hilfswissenschaften; 506). Mit Aufsätzen zu einzelnen deutschen Akteuren, die aktiv für die ‚Revolutionierung' in verschiedenen Teilen der islamisch geprägten Welt sorgen sollten, siehe Loth, Wilfried u. Hanisch, Marc (Hrsg.): Erster Weltkrieg und Dschihad. Die Deutschen und die Revolutionierung des Orients. München: Oldenbourg 2014. Des Weiteren: Zürcher, Erik-Jan (Hrsg.): Jihad and Islam in World War I. Studies on the Ottoman Jihad on the Centenary of Snouk Hurgronje's "Holy War Made in Germany". Leiden: Univ. Press 2016; Hagen, Gottfried: Die Türkei im Ersten Weltkrieg. Flugblätter und Flugschriften in arabischer, persischer und osmanisch-türkischer Sprache aus einer Sammlung der Universitätsbibliothek Heidelberg eingeleitet, übersetzt und kommentiert. Frankfurt u.a.: Peter Lang 1990 (= Heidelberger Orientalische Studien; 15).

die Abstimmung mit dem deutschen Bündnispartner sorgte. Auf Enver Pāšās Berichte beruft sich wiederum Oppenheim in seinem Revolutionierungsprogramm, sodass der türkische Kriegsminister als der eigentliche Urheber in der Initiierung des Dschihad-Aufrufs angesehen werden kann.[240]

Eine mögliche Involvierung Yūsuf an-Nabhānīs in dem Geschehen rund um die Planung und Durchführung von Dschihad-Aufrufen findet hingegen keine Erwähnung, sodass nur gemutmaßt werden kann, ob auch er einen Anteil beispielsweise an der Erstellung der *fatwā* gehabt haben könnte oder diese zumindest vor ihrer Veröffentlichung zu Gesicht bekommen hat. Auch wenn an-Nabhānī nach seiner Amtsenthebung unter der jungtürkischen Herrschaft keinen Posten mehr innegehabt zu haben scheint und aus den vorliegenden biographischen Einträgen auch keine Verbindungen zu Akteuren wie Oppenheim, Enver Pāšā oder dem für die *fatwā*-Verlesung zuständigen *šayḫ al-islām* hervorgehen, lässt sich eine Beteiligung an-Nabhānīs aufgrund seiner Loyalität gegenüber dem osmanischen Sultan nicht gänzlich ausschließen. Vielleicht bestand aus gegebenem Anlass Bedarf an seinem Einsatz beim Verbreiten von belehrendem und ermahnendem Material, so wie er es zu Herrschaftszeiten ᶜAbd al-Ḥamīds II mit seinen gehorsamsbezogenen Vierzig Hadithen hatte vornehmen können. Wahrscheinlicher ist jedoch, dass er aufgrund seiner strikten Positionierung gegen alles „Europäische" sowohl Oppenheim, als auch den türkischen Kriegsminister und dessen Mitarbeiter gemieden hat, die zumindest zeitweise eine Ausbildung im europäischen Ausland genossen hatten und Reformern wie al-Afġānī und ᶜAbduh bedeutend positiver gegenüberstanden. In vorzeitigen Kontakt mit Informationen zum Dschihad-Aufruf könnte an-Nabhānī über Propagandamaterial wie Flugblätter oder Broschüren gekommen sein. Hier gilt jedoch noch zu erforschen, ab wann genau derartige Pamphlete die Runde machten und ob ihre Verteilung auch den Aufenthaltsort an-Nabhānīs betraf. Bei der Aussage, der nach Flugblätter bereits „zu Tausenden in allen orientalischen Ländern verbreitet"[241] wurden, beruft sich Herbert L. Müller auf eine erst Ende Dezember 1914, also deutlich nach den Vierzig Dschihad Hadithen veröffentlichte Zeitungsausgabe. Bei den von ihm bespielhaft behandelten Flugblättern (überwiegend aus dem Jahr 1915) legt er zudem einen Fokus auf das im Maghreb verbreitete Material, welches aber durchaus über ähnlichen Inhalt wie die *fatwā* zum Kriegsbeginn verfügt, die häufig Teil der verbreiteten Propaganda gewesen sein soll. Die von Gottfried Hagen übersetzten Flugblätter zur Dschihad-Proklamation sind mit einer – wenn überhaupt

240 Vgl. Müller (1991), S. 193-204, 235-243, 414ff.; Zürcher (2016), S. 18; Aksakal (2016), S. 62ff.

241 Müller (1991), S. 224.

vorhandenen – Datierung auf November 1914 ebenfalls erst nach der Sammlung an-Nabhānīs verbreitet worden.[242]

Die ersten Kriegserklärungen, mit denen der Erste Weltkrieg begann, ergingen bereits Ende Juli 1914. Zudem soll Oppenheim kurz nach an-Nabhānī im Oktober seine *Denkschrift betreffend die Revolutionierung der islamischen Gebiete unserer Feinde* veröffentlicht haben, die dezidiert den Aufruf zum Dschihad in verschiedenen Regionen Indiens, Afghanistans, des Maghrebs und weiteren darlegt. Dieses Vorgehen sollte für die Schwächung der britischen und französischen Macht aufgrund zahlreicher Fronten sorgen und war Müller zufolge zur Zeit der Fertigstellung der *Denkschrift* in einigen Ländern bereits angelaufen. Die Idee des Dschihad-Aufrufs wird zudem kaum erst nach Kriegsausbruch aufgekommen sein, sondern bereits im Rahmen der sich zuspitzenden Lage zwischen den Großmächten eine Rolle gespielt haben. Überlegungen zum Ausruf des Dschihad sind beispielsweise in Verbindung mit Enver Pāšā bereits für August 1914 belegt,[243] sodass auch für Oppenheim und an-Nabhānī angenommen werden kann, dass sie ihre Arbeit am Thema weit vor der offiziellen Proklamation aufgenommen hatten.

Der vierte Aspekt von Interesse in Yūsuf an-Nabhānīs Einleitung seiner Vierzig Dschihad Hadithe betrifft schließlich die Adressaten der Sammlung: An-Nabhānī versteht seine Koranvers- und Hadithzusammenstellung als guten Rat (*naṣīḥa*) an alle Muslime. Diesen Aufruf scheint jedoch kaum jemand erhört zu haben, genauso wenig wie die offizielle Aufforderung des osmanischen Sultans. Vielmehr kam es im Verlauf des Ersten Weltkrieges sogar zu einer Gegenbewegung auf der arabischen Halbinsel, die sich dem englisch-französisch-russischen Bündnis anschloss und damit dem Osmanischen Reich den Gehorsam im Hinblick auf den Aufruf zum Dschihad verweigerte.[244]

---

242 Vgl. ebd., S. 353-360; Hagen (1990), S. 55-59, 67ff.

243 Vgl. Matuz (2010), S. 262-269; Hourani (2016), S. 395; Müller (1991), S. 193-204; Aksakal (2016), S. 63. Marc Hanischs Ausführungen zu Max Freiherr von Oppenheim zeigen, dass der Zeitpunkt der Veröffentlichung seines Dschihad-Werks ebenso diskussionswürdig ist wie der von an-Nabhānīs Vierzig Dschihad Hadithen. Ähnlich wie bei an-Nabhānī, der von einem bereits ergangenen Dschihad-Aufruf durch den Sultan spricht und seine Sammlung dabei auf Ende September datiert, sollen sich auch in der Schrift Oppenheims Bezüge zu späteren Ereignissen finden, aufgrund derer Hanisch konstatiert, das Werk sei keinesfalls vor dem Dschihad-Aufruf im November fertig gestellt worden. Eine frühere Datierung könnte möglicherweise unter der Idee eingefügt worden sein, ihn als den Urheber des Ausrufs darstellen zu wollen, dessen Einfluss zu der Proklamation im November führte, vgl. Hanisch (2014), S. 16f.

244 Siehe unten; vgl. Nabhānī (1914), S. 3.

Die Idee einer starken Mobilisierung in der islamischen Welt mittels Dschihad soll vor allem in Europa bestanden haben, sodass der offizielle Dschihad-Aufruf durch den osmanischen Herrscher als eine Einschüchterungsmaßnahme für die gegnerischen Kriegsparteien aufgefasst werden kann. Oder um es in den Worten Herbert L. Müllers auszudrücken, war der „'Heilige Krieg' eine Kopfgeburt der in ihrem kolonialen Besitz gar nicht mehr so sicheren Europäer [.]. Die von ihnen Kolonisierten taten dabei nicht mehr und nicht weniger, als sie in ihren Vorurteilen und Befürchtungen zu bestärken."[245] Ohne den vom osmanischen Sultan veranlassten Aufruf zum Dschihad konkret zu benennen, verweist P.M. Holt beispielsweise auf die große Sorge der Briten gegenüber der ‚Gefahr des Dschihad'. Infolgedessen wurden Verhandlungen mit dem hāšimitischen Gouverneur von Mekka geführt, der seinerseits an einer unabhängigen Herrschaft über den Ḥiǧāz interessiert war und sich schließlich als ein Anführer der Araber verstand, die sich – im Sinne der Briten – gegen die Osmanen stellten. Letztere hatten seit der jungtürkischen Revolution mit Mehmed V (reg. 1327-1336/1909-1918), dem Bruder des vorigen Herrschers ʿAbd al-Ḥamīd II, einen Sultan als Oberhaupt, der unter Einfluss der Jungtürken primär für pantürkische Ansichten stand und damit viele arabische Muslime verprellte. Dies soll vor allem im syrischen Raum zur Verbreitung eines arabischen Nationaldenkens geführt haben, mit dessen Anhängern der mekkanische Gouverneur wiederum in Kontakt trat. Josef Matuz sieht hier den Grund für das Scheitern des Dschihad: „(...) die nichttürkischen Untertanen, insbesondere die Araber, (versagten) angesichts der nationalitätenfeindlichen Haltung der jungtürkischen Führung dem Osmanenreich die Unterstützung völlig (...)."[246]

Erik-Jan Zürcher spricht hingegen trotz Differenzen von einer generellen Loyalität führender syrischer und palästinensischer Familien gegenüber dem osmanischen Oberhaupt, sodass an-Nabhānī als gebürtiger Araber keine Ausnahme und erst recht keine Besonderheit darstellen wird. In der von ihm selbst vertretenen starken Obrigkeitsloyalität sah an-Nabhānī die Lösung zur Einheit der muslimischen Gemeinde, von der die islamische Welt jedoch allein schon aufgrund ihrer ethnischen Heterogenität weit entfernt war und immer noch ist. Letztlich führten die Bestrebungen zur Mobilisierung verschiedener Gebiete der islamischen Welt durch den Dschihad aus osmanischer Sicht nicht zu einem gemeinsamen Handeln der Muslime gegen die Kolonialmächte. Zu groß waren die Unterschiede der jeweiligen In-

---

245 Müller (1991), S. 185; dafür spricht auch die eigenartige Inszenierung des offiziellen Dschihad-Aufrufs am 14. November 1914, vgl. ebd., S. 228.

246 Matuz (2010), S. 266; vgl. Holt (1970), S. 389f.; Müller (1991), S. 154ff., 176-185.

teressen und zu gering der Machteinfluss der Osmanen, mit denen sich die Deutschen verbündet hatten.[247]

Diese hatten durch den offiziellen Dschihad-Aufruf und den Versuch der Mobilisierung unter anderem in Afghanistan und Indien Großbritannien zu schwächen versucht, das wiederum mit seinem Bündnis auf der arabischen Halbinsel ganz ähnliche Ziele gegen die Osmanen verfolgte. Helmut Mejcher zufolge wurde

> [die] Revolutionierung sogenannter Kolonialvölker und Nationalitäten in Vielvölkerstaaten [wie dem Osmanischen Reich; Anm. d. Verf.] und Überseeimperien [wie Großbritannien; Anm. d. Verf.] [.] von allen Weltkriegsgegnern als neuartiges Mittel der strategischen Kriegführung eingesetzt. Durch innere Unruhen sollte der Gegner geschwächt, seine militärische Macht an möglichst vielen Stellen gebunden werden.[248]

Unter diesem Aspekt relativiert sich in Teilen die Auffassung vom gescheiterten Dschihad im Ersten Weltkrieg. In politischer Hinsicht erfüllte der Aufruf bedingt eben jenen Zweck der gegnerischen Schwächung, die aus Sicht des deutsch-osmanischen Bündnisses zwar keine dauerhaften Folgen für die Briten hervorrief, Letztere aber immerhin zum Handeln abseits des europäischen Kriegsschauplatzes zwangen. Auf religiöser Ebene, aus der Sicht eines Gläubigen wie Yūsuf an-Nabhānī ist der Dschihad-Aufruf hingegen dahingehend als gescheitert anzusehen, dass er nicht genügend Muslime zum Zusammenhalt und Einsatz für den Islam mobilisierte.[249] Dies führte letzten Endes zum Herrschaftsverlust des nach an-Nabhānīs Verständnis einzig rechtmäßigen muslimischen Oberhauptes und damit zu einer noch größeren Entfernung von der von an-Nabhānī angestrebten Einheit der Muslime.

---

247 Vgl. Heyd (1970), S. 361, 371ff.; Holt (1970), S. 389f.; Müller (1991), S. 32f., 50f.; Hourani (2016), S. 379, 397f.; Zürcher (2016), S. 24. Zu den unterschiedlichen Bestrebungen wie der ägyptischen Nationalbewegung und der im syrischen Raum verbreiteten Idee einer arabischen Nation siehe Schölch (2001), S. 417-431; Mejcher (2001), S. 435-467. Die Gründe für das Scheitern der deutsch-osmanischen Kriegspolitik im Ersten Weltkrieg sind vielfältig und werden von Müller in seiner Schlussbetrachtung noch einmal übersichtsartig zusammengestellt. Insgesamt bewertet er das deutsch-osmanische Bündnis als paradoxe Verbindung, in der beide Parteien rücksichtslos Eigeninteressen verfolgten, einander misstrauten und jeweils nur Mittel zum Zweck des Partners waren, vgl. Müller (1991), S. 413-418.

248 Mejcher (2001), S. 438; vgl. Müller (1991), S. 198f.; Zürcher (2016), S. 17, 19f.

249 Diese Schlussfolgerung bezieht sich allein auf die Vorstellung und Intention an-Nabhānīs. Generell hat eine Beurteilung des Dschihad im Ersten Weltkrieg differenziert zu erfolgen; der Sammelband Erik-Jan Zürchers liefert dafür einige Ansätze. Der Herausgeber selbst kommt beispielsweise zu dem Schluss, dass die Ambitionen von deutscher Seite scheiterten, die Mobilisierung der osmanischen Gesellschaft hingegen erfolgreich war, vgl. Zürcher (2016), S. 23-27.

Darüber hinaus wäre eine nähere Untersuchung von Yūsuf an-Nabhānīs Umfeld und seiner Einflussnahme erforderlich um zu eruieren, ob das Scheitern des Dschihad-Aufrufs in seinem Fall ähnlich zu beurteilen ist wie im Kontext Max Freiherr von Oppenheims. Letzterem wird nachgesagt, bei seiner Idee die Muslime zum Dschihad aufrufen zu können übersehen zu haben, dass seine Kontakte zu Muslimen ausschließlich in der Oberschicht und literarischen Kreisen verortet waren und ihm somit die Verbindung in die untere Gesellschaftsschicht fehlte.[250] Yūsuf an-Nabhānī wird aufgrund seiner Herkunft und seinem ausschließlich in arabischen Gebieten erfolgten Bildungserwerb fester in der arabischen Gesellschaft verankert gewesen sein. Zudem dürften ihm seine Richterposten und sein Gelehrtenstand ein gewisses Maß an Autorität erbracht haben. Inwieweit er aus diesen Positionen heraus jedoch Einfluss genommen hat, insbesondere zur Zeit des Dschihad-Aufrufs, zu der er seines höchsten Amtes längst enthoben war, geht aus den vorliegenden Quellen nicht hervor. Dass an-Nabhānī zumindest zeitweise ein größeres Einflussgebiet gehabt haben könnte oder wenigstens versuchte eines aufzubauen, lässt sich an dem von ihm persönlich gesponsorten Druck von zehntausend Ausgaben seiner Vierzig Hadithe zum Gehorsam gegenüber dem Herrscher festmachen. Für seine späteren Vierzig Dschihad Hadithe liegen vergleichbare Angaben hingegen nicht vor. Die Sammlung scheint vielmehr nur in der Beiruter Druckausgabe von 1332/1914 erhalten und in der İstanbul Üniversitesi Kütüphanesi einsehbar zu sein. Darüber hinaus finden sich nur zwei Hinweise auf Beiruter Verlage, die diese Sammlung erst etliche Jahrzehnte später erneut herausgaben. Die im Dār al-Bašā'ir al-Islāmiyya 1426/2005 erschienene Auflage gilt gegenwärtig als vergriffen[251] und zeugt zumindest von einem aktuellen Interesse an der Sammlung.

Koranverse und Hadithauswahl in den Vierzig Dschihad Hadithen

Yūsuf an-Nabhānīs Beitrag ist die Sammlung mit den meisten Überschneidungen zu den übrigen, bereits vorgestellten Vierzig Dschihad Hadithen – besonders zur Hadithzusammenstellung Barakat at-Tiṭwānīs weist sie eine fünfundsiebzig prozentige Übereinstimmung auf. Diese starke Ähnlichkeit scheint größtenteils auf die überwiegende, gemeinsame Beschränkung der beiden Hadithsammler auf zwei Quellen, die *ṣaḥīḥayn* al-Buḫārīs und Muslims, zurückzuführen sein. Ein Vergleich zeigt, dass nahezu ein Drittel der Hadithauswahl der kleinen Sammlungen den ersten Unterkapiteln des

[250] Vgl. Hanisch (2014), S. 24f.; Loth (2014), S. 9.
[251] Siehe Liste D in Bartschat (2019).

Kitāb al-ǧihād im Werk al-Buḫārīs[252] entnommen ist, der diesen Abschnitt mit Überlieferungen zum Dschihad in Relation zu anderen Handlungen beginnt und damit den Sammlern der Vierzig Dschihad Hadithe im Aufbau ihrer eigenen Werke als Vorbild gedient haben könnte.

Die Sammlung an-Nabhānīs birgt mit insgesamt sechzehn nur bei ihm zu verzeichnenden Überlieferungen dennoch inhaltlich Neues. Da er stellenweise zwei bis vier Hadithe als eine inhaltliche Einheit in der Zählung zusammenfasst und sein Werk im Ganzen sechsundfünfzig (als vierzig gezählte) Überlieferungen beinhaltet, machen diese sechzehn Aussagen jedoch nur ein Viertel des Werkes aus. Darüber hinaus hebt sich die Sammlung durch die Überleitung vom Vorwort zur Hadithauswahl von den übrigen vorliegenden Vierzig Dschihad Hadithen ab. An-Nabhānī leitet seine Sammlung mit einer größeren Auswahl an dschihadbezogenen Koranversen ein. Ein ähnliches Vorgehen fand sich bislang nur in begrenzterer Form bei der Sammlung Nūr ad-Dīn al-Qarāfīs. Neben dem gängigen Vorgehen, den Koran als erste und die prophetische Sunna als zweite Quelle zu konsultieren, mag hierin eine Überzeugungsstrategie des Sammlers zu sehen sein: Indem aus Sicht eines Gläubigen Gott als Erstem das Wort zum Dschihad gebührt, wird die besondere Bedeutung des Themas unterstrichen.[253]

Aus seiner dreiundzwanzig Verse umfassenden Auswahl, der sich - wie an-Nabhānī selber sagt[254] - noch weitere hinzufügen lassen, gehen vorwiegend Kampfaufrufe[255] hervor. Darüber hinaus lassen sich ähnlich wie bei der Hadithauswahl die Themenschwerpunkte des Lohns und der Bestrafung aufzeigen. Letztere geht an wenigstens zwei Stellen aus Warnungen hervor, die explizit die Hölle als „Heimstatt“ und „schlechtes Ende“ benennen. Auch die Verse mit einschlägigem Lohnbezug gehen (mit einer Ausnahme) nicht über reine Benennungen hinaus. Es ist von Gottes Gabenfülle und Hilfe, vom Garten und dem mächtigen Lohn bzw. Gewinn die Rede, konkretere Hinweise wie die Paradiesesbeschreibung liefern dann erst die ausgewählten Hadithe.

Die Verse führt Yūsuf an-Nabhānī in der Reihenfolge ihres Vorkommens im Koran an, die er jedoch abschließend mit zwei Ausnahmen zu dem Zweck durchbricht, den Lesern seiner Sammlung im Anschluss an die wiederholte

---

[252] Vgl. N2, N3, N5, N9, N12-N17, N25, N28-31 mit Buḫārī (1864), Bd. 2: Kitāb al-ǧihād Nr. 1-5, 7-8, 10, 13-16, 20-21, S. 198-206.

[253] Siehe dazu Christie (2015), S. 16; ders. (2007), S. 2.

[254] Vgl. Nabhānī (1914), S. 8; Übers. in Kap. III.4.

[255] Nicht alle eindeutigen Kampfaufrufe zielen Ella Landau-Tasseron zufolge auf das Vorgehen gegen „Ungläubige“, auch wenn Verse wie der auch von an-Nabhānī aufgeführte 8:39 von vielen Kommentatoren als Aufforderung zur Konversion der Polytheisten verstanden werde, der sofern erforderlich auch durch Gewaltanwendung nachgekommen werden könne. Landau-Tasseron sieht in besagtem Vers hingegen einen Aufruf zum Erhalt der muslimischen Gemeinschaft, vgl. Landau (2003), S. 39, 41.

Kampfaufforderung darzulegen, dass ihnen der Kampf von Gott selbst vorgeschrieben wurde (2:216) und ein Handel mit Ihm bestehe (61:10-13). Demnach verhindere der Einsatz mit dem eigenen Leben und Vermögen die Höllenstrafe und führe zu großem Lohn. Dieser ist hier abschließend als Anreiz dann auch näher in Form einer Paradiesbeschreibung ausgeführt[256], bevor an-Nabhānī in seine Hadithauswahl überleitet. Im Einklang mit den vorangegangenen göttlichen Aufrufen beginnt er diese wiederum mit der Aufforderung des Propheten zur Bekämpfung ‚ungläubiger Menschen' (N1).

Die Zuordnung der Hadithe

Anschließend folgt eine ganze Reihe an bereits bekannten Überlieferungen unter dem Schwerpunkt der Bedeutung, denen nach der Dschihad in Relation zum Glauben und der Pilgerfahrt, dem pünktlichen Gebet und der Achtung gegenüber den Eltern zu den besten Taten gehört (N2) und ihm nichts ebenbürtig ist (N4, N5) – neben dem dauerhaften Fasten und Beten wird hier noch das gehorsame Folgen der Verse Gottes ergänzt, was in an-Nabhānīs Fall der Funktion einer Erinnerung an seine kampfesauffordernde Überleitung in die Sammlung gleichkommt. Der auch hier angeführte Hadith über den *muǧāhid* und den Asketen (N3) wird in einer längeren Variante in der Mitte der Sammlung wieder aufgegriffen und gipfelt in der Betonung der Exklusivität beider Personengruppen (N21).

In vier vorangegangenen Hadith(gruppen) finden sich des Weiteren die bekannten Aussagen zur Dominanz des selbst kurzzeitigen *ribāṭ* bzw. Ausziehens und Zurückkehrens auf dem Wege Gottes gegenüber dem Diesseits oder dem einmonatigen Fasten und Beten (N15, N18, N19). Zudem wird auch hier im Rahmen eines Sammelhadith die herausragende Bedeutung eines Kriegszuges durch den unbedingten Teilnahmewillen Muḥammads und seiner Anhänger untermauert (N16). In einer separaten Version greift an-Nabhānī diese Aussage im weiteren Verlauf seiner Hadithauswahl erneut auf (N26) und setzt ihr den äquivalenten Wunsch der Märtyrer, der ins Diesseits zurückkehren und erneut für Gott sterben möchte, voran (N25).

Damit erschöpfen sich bereits die der Bedeutung zuzuordnenden Hadithe, in deren Bereich an-Nabhānī keine neuen Aspekte einfließen lässt. Ähnliches gilt auch für den Bereich der bestrafungsorientierten Überlieferungen. Mit dem Motiv des aufwirbelnden Staubes, bei dessen Unterbleiben die Höllenstrafe droht (N17), des Pferdes als Bürde, sofern es unter falscher Absicht gehalten wird (N23), und mit dem mit Heuchelei gleichgesetzten Unterlassen

[256] Vgl. Nabhānī (1914), S. 4-8; Übers. in Kap. III.4.; s.a. die Ausführungen zu A5, Ibn ʿAsākirs Themenschwerpunkt der Bedeutung. Zur ökonomischen Metapher des Handels in Verbindung mit dem Dschihad s. Horsch-Al Saad (2011), S. 107-111.

von Kriegszügen und dem Fehlen ihrer Anerkennung (N33) bringt Yūsuf an-Nabhānī ausschließlich bekanntes Material ein. Neu ist einzig der unter N37 durch insgesamt vier Überlieferungen stärker betonte Fokus auf dem Pfeil- und Bogenschießen. Während die hier zuerst angeführte Definition des Pfeilschießens als die Stärke in Verbindung mit einem auch in der Einleitung angefügten Koranvers aus der Sammlung at-Tiṭwānīs bereits bekannt ist (T27), fügt ihr an-Nabhānī ergänzende Überlieferungen an, darunter an zweiter Stelle eine Warnung: Wer das Bogenschießen erlernte und dann aufgibt, zählt zu den Rebellen bzw. gehöre nicht mehr zu der Gemeinschaft der Muslime. Dass das Unterlassen eines Kriegshandwerks mit der Rebellion gleichgesetzt wird bzw. den Ausschluss aus der Gemeinschaft bedeute – oder ist hier gar von Apostasie die Rede? – impliziert eine schwere Strafe.

Die unter dem siebenunddreißigsten Hadith angeführten Überlieferungen bieten darüber hinaus Hinweise zu weiteren thematischen Schwerpunkten der Sammlung. Die hier vierte Aussage deutet den Aspekt eines konkreten Vorbilds nur an, indem Muḥammad im Vorbeigehen eine mit ihren Pfeilen beschäftigte Gruppe zum Schießen auffordert, da auch ihr Ahne ein Schütze gewesen sei. Zuvor hatte an-Nabhānī bereits zwei Überlieferungen zum vorbildlichen Verhalten eines *muǧāhid* eingefügt, der sich (nach dem Verzehr seiner Datteln) mutig bis zum Ende in den Kampf stürzt (N10) bzw. anstandslos die für ihn vorgesehenen Aufgaben übernimmt und sich auch von Misserfolgen nicht verleiten lässt (N20). Letztere Darstellung ist durch die Sammlungen Ibn ʿAsākirs und at-Tiṭwānīs (A35, T13) bereits bekannt, wo sie mit der Voranstellung des konträren Verhaltens von Materialisten den Vorbildcharakter des sich Einsetzenden noch deutlicher hervorhebt. Vorbildliches Verhalten anhand konkreter Personen findet sich schließlich noch in der dreißigsten Überlieferung von an-Nabhānīs Sammlung, mit der er ein neues Motiv in die ausgewählten Vierzig Dschihad Hadithe einbringt: das der Fahnenträger im Einsatz. In der im Falle einer Isolierung wenig aussagekräftigen Überlieferung erfolgt die knappe, sich wiederholende Schilderung des Ergreifens der Fahne und dann getötet Werdens dreier Gefährten. Die am Ende angefügte Aussage „Was sie erfreut ist, dass sie bei uns sind."[257] könnte je nach Position des Hadithes unterschiedlich ausgelegt werden. Im Hinblick auf die Einordnung in an-Nabhānīs Vierzig Dschihad Hadithen ergibt sich folgender Bezug: Mit der achtundzwanzigsten Überlieferung beginnt der Hadithsammler einen fünf Hadithe umfassenden Abschnitt zum Thema Paradies und darin eingehende Gefallene. Bis auf die letzte Überlieferung dieser Gruppe, die im Rahmen einer Koranverserläuterung den Zustand und Aufenthalt der Märtyrer allgemein thematisiert und sich ebenfalls in den Sammlungen Ibn ʿAsākirs und at-Tiṭwānīs findet (A39, T30), bringt an-Nabhānī hier ausschließlich neue Über-

257 Nabhānī (1914), S. 23; Übers. im Kap. III.4.

lieferungen ein: Diese betonen zuerst das herausragend schöne Haus der Märtyrer (N28) und geben dann zwei Beispiele an Hinterbliebenen von in der Schlacht bei Badr und Uḥud Gefallenen (N29, N31). In beiden Fällen soll es wohl aufgrund der Ungewissheit über das Ergehen des Verstorbenen zur Totenklage kommen, was durch Muḥammad mit der Begründung abgelehnt wird, dass der Gefallene von den Engeln betreut werde bzw. bereits das höchste Paradies erreicht habe.[258] Die zwischengeschobene Überlieferung der drei gefallenen Fahnenträger (N30) dürfte implizit ebenfalls auf den Status der Märtyrer und damit den Paradieseslohn anspielen. Im *Kitāb al-ǧihād* seines *Ǧāmiʿ aṣ-ṣaḥīḥ* betitelt al-Buḫārī die im siebten Unterkapitel befindlichen Überlieferungen mit *tamannī š-šahāda,* „das Begehren des Martyriums“[259]. Entsprechend ist die letzte Aussage von N30 so zu verstehen, dass es die Gefallenen erfreut, bei den Märtyrern zu sein.

Die hier nur genannte Freude wird an anderen Stellen in den Vierzig Dschihad Hadithen an-Nabhānīs deutlicher zum Ausdruck gebracht. Zum einen ist die Freude der Märtyrer über den Paradieseingang und die reichliche Versorgung durch Gott Bestandteil einer Gruppe der von an-Nabhānī einleitend zitierten Koranverse (3:169-171). Diese sind ebenso Teil von N32, das Zitat endet hier jedoch unmittelbar vor den Ausführungen über die besagte Freude. Zum anderen taucht dieser Aspekt in der dreizehnten Überlieferung auf, die eine umfangreiche Schilderung über die Märtyrer zur See und Muḥammads Freude über sie beinhaltet. Dass der Prophet hier zwei Mal lachend aufwacht, weil er von dem Martyrium einiger seiner Gefährten geträumt hat, mag auf Außenstehende befremdlich wirken, wird hier doch deutlich das Freuen über den Tod zum Ausdruck gebracht. Wie im Kontext von T31 bereits angesprochen, wird das Sterben auf dem Wege Gottes jedoch als Ehre angesehen, das nicht mit dem weithin überlieferten Schrecken und der Grabespein zu verbinden ist. In diesem Sinne stellt der Ausdruck von Freude eine Möglichkeit der Abgrenzung dar, der allen zum Dschihad Aufgerufenen zugleich die Angst nehmen und sie zum Handeln anreizen soll.

Mit den märtyrerbezogenen Überlieferungen sind bereits einige Beispiele genannt, die dem weitaus größten Themenfeld der lohnfokussierten Aussagen in an-Nabhānīs Vierzig Dschihad Hadithen zugeordnet werden können. Auch hier ist ein Großteil aus den vorangegangenen Sammlungen bereits bekannt, so die eigens für den *muǧāhid* im Paradies errichteten Stufen (N6, N7), das Motiv des Paradieses im Schatten der Schwerter (N8, N35), die Bürgschaft Gottes (N16) und das Vergeben von Fehlern (N27), die Ver-

---

[258] Zur Beschäftigung mit dem Tod der Gefallenen unter Einbeziehung obiger Hadithe siehe Kap. *Märtyrertum – Umwertungen des Todes* bei Horsch-Al Saad (2011), S. 111-130.

[259] Buḫārī (1864), Bd. 2, S. 201.

sorgung von Gott und die Sicherheit vor der Grabespein (N19), das Pferd als Bescherer von Wohltaten und je nach Absicht als Schutz oder Lohn (N23), der siebenhundertfache Lohn für eine Kamelin (N36), der temporäre Lohn für einen Fastentag auf dem Wege Gottes (N24) und der unterschiedliche Lohn für erfolgreiche und erfolglose Expeditionstrupps (N39).

Nicht näher definierter Lohn ergibt sich darüber hinaus in zwei als neunter Hadith angeführten Aussagen, deren Formulierung in der Form in keiner der anderen Vierzig Dschihad Hadithe zu finden ist: Ein Mann bekennt sich zu Gott und kämpft dann bis zu seinem Tod, was von Seiten Muḥammads mit „Er tat wenig (bzw. leichtes) und wurde reichlich belohnt“[260] kommentiert wird. Nachdem das Sterben in Verbindung mit der Absicht sich im Einsatz auf dem Wege Gottes zu befinden damit in mehreren Hadithen als etwas Erstrebenswertes und Ehrenhaftes dargestellt wurde, zu dem mit dem hohen Lohn eines Märtyrers angereizt wird, führt an-Nabhānī zur Mitte und besonders am Ende vereinzelte Überlieferungen an, die ein Muss des Sterbens relativieren. Dass nicht allein der Kampf zu hohem Lohn führt, ergibt sich bereits in der Sammlung an-Nabhānīs aus dem Hadith über alternative Formen des Einsatzes, namentlich der Ausrüstung von Kämpfern und Versorgung von Hinterbliebenen (N22, s.a. T22, A20). Der Hadithsammler ergänzt diese Aussage um eine weitere, in der den zurückbleibenden Männern im Falle ihres Bemühens um die Familien der Ausziehenden derselbe, nicht näher definierte Lohn wie Letzteren in Aussicht gestellt wird. Stärker noch in Anlehnung an den zuvor behandelten Hadith (N9) ist ein weiteres Hadithpaar (N34) zu sehen, in dem jenem, der sich aufrichtig zu Gott bekennt, selbst dann der Rang eines Märtyrers versprochen wird, wenn er im Bett verstirbt. Die Relativierung des unbedingten Todes ergibt sich noch expliziter in der zweiten Aussage: „Wer das Martyrium aufrichtig verlangt, dem wird es gegeben, selbst wenn es ihn nicht tötete.“[261]

Aus den zuletzt angesprochenen Hadithen ergibt sich eine der in allen vorgestellten Vierzig Dschihad Hadithen sichtbar werdenden Voraussetzungen: Das aufrichtige Bekenntnis zu Gott. Der Hadithauswahl an-Nabhānīs nach führt es nicht nur zum Märtyrerlohn (N9, N34), sondern im Falle der sich neu zum Islam Bekennenden überhaupt zur Bewahrung ihres Lebens und Besitzes (N1). Des Weiteren ergeben sich auch aus an-Nabhānīs Sammlung die Voraussetzungen der unbedingten Schuldenfreiheit (N27) und der korrekten Absicht (N14, N23), die im Gegenzug zur ansonsten sehr ähnlichen Sammlung at-Tiṭwānīs bei an-Nabhānī jedoch nicht durch eine besondere Position und Vielzahl der Aussagen hervorgehoben wird.

260 Nabhānī (1914), S. 12; Übers. in Kap. III.4.
261 Nabhānī (1914), S. 25; Übers. in Kap. III.4.

Nachdem sich die Vierzig Dschihad Hadithe Yūsuf an-Nabhānīs unter ihresgleichen primär durch die Voranstellung koranischer Aufforderungen zum Kampf und den Anreiz zu jenem durch einen noch stärkeren Fokus auf der Lohnaussicht profilieren, schließt der Hadithsammler seine Auswahl auch auf eigene Weise ab. Dass insbesondere die letzte Überlieferung einer Sammlung umfangreich ausfallen kann, um darin einen abschließenden Überblick über das gewählte Thema oder auch die Grundlagen der Religion zu geben, ist aus anderen Beispielen der Vierzig Hadithe bereits bekannt.[262] An-Nabhānī schließt sich dem Vorgehen an und wählt mit seiner vierzigsten Überlieferung einen von den Inhalten der übrigen Vierzig Dschihad Hadithe deutlich abweichenden Abschluss, indem er sich den Richtlinien der Kriegsführung widmet. Der in seiner Sammlung nachdrücklich erfolgte Aufruf zum kämpferischen Einsatz gegen die Polytheisten ist nicht wahllos, sondern in den fest vorgegebenen Schritten der Einladung zum Islam (*daʿwa*), der Zahlung der Kopfsteuer (*ǧizya*) und erst dann des physischen Kampfes (*qitāl*) umzusetzen. Dem geht das ausdrückliche Verbot zu betrügen, zu übertreiben, zu verstümmeln und Kinder zu töten voran. Rudolph Peters sieht in dem Vorgehen des Einladens zum Islam als ersten Schritt die Funktion der Mitteilung, dass es sich nicht um ein Vorgehen aus diesseitigen Beweggründen, also zum Beuteerwerb handelt, sondern vielmehr aus religiösem Antrieb gehandelt wird: Der Islam soll gefestigt und verbreitet werden.[263] In diesem Sinne knüpft an-Nabhānī an eine der Grundvoraussetzungen des Dschihad erneut an und beschließt seine Sammlung indirekt mit derselben Botschaft wie as-Suyūṭī: Der Einsatz hat nicht der Beute, der Erinnerung oder des Ranges wegen zu erfolgen, sondern „damit Gottes Wort das höchste ist“[264].

5. *Abschließender Vergleich*

Im Rahmen einer aus Bibliothekskatalogen, Beständen arabischer Buchhandlungen, bio-bibliographischen Lexika und Webseiten erfolgten quantitativen Erhebung ist die besondere Stellung des Themas Dschihad innerhalb des Sammlungstyps der Vierzig Hadithe ersichtlich geworden: Gemessen an dem häufigen Vorkommen einschlägiger Sammlungen konnte festgehalten werden, dass der Einsatz auf dem Wege Gottes eine dauerhafte gesellschaftliche

---

262 Siehe bspw. die Vierzig Hadithe al-Āǧurrīs (2000) – dazu Kap. I.3.1.2 *Sammlungen des 4./10. Jahrhunderts* in Bartschat (2019) –, aber auch in weniger ausuferndem Maß den Abschluss von at-Titwānīs Vierzig Dschihad Hadithen, Kap. III.3.

263 Vgl. Peters (1979), S. 18f.; ders.: Jihad in Classical and Modern Islam. A Reader. Princeton: Marcus Wiener 1996, S. 4.

264 N14, S40, T1.

Angelegenheit darstellt, die sich ab dem 6./12. Jahrhundert in zahlreichen Sammlungen der Vierzig Hadithe niederschlägt – sei es aufgrund immer wieder auftretender kriegerischer Auseinandersetzungen oder aufgrund eines von einigen Sammlern befürchteten Verfalls des islamischen Glaubens.

Der Fokus der Arbeit auf Vierzig Hadithen zu einem bestimmten Thema dient dazu, zum einen die allgemein in dem Sammlungstyp bestehende inhaltliche und formale Diversität auch innerhalb der Sammlungen mit gleicher Thematik aufzuzeigen, und zum anderen die unterschiedlichen zeitgeschichtlichen Ereignisse zu erarbeiten, die für das Entstehen von Vierzig Hadithen mit gleicher inhaltlicher Ausrichtung sorgten. Die Kontextualisierung aller bekannter Vierzig Dschihad Hadithe zeigte dabei, dass diese Sammlungen besonders im Zusammenhang konflikthafter Auseinandersetzungen zwischen Muslimen und Andersgläubigen, zum Teil aber auch von Muslimen untereinander, erstellt wurden. Sie sollten dabei nicht allein in den Gelehrtenkreisen für Information und Anreiz zum Einsatz sorgen, sondern mutmaßlich auch nicht-gelehrten Muslimen als Handreichung dienen. Dass speziell die exemplarisch vorgestellten Vierzig Dschihad Hadithe inhaltlich große Überschneidungen aufweisen, wo doch gerade innerhalb des Sammlungstyps der Vierzig Hadithe viel Energie für die Suche nach neuen Aspekten verbraucht wurde, ist nicht als Abwertung aufzufassen.

Wie Mourad und Lindsay bereits im Kontext von Ibn ʿAsākir und al-Muqriʾ festhielten, besteht die Besonderheit der jeweiligen Sammlung nicht in der Originalität, sondern vielmehr darin „die allgemeine religiös-politische Stimmung“[265] in einer bestimmten Zeit zu bestätigen. Des Weiteren weist Carole Hillenbrand im Hinblick auf islamische Rechtswerke darauf hin, dass die Dschihad-Theorie in ihnen über Jahrhunderte praktisch nicht geändert wurde: „Es besteht in der Tat wenig Unterschied in Inhalt und Struktur der islamischen Rechtswerke, die im zehnten Jahrhundert erstellt wurden, und denen, die im neunzehnten Jahrhundert entstanden.“[266] Diese Einheitlichkeit zeigt sich letztlich auch in den Vierzig Dschihad Hadithen: Da alle derartigen Sammlungen in einer Zeit entstanden, in der der Hadithkorpus zum Thema Dschihad durch die *kutub as-sitta* nahezu festgesetzt ist, kommt es inhaltlich zu stärkeren Überschneidungen als es beispielsweise der Fall mit dem früh entstandenen *Kitāb al-ǧihād* Ibn al-Mubāraks ist. Wie eingangs der Arbeit dargelegt, hatte er in der vorformativen Phase einen weitaus größeren Spielraum bei der Hadithauswahl, die zur Einbringung von in späterer Zeit als schwach klassifizierten Hadithen und damit einhergehend von weiteren Themenbereichen führte, welche die späteren Vierzig Dschihad Hadithe vermissen lassen.

265 Mourad/Lindsay (2013), S. 60.
266 Hillenbrand (1999), S. 99.

Die Unterschiede zwischen den dschihadbezogenen Vierzig Hadithen bestehen in inhaltlicher Hinsicht letztlich in Nuancen. Mit einer unterschiedlichen Anzahl an Hadithen zu einem bestimmten Bereich oder auch seiner Auslassung heben die Sammler Aspekte des Dschihad hervor, die in ihren Augen von besonderer Bedeutung sind und dabei eventuell noch Rückschlüsse auf Anliegen der Adressaten zulassen. Im Falle der Sammlung Ibn ʿAsākirs fallen dahingehend die Bezüge zu weiteren Propheten neben Muḥammad und eine vergleichsweise stärkere Betonung der insgesamt nur selten behandelten Strafe auf, während Ǧalāl ad-Dīn as-Suyūṭī über die Verwendung zahlreicher Quellen allgemein größere inhaltliche Abweichungen bei der Hadithauswahl schafft und dabei seine breite Werkekenntnis präsentieren kann. Barakat at-Tiṭwānī betont wiederum mit gleich mehreren Hadithen zu Beginn seiner Sammlung die grundlegende Voraussetzung der korrekten Absicht, während Yūsuf an-Nabhānī den ohnehin starken Fokus aller Sammlungen auf dem Aspekt der Belohnung mit einer geringfügig größeren Anahl an Hadithen noch verstärkt und sich intensiver mit dem Paradies und der Frage nach dem Zustand bestimmter Gefallener auseinandersetzt.

Ein deutlicher Unterschied unter den Sammlungen ist dann vor allem hinsichtlich ihrer Widmungen und Beweggründe auszumachen: In drei Fällen besteht ein konkreter Herrscherbezug, wobei nur die Sammlungen Ibn ʿAsākirs und an-Nabhānīs Reaktionen auf eine unmittelbare Aufforderung des Herrschers darstellen. Ibn ʿAsākir ist wiederum der einzige, der in enger Verbindung zum Adressaten seiner Sammlung stand und von diesem explizit um die Zusammenstellung der Hadithe gebeten wurde. Der genaue Zeitpunkt dessen geht aus der Sammlung und den biographischen Einträgen nicht hervor, sodass offen bleibt, ob der zengidische Herrscher Nūr ad-Dīn die Vierzig Hadithe für ein bestimmtes Ereignis oder generell zur Unterstützung seines Einsatzes anforderte.

Im Falle Yūsuf an-Nabhānīs liegt wiederum ein konkretes Datum vor, an dem der Aufruf zum Dschihad durch den osmanischen Sultan erging. Im Gegensatz zu Ibn ʿAsākir scheint an-Nabhānī mit dem Herrscher aber nicht in persönlichem Kontakt gestanden zu haben und wurde entsprechend ebensowenig direkt um die Sammlung gebeten. Die Widmung beruht damit stärker auf an-Nabhānīs eigener Entscheidung. Sein Bestreben, die muslimische Gemeinde unter dem mit der Sammlung bedachten Herrscher einen zu wollen, teilt er jedoch mit Ibn ʿAsākir.

Die dritte einschlägige Sammlung mit direktem Herrscherbezug stammt von Ǧalāl ad-Dīn as-Suyūṭī und unterscheidet sich von den vorigen beiden dahingehend, dass die Erstellung der Sammlung und ihre Widmung an den osmanischen Herrscher im Nachhinein eines konkreten Ereignisses erfolgten. Bereits in Kindheitstagen as-Suyūṭīs erzielte Mehmed II mit der Eroberung

Konstantinopels seinen größten Erfolg im Sinne des Dschihad und scheint großen Eindruck auf as-Suyūṭī gemacht zu haben. Ganze vierundzwanzig Jahre nach dem großen Ereignis erstellte ihm as-Suyūṭī dann in aller Eile die Vierzig Dschihad Hadithe als Begleiter für seine nicht näher erläuterte Reise. Ob es sich hierbei um einen Kriegszug handelte und der Sultan womöglich zum Dschihad aufgerufen hatte, worauf as-Suyūṭī dann reagierte, geht aus der Hadithsammlung ebensowenig hervor wie aus vorliegenden biographischen Einträgen. Vermutlich ist dieser Beitrag zu den Vierzig Dschihad Hadithen mehr als eine generelle Ehrung des erfolgreichen Herrschers zu sehen und weniger in Verbindung mit einem konkreten Dschihadaufruf.

Die vierten, beispielhaft vorgestellten Vierzig Dschihad Hadithe unterscheiden sich im Hinblick auf die Widmung am deutlichsten von den übrigen drei Sammlungen: Der Sammlungstext selbst enhält gar keine Anhaltspunkte für einen Anlass, vielmehr ist dem Werk Barakat at-Tiṭwānīs die Widmung lediglich vor- bzw. nachgestellt. Dabei wird kein Herrscher benannt, sondern eine Personengruppe angesprochen, die mit Hilfe der Vierzig Dschihad Hadithe bei ihrer Belagerung einer an die Christen verlorenen Stadt unterstützt werden soll. Der offizielle Aufruf zum Dschihad ergeht eigentlich vom Oberhaupt, dem Kalifen oder einem Stellvertreter, so wie es im Fall der übrigen drei Sammlungen geschah. Da es jedoch auch Herrscher gab, die in den Augen ihrer Untertanen ihre Dschihadpflicht vernachlässigten, ergriffen Letztere, darunter sowohl Kampfbereite wie auch Gelehrte, selber die Initiative und mobilisierten zum Einsatz.[267] Barakat at-Tiṭwānī könnte so ein Beispiel sein; zwar soll der ʿalawīdische Herrscher, unter dem at-Tiṭwānī die größte Zeit seines Lebens verbrachte, durchaus zum Dschihad aufgerufen und für die Belagerung und Rückeroberung besetzter Städte gesorgt haben, doch war er ebenso für sein hartes Vorgehen gegenüber den Kreisen bekannt, denen at-Tiṭwānī angehörte. Folglich wird die geistige Unterstützung mittels der Vierzig Dschihad Hadithe eher auf at-Tiṭwānīs Eigeninteresse und persönlicher Motivation beruhen.

Neben diesem Unterschied verfügen die vorgestellten Vierzig Dschihad Hadithe über eine Gemeinsamkeit, die Carole Hillenbrand für den Dschihad der Kreuzzugszeit allgemein bereits konstatierte: Er wird primär in Reaktion auf eine von außen kommende Aggression geführt und nicht um Andersgläubige zu konvertieren[268], auch wenn im Einzelfall der vier Beispiele wiederum differenziert werden muss. In Ibn ʿAsākirs und Barakat at-Tiṭwānīs Fall geht es konkret um die Rückeroberung von Gebieten Syriens und Marokkos, die zuvor bereits muslimischer Herrschaft unterstanden hatten und dann an die Kreuzritter bzw. europäischen Besatzer verloren ge-

[267] Vgl. Hillenbrand (1999), S. 97f.
[268] Vgl. ebd., S. 246.

gangen waren. Hier finden mit beiden Sammlungen Reaktionen auf direkte Kampfhandlungen statt.

Yūsuf an-Nabhānī reagiert mit seiner Sammlung auf die sich Zeit seines Lebens vollziehenden Änderungen in seinem Umfeld durch den europäischen Einfluss, die nicht unmittelbar mit Kampfhandlungen zusammenhängen. Diese Änderungen sieht er als orthodoxer Anhänger des Islam jedoch als eine Art Angriff auf seine Religion, die es zu schützen gilt. Mit dem offiziellen Aufruf zum Dschihad erfolgte dann lediglich der letztendliche Anstoß zum Erstellen seiner Sammlung, die damit den Aggressionen im Sinne tatsächlicher Kampfhandlungen vorausgeht. Die den Vierzig Dschihad Hadithen an-Nabhānīs zugrundeliegende Intention, die Religion des Islams vor fremden (kriegsunabhängigen) Einflüssen zu schützen, findet sich in zweiter Instanz auch in den Vierzig Dschihad Hadithen Ibn ʿAsākirs, der neben den Kreuzrittern mutmaßlich auch auf schiitische Einflüsse abzielt. Letztere betreffen abweichende Glaubensanschauungen, die mit Ibn ʿAsākirs sunnitischer Einstellung nicht d'accord gingen, und äußerten sich beispielsweise in einer aus sunnitischer Sicht abgeänderten Version des Gebetsrufs.

Ǧalāl ad-Dīn as-Suyūṭīs Sammlung als eine Reaktion auf von außen kommende Aggressionen aufzufassen, gestaltet sich hingegen etwas schwieriger. Im Vergleich zu den drei anderen Sammlern lebte er nicht unmittelbar in Nähe eines christlichen Einflussgebiets und noch viel weniger nahe der Front. Auch stehen seine Vierzig Hadithe nicht mit einem Kampf um die Zurückgewinnung verloren gegangenen muslimischen Gebietes in Verbindung. Vielmehr sorgte der von ihm bedachte Herrscher für die Eroberung einer bislang christlich beherrschten Stadt und weitete damit das muslimische Einflussgebiet aus. Es erfolgt demnach keine Reaktion auf äußere Aggressionen. Die oben dargestellte kritische Einstellung as-Suyūṭīs gegenüber den herrschenden Mamluken in seiner Heimat und seine Vorstellung, als *muǧtahid* für die Richtigstellung von Fehlverhalten zuständig zu sein, lassen hingegen den Schluss zu, dass er in diesen muslimischen Herrschern selbst den zu bekämpfenden Einfluss von außen sieht. Zwar ist auch seine Sammlung mit der Widmung an Mehmed II in den Kontext der Auseinandersetzungen mit Christen einzuordnen. Doch dient dieser Zusammenhang, der überdies bereits etliche Jahre zurücklag, als as-Suyūṭī seine Hadithauswahl traf, lediglich dem Aufzeigen eines vorbildlichen Einsatzes ‚auf dem Wege Gottes'. Diesen wird er den über seine Heimat herrschenden Mamluken vorgehalten haben, gegenüber denen er womöglich nicht nur das Fehlen des Dschihad beanstandete, sondern in denen er ebenso aufgrund der unsicheren Lage im Land eine Gefahr für die Bevölkerung sah.

* * *

Als ein grundlegendes Merkmal der Vierzig Hadithe ist in einer separaten Veröffentlichung die übersichtliche Präsentation von prophetischen Aussagen zu einem Thema herausgearbeitet worden, mit der ihre Funktion als Lehrwerk bzw. Handreichung für ‚jedermann' einhergeht. Dass zu diesen Adressaten Herrscher und weitere Personen in wichtigem Amt zählen können, wird im Besonderen an den dschihadbezogenen Sammlungen deutlich, die in vielen Fällen einen einschlägigen Bezug in ihren Widmungen erkennen lassen. Darüber hinaus geben zumindest in früheren Beispielen wie dem Ibn ʿAsākirs Audienz-Einträge Auskunft über die Hörerschaft, die den Lesungen der Werke beiwohnte. Auch in den übrigen drei exemplarisch vorgestellten Sammlungen kann aufgrund der Gelehrtentätigkeiten der Sammler von einer Verwendung der Hadithauswahl im Unterricht ausgegangen werden, auch wenn diese auf den wenigen erhaltenen Manuskripten nicht erwähnt wird.

Ob sich die Idee der Vierzig Hadithe als Handreichung für ‚jedermann' auch im wörtlichen Sinne wirklich auf jeden beziehen lässt, die ausgewählten Sammlungen über den Herrscher- und Gelehrtenkontext hinaus also auch die übrigen Teile der Bevölkerung, vor allem die am Kampf beteiligten Soldaten erreichten, ist hingegen nicht belegt. Es ist aber anzunehmen, dass die Hadithsammler mit ihrer Zusammenstellung auch auf sie abzielten und zumindest beabsichtigten sie gleichermaßen zu motivieren. Dafür sprechen die aus allen vorgestellten Sammlungen hervorgehenden Lohnaussichten und Paradiesbeschreibungen, die in Verbindung mit vereinzelten, vorbildlichen Darstellungen kämpfender Personen besonderen Anreiz zum aktiven Einsatz schaffen.

Den vier Sammlungen ist die primäre Darstellung des Dschihad als kämpferischer Einsatz gemeinsam. Während at-Tiṭwānī und an-Nabhānī bereits über das Vorwort bzw. einleitende Koranverse einen klaren Aufruf zum Kampf einbringen, erfolgt diese Verbindung bei Ibn ʿAsākir erst im Verlauf seiner Hadithauswahl, die aber ebenfalls den Vorrang der kämpferischen Form des Dschihad erkennen lässt. Mittels überwiegender Anzahl an lohnbezogenen Hadithen wird in allen Beispielen dazu angereizt, der Aufforderung des Einsatzes nachzukommen. Die Maßnahme der Abschreckung durch Aufzeigen der Konsequenzen im Falle einer Verweigerung nutzen hingegen alle vier Sammler in nur geringem Maß (hier wird Ibn ʿAsākir noch am deutlichsten). Die Darstellung des Dschihad soll meines Erachtens in einem positiven Rahmen bleiben und den Angesprochenen ihre Ängste nehmen, anstatt sie zu schüren. Damit einher geht das insbesondere in der Hadithauswahl an-Nabhānīs auffallende, positive Bild des Sterbens: Sofern es im Einsatz auf dem Wege Gottes erfolgt, ist der Gefallene sicher vor Schmerzen, Furcht und Grabespein.

Neben der Darstellung des Dschihad als kämpferischem Einsatz lassen sich in allen vier Vierzig Dschihad Hadithen auch die ‚friedfertigen' Formen aufzeigen, die sich beispielsweise im ‚Einsatz der Zunge' oder in der Versorgung der zurückbleibenden Familienangehörigen niederschlagen. Auch das Ausrüsten der Kämpfer auf ihrem Weg in den Kampf wird als eine der Handlungen genannt, die mit dem kämpferischen Einsatz vergleichbar entlohnt wird. Im Anschluss an die das Sterben verherrlichenden Hadithe führt an-Nabhānī schließlich auch solche an, die einem sich aufrichtig zu Gott Bekennenden den Märtyrerlohn zusprechen, selbst wenn er ‚in seinem Bett' verstirbt. Dadurch relativiert sich das zuvor in seiner Auswahl entstandene Bild der erstrebte Lohn sei ausschließlich durch den Tod im Kampf erreichbar.

Der Einsatz gegen die innere Triebseele als eine Form des friedfertigen Dschihad wird in vielen Definitionsversuchen als der „große Dschihad"[269] bezeichnet. Wie in Verbindung mit Ibn al-Mubāraks Dschihad-Werk bereits angesprochen, wird die Bezeichnung selbst nicht in den Vierzig Dschihad Hadithen aufgegriffen, es lassen sich aber in allen vier Sammlungen Hadithe aufzeigen, die den Aspekt der Zurückhaltung und des aufrichtigen Glaubens bedienen. Er geht als eine der Grundvoraussetzungen des Dschihad aus den Sammlungen hervor, sodass das im Kontext von Ibn ʿAsākir genannte Dschihadverständnis letztlich für alle vier Sammler festgehalten werden kann: Er ist eine Verbindung von physischer, den Kampf mit einschließender Aktivität und innerer Moral.

[269] Vgl. bspw. Mourad/Lindsay (2007), S. 42; Christie (2007), S. 10f.; ders. (2015), S. 15f.; Cook (2005), S. 32-48.

Teil III
Übersetzung ausgewählter Vierzig Dschihad Hadithe

Verwendete Abkürzungen…

…für nachfolgend übersetzte Vierzig Dschihad Hadithe

[A] Ibn ʿAsākir aš-Šāfiʿī, Abū l-Qāsim ʿAlī b. al-Ḥasan b. Hibat Allāh Ṯiqat ad-Dīn: Al-arbaʿūn fī l-ḥaṯṯ ʿalā l-ǧihād / hrsg. v. ʿAbd Allāh b. Yūsuf. Al-Kuwayt: Dār al-Ḫulafāʾ li-l-Kitāb al-Islāmī 1404/1984, S. 47-118.

[N] Nabhānī, Abū l-Maḥāsin Yūsuf b. Ismāʿīl an-: Kitāb al-aḥādīṯ al-arbaʿīn fī faḍl al-ǧihād wa-l-muǧāhidīn. (Wa-yalīh Al-muzdawiǧa al-ḥusnā fī l-istiġāṯa bi-asmāʾ Allāh al-ḥusnā). Bayrūt: Maṭbaʿat al-Fayḥāʾ 1332/1914, S. 2-28.

[S] Suyūṭī, Ǧalāl ad-Dīn ʿAbd ar-Raḥmān b. Abī Bakr as-: Arbaʿūn ḥadīṯan fī faḍl al-ǧihād / hrsg. v. Marzūq ʿAlī Ibrāhīm. Al-Qāhira: Dār al-Iʿtiṣām 1408/1988, S. 49-97.

[T] Barakat at-Tiṭwānī, Abū l-Ḥasan ʿAlī b. Muḥammad: Arbaʿūn ḥadīṯan fī faḍl al-ǧihād / hrsg. v. Muḥammad Bū Ḫubza. Tiṭwān: Ǧamʿiyyat al-Baʿṯ al-Islāmī 1406/1986, S. 7-34.

…für weitere Vierzig Dschihad Hadithe

[L] Luqmān as-Salafī, Muḥammad: Arbaʿūn ḥadīṯan fī faḍl al-ǧihād wa-l-muǧāhidīn. [S.l. s.a.] http://www.muslm.net/vb/showthread.php?t=362649 [gepostet am 11.10.2009, 23:44 Uhr].

[M] Muqriʾ al-Wāsiṭī, ʿAfīf ad-Dīn Abū l-Faraǧ Muḥammad b. ʿAbd ar-Raḥmān al-: Kitāb al-arbaʿīn fī l-ǧihād wa-l-muǧāhidīn / hrsg. v. Badr b. ʿAbd Allāh al-Badr. Bayrūt: Dār Ibn Ḥazm 1413/1992.

[Q] Abū Qatāda al-Filasṭīnī: Al-arbaʿūn al-ǧiyād li-ahl at-tawḥīd wa-l-ǧihād. [S.l.]: Dār al-Ǧabha 1426/2005. http://www.ilmway.com/site/maqdis/MS_150.html [zuletzt abgerufen am 05.04.2017].

[Š] Šabakat Masāǧidinā ad-Daʿwiyya - Filasṭīn: Musābaqat ḥifẓ aḥādīṯ al-arbaʿīn al-ǧihādiyya (1433/2012). http://www.sef.ps/vb/multka394000/ [zuletzt abgerufen im Juni 2013, Seite im Oktober 2015 nicht mehr abrufbar].

…für Eulogien

Gott (ǧ): „ʿazza wa-ǧalla", mächtig und erhaben ist Er
Gott (s): „subḥānahū", gepriesen sei Er
Gott (t): „taʿālā", der Erhabene
Muḥammad (ṣ): „ṣallā Llāhu ʿalayhi wa-sallam", Gott segne ihn und gebe ihm Heil
Andere Propheten (ʿa): „ʿalayhi s-salām" Friede sei mit ihm
Prophetengefährten (r): „raḍiy Allāhu ʿanhū/-hā", Gottes Wohlgefallen auf ihm/ihr

Die mit /S.1/ wiedergegebene Zählung im Verlauf der übersetzten Texte bezieht sich auf die jeweilige Seite, auf der der daran anschließende Text im arabischen Original [A, S, T oder N] zu finden ist. Ergänzungen (in Klammern) durch d. Übers. erfolgen in der Regel an den Stellen, wo der arabische Originaltext lediglich mit Personalpronomen auskommt, deren Bezug in der Übersetzung unklar bleibt. Die hinter der jeweiligen Hadith-Durchzählung angeführten Abkürzungen („*Erster Hadith* [A5, T7, …]") verweisen auf (Teil-)Überschneidungen in anderen Vierzig Dschihad Hadithen. Zur Verdeutlichung der tatsächlichen Verwendung des Begriffs Dschihad (bzw. relevanter Bedeutungen der Wortwurzel *ǧ-h-d*) innerhalb der Dschihadsammlungen wurde jener in der Übersetzung **hervorgehoben**.

Die Einleitungen der Vierzig Hadithe sind häufig in Reimprosa verfasst, so auch die ausgewählten Sammlungen Ibn ʿAsākirs und Barakat at-Tiṭwānīs. Die Einleitungen as-Suyūṭīs und an-Nabhānīs fallen knapper aus und sind inkonsequent in der Verwendung von Reimworten. Während at-Tiṭwānīs Einleitung über Paarreime verfügt, wendet Ibn ʿAsākir durchgehend dasselbe Reimschema an; Letzteres ist zur Verdeutlichung in der deutschen Übersetzung *kursiv* kenntlich gemacht und durch die Wiedergabe des arabischen Reimwortes am jeweiligen Satzteilende in [*Klammern*] ergänzt.

1. Al-arbaʿūn fī l-ḥaṯṯ ʿalā l-ǧihād *von ʿAlī Ibn ʿAsākir*

/S.47/ Im Namen Gottes, des Allerbarmers, des Barmherzigen

Gott segne unseren Herrn Muḥammad und seine Angehörigen und gebe Heil

Lob sei Gott, dem Emporheber der *mächtigen* Sieben[1] [*aš-šidād*], dem Ausbreiter der Erde unter ihnen gleich (einer) *Ruhestätte* [*ka-l-mihād*], Der sie mit festgegründeten Hügeln und *Bergen* fixierte [*wa-l-aṭwād*], und diese für

1 gemeint sind die sieben Himmel

sie[2] *gleich Pfählen* machte, damit sie nicht bewegt werde [*ka-l-awtād*], Der fern ist davon sich (eine) Partnerin *und Kinder* zu nehmen [*wa-l-awlād*], Der hocherhaben ist darüber Teilhaber *und Gleichgestellte* um Hilfe zu bitten [*wa-l-andād*]. Ich preise Ihn für Seine *unzählbaren* Wohltaten [*bi-t-taʿdād*] und ich glaube an Ihn wie einer, der sich entgegen *der Widersacher* zu Ihm als einen bekennt [*al-aḍdād*]. Ich bezeuge, dass es keinen Gott gibt außer Ihm, dem Schöpfer der Lebewesen *und unbelebten Dinge* [*wa-l-ǧamād*] – ein Bekenntnis, das ich als Vorrat für den Tag *der Auferstehung* mache [*al-maʿād*]. Und ich bezeuge, dass Muḥammad Sein Diener und Gesandter ist, der zum *richtigen Handeln* führt [*ar-rašād*], der nach der Verschließung *und Blockierung* den Weg der Wahrheit öffnet [*wa-l-insidād*], und der der Auserwählte aus der reinen Familie und den *ehrwürdigen* Herren ist [*al-amǧād*] – Gott segne ihn, seine Angehörigen und seine Gefährten fortdauernd bis zum *Jüngsten* Tag [*at-tanād*].

Und nun zum Thema:

Der gerechte Herrscher, Asket, ***muǧāhid*** und (an der Grenze) Stationierte – möge Gott ihm Erfolg *für das richtige Verhalten* verleihen [*li-s-sadād*], ihm beistehen bei der Wahrung der Interessen *der Menschen* [*al-ʿibād*] und ihn von Seinen Vorzügen mit rechtschaffener *Unterstützung*[3] versehen [*al-imdād*], (möge Er) /S.48/ seinen Sieg mit seinen Soldaten stark machen und seine Stärke *durch den Beistand* festigen [*bi-l-amdād*] – (der gerechte Herrscher) hatte den Wunsch, dass ich ihm vierzig Hadithe über *den* ***Dschihad*** sammle [*al-ǧihād*], die über klare Texte und ununterbrochene *Überlieferungsketten* verfügen [*al-isnād*], als Ansporn für die *standhaften* ***muǧāhidīn*** [*al-aǧlād*], die über hohe Entschlossenheit und *starke* Arme verfügen [*aš-šidād*][4], ebenso wie über durchdringende Schwertschärfe und *scharfe* Speerspitzen [*al-ḥidād*], damit sie zur Aufrichtigkeit beim Aufeinandertreffen *und beim Kampf* angespornt werden [*wa-l-ǧilād*], (des Weiteren) als Ansporn zur Vernichtung der Ungläubigen und *Abweichenden* [*wa-l-ʿinād*][5], die ihren Unglauben im *Land* stiften [*al-bilād*] und in ihm Unrecht *und Lasterhaftigkeit* mehren [*wa-l-fasād*] – möge unser Herr den Schmerz der Bestrafung über

---

2 In der zugrunde liegenden Edition ʿAbd Allāh b. Yūsufs heißt es auf Arabisch *wa-ǧāʿilihā lahā kay lā tamīda ka-l-awtād*, in der Bearbeitung Mourad und Lindsays hingegen *wa-ǧāʿilihā amākina lā tamīdu ka-l-awtād*: „und sie zu unbeweglichen Orten gleich den Pfählen machte", Mourad/Lindsay (2013), S. 132.

3 In der zugrunde liegenden Edition Ibn Yūsufs heißt es *wa-amaddahū min faḍlihī bi-ṣāliḥi l-imdād*, in der Bearbeitung Mourad und Lindsays hingegen *wa-amaddahū bi-faḍlihī bi-ṣāliḥi l-amrād*: „und ihn mit Seinen Vorzügen unterstützen gegen das Interesse der Widerspenstigen", Mourad/Lindsay (2013), S. 132.

4 *ūlī* (und nachfolgend *ḏawī*) im Genitiv, da auf *muǧāhidīn* bezogen, von *ūlū* bzw. *ḏawū*, Sg. *ḏū*, „Besitzer, Inhaber, ausgestattet mit"

5 *ḏawī l-kufri wa-l-ʿinād*, wörtl. „die Inhaber des Unglaubens und des Widerstands"

sie ergießen, Er ist doch *der alles Beobachtende* [*la-bi-l-mirṣād*]. Ich beeilte mich zu befolgen, was er *erbeten* hatte [*al-murādi*], und sammelte ihm, was Wissende und *Kritiker* gutheißen [*wa-l-intiqād*][6]. Ich *bemühte* mich bei ihrer Sammlung *in besonderem Maße* [*al-iǧtihād*] in der Hoffnung, dass mich der Lohn der Erleuchtung *und Rechtleitung* erreicht [*wa-l-iršād*]. Gott leitet doch erfolgreich zum Richtigen beim Ausführen *und Begehren* [*wa-l-irād*] und lenkt bei Äußerungen zur Ausführlichkeit (*oder*) *Sparsamkeit* [*wa-l-iqtiṣād*].

Abū ʿAbd Allāh al-Ḥusayn b. ʿAbd al-Malik *al-adīb* berichtete uns in Isfahan: Uns berichtete Abū l-Qāsim Ibrāhīm b. Manṣūr: Uns berichtete Abū Bakr Muḥammad b. Ibrāhīm b. al-Muqriʾ: Uns berichtete Abū /S.49/ Yaʿlā Aḥmad b. ʿAlī: Uns überlieferte ʿAmr b. Ḥuṣayn von Ibn ʿUlāṯa, (dieser) von Ḥuṣayf, (dieser wiederum) von Muǧāhid (und dieser) von Abī Hurayra, der sagte: Der Gesandte Gottes (ṣ) sagte: „Wer meiner Gemeinde vierzig Hadithe über das bewahrt, was ihnen für die Angelegenheiten ihrer Religion nützlich ist, der wird am Tage der Auferstehung unter den Gelehrten auferweckt. Der Vorzug des Wissenden vor dem Dienenden beträgt siebzig Stufen (und) Gott allein weiß was zwischen je zwei Stufen ist."

/S.50f./ *Erster Hadith* [N2, S3, T4]

von[7] Abū Hurayra, der sagte: Der Gesandte Gottes (ṣ) wurde gefragt, welcher Glaube der beste sei, worauf er sagte: „Der Glaube an Gott (ǧ)." „Und des Weiteren?" wurde er dann gefragt. „Dann der **Dschihad** auf dem Wege Gottes (ǧ)", erwiderte er, worauf erneut gefragt wurde: „Und des Weiteren?" „Eine gesegnete Pilgerfahrt", antwortete er. So überliefert Muslim in seinem *Ṣaḥīḥ* von Manṣūr.

/S.52f./ *Zweiter Hadith*

von Abū Ḏarr, der sagte: Ich fragte: „Oh Gesandter Gottes, welche Tat ist am besten?", worauf er erwiderte: „Der Glaube an Gott und der **Dschihad** auf Seinem Wege." Ich fragte weiter: „Oh Gesandter Gottes, die Freilassung welcher Sklaven [*riqāb*] ist die beste?" Er antwortete: „Die derjenigen, die von ihren Besitzern am meisten geschätzt werden und deren Preis hoch ist." (Abū Ḏarr) fuhr fort: „Und wenn ich keine finde?" „(Dann) unterstützt du einen Armen oder bist rücksichtsvoll gegenüber einem Dummen", antwor-

6 *ahlu l-maʿrifati wa-l-intiqād*, wörtl. „Angehörige / Vertreter des Wissens und der Kritik"

7 Die vollständigen Überliefererketten, die sich unter den ausgewählten Vierzig Dschihad Hadithen nur in der Sammlung Ibn ʿAsākirs finden, sind hier zur besseren Übersicht über die Hadithinhalte ausgelassen. Zur Einsicht in die Ketten siehe neben dem arabischen Originaltext bspw. auch die englische Übersetzung Mourad und Lindsays, diess. (2013), S. 135-183.

tete er, worauf (Abū Ḏarr) weiterfragte: „Und wenn ich dazu nicht imstande bin?" (Da erwiderte der Prophet): „Dann halte deinen Ärger gegenüber den Menschen zurück. Dies ist ein Almosen, das du deiner eigenen Seele gibst." /S.54/ In Einigung auf seine Authentizität überliefern dies al-Buḫārī von ᶜUbayd Allāh b. Mūsā (und dieser) von Hišām, und Muslim von Abū r-Rabīᶜ und Ḫalaf b. Hišām (und diese) über Ḥammād b. Zayd von Hišām; ebenso heißt es in der Überlieferung *ṣāniᶜan* mit *ṣād*[8] (also ein Arbeiter anstelle eines Armen).

/S.54f./ *Dritter Hadith* [N2; M18, Š6]

von ᶜAbd Allāh b. Masᶜūd, der sagte: Ich fragte: „Oh Gesandter Gottes, welche Taten sind Gott (ǧ) lieber?" Er antwortete: „Dass du die Gebete zu ihren festgesetzten Zeiten vollziehst." „Und welche dann?" fragte ich weiter, worauf er erwiderte: „Achtung gegenüber den Eltern." „Und welche dann?" „Der **Dschihad** auf dem Wege Gottes." Und wenn ich mehr verlangt hätte, hätte er mir mehr genannt. /S.56/ So leiten es al-Buḫārī und Muslim in ihren *ṣaḥīḥayn* von der Überlieferung Abū ᶜAmr aš-Šaybānīs (und dieser) von Ibn Masᶜūd (r) her.

/S.56f./ *Vierter Hadith* [T15]

von an-Nuᶜmān b. Bašīr, der sagte: Ich war am Freitag bei der Kanzel (der Moschee) des Gesandten /S.58/ Gottes (ṣ)[9], da sagte ein Mann: „Meinetwegen führe ich nach (der Annahme des) Islam keine (weitere) Handlung aus, außer dass ich dem Pilger zu trinken gebe." (Ein) anderer sagte: „Meinetwegen führe ich nach (der Annahme des) Islam keine Handlung aus, außer dass ich die Heilige Moschee (in Mekka) repariere." (Wieder ein anderer) sagte: „Der **Dschihad** auf dem Wege Gottes (ǧ) ist besser als das was ihr sagtet." Da schalt sie ᶜUmar b. al-Ḫaṭṭāb[10], indem er sagte: „Erhebt nicht eure Stimmen bei der Kanzel des Gesandten Gottes (ṣ) wenn es Freitag ist. Wenn ich aber das Freitagsgebet verrichtet habe, werde ich kommen und ihn nach

---

[8] In der Bearbeitung Mourad und Lindsays hingegen steht hier die Bestätigung dessen, was bereits im Text vorkommt: *wa-ka-ḏā qāla fī l-ḥadīṯi ḍāʾiᶜan bi-ḍ-ḍād*, „so heißt es im Hadith: *ḍāʾiᶜ* (ein Armer) mit *ḍ*", Mourad/Lindsay (2013), S. 137.

[9] Diese laut Stetter „scheinbar überflüssige" (Stetter (1965), S. 4) Situationsschilderung am Anfang des Hadithinhalts ist ein formaler Topos, der für ein „Minimum an Atmosphäre" (ebd., S. 6) sorgen und die Aussage des Gewährsmannes beglaubigen soll, vgl. ebd., S. 4-34. Eine vergleichbar zusammenhanglose Schilderung findet sich noch zu Beginn von A19 und N9, sodass diese Art des formalen Topos in den ausgewählten Vierzig Dschihad Hadithen äußerst selten vorkommt. In der Regel beginnen die Hadithe hier mit Formulierungen wie „X hörte den Gesandten Gottes sagen..." oder „Ein Mann kam zum Gesandten Gottes und fragte...".

[10] Der zweite Kalif regierte 13-23/634-644 und wird als streng religiös dargestellt.

seiner Meinung darüber fragen, worüber ihr uneins seid." Da offenbarte Gott (ǧ): {Wollt ihr die Tränkung der Pilger und die Betreuung der unantastbaren Moschee dem gleichstellen, dass einer an Gott und den Jüngsten Tag glaubt und **sich** auf Gottes Weg **einsetzt**? Bei Gott ist dies nicht gleich. Gott führt nicht das Volk, das Unrecht tut.}[11] So überliefert Muslim in seinem *Ṣaḥīḥ* von al-Ḥasan b. ʿAlī al-Ḥulwānī (und dieser) von Abū Tawba.

/S.59f./ *Fünfter Hadith* [M40]

von ʿAbd Allāh b. Salām, der sagte: „Wir haben uns miteinander besprochen, wobei wir fragten: Wer geht zum Gesandten Gottes (ṣ) und fragt ihn, welche Taten Gott (ǧ) wünschenswerter sind?" (ʿAbd Allāh) fuhr fort: „Wir scheuten uns davor, dass einer von uns hinginge", und sagte des Weiteren: „Da forderte uns der Gesandte Gottes (ṣ) einem nach dem anderen auf zu ihm zu kommen, bis wir versammelt waren, und es geschah, dass jeder von uns auf einen anderen deutete. Da rezitierte er uns: {Was in den Himmeln und auf der Erde ist, preist Gott. Er ist der Mächtige und Weise. Ihr, die ihr glaubt, warum sagt ihr, was ihr nicht tut?}[12] von ihren ersten bis zu ihren letzten (Versen, d.h. die komplette Sure)." Dann rezitierte sie uns ʿAbd Allāh b. Salām von Anfang bis Ende. Hilāl sagte: Dann rezitierte sie uns ʿAṭāʾ b. Yasār von Anfang bis Ende. Yaḥyā sagte: Dann rezitierte sie uns Hilāl von Anfang bis Ende. Al-Awzāʿī sagte: Dann rezitierte sie uns Yaḥyā von Anfang bis Ende.[13]

/S.61f./ *Sechster Hadith*

von al-Ḥāriṯ al-Ašʿarī, der überlieferte, dass der Gesandte Gottes (ṣ) sagte: „Gott befahl Johannes, dem Sohn Zacharias (ʿa), fünf Worte zu befolgen und den Banū Isrāʾīl zu befehlen sie (auch) zu befolgen. Jesus, der Sohn Marias (ʿa), sagte zu ihm: Gott befahl dir fünf Worte zu befolgen[14] /S.63/

---

11 Sūrat at-Tawba („Die Reue"), 9:19; Zirker (2010), S. 120.

12 Sūrat aṣ-Ṣaff („Die Reihe"), 61:1-2; Zirker (2010), S. 345.

13 Im Gegensatz zur ähnlichen Überlieferung bei al-Muqriʾ (M40), bei der diese Aussage für alle in der Kette befindlichen Überlieferer wiedergegeben wird und bei al-Muqriʾ selbst endet, bricht die Überlieferung hier zur Hälfte der Kette vor Ibn al-Mubārak ab, der nämlich von al-Awzāʿī überlieferte. In einer Fußnote bewertet Ibn Yūsuf den Hadith als einwandfrei (*ṣaḥīḥ*), weist aber darauf hin, dass die Tradentenkette des Kompilators aufgrund von Saʿīd b. Raḥma und seinem Überlieferer schwach (*ḍaʿīf*) ist.

14 Der Editor weist in einer Fußnote daraufhin, dass es in der zugrunde liegenden Handschrift *amaranī* „Gott befahl mir" heißt, dies aber unpassend sei (wohl aufgrund des nachfolgenden Personenwechsels: „Gott befahl mir fünf Worte, die du befolgen sollst"). In der Bearbeitung Mourad und Lindsays wurde hingegen das zweite Verb angepasst: *amaranī bi-ḫamsi kalimātin naʿmalu bi-hinna*: „Gott befahl (auch) mir fünf Worte, die wir befolgen sollen", mit dem Hinweis im Fußnotenapparat, dass der

und sie den Banū Isrā'īl zu befehlen, damit sie sie befolgen. Entweder befiehlst du es ihnen oder ich befehle es ihnen. (Da) erwiderte (Johannes): Wenn du mir zuvorkommst, befürchte ich, dass ich bestraft werde oder Er mich (in der Erde) verschwinden lässt." (Der Gesandte Gottes) fuhr fort: „Da versammelte (Johannes) die Leute in Jerusalem, bis es voll war und (sie) auf den Balkonen saßen." Er berichtete (weiter): „Dann ermahnte er sie, indem er sagte: Gott befahl mir fünf Worte zu befolgen und ich befehle euch sie (auch) zu befolgen. Das erste von ihnen lautet, dass ihr Gott dient und ihm nichts beigesellt. Mit dem, der Gott beigesellt, verhält es sich wie mit einem Mann, der von seinem eigenen Besitz an Gold oder Münzen einen Sklaven kauft, (und zu dem Sklaven) sagt: Dies ist mein Haus und dies meine Arbeit – werde tätig und verrichte (die Arbeit) für mich. (Der Sklave jedoch) geht dazu über für andere neben seinem Herrn tätig zu werden und (Arbeit) zu verrichten. Wer von euch erfreut sich daran, wenn sein Sklave so ist? Gott hat euch erschaffen und versorgt, so gesellt ihm nichts bei. Des Weiteren befehle ich euch das Gebet. Wenn ihr betet, wendet euch nicht ab. Und ich befehle euch das Fasten. Mit jenem verhält es sich wie mit einem Mann, der einen Beutel mit Moschus darin bei sich hat. Ihn begleitet eine Schar (von Leuten), die alle erstaunt sind (den) Duft vorzufinden. So ist der Fastende der Ansicht Gottes nach: Er ist besser als der Duft von Moschus. Des Weiteren befehle ich euch die Spende, denn mit ihr verhält es sich wie mit einem Mann, den die Feinde gefangen nahmen, zu ihm kamen und seine Hand an seinen Hals fesselten. Daraufhin fragt er: Erlaubt ihr mir, dass ich mich selbst von euch loskaufe? (Johannes[15]) fährt fort: Und er gab ihnen alles[16], um sich selbst von ihnen zu befreien. Schließlich befehle ich euch Gottes viel zu gedenken, denn damit verhält es sich wie mit einem Mann, den die Feinde eiligst auf seiner Spur verfolgen, bis er eine gesicherte Festung erreicht, in der er sich schützt. So ist der Diener: Er bewahrt seine Seele vor dem Teufel allein durch die Nennung Gottes (ǧ)." Der Gesandte Gottes (ṣ) ergänzte: „Und ich befehle euch fünf (Dinge), die Gott mir befohlen hat: die Gemeinschaft, das Gehör, der Gehorsam, die Auswanderung und der **Dschihad** auf dem Wege Gottes (ǧ). Wer sich von der Gemeinschaft nur eine Spannbreite entfernt, /S.64/ der hat das Band des Islam um seinen Kopf entfernt, bis er zurückkehrt. Wer die Anrufung der vorislamischen Zeit [*ǧāhiliyya*] wünscht, der gehört zu den Knienden in der Hölle." „Selbst wenn er fastet und betet?" wurde gefragt, worauf (der Gesandte Got-

eigentliche Wortlaut in der Handschrift *yaʿmalu* ist, vgl. Mourad/Lindsay (2013), S. 142.

15 Eventuell ist hier auch eine Erzählebene weiter zurück angedeutet und mit *qāla* Muḥammad gemeint.

16 *al-qalīl wa-l-kaṯīr*, wörtlich „das Wenige und das Viele", oder „immer mehr" (erst wenig und dann viel)

tes) antwortete: „Selbst wenn er fastet und betet. Vollzieht die Anrufung Gottes, durch die Gott die gläubigen Muslime Diener Gottes genannt hat."[17] So leitet at-Tirmiḏī von Muḥammad b. Ismāʿīl al-Buḫārī (, dieser) von Mūsā /S.65/ b. Ismāʿīl at-Tabūḏakī (und dieser) von Abān her. Sein Ausspruch *qīda šibrin* bedeutet *qadra šibrin* (Ausmaß einer Handspanne).

Siebter Hadith [N3, S7, T11; M7, Q3, Š21]

/S.66/ von Abū Saʿīd, der sagte: „Ein Beduine kam zum Propheten Gottes (ṣ) und sagte: Oh Gesandter Gottes, welche Menschen sind die besten? Er antwortete: Ein Mann, der sich mit seiner Seele und seinem Besitz **einsetzt,** und ein Mann auf einem der Bergpfade, der seinem Herrn dient und die Menschen vor seinem Übel verschont." So berichten al-Buḫārī von Muḥammad b. Yūsuf und Muslim von ad-Dārimī (und dieser) von Muḥammad b. Yūsuf.

Achter Hadith [A9, N4, N5, S4, S8, S9, T6; L2, M1, M11, Š3]

/S.67/ von Abū Hurayra, der berichtete: Ein Mann kam zum Propheten (ṣ) und sagte: „Oh Gesandter Gottes! Unterweise mich in eine Tat, die dem **Dschihad** auf dem Wege Gottes ebenbürtig ist." Er antwortete: „Ich finde keine." Dann fuhr er fort: „Wenn der ***muǧāhid*** auf dem Wege Gottes auszieht, bist du (dann) imstande, deine Moschee zu betreten um zu beten und nicht nachlässig zu werden, zu fasten und das Fasten nicht zu brechen?" worauf er erwiderte: „Dazu bin ich nicht imstande." Abū Hurayra sagte: Wenn das Pferd des ***muǧāhid*** lebhaft in seinem Zaumzeug galoppiert, schreibt Er ihm[18] *ḥasanāt* (Wohltaten) an. /S.68/ So berichtet al-Buḫārī von Isḥāq (und dieser) von ʿAffān b. Muslim.

Neunter Hadith [A8, N4, N5, S4, S8, S9, T6; L2, M1, M11, Š3]

von Abū Hurayra, (der sagte,) dass der Gesandte Gottes (ṣ) sagte: /S.69/ „Mit dem ***muǧāhid*** auf dem Wege Gottes verhält es sich wie mit dem unablässig Fastenden und Betenden, der weder beim Gebet noch beim Fasten nachlässig wird, bis er[19] zurückkehrt." So berichtet Mālik in *al-Muwaṭṭaʾ*.

---

17 Ibn Yūsuf bezeichnet die Überlieferung in einer Fußnote als einwandfrei, mit einer guten Tradentenkette des Kompilators, und führt des Weiteren at-Tirmiḏīs Klassifizierung an, der den Hadith als *ḥasan ṣaḥīḥ ġarīb* bewertet.

18 dem *muǧāhid*

19 der *muǧāhid*

Zehnter Hadith [N12, N16, N26, T14; L3, L4, L16, M3, M19, Š1, Š16, Š28]

von Abū Hurayra (r), der sagte: Der Gesandte Gottes (ṣ) sagte: „Gott (ǧ) tritt als Bürge ein für denjenigen, der auf Seinem Wege auszieht: ‚Er wird nur für den **Dschihad** auf Meinem Wege entsandt, für den Glauben in Mich und den Glauben an Meinen Gesandten. Er lässt Mich ihm garantieren ins Paradies einzutreten oder nach Hause zurückzukehren, von dem er auszog um zu erwerben, was an Lohn oder (Kriegs-)Beute zu erwerben war.' Bei Dem, in Dessen Händen Muḥammads Seele ist! Was an Wunden auf dem Wege Gottes zugefügt wird, /S.70/ erscheint nur am Tage der Auferstehung so wie es am Tag der Verwundung war: Ihre Farbe ist die des Blutes und ihr Geruch der von Moschus. Bei Dem, in Dessen Händen meine Seele ist! Wenn ich die Muslime nicht belasten würde, würde ich niemals hinter einer Truppe zurückbleiben, die auf dem Wege Gottes Kriegszüge unternimmt, doch finde ich keine Gelegenheit, (denn) es ist ihnen unerträglich, hinter mir zurückzubleiben[20]. Bei Dem, in Dessen Händen Muḥammads Seele ist! Ich wünschte auf dem Wege Gottes einen Kriegszug zu unternehmen und dabei getötet zu werden, darauf einen Kriegszug zu unternehmen und dabei getötet zu werden, darauf einen Kriegszug zu unternehmen und dabei getötet zu werden." So berichten al-Buḫārī von Ḥaramī b. Ḥafṣ, (dieser) von ᶜAbd al-Wāḥid b. Ziyād (und dieser) von ᶜUmāra b. al-Qaᶜqāᶜ, sowie Muslim von Abū Ḫayṯama. *Al-kalmu* bedeutet *al-ǧarḥu* („die Wunde"), ihr Plural lautet *kulūmun* und *kilāmun*, und sein Ausspruch *ḫilāfa sariyyatin* bedeutet „hinter ihr" (also der Truppe).

Elfter Hadith [(N7), T8; Š8, (L32)]

/S.71/ von Abū Saᶜīd (Saᶜd b. Mālik b. Sinān) al-Ḫudrī, (der sagte), dass der Gesandte Gottes (ṣ) sagte: „Oh Abū Saᶜīd, wer Gott als Herrn, dem Islam als Religion und Muḥammad als Propheten zustimmt, für den ist das Paradies unabdingbar." Er überlieferte weiter: Darüber war Abū Saᶜīd erstaunt und bat: „Wiederhole mir das, oh Gesandter Gottes", was (dieser) tat. Dann sagte der Gesandte Gottes (ṣ): „Und durch anderes hebt Gott den Diener um einhundert Stufen im Paradies empor; was zwischen je zwei Stufen besteht ist wie zwischen dem Himmel und der Erde." (Abū Saᶜīd) fragte: „Und was ist das, oh Gesandter Gottes?" worauf (dieser) antwortete: „Der **Dschihad** auf dem Wege Gottes (ǧ)." So berichtet Muslim von Saᶜīd b. Manṣūr von Ibn Wahb.

---

20 Diese Aussage findet sich deutlicher formuliert bei T14 und N16: „Doch finde weder ich eine Gelegenheit, sie auf Reittiere zu setzen, noch finden sie eine, und es ist ihnen unerträglich, hinter mir zurückzubleiben." Damit kein Unmut oder schlechtes Gewissen unter den zwangsläufig Zurückbleibenden aufkommt, hält sich Muḥammad abwechselnd unter den Ausziehenden und den Zurückbleibenden auf.

Zwölfter Hadith [N6, T7; L1, Q40, Š30]

/S.72/ von Abū Hurayra, der sagte: Der Gesandte Gottes (ṣ) sagte: „Im Paradies gibt es einhundert Stufen. Was zwischen zwei Stufen ist, ist auch zwischen dem Himmel und der Erde[21]. Gott hat sie für die ***muǧāhidīn*** auf Seinem Wege bereitet. Und wann immer ihr Gott um Hilfe bittet, bittet Ihn um *al-Firdaws*. Es ist die Mitte des Paradieses (*al-ǧanna*) und das höchste Paradies, aus ihm entspringen die Flüsse des Paradieses und über ihm befindet sich der Thron des Allerbarmers (ǧ).“ Der Hadith ist *ḥasan*.[22]

/S.73f./ *Dreizehnter Hadith* [(A15), (S14), S15; L19, L31, M25]

von ʿImrān b. Ḥuṣayn, (der sagte,) dass der Gesandte Gottes (ṣ) sagte: „Der Aufenthalt des Mannes in der Schlachtreihe auf dem Wege Gottes ist besser als seine gottesdienstlichen Handlungen während sechzig Jahren.“ /S.75/ Dieser Hadith ist *ḥasan*.

Vierzehnter Hadith [M9]

von Muʿāḏ b. Ǧabal, von dem Propheten (ṣ), der sagte: /S.76/ „Bei Dem, in Dessen Hand Muḥammads Seele ist! Nach dem vorgeschriebenen Gebet wird bei keiner Tat, durch die die Stufen des Paradieses erstrebt werden, ein Gesicht so verändert und ein Fuß staubfarben wie beim **Dschihad** auf dem Wege Gottes (ǧ). Keine Waage eines Dieners wird so schwer wie bei einem Reittier[23], das für ihn auf dem Wege Gottes verendet oder auf dem er auf dem Wege Gottes (ǧ) reitet.“[24] Sein Ausspruch *šaḥaba* bedeutet *taǧayyara* (verändert werden).

/S.77/ *Fünfzehnter Hadith* [(A13), (N15), S14, (S15); (L19, L31, M25)]

von Abū Umāma, der sagte: „Wir zogen mit dem Gesandten Gottes (ṣ) in einer seiner Kriegstruppen aus, als einer der Männer an einer Höhle vorüberkam, in der etwas Wasser war. Er überlegte sich in jener Höhle zu bleiben, wobei ihn das in ihr vorhandene Wasser ernähren, er die Kräuter darum her-

---

21 Der Abstand zweier Stufen entspricht dem Abstand des Himmels und der Erde.

22 In einer Fußnote (Nr. 4 in Ibn ʿAsākir (1984), S. 72f.) legt Ibn Yūsuf ausführlich dar, dass u.a. auch al-Buḫārī und Aḥmad diese Überlieferung anführen, jedoch in einem Teil der Überliefererkette die Reihenfolge und Anzahl der Tradenten umstritten ist.

23 aufgrund der Belohnung, die der *muǧāhid* durch sein Reittier erhält – Dieses Motiv findet sich auch in zahlreichen anderen Überlieferungen, in denen u.a. die Nahrungsaufnahme und Ausscheidungen des Tieres als Gewicht in der Waagschale bezeichnet werden, so z.B. in A27, M27, S38, T25.

24 Laut Ibn Yūsuf ist der Hadith *ḥasan*, die Überliefererkette des Sammlers allerdings *ḍaʿīf* aufgrund der im *Kitāb al-ǧihād* Ibn al-Mubāraks aufgezeigten Schwachstelle, siehe dort Hadith 31: Ibn al-Mubārak (1972), S. 43f.

um zu sich nehmen und sich aus dem Diesseits zurückziehen würde: ‚Würde ich zum Propheten (ṣ) gehen, ihm jenes erzählen und er es mir erlauben, würde ich es tun. Doch wenn nicht, dann tue ich es nicht.‘ Also ging er zu ihm und sagte: ‚Oh Prophet Gottes! Ich kam an einer Höhle vorbei, in der mich das Wasser und die Kräuter darin ernähren könnten, deshalb neige ich dazu[25] in ihr zu verweilen und mich aus dem Diesseits zurückzuziehen.‘ Darauf erwiderte der Prophet (ṣ): ‚Ich wurde weder mit der jüdischen noch mit der christlichen Botschaft entsandt, sondern vielmehr mit der toleranten, wahren Religion (*al-ḥanīfiyya*). Bei Dem, in Dessen Hand Muḥammads Seele ist! Ein (einmaliges) Gehen oder (Zurück)kommen auf dem Wege Gottes (ǧ) ist besser als das Diesseits und alles, was in ihm ist. Und der Aufenthalt von einem von euch in der Schlachtreihe ist besser als sein Gebet während sechzig Jahren.‘“[26]

/S.78f./ *Sechzehnter Hadith*

von Anas b. Mālik, der sagte: Der Gesandte Gottes (ṣ) sagte: „Wer einen Kriegszug auf dem Wege Gottes (ǧ) unternimmt, der lässt all seinen Gehorsam zu Gott gelangen. {„… Wer da will, möge glauben“} an den Lohn Gottes {„und wer will, ungläubig sein!“ Denen, die Unrecht tun, haben wir Feuer bereitet, ...}.“[27] (Anas) berichtete (weiter): Es wurde gefragt: „Oh Gesandter Gottes! Wer würde nach diesem Hadith, den wir von dir gehört haben, den **Dschihad** unterlassen und sitzen bleiben?“ worauf er erwiderte: „Der, den Gott verflucht hat, dem Er zürnt und eine gewaltige Strafe bereitet hat. Eine Gruppe von Leuten am Ende der Zeit wird den **Dschihad** nicht beachten. Mein Herr hat Sich ein Versprechen auferlegt, das nicht gebrochen wird: Welcher Diener auch immer Ihm begegnet, der jenes zeigt, den bestraft Er derart, wie Er sonst niemanden in der Welt bestraft.“[28]

/S.80/ *Siebzehnter Hadith* [N8, (N35, T17); L33, Š18]

von Abū Bakr b. ʿAbd Allāh b. Qays, der sagte: Ich hörte meinen Vater (Abū Mūsā ʿAbd Allāh b. Qays al-Ašʿarī; *Anm. Ibn Yūsufs*) in Gegenwart des Feindes sagen: „Ich habe den Gesandten Gottes sagen hören: Die Tore des Paradieses befinden sich unter dem Schatten der Schwerter.“ (Mein Vater) berichtete weiter: „Da stand ein Mann von schäbiger äußerer Erscheinung aus der Gruppe auf und sagte: Oh Abū Mūsā, du hast das von dem Gesandten Gottes (ṣ) gehört? Ja, antwortete er, woraufhin (der Mann) zu sei-

---

25 wörtlich: „meine Seele erzählte mir“

26 Ibn Yūsuf merkt an, dass die Überliefererkette sehr schwach ist.

27 Sūrat al-Kahf („Die Höhle“), 18:29; Zirker (2010), S. 184.

28 Ibn Yūsuf vermerkt, dass die Überliefererkette haltlos (*wāhin*) ist.

nen Gefährten zurückkehrte und sagte: Ich grüße euch! Dann zerbrach er seine Schwertscheide und warf sie weg, ging mit seinem Schwert zum Feind und bekämpfte ihn, bis er getötet wurde."[29] So berichten Muslim von Yaḥyā b. Yaḥyā und Qutayba von Ǧaʿfar.

/S.81f./ *Achtzehnter Hadith*

von Abū Hurayra, der sich in einer stationierten Truppe befand, als sie zur Abwehr[30] aufbrachen und sich zur Küste begaben. Als dann gesagt wurde, (es sei) alles in Ordnung, gingen die Menschen zurück, während Abū Hurayra stehenblieb. Da kam jemand an ihm vorbei und fragte: „Was hält dich (hier noch) auf, oh Abū Hurayra?" Er antwortete: „Ich hörte den Gesandten Gottes (ṣ) sagen: Der Aufenthalt für eine Weile auf dem Wege Gottes ist besser als das Verbringen der Schicksalsnacht (*laylat al-qadr*) am schwarzen Stein."[31]

/S.82f./ *Neunzehnter Hadith*

von Abū Saʿīd al-Ḫudrī, der sagte, dass der Gesandte Gottes (ṣ) im Jahr von Tabūk[32] den Menschen predigte, während er mit dem Rücken an einer Palme lehnte. Er sagte: „Habe ich euch schon von den besten und den schlechtesten Menschen erzählt? Zu den besten Menschen gehört ein Mann, der auf seinem Pferd, seinem Kamel oder zu Fuß auf dem Wege Gottes tätig ist, bis ihn der Tod ereilt, während er noch dabei[33] ist. Zu den schlechtesten Menschen gehört ein Mann, der ein dreister Frevler /S.84/ ist und das Buch Gottes liest, doch durch nichts darin zur Erkenntnis kommt."[34] So berichtet an-Nasāʾī von Qutayba b. Saʿīd (und dieser) von al-Layṯ.

---

29 Ibn Yūsuf merkt an, dass die Überliefererkette einwandfrei ist und at-Tirmiḏī den Hadith als *ṣaḥīḥ ġarīb* bewertet. Der erste Teil der Überlieferung findet sich u.a. bei Ferchl (2006), S. 305, Nr. XXVIII-9.

30 *fazaʿū* von *faziʿa* bzw. *fazaʿa*, *yafzaʿu* „erschrecken, sich fürchten", laut E. Lane ist dies die primäre Bedeutung, doch setzte sich die übertragene Bedeutung des Ausziehens zur Abwehr des plötzlich auftauchenden Gegners durch, vgl. Lane (1877), S. 2393.

31 Ibn Yūsuf bezeichnet die Überlieferung als einwandfrei und die Überliefererkette des Sammlers als gut (*ǧayyid*).

32 Tabūk ist eine große und bedeutende Oase im Norden der arabischen Halbinsel, zu der im Jahr 630 n. Chr. ein Feldzug der Muslime geführt wurde, bei dem eigentlich der Kampf gegen die Byzantiner beabsichtigt war, s. Mourad/Lindsay (2013), S. 157; Ferchl (2006), S. 313.

33 dabei, auf dem Wege Gottes tätig zu sein

34 Laut Ibn Yūsuf ist die Überliefererkette schwach aufgrund eines unbekannten Ägypters darin. Er widerspricht damit al-Ḥākim und aḏ-Ḏahabī, die übereinstimmend von einem einwandfreien *isnād* sprechen, s. Fußnote 2 in Ibn ʿAsākir (1984), S. 84.

/S.84f./ *Zwanzigster Hadith* [M29]

von al-Walīd b. Muslim von Yaḥyā b. al-Ḥāriṯ, wobei al-Walīd sagte: „Yaḥyā b. al-Ḥāriṯ ging an mir vorüber und sagte: Wir wollen zu diesem Zweck[35] ausziehen. Gibt es ein Pferd, mit dem man auf dem Wege Gottes ausgestattet wird? Denn ich hörte al-Qāsim b. ᶜAbd ar-Raḥmān sagen, (dass er) Abū Umāma vom Gesandten Gottes (ṣ) überliefern hörte, dass (dieser) sagte: Wer keinen Kriegszug durchgeführt hat, keinen Kriegführenden ausgerüstet oder (ihn) auf gute Weise bei seinen Angehörigen ersetzt hat, dem lässt Gott am Tage der Auferstehung Unglück widerfahren."[36] So berichtet Abū Dāwūd von ᶜAmr b. ᶜUṯmān und anderen (und diese) von al-Walīd.

/S.85/ *Einundzwanzigster Hadith* [(A22, S32; L23, M38)]

von Faḍāla b. ᶜUbayd, (der sagte), dass der Gesandte Gottes (ṣ) sagte: „Jedem Verstorbenen wird seine Tat versiegelt, außer dem auf dem Wege Gottes Stationierten. Für ihn mehrt[37] /S.86/ sich seine Tat bis zum Tage der Auferstehung und er ist sicher vor den Todesengeln im Grab." [38] So berichtet Abū Dāwūd von Saᶜīd b. Manṣūr (und dieser) von Ibn Wahb, und at-Tirmiḏī klassifiziert die Überlieferung als *ḥasan ṣaḥīḥ*.

Zweiundzwanzigster Hadith [(A21), S32; L23, M38]

von ᶜUqba: Ich hörte den Gesandten Gottes (ṣ) sagen: „Jedem Verstorbenen wird seine Tat versiegelt, außer dem auf dem Wege Gottes Stationierten. /S.87/ Für ihn ereignet sich seine Tat bis er erweckt wird."[39]

Dreiundzwanzigster Hadith [(A15), N15, N18, T23; L5, L31, M30, Š12, Š13]

von Sahl b. Saᶜd as-Sāᶜidī, (der sagte,) dass der Gesandte Gottes (ṣ) sagte: „Die Stationierung an der Front [*ribāṭ*] für einen Tag auf dem Wege Gottes ist besser als das Diesseits und alles, was zu ihm gehört; das (einmalige) Kommen, bei dem der Diener Gottes auf dem Weg Gottes (ğ) heimkehrt, oder das Gehen ist besser als das Diesseits und alles, was /S.88/ zu ihm ge-

35 *Wağh*, auch Aspekt, Ziel u.A., gemeint ist wohl der Dschihad.

36 Laut Ibn Yūsuf ist die Überliefererkette *ḥasan*, mit Ausnahme eines Überlieferers gelten alle als vertrauenswürdig.

37 *Yanmū lahū ᶜamaluhū*: gemeint ist, dass er immerfort bis zum Tag der Auferstehung den Lohn für seine gute Tat ansammelt, vgl. nachfolgende Überlieferung sowie M38, S32, L23.

38 Laut Ibn Yūsuf ist die Überliefererkette einwandfrei.

39 Ibn Yūsuf zufolge ist der Hadith einwandfrei, die Überliefererkette *ḥasan*.

hört; und der Platz der Hinterlassenschaften[40] von einem von euch im Paradies ist besser als das Diesseits und alles, was zu ihm gehört." Dieser Hadith ist *ḥasan ṣaḥīḥ* in der Überlieferung von Abū Ḥāzim, allein Ibn Dīnār erwähnt in ihm „die Stationierung" [*ar-ribāṭ*].

Vierundzwanzigster Hadith [(N19, S31, T24; L7, Š14)]

/S.89/ von Abū Hurayra, dass der Prophet Gottes (ṣ) sagte: „Wer auf dem Wege Gottes stationiert [*murābiṭan*] stirbt, dem wird der Lohn seines rechtschaffenen Handelns zuteil, das er vollbracht hat. Ihm wird seine Versorgung (durch Gott, *rizq*) gewährt, er wird vor den Peinigern bewahrt und Gott ruft in ihm am Tage der Auferstehung Sicherheit vor der Furcht hervor."[41] /S.90/ So berichtet Abū ᶜAbd Allāh b. Māǧa in seinem *Sunan* von Yūnus b. ᶜAbd al-Aᶜlā.

Fünfundzwanzigster Hadith

/S.91/ von ᶜAmr b. al-ᶜĀṣ, der sagte: Ich hörte den Gesandten Gottes (ṣ) sagen: „Die erste Gruppe[42], die ins Paradies eintritt, sind die Armen der Auswanderer, durch die vor Schicksalsschlägen bewahrt wird. Wenn ihnen befohlen wird, hören und gehorchen sie, und wenn von einem von ihnen ein Anliegen an einen Herrscher unerfüllt bleibt, bis er stirbt, so bleibt es in seinem Herzen. Am Tage der Auferstehung ruft Gott das Paradies herbei und es kommt mit seiner Verzierung und seinem Schmuck. Dann fragt Er: Wo sind meine Diener, die auf dem Wege Gottes kämpften und getötet wurden, denen Schaden zugefügt wurde auf dem Wege Gottes und die **sich** auf meinem Wege **einsetzten**? /S.92/ Tretet ein ins Paradies! Und sie betreten es ohne Abrechnung und ohne Strafe. Dann kommen die Engel herbei und fragen: Unser Herr, wir preisen Dich des Nachts und Tags, und wir verehren dich – wer sind sie, die du vor uns befürwortet hast? Darauf erwidert der Herr (t): Sie sind diejenigen, die auf meinem Wege gekämpft haben, und denen auf meinem Wege Schaden zugefügt wurde. Daraufhin treten

---

40 *Sawṭ*, „Peitsche", laut E. Lane auch „Bestrafung", „Anteil", „eine Portion zurückgebliebenen Wassers (Wasserpfütze)", vgl. Lane (1872), S. 1467 – hier mag eine Stelle im Paradies gemeint sein, an der ein Muslim Anteil hat, oder aber an der er etwas hinterlassen hat (Wasser oder seine Peitsche?); Mourad und Lindsay übersetzen *sawṭ* mit Anteil, vgl. Mourad/Lindsay (2013), S. 161. Eckart Stetter führt einen ähnlichen Hadith in seinem Kapitel über Schemata im Hadith als Beispiel für formelhafte Wiederholungen an. Der Begriff *sawṭ*, den er unübersetzt lässt, ist auch ihm offenkundig unklar, vgl. Stetter (1965), S. 53.

41 Ibn Yūsuf vermerkt *ḥadīṯ ḥasan li-ġayrih*.

42 Hier *ṯulla* „Gruppe", in der Bearbeitung Mourad/Lindsays (2013), S. 162f.: *awwala ṯalāṯatin* „die Ersten von dreien", wobei die übrigen beiden in dieser Überlieferung unerwähnt bleiben.

die Engel aus allen Toren zu ihnen: {„Friede über euch, weil ihr standhaft wart." Welch gutes endgültiges Haus!}."[43]

Sechsundzwanzigster Hadith

/S.93/ von Anas b. Mālik, der sagte, dass der Gesandte Gottes (ṣ) sagte: „Es gibt drei Arten von Märtyrern: Ein Mann, der mit seinem Vermögen [*māl*] und seinem Selbst [*nafs*] auf Gottes Lohn im Jenseits hoffend [*muḥtasiban*] auf dem Wege Gottes auszieht, dabei jedoch nicht beabsichtigt zu töten und getötet zu werden, um die Anzahl der Muslime zu mehren. Wenn er stirbt oder getötet wird, werden ihm alle seine Missetaten vergeben und er wird in Schutz genommen vor der Pein des Grabes, ihm wird Sicherheit gewährt vor der großen Furcht, er wird mit den Paradiesjungfrauen [*al-ḥūr al-ʿayn*] verheiratet und auf seinen Kopf wird die Krone der Würde gesetzt. Der zweite (ist) ein Mann, der **sich** mit seinem Selbst und seinem Vermögen **einsetzt** und dabei beabsichtigt zu töten, doch nicht getötet zu werden. Wenn er stirbt oder getötet wird, so ist sein Knie am Knie Abrahams[44], dem Freund des Erbarmers [*ḫalīl ar-Raḥmān*], zwischen den Händen Gottes (ǧ) {auf ehrenhaftem Sitz bei einem mächtigen Herrscher}[45]. Der dritte (ist) ein Mann, der mit seinem Selbst und seinem Vermögen auf Gottes Lohn im Jenseits hoffend auszieht und (dabei) beabsichtigt zu töten und getötet zu werden. Wenn er stirbt oder getötet wird, erscheint er am Tage der Auferstehung mit seinem gezückten Schwert [*šāhiran sayfahū*], er legt es an seinen Hals und die Menschen fallen auf die Knie, während er sagt: ‚So macht uns (den Weg) frei, wir /S.94/ haben unser Blut für Gott (ǧ) geopfert'." Der Gesandte Gottes (ṣ) sagte: „Bei Demjenigen, in dessen Hand meine Seele ist, wenn er jenes zu Abraham, dem Freund des Erbarmers, oder einem der Propheten sagen würde, würden sie ihnen den Weg freimachen, weil (die Propheten) um den Anspruch (dieser Opfernden) wissen, auf dass sie (die) Kanzeln aus Licht zur Rechten des Thrones erreichen. Dann setzen sie sich und schauen, wie unter den Menschen gerichtet wird. Sie empfinden nicht die Sorge des Todes, sind nicht bekümmert über *al-barzaḫ*[46] und erschrec-

---

43 Sūrat ar-Raʿd („Der Donner"), 13:24; Zirker (2010), S. 157. Ibn Yūsuf klassifiziert die Kette des Hadithes als einwandfrei.

44 D.h. er befindet sich in Begleitung von Abraham bei Gott.

45 Sūrat al-Qamar („Der Mond"), 54:55; Zirker (2010), S. 332.

46 *Al-barzaḫ*, auch „die Trennung / Schranke", gemeint ist der Aufenthalt zwischen dem Tod und der Auferstehung, auf den auch as-Suyūṭī in seiner kurzen Anmerkung zur 34. Überlieferung seiner Vierzig Dschihad Hadithe eingeht und dabei auf ein Werk verweist, das er zum entsprechenden Thema verfasste, vgl. Suyūṭī (1988), S. 90 (S34). Der Begriff *al-barzaḫ* kommt insgesamt drei Mal im Koran vor (23:100, 25:53, 55:20) und wird in deutschen Koranübertragungen als die Schranke übersetzt, die bis zur Auferstehung das Zwischenreich der Toten von dem der Lebenden trennt und damit das Zurückkehren ins irdische Leben verhindert, vgl. Khoury (1998), S. 527;

ken nicht vor dem Schrei[47]. Die Abrechnung ist für sie nicht von Belang und auch nicht die Waage und der (rechte) Weg[48]. Sie schauen (nur), wie unter den Menschen gerichtet wird. Worum (auch immer) sie bitten, es wird ihnen gegeben, und für wen (auch immer) sie Fürsprache einlegen, wird sie zugelassen: (Ihnen)[49] wird vom Paradies gegeben, was (sie) wünschen, und (sie) werden im Paradies wohnen, wo (sie) wünschen.“ Dieser Hadith ist fremdartig (*ġarīb*).[50]

/S.95/ *Siebenundzwanzigster Hadith* [N23, S38, T25; M27, Š5]

von Abū Hurayra, von dem Gesandten Gottes (ṣ), der sagte: „Wer ein Pferd auf dem Wege Gottes festhält, über Glaube an Gott sowie Glaube in das Versprechen Gottes verfügt, dessen (Pferdes) Sättigung, Urin und Dung sind Wohltaten (*ḥasanāt*) auf seiner Waage am Tage der Auferstehung.“ So berichtet al-Buḫārī in seinem *Ṣaḥīḥ* von ʿAlī b. Ḥafṣ von ʿAbd Allāh b. al-Mubārak von Ṭalḥa b. Abī Saʿīd.

/S.96/ *Achtundzwanzigster Hadith* [ähnliche Variante zu N23]

von Abū Hurayra, (der sagte,) dass der Gesandte Gottes (ṣ) sagte: „Die Pferde sind dreierlei: für einen Mann ein Lohn, für einen ein Schutz und für einen eine Bürde. Was denjenigen angeht, dem sie ein Lohn sind, so ist er ein Mann, der sie auf dem Wege Gottes anbindet und ihnen dabei (die Zügel) in einer Steppe oder auf einer Wiese verlängert. Alles was sie im Bereich ihres Stricks in der Steppe oder auf der Wiese erreichen können, gilt (dem Mann) als Wohltat [*ḥasanāt*]. Wenn sie ihren Strick durchtrennen und ein oder zwei Läufe vornehmen, gelten ihre Spuren und ihr Dung als Wohltaten. Und wenn sie an einem Fluss vorbeikommen und daraus trinken, obwohl er (ihnen) daraus nicht zutrinken geben wollte[51], so (bedeutet) es für ihn Wohltaten und entsprechend sind (die Pferde) sein Lohn. Für einen Mann, der sie

---

Paret (1996), S. 243, 254, 377; Zirker (2010), S. 216, 226, 332; s.a. Carra de Vaux, B.: Barzakh. In: EI² I (1960), S. 1071f.

47 *Aṣ-ṣayḥa*, der Schrei als Strafe kommt ein gutes Dutzend Mal im Koran vor (11:67/94, 15:73/83, 23:41, 29:40, 36:29/49/53, 38:15, 50:42, 54:31, 63:4); s.a. Khoury (1997), S. 161; Zabīdī (1994), Bd. 6, S. 560.

48 *aṣ-ṣirāṭ*, der über die Hölle hinweg ins Paradies führt

49 In diesem letzten Satz erfolgt die Nennung der sich Opfernden in der dritten Person Singular.

50 *Ġarīb* bedeutet, dass die Überliefererkette in einer Generation über nur einen Überlieferer verfügt. Ibn Yūsuf führt in einer Fußnote die Bewertung *munkar mawḍūʿ* (nicht anerkannt und fabriziert) mit einem *isnād wāh ǧiddan* (äußerst haltlos) an.

51 In der Ausgabe von Ibn Yūsuf bezieht sich die 3. Pers. Sing. Masc. wohl auf den Mann, der nicht zu trinken geben wollte. In der Edition von Mourad und Lindsay steht die 3. Pers. Sing. Fem. und bezieht sich entsprechend auf die Pferde, die ihren Durst nicht vollständig an dem Fluss löschen, vgl. Mourad/Lindsay (2013), S. 166.

mangels Bedarf oder aus Zurückhaltung anbindet und dabei den Anspruch Gottes auf sie und die Belastung ihrer Rücken[52] nicht vergisst, sind sie infolgedessen ein Schutz. Für einen Mann (hingegen), der sie zur Prahlerei, zur Augendienerei und zum Streit mit den Anhängern des Islams anbindet, sind (die Pferde) aufgrund dessen eine Bürde." /S.97/ Der Gesandte Gottes wurde nach den Eseln gefragt, worauf er sagte: „Zu ihnen wurde mir nichts offenbart, außer dieser einzige, allgemeine Vers: {Wer dann Gutes getan hat im Gewicht eines Stäubchens, sieht es, und wer Schlechtes getan hat im Gewicht eines Stäubchens, sieht es}[53]." Dieser Hadith ist auch einwandfrei. So berichtet al-Buḫārī von ʿAbd Allāh b. Yūsuf, Ismāʿīl b. Abī Uways und al-Qaʿnabī, (und diese) von Mālik. Der Ausdruck *istannat* bedeutet *ṣabarat* (sie hatte Ausdauer), *aš-šaraf* steht für *šawṭ al-faras* (Strecke / Lauf des Pferdes), und *an-niwāʾ* kommt von *al-munāwaʾa* (Widerstand, Streit).

/S.98/ *Neunundzwanzigster Hadith* [(L38, M35)]

von ʿAbd Allāh b. Zayd al-Azraq, der sagte: ʿUqba b. ʿĀmir sonderte sich für gewöhnlich ab um jeden Tag zu schießen. Dabei veranlasste er einen Mann ihm zu folgen (und) es schien, als ob jener Mann dessen (bald) überdrüssig wurde, worauf (ʿUqba) entgegnete: „Habe ich dir nicht erzählt, was ich vom Gesandten Gottes (ṣ) gehört habe?" Er antwortete: „Allerdings (noch nicht)!" und (ʿUqba fuhr fort): „Ich hörte den Gesandten Gottes (ṣ) sagen: ‚Gott lässt mit einem einzigen Pfeil drei Personen ins Paradies eintreten: (Des Pfeiles) Hersteller, der mit seinem Handwerk das Gute erstrebt, und denjenigen, der (jemanden) mit (dem Pfeil) auf dem Wege Gottes ausrüstet, und denjenigen, der mit ihm auf dem Wege Gottes schießt.' Überdies sagte er: ‚Schießt oder reitet, (doch) dass ihr schießt ist besser als dass ihr reitet. Jeder Zeitvertreib, mit dem sich der Gläubige vergnügt, ist wertlos, abgesehen von dreien: dem Schießen seines Pfeiles mit seinem Bogen, dem Ausbilden seines Pferdes und dem Vergnügen mit seinen Angehörigen – diese stehen (ihm) zu.'" (ʿAbd Allāh) berichtete (abschließend): Als ʿUqba verstarb, besaß er über sechzig oder siebzig Bögen, /S.99/ zu denen jeweils ein Lederköcher und Pfeile gehörten, die er testamentarisch für den Weg Gottes bestimmt hatte, wobei er erwähnte, (dass) der Prophet Gottes (ṣ) gesagt hatte: „Wer das Schießen unterlässt, nachdem er darin Kenntnis erlangte, der verbirgt eine Gnade."[54] /S.100/ *Qaranun wa-nablun* (ein Köcher und Pfeile) ist richtig und gemeint ist das, worin sich die Pfeile befinden.

---

[52] …*wa-lam yansa ḥaqqa Llāhi fī riqābihā wa-lā ẓuhūrihā*, wörtlich: „…und dabei den Anspruch Gottes auf ihre Hälse und ihre Rücken nicht vergisst"

[53] Sūrat az-Zalzala („Das Beben"), 99:7-8; Zirker (2010), S. 383.

[54] Laut Ibn Yūsuf handelt es sich um einen guten (*ḥasan*) Hadith, wobei sich in der Kette des Kompilators ein Defekt (*maʿlūl*) befindet.

/S.101f./ Dreißigster Hadith

von ʿAbd Allāh b. Burayda von seinem Vater, der sagte: Der Gesandte Gottes (ṣ) sagte: „(Eine) Ausgabe [*nafaqa*] auf der Pilgerfahrt sind wie (eine) Ausgabe auf dem Wege Gottes, der Dirham ist (das) Siebenhundert(fache wert).“[55]

/S.103/ *Einunddreißigster Hadith* [L22, M13]

von Anas, der sagte, dass der Gesandte Gottes (ṣ) sagte: „**Setzt** euch gegen die Polytheisten mit eurem Vermögen, eurem Selbst und euren Zungen **ein**.“ So berichtet Abū Dāwud von Mūsā b. Ismāʿīl von Ḥammād /S.104/ und an-Nasāʾī von ʿAmr b. ʿAlī von Ibn Mahdī von Ḥammād.[56]

Zweiunddreißigster Hadith

von Ṣaʿṣaʿa b. Muʿāwiya, dem Onkel väterlicherseits von al-Aḥnaf b. Qays, der sagte: Ich kam in ar-Rabaḏa[57] zu Abū Ḏarr und sagte: „Oh Abū Ḏarr, was besitzt du?“ Er antwortete: „Ich besitze meine Arbeit.“ Da sagte ich: „Berichte uns eine Überlieferung vom Gesandten Gottes (ṣ), die du von ihm gehört hast“, worauf er erwiderte: „Gewiss, ich hörte den Gesandten Gottes (ṣ) sagen: ‚Wenn von einem muslimischen Paar drei Nachkommen versterben, die noch nicht das Erwachsenenalter[58] erreicht haben, lässt Gott (das Paar) aus Gnade ihm gegenüber ins Paradies eintreten.‘ (Des Weiteren) hörte ich ihn sagen: ‚Wer zwei Anteile seines Vermögens auf dem Wege Gottes ausgibt, zu dem eilen die Pförtner des Paradieses.‘“ Er fuhr fort: „‚Und wenn er nicht über zwei Anteile seines Vermögens verfügt?‘ fragte ich, worauf er (antwortete): ‚(Dann) zwei von seinen Pferden (und/oder?) zwei von seinen Kamelen.‘“[59] /S.105/ So berichtet an-Nasāʾī von Ismāʿīl b. Masʿūd von Bišr b. al-Mufaḍḍal von Yūnus b. ʿUbayd von al-Ḥasan.

Dreiunddreißigster Hadith [M28]

von Ḫuraym b. Fātik, der sagte: Der Gesandte Gottes (ṣ) sagte: „Es gibt sechs Arten von Taten und vier von Menschen. (Zu Ersteren zählen) zwei Motive, die etwas unausweichlich machen (*mūǧibatān*), (zwei, die) Gleiches mit Gleichem (vergelten), eine Wohltat, die mit zehn gleichwertigen belohnt wird,

---

55 Laut Ibn Yūsuf ist die Überliefererkette schwach.

56 Laut Ibn Yūsuf ist der Hadith einwandfrei.

57 Ort östlich von Medina, s. Yāqūt (1867), S. 748f.

58 *Lam yabluġū l-ḥinṯa*, wörtlich: „die noch nicht die Sünde erreichten“; gemeint ist, dass die Kinder noch nicht das Alter erlangten, in dem sie für Sünden zur Rechenschaft gezogen werden konnten; sie waren also noch nicht in der Pubertät, als sie verstarben. Zur Wortbedeutung *ḥinṯ* s. Lane (1865), S. 655.

59 Laut Ibn Yūsuf ist die Überliefererkette einwandfrei.

und eine Wohltat, die siebenhundert(fach belohnt wird). Was die beiden (Taten) angeht, die etwas unausweichlich machen, so geht derjenige, der Gott bei seinem Tod nichts beigesellt, ins Paradies ein, und derjenige, der Gott bei seinem Tod etwas beigesellt, in die Hölle. Und was (das Vergelten von) Gleichem mit Gleichem angeht, wird demjenigen, der eine Wohltat im Sinn hat, dessen Herz sie erkennt und von der Gott erfährt, /S.106/ eine Wohltat zugeschrieben. Wer (wiederum) Schlechtes tut, dem wird Schlechtes zugeschrieben. Wer eine Wohltat begeht, der wird mit zehn gleichwertigen (entlohnt), und wer für Ausgaben auf dem Weg Gottes aufkommt, dessen Wohltat wird siebenhundert(fach entlohnt). Was die Menschen angeht, (derer es vier Arten gibt,) so sind sie vermögend im Diesseits und (werden) im Jenseits knapp bemessen, (werden) im Diesseits knapp bemessen und sind vermögend im Jenseits, (werden) sowohl im Diesseits als auch im Jenseits knapp bemessen, oder sind sowohl im Diesseits als auch im Jenseits vermögend.“[60]

/S.107f./ *Vierunddreißigster Hadith*

von Abū Hurayra, vom Propheten (ṣ), der sagte: „Wer sein Schwert auf dem Wege Gottes anlegt, den bekleidet Gott (ǧ) am Tage der Auferstehung mit zwei verzierten Schärpen des Paradieses, mit denen nichts im Diesseits vergleichbar ist von dem Tag an, an dem Gott es erschuf, bis zu dem Tag, an dem er es zerstört. Die Engel beten für ihn[61], bis er (sein Schwert) ablegt, und Gott (ǧ) rühmt sich vor seinen Engeln für das Schwert des Kämpfers, seinen Speer und seine Waffe. Wenn Gott (ǧ) sich vor seinen Engeln für einen Seiner Diener rühmt, so wird Er ihn danach nicht bestrafen.“[62]

/S.109/ *Fünfunddreißigster Hadith* [(N20, T13; Q4)]

von Abū Hurayra (r), von dem Propheten (ṣ), der sagte: „Der Diener der Goldmünze [*dīnār*] geht zugrunde, der Diener des Geldes [*dirham*] geht zugrunde, der Diener der Kleidung [*ḫamīṣa*] geht zugrunde. Wenn ihm gegeben wird, ist er zufrieden, und wenn ihm verweigert wird, ist er zornig. Er geht zugrunde und lässt den Kopf hängen, und wenn er gestochen wird, zieht er den Stachel nicht heraus. Seligkeit für den Diener, der die Zügel seines Pferdes auf dem Wege Gottes ergreift. Sei es nun, dass er zur Nachhut gehört, dann gehört er zu ihr, oder sei es, dass er der Wache unterstellt

60 Laut Ibn Yūsuf ist dieser Hadith schwach. Eine nahezu identische Version der Überlieferung findet sich in as-Silafis *Buldāniyya* (Hadith 17), vgl. Silafi (1997), S. 58. Siehe zudem nähere Erläuterungen in Anlehnung an einen göttlichen Ausspruch (*ḥadīṯ qudsī*) in an-Nawawīs Vierzig Hadithen, vgl. Nawawī/Schöller (2007), S. 228-235 (Hadith 37).

61 für den Mann auf dem Wege Gottes

62 Laut Ibn Yūsuf ist diese Überlieferung erfunden (*mawḍūʿ*).

ist, dann ist er ihr unterstellt. Sei es, dass er um Erlaubnis bittet und nicht erhört wird, oder sei es, dass er Fürsprache einlegt und für ihn keine Fürsprache eingelegt wird. Seligkeit für ihn, Seligkeit für ihn."[63] /S.110/ So berichtet al-Buḫārī von ʿAmr. *Al-ḫamīṣa* ist ein Gewand mit Abzeichen, *intaqaša* bedeutet den Stachel mit der Zange [*minqāš*] herausziehen, und das Gleichnis bedeutet hier: Er wird verwundet und nicht wieder gesund.

Sechsunddreißigster Hadith [Variante zu S30; L26, Š32]

/S.111/ von Abū Hurayra, der sagte: Der Gesandte Gottes (ṣ) sagte: „Ein jedes Auge weint am Tage der Auferstehung, außer einem Auge, das von dem von Gott Verbotenen abgewendet wurde, einem Auge, das nachts auf dem Wege Gottes wachte, und einem Auge, aus dem aus Erfurcht vor Gott (ğ) (Tränen[64]) gleich dem Kopf einer Fliege strömten."

Siebenunddreißigster Hadith

/S.112/ von Anas b. Mālik, der sagte: Der Gesandte Gottes (ṣ) sagte: „Es wurde ein Mann von den Paradiesbewohnern gebracht und (von Gott) gefragt: ‚Oh Sohn Adams, wie findest du deine Wohnstätte?' woraufhin er (antwortete): ‚Mein Herr, es ist die beste Wohnstätte.' Dann forderte Er auf: ‚Bitte und wünsche!' ‚Ich erbitte und wünsche nichts, außer dass Du mich ins Diesseits zurückschickst, damit ich auf Deinem Wege zehn Mal getötet werde.' (So antwortet er, weil) er den Vorzug des Martyriums gesehen hat. Zudem wurde einer der Höllenbewohner gebracht und (von Gott) gefragt: ‚Oh Sohn Adams, wie findest du deine Wohnstätte?' Da (antwortete) er: ‚Mein Herr, es ist die schlimmste Wohnstätte.' (Gott) erwiderte ihm: ‚Kaufst du dich los von ihm mit Gold in Menge der Erde?' und er (antwortete): ‚Ja, beim Herrn!' ‚Du lügst, du wurdest um weniger als das und geringfügigeres gebeten, doch hast du es nicht getan.' Daraufhin wurde er ins Höllenfeuer zurückgeschickt."[65] /S.113/ So überliefert an-Nasāʾī von Abū Bakr b. Nāfiʿ von Bahz b. Asad von Ḥammād.

Achtunddreißigster Hadith [Š24]

von Ğābir, der sagte: Ein Mann kam zum Gesandten Gottes (ṣ) und fragte: „Welche Hingabe an Gott [*islām*][66] ist die beste?", worauf er antwortete:

63 Laut Ibn Yūsuf ist die Überliefererkette gut (*ḥasan*).

64 Mourad und Lindsay übersetzen hier, dass aus dem Auge eine schwarze Flüssigkeit gleich dem Kopf einer Fliege ausströmt, vgl. Mourad/Lindsay (2013), S. 177; gemeint ist hier wohl, dass die austretenden Tränen die Größe eines Fliegenkopfes haben. Ibn Yūsuf spricht bei dieser Überlieferung von einer sehr schwachen Kette.

65 Ibn Yūsuf klassifiziert den Hadith als einwandfrei mit guter (*ğayyid*) Kette.

66 Oder: „Welcher Aspekt des Islams ist der beste?" Mourad/Lindsay (2013), S. 179.

„Die desjenigen, durch dessen Hand die Muslime unversehrt bleiben." „Und welcher **Dschihad** ist der beste?" fragte er (weiter). „Der desjenigen, dessen Pferd verwundet und dessen Blut vergossen wird", antwortete (der Prophet), worauf der Mann fragte: „Und welches Gebet ist das beste?" Er antwortete: „Das lang anhaltende Gehorchen und mit reinem Herzen Anbeten Gottes."[67] /S.114/ So berichtet Muslim von Abū Bakr b. Abī Šayba und von Abū Kurayb, (und diese) von Abū Muᶜāwiya über al-Aᶜmaš.

Neununddreißigster Hadith [ähnliche Variante zu N32, T30]

/S.115/ von Masrūq, der sagte: Wir fragten ᶜAbd Allāh nach dem Vers {Haltet doch die nicht für tot, die auf Gottes Weg getötet worden sind! Aber nein, sie leben bei ihrem Herrn und werden versorgt…}[68], worauf er erwiderte: Wir haben den Gesandten Gottes (ṣ) diesbezüglich bereits gefragt und er erklärte: „Ihre Seelen sind wie grüne Vögel, die im Paradies frei umherstreifen, wohin sie wollen, und sich dann zu Lampen begeben, die am Thron hängen. Wenn sie dort sind, schaut euer Herr zu ihnen und sagt: ‚Bittet mich um was ihr wollt', worauf sie antworten: ‚Unser Herr, was sollen wir (noch) erbitten, wo wir doch im Paradies frei umherstreifen wohin wir wollen?'" (Der Prophet) fuhr fort: „Wenn sie dort sind, schaut euer Herr zu ihnen und sagt: ‚Bittet mich um was ihr wollt', worauf sie antworten: ‚Unser Herr, was sollen wir (noch) erbitten, wo wir doch im Paradies frei umherstreifen wohin wir wollen?' Und als sie erkennen, dass (Er) nicht von ihnen ablassen würde einen Wunsch zu erbitten, sagen sie: ‚Wir bitten dich unsere Seelen zu unseren Körpern ins Diesseits zurückzuschicken, bis wir auf Deinem Wege getötet werden.' Und wenn Er sieht, dass sie nichts anderes als das erbitten würden, lässt Er von ihnen ab."[69] /S.116/ So berichtet Muslim von Yaḥyā b. Yaḥyā, Abū Bakr b. Abī Šayba und Ibn Numayr (und diese) von Abū Muᶜāwiya.

Vierzigster Hadith

von ᶜUtba b. ᶜAbd as-Sulamī, der zu den Gefährten des Propheten (ṣ) gehörte (und sagte), dass der Gesandte Gottes (ṣ) sagte: „Dem Gefallenen sind drei (Arten von) Männern zuzurechnen: (Als erstes) ein gläubiger Mann, der (sich) mit seinem Selbst und seinem Vermögen auf dem Wege Gottes (ǧ) **einsetzt**. Wenn er den Feind trifft, bekämpft er ihn, bis er getötet wird. Jener ist der geprüfte Märtyrer im Zelt Gottes unter Seinem Thron. Die Propheten übertreffen ihn einzig um die Stufe der Prophetie. (Als zweites) ein

67 Ibn Yūsuf klassifiziert den Hadith als einwandfrei mit guter (*ḥasan*) Kette.

68 Sūrat Āl ᶜImrān, 3:169; Zirker (2010), S. 54.

69 Ibn Yūsuf bezeichnet die Überliefererkette als einwandfrei und nennt u.a. at-Tirmiḏīs Klassifizierung als *ḥadīṯ ḥasan ṣaḥīḥ*.

gläubiger Mann, der bereits Sünden und Fehler beging[70] und (sich) mit seinem Selbst und seinem Vermögen auf dem Wege Gottes (ğ) **einsetzt**. Wenn er den Feind trifft, bekämpft er ihn, bis er getötet wird. Jenes ist eine Spülung [*maḍmaḍa*], die seine Sünden und Fehler bereinigt, denn das Schwert ist ein Annullierer der Fehler. (Der Getötete) wird eingelassen durch /S.117/ welches Tor des Paradieses (auch immer) er möchte. Es verfügt über acht Tore und die Hölle über sieben, wobei einige von ihnen niedriger sind als andere. Und (als drittes) ein heuchlerischer Mann, der (sich) mit seinem Selbst und seinem Vermögen auf dem Wege Gottes (ğ) **einsetzt**. Wenn er den Feind trifft, bekämpft er ihn, bis er getötet wird. Jener kommt ins Höllenfeuer, denn das Schwert annulliert die Heuchelei nicht."[71]

***

/S.118/ Es ist vollendet, Lob sei Gott allein.

Dies ist der Schluss der Vierzig über den Ansporn zum Dschihad und Gott verleiht Erfolg beim Aufwenden von Mühe und Fleiß. Lob sei Gott, dem Herrn der Welten. Gott segne unseren Herrn Muḥammad und alle seine Angehörigen und Gefährten.

2. Arbaʿūn ḥadīṯan fī faḍl al-ǧihād *von Ǧalāl ad-Dīn as-Suyūṭī*

Im Namen Gottes, des Allerbarmers, des Barmherzigen[72]

/S.49/ Einleitung des Sammlers

Lob sei Gott, dem Schöpfer der Menschen, Der ihnen auf den rechten Wegen Erfolg verleiht, Der den Gang der Zeit nicht vom Universum befreit, welches sich Ihm zu Ehren mit Beweisen erhebt, dem Herrscher, der die Religionsgemeinschaft des Islams mit dem Dschihad stark macht.

Segen und Friede auf unserem Herrn Muḥammad, der das Wissen über den Dschihad erhöht und die Wege des richtigen Handelns darlegt, und auf seine Angehörigen und Gefährten, die ehrwürdigen Herren.

Und nun zum Thema:

---

70 *fariqa ʿalā nafsihī mina ḏ-ḏunūbi wa-l-ḫaṭāyā*, wörtlich: „der Sünden und Fehler an seine Seele verteilte"

71 Laut Ibn Yūsuf ein einwandfreier Hadith, dessen Überliefererkette über Ibn ʿAsākir jedoch schwach ist. Die Überlieferung findet sich auch im *Kitāb al-ǧihād* Ibn al-Mubāraks, vgl. ebd. (1972), S. 30f. (Hadith 7).

72 Die *basmala* wird in der Edition ausgelassen, steht aber zu Beginn des Textes, wie den abgebildeten Manuskriptfotos zu entnehmen ist, vgl. Suyūṭī (1988), S. 43, 49.

Der *šayḫ* und *imām*, der Wissende und bedeutende Gelehrte, der kritische Forscher und Belehrende der Suchenden, der Verbliebene der *muǧtahidīn* ʿAbd ar-Raḥmān Ǧalāl ad-Dīn, Sohn des bedeutenden *šayḫ* Kamāl ad-Dīn as-Suyūṭī š-Šāfiʿī, lasse Gott ihn (sein Leben) lange genießen, seine Schatten weit machen und ihn uns und den Muslimen von Nutzen sein – amen! –, sagte:

Da unser Schutzherr, der Sultan und mächtige Herrscher, geehrte *imām* und mutige Löwe, großmütige (Wohltäter[73]) und Beschützer des Gebiets der Religion, Nachkomme der Herrscher und Sultane, Herr der beiden Welten des **Dschihads** und des Wissens, Herr über den Schutz des Vorzugs im Falle des Krieges und des Friedens, bei dem der Platz der Gelehrten ein Ort der unbegrenzten Aufrichtigkeit ist und der Platz der prophetischen Hadithübermittlung /S.50/ mit Überlegenheit und freundlicher Aufnahme einhergeht, (da) der Sultan Muḥammad b. ʿUṯmān[74] – möge Gott seinen Sieg stärken und den Lohn mehren – zu jenen gehört, die alle Lasten des **Dschihad** auf sich nehmen und die Grenzen verschließen, dessen gastfreundliche Aufnahme und Ehrenbezeigung den Gelehrten zuteil wird, als der berühmte Wegweiser, dehnt sich die Fortdauer unseres Bittgebets auf das Äußerste aus ebenso wie die Sehnsucht sein Antlitz zu Gesicht zu bekommen, ihn zu treffen und in den Bereich seiner Gnade und gastlichen Aufnahme einzukehren. Ich ersuche seine Exzellenz um die Verwirklichung jenes und die Erfüllung seiner Gewissenhaftigkeit. Es ist passend, dass ich mich mit jenem Geschenk in meinen Händen beeile – welch ein vortreffliches Geschenk! –, den prophetischen Vierzig Hadithen bezüglich des **Dschihad**. Sie beinhalten das Beste, das den Herrschern als erhabenste Rechtleitung gewidmet werden kann: Die Äußerungen des Besten[75] der Schöpfung. Ich erstellte jene für ihn in einer Stunde des Tags, wobei ich mich bei der Kompilation eines Buches in seinem Namen zehntausend Überlieferungen und Berichten [*al-aḥādīṯ wa-l-āṯār*] widmete – möge Gott die Annahme einschließen, verbunden mit Glück und dem Erreichen des Erhofften, amen.

/S.51/ *Erster Hadith* [T39; Š11]

von ʿUbāda b. aṣ-Ṣāmit (r), der sagte: Der Gesandte Gottes (ṣ) sagte: „**Setzt** euch auf dem Wege Gottes **ein**, denn der **Dschihad** auf dem Wege Gottes ist eines der Tore zum Paradies, mit dem Gott von Kummer und Sorge befreit." Hergeleitet von Aḥmad, aṭ-Ṭabarānī und al-Ḥākim und sie erklärten (den Hadith) für einwandfrei.

---

73 *al-ḥabr al-humām*, wörtl. „die großmütige / heldenhafte Wohltat"

74 D.i. der osmanische Sultan Muḥyī d-Dīn Abū l-Fatḥ Muḥammad b. Murād b. Bāyazīd b. ʿUṯmān („Mehmed II", reg. 848-850/1444-1446 und 855-886/1451-1481), vgl. Suyūṭī (1988), S. 33; İnalcık (1991), S. 978.

75 d.i. Muḥammad

/S.52/ *Zweiter Hadith*

von Faḍāla b. ʿUbayd [al-Anṣārī] (r), der sagte: Ich hörte den Gesandten Gottes (ṣ) sagen: „Der Islam verfügt über drei Zimmer: ein unteres, ein oberes und einen (weiteren) Raum. Was das untere angeht, so ist es der Islam und wird von der Allgemeinheit der Muslime betreten. Keiner von ihnen wird um etwas gebeten, außer dass er sagt ‚Ich bin Muslim'. (Was das obere angeht,) so streiten (hier) ihre[76] Taten um den Vorrang, (denn) einige Muslime sind besser als andere. Und was den höchsten Raum angeht, so ist es der **Dschihad** auf dem Wege Gottes. /S.53/ Ihn erreichen nur ihre Besten[77]." Hergeleitet von aṭ-Ṭabarānī im *Muʿǧam al-Kabīr*. Ich sage: Sein Ausspruch ‚Der Islam verfügt über drei Etagen usw. …' gehört zur Metapher des sinnlich Wahrnehmbaren für den Intellekt, und (die Bezeichnungen) ‚unteres' und ‚oberes' werden bei der Interpretation von ‚Zimmer' für Stockwerke und Rangstufen angewandt.[78]

/S.54/ *Dritter Hadith* [A1, N2, T4]

von Abū Hurayra, der sagte: Als der Gesandte Gottes (ṣ) gefragt wurde, welche Taten die besten seien, sagte er: „Der Glaube an Gott und seinen Gesandten." Daraufhin wurde er gefragt: „Und des Weiteren?" „Der **Dschihad** auf dem Wege Gottes", antwortete er. „Und des Weiteren?" wurde er erneut gefragt, worauf er erwiderte: „Eine gesegnete Pilgerfahrt." Hergeleitet von al-Buḫārī und Muslim.

/S.55/ *Vierter Hadith* [A8, A9, N4, N5, S8, S9, T6; L2, M1, M11, Š3]

von an-Nuʿmān b. Bašīr (r), der sagte: Der Gesandte Gottes (ṣ) sagte: „Mit dem ***muǧāhid*** auf dem Wege Gottes verhält es sich wie mit dem, der solange des Tags fastet und des Nachts betet, bis (der *muǧāhid*) zurückkehrt." Hergeleitet von Aḥmad, al-Bazzār und aṭ-Ṭabarānī.

/S. 56/ *Fünfter Hadith* [S14, S19; (L19), (L24), M5, (Š20)]

von ʿAmr b. ʿAbsa, von dem Propheten (ṣ), der sagte: „Wer auch nur solange auf dem Wege Gottes kämpft [*qātala*], wie sich der Kameleuter nach dem Melken wieder mit Milch füllt, dessen Antlitz untersagt Gott das Höllenfeuer." Hergeleitet von Aḥmad. Ich sage: Sein Ausspruch *fuwāq* mit *ḍamm* auf dem *fāʾ* („fu") und der Vokalisation mit *fatḥ* bedeutet: das Maß an Zeit zwischen zwei Mal Melken, so sagt al-Ǧawharī in *Aṣ-ṣiḥāḥ*.

---

76 die Taten der Muslime

77 d.h. nur die besten Muslime

78 Anmerkung des Herausgebers in einer Fußnote: ‚Der Raum' (*al-ġurfa*) ist die höchste aller Rangstufen, d.h. das höchste Paradies.

/S.57/ *Sechster Hadith*

von ʿĀʾiša, die sagte: Ich hörte den Gesandten Gottes (ṣ) sagen: „Nur dann mischt sich der Staub auf dem Wege Gottes in das Herz eines Menschen, wenn Gott ihm das Höllenfeuer untersagt hat." Hergeleitet von Aḥmad und aṭ-Ṭabarānī. Ich sage: *ar-rahağu* mit *fatḥ* auf dem *rāʾ* und *hāʾ* und am Ende *ğīm* bedeutet Staub [*ġubār*]. Das sagt al-Ğawharī in *Aṣ-ṣiḥāḥ*.

/S.58/ *Siebter Hadith* [A7, N3, T11; M7, Q3, Š21]

von Abū Saʿīd al-Ḫudrī (r), der sagte: Es wurde gesagt: „Oh Gesandter Gottes, welcher Mensch ist der beste?", worauf der Gesandte Gottes (ṣ) antwortete: „Ein Gläubiger, der sich auf dem Wege Gottes mit seiner Seele und seinem Vermögen **einsetzt**." Sie fragten: „Und wer dann?" Er antwortete: „Ein Gläubiger auf einem der Bergpfade, der Gott fürchtet und die Menschen vor seinem Übel verschont." Hergeleitet von al-Buḫārī und Muslim.

/S.59/ *Achter Hadith* [A8, A9, N4, N5, S4, S9, T6; L2, M1, M11, Š3]

von Abū Hurayra (r), der sagte: Ich hörte den Gesandten Gottes (ṣ) sagen: „Mit dem ***muğāhid*** auf dem Wege Gottes – wobei Gott über denjenigen, der sich auf seinem Wege **einsetzt**, wohl Bescheid weiß – verhält es sich wie mit dem, der im Ramaḍān fastet und betet. Gott bürgt für den ***muğāhid*** auf seinem Wege, dass – wenn Er ihn zu Sich nimmt – Er ihn ins /S.60/ Paradies eingehen lässt, oder ihn mit dem, was er ihm an Lohn oder (Kriegs-)Beute gewährt hat, unversehrt zurückkehren lässt." Hergeleitet von al-Buḫārī und Muslim.

/S.61/ *Neunter Hadith* [A8, A9, N4, N5, S4, S8, T6; L2, M1, M11, Š3]

von Abū Hurayra (r), der sagte: Ein Mann kam zum Propheten (ṣ) und sagte: „Unterweise mich in einer Tat, die dem **Dschihad** ebenbürtig ist." Er antwortete: „Ich finde keine. (Denn) wenn der ***muğāhid*** auszieht, bist du (dann) imstande, eine Moschee zu betreten um zu beten und nicht nachlässig zu werden, zu fasten und das Fasten nicht zu brechen?" worauf er erwiderte: „Dazu bin ich nicht imstande." Abū Hurayra sagte: Das Pferd des ***muğāhid*** galoppiert lebhaft in seinem Zaumzeug, d.h. es ist fest an seinem Strick. /S.62/ In *Aṣ-ṣiḥḥāḥ* heißt es: *istanna l-farasu* bedeutet galoppieren [*qamaṣa*], und *aṭ-ṭiwal* mit *kasr* auf dem *ṭāʾ* und *fatḥ* auf dem *wāw* bedeutet der Strick, der dem Reittier verlängert wird, sodass es daran weiden kann.[79]

[79] Der Editor merkt in einer Fußnote an: Das ist die einzige Überlieferung, die as-Suyūṭī nicht hergeleitet hat. Sie wird berichtet von al-Buḫārī und Muslim, die beide sagen: „Wenn es im Zaumzeug galoppiert, werden ihm *ḥasanāt* [gute Taten, Wohltaten, Vorzüge, Almosen] gutgeschrieben." Die Überliefererkette ist einwandfrei.

/S.63/ *Zehnter Hadith* [N33, T18; L20, Š23]

von Abū Hurayra (r), von dem Propheten (ṣ), der sagte: „Wer stirbt und weder einen Kriegszug geführt noch sich bemüht hat, den Kriegszug (als tatsächlich) anzusehen, der stirbt an einem Zweig der Heuchelei." Hergeleitet von Muslim.

/S.64/ *Elfter Hadith* [T37; Š10]

von Abū Umāma, (der sagte,) dass ein Mann sagte: „Oh Gesandter Gottes, erlaube mir das Wanderasketentum[80]." Er sagte: „Das Wanderasketentum meiner Gemeinde ist der **Dschihad** auf dem Wege Gottes." Hergeleitet von al-Ḥākim, der sagt: Die Tradentenkette ist einwandfrei, und von al-Bayhaqī in Bezug auf Bereiche des Glaubens.

/S.65/ *Zwölfter Hadith* [Š29]

von Anas, vom Propheten (ṣ), der sagte: „Zu jeder Gemeinde gehört ein Mönchtum [*rahbāniyya*] und das Mönchtum dieser Gemeinde ist der **Dschihad** auf dem Wege Gottes."[81] Hergeleitet von al-Bayhaqī.

/S.66/ *Dreizehnter Hadith*

von ʿUṯmān b. ʿAffān (r), (der sagte,) dass er den Gesandten Gottes (ṣ) sagen hörte: „Der **Dschihad** für einen Tag auf dem Wege Gottes ist besser als tausend Tage für etwas anderes." Hergeleitet von al-Ḥākim[82] in *Al-mustadrak* und er erklärte den Hadith für einwandfrei.

/S.67/ *Vierzehnter Hadith* [(A13), A15, (S15); (L19, L31, M25)]

von Abū Hurayra (r), (der sagte,) dass ein Mann von den Prophetengefährten (ṣ) an einer Schlucht mit einer Wasserquelle vorbeikam und ihm ihr Wohlgeruch und ihre Schönheit gefiel, sodass er sagte: „Würde ich mich von den Menschen zurückziehen, würde ich hier bleiben, (doch) tue ich es nicht, bis ich den Gesandten Gottes (ṣ) um Rat gefragt habe." Also erzählte er es ihm, worauf (der Prophet) erwiderte: „Tue es nicht! Der Aufenthalt von einem von euch auf dem Wege Gottes ist besser als das Gebet für seine Angehörigen während sechzig Jahren. Habt ihr denn nicht den Wunsch, dass euch Gott verzeiht /S.68/ und euch ins Paradies eingehen lässt? Führt

---

80 *as-siyāḥa*; in einer Fußnote erläutert der Editor den Begriff als das Umherziehen in der Welt zum Gottesdienst und Mönchsleben.

81 Anmerkung des Editors in einer Fußnote: Diese Überlieferung wird von einigen als schwach eingestuft.

82 Der Editor weist in einer Fußnote darauf hin, dass al-Ḥākim den Hadith anstelle von *ǧihād* allerdings mit dem Begriff *ribāṭ* anführt.

Kriegszüge auf dem Wege Gottes! Wer auch nur solange auf dem Wege Gottes kämpft [*qātala*], wie sich der Kameleuter nach dem Melken wieder mit Milch füllt, dem ist das Paradies unerlässlich.“ Hergeleitet von al-Ḥākim[83] und er erklärte den Hadith für einwandfrei.

/S.69/ *Fünfzehnter Hadith* [A13, (A15, S14); L19, L31, M25]

von ʿImrān b. Ḥuṣayn, (der sagte,) dass der Gesandte Gottes (ṣ) sagte: „Der Aufenthalt des Mannes in der Schlachtreihe auf dem Wege Gottes gefällt Gott besser als die gottesdienstlichen Handlungen eines Mannes während sechzig Jahren.“ Hergeleitet von al-Ḥākim[84] und er erklärt den Hadith für einwandfrei.

/S.70/ *Sechzehnter Hadith*

von ʿAbd Allāh b. ʿAmr (r): Der Gesandte Gottes (ṣ) fragte mich: „Kennst du die erste Gruppe, die von meiner Gemeinde ins Paradies eingeht?“ Ich antwortete: „(Nur) Gott und sein Gesandter wissen Bescheid!“ Da sagte er: „Es sind die Auswanderer. Sie kommen am Tag der Auferstehung zum Tor des Paradieses und rufen Gott um Hilfe, da sagen ihnen die Schatzmeister: Wurdet ihr bereits zur Verantwortung gezogen?, worauf sie antworten: Wofür müssen wir Rechenschaft ablegen? Unsere Schwerter waren vielmehr auf unseren Schultern auf dem Wege Gottes, bis wir auf diese Weise starben.“ Er fuhr fort: „Dann wird ihnen geöffnet und sie rasten dort vierzig Jahre, bevor die Menschen eintreten.“ Hergeleitet von al-Ḥākim[85] und er erklärt den Hadith für einwandfrei.

/S.71/ *Siebzehnter Hadith*

von ʿImrān b. Ḥuṣayn (r), der sagte: Der Gesandte Gottes (ṣ) sagte: „Ein Teil meiner Gemeinde hört zu Recht nicht auf zu kämpfen, wobei sie diejenigen kennen, die ihnen Widerstand leisten, bis sie den letzten von ihnen bekämpfen: den Antichristen.“ Hergeleitet von al-Ḥākim[86] und er erklärt den Hadith für einwandfrei. Ich sage: *nāwaʾahum* bedeutet *ʿādāhum* (ihnen zuwiderhandeln / feindlich gegen sie auftreten).

---

83 Dem Editor zufolge ist es laut al-Ḥākim ein *ḥadīṯ ṣaḥīḥ ʿalā šarṭ Muslim* („einwandfreier Hadith nach den Bedingungen Muslims“).

84 Dem Editor zufolge ist der Hadith laut al-Ḥākim *ṣaḥīḥ ʿalā šarṭ al-Buḫārī* („einwandfrei nach den Bedingungen al-Buḫārīs“).

85 Dem Editor zufolge ist der Hadith laut al-Ḥākim *ṣaḥīḥ ʿalā šarṭ šayḫayn* („einwandfrei nach den Bedingungen beider Autoritäten, d.h. al-Buḫārīs und Muslims“).

86 Dem Editor zufolge ist der Hadith laut al-Ḥākim *ṣaḥīḥ ʿalā šarṭ Muslim*.

/S.72/ *Achtzehnter Hadith* [(S29; L25, M24)]

von Abū Hurayra (r), der sagte: Der Gesandte Gottes (ṣ) sagte: „Niemals kommen Staub vom Wege Gottes und Rauch der Hölle im Bauch eines Dieners zusammen, und niemals treffen Habsucht und Glaube im Herzen eines Dieners zusammen." Hergeleitet von al-Ḥākim. Ich sage: Die Negation des Glaubens stimmt hier aufgrund der Parallelen mit der Negation der Vollkommenheit überein.

/S.73/ *Neunzehnter Hadith* [Variante zu S4, S8; M12]

von Muʿāḏ b. Anas (r), (der sagte,) dass der Gesandte Gottes (ṣ) einen Trupp entsandte, als eine Frau zu ihm kam und sagte: „Oh Gesandter Gottes, du hast diesen Trupp entsandt und mein Mann ist mit ihm ausgezogen. Ich pflege zu fasten, wenn er fastet, und zu beten, wenn er betet, und ich widme mich dem Dienste Gottes, wenn er es tut. Nun zeige mir eine Handlung, mit der ich seine Handlung erreiche." Er erwiderte: „Bete und setze dich nicht, faste und brich das Fasten nicht, gedenke (Gottes) und werde nicht nachlässig." Sie fragte: „Vermag ich dies (denn), oh Gesandter /S.74/ Gottes?", worauf er antwortete: „Selbst wenn jenes in deiner Macht läge – bei Dem, in Dessen Hand meine Seele ist –, würdest du nicht einmal ein Zehntel seiner Handlung erreichen." Ich sage: Das Zehntel [*al-ʿašīr*] ist mit *fatḥ* auf dem *ʿayn* ohne diakritische Punkte, *kasr* auf dem *šīn* mit diakritischen Punkten und dem *yāʾ* ohne Vokalzeichen, des Weiteren: Es ist ein Teil von zehn und seine Pluralform ist *aʿširāʾ*, wie bei *naṣīb* (Anteil) und *anṣibāʾ*. So nennt (al-Ǧawharī) es in *Aṣ-ṣiḥāḥ*. Hergeleitet von Aḥmad und aṭ-Ṭabarānī.

/S.75/ *Zwanzigster Hadith*

von Saʿd b. Abī Waqqāṣ, einem der zehn Gefeierten, für die das Paradies bereits bestimmt ist[87] (r), (der sagte,) dass ein Mann zum Gebet kam, während der Prophet (ṣ) mit uns betete, und als er zur Reihe (der Betenden) gelangt war, sagte: „Oh Gott, gib mir Besseres als was du deinen aufrichtigen Dienern gibst!" Nachdem der Prophet (ṣ) das Gebet beendet hatte, fragte er: „Wer hat soeben gesprochen?" „Ich", antwortete (der Mann), worauf (der Prophet) sagte: „Wenn dein Pferd verletzt wird und du den Märtyrertod auf dem Wege Gottes erleidest." Hergeleitet von an-Nasāʾī und al-Ḥākim[88]. Ich sage: *al-ʿaqr* ist die Verletzung [*al-ǧurḥ*], und *al-ǧawād* ist das Pferd [*al-faras*].

---

[87] Zur Nennung dieser zehn Gefährten siehe bspw. 10. Hadith bei Āǧurrī (2000), S. 103.

[88] Dem Editor zufolge ist die Überliefererkette laut al-Ḥākim einwandfrei.

/S.76/ *Einundzwanzigster Hadith*

von Salmān (r), der sagte: Der Gesandte Gottes (ṣ) sagte: „Wenn das Herz des Gläubigen auf dem Wege Gottes erzittert, fallen von ihm seine Sünden ab, sowie das Dattelbüschel der Palme abfällt." Hergeleitet von aṭ-Ṭabarānī. Ich sage: *al-ᶜaḏq* ---[89]

/S.77/ *Zweiundzwanzigster Hadith*

von Abū Hurayra (r) der sagte: Ich hörte den Gesandten Gottes (ṣ) sagen: „Wenn der Kriegführende auf dem Wege Gottes auszieht, werden seine Vergehen als Balken über der Tür seines Hauses angebracht. Wenn er sie dann hinter sich lässt, lässt er alle seine Vergehen hinter sich, und ihm bleibt von ihnen nichts gleich dem Flügel einer Mücke erhalten. Gott verbürgt sich für ihn in vier (Fällen): Indem Er ihm entschädigt, was er an Angehörigen und Vermögen zurückgelassen hat, indem Er ihn bei jeder Todesart, die ihn ereilt, ins Paradies eingehen lässt, indem Er ihn, wenn Er ihn zurückschickt, unversehrt mit dem zurücksendet, was Er ihm an Lohn oder (Kriegs-)Beute gewährt hat, und indem keine Sonne untergeht außer mit seinen Vergehen." Hergeleitet von aṭ-Ṭabarānī.[90]

/S.78/ *Dreiundzwanzigster Hadith*

von Ibn ᶜAbbās (r), der sagte: Der Gesandte Gottes (ṣ) sagte: „Eine Pilgerfahrt ist besser als vierzig Kriegszüge, und ein Kriegszug ist besser als vierzig Pilgerfahrten." (Ich?[91]) sage: Wenn der Mann die Pilgerfahrt des Islams vollzogen hat, dann ist ein Kriegszug besser als vierzig Pilgerfahrten, und die Pilgerfahrt des Islams ist besser als vierzig Kriegszüge. Hergeleitet von al-Bazzār in seinem *Musnad*[92].

/S.79/ *Vierundzwanzigster Hadith*

von ᶜAbd Allāh b. ᶜAmr b. al-ᶜĀṣ, der sagte: Der Gesandte Gottes (ṣ) sagte: „Eine Pilgerfahrt ist für denjenigen, der sie noch nicht vollzogen hat, besser als zehn Kriegszüge und ein Kriegszug desjenigen, der bereits gepilgert ist,

---

89 Laut Editor besteht hier eine Lücke im Text und *ᶜaḏq* ist das Dattelbüschel.

90 Laut Editor verfügt die Überliefererkette über einen schwachen Überlieferer.

91 Im Text steht *yaqūlu* an der Stelle, an der in der Regel mit *aqūlu* ein kurzer Kommentar as-Suyūṭīs angeführt wird. Hier liegt im Übrigen ein seltenes Beispiel für die Verwendung der Zahl Vierzig in Überlieferungen der Vierzig Hadithe vor.

92 Der Editor vermerkt mitunter in einer Fußnote: […] Laut al-Munāwī gilt „eine Pilgerfahrt ist besser als vierzig Kriegszüge" für den, der (noch) keine Pilgerfahrt gemacht hat; dann obliegt ihm die Pilgerfahrt. Und ein einziger „Kriegszug ist besser als vierzig Pilgerfahrten" gilt für den, der die Pilgerfahrt des Islams vollzogen hat, ihm ist der **Dschihad** bestimmt und dies ist offenkundig.

ist besser als zehn Pilgerfahrten. Ein Kriegszug auf dem Meer ist besser als zehn Kriegszüge auf dem Festland und wer das Meer überquert hat, so ist es, als ob er alle Täler überquert hätte. Der Seekranke ist wie der mit seinem Blut Befleckte." Hergeleitet von aṭ-Ṭabarānī. Ich sage: *al-māʾid* —[93]

/S.80/ *Fünfundzwanzigster Hadith*

von Wāṯila b. al-Asqaᶜ (r), der sagte: Der Gesandte Gottes (ṣ) sagte: „Wem der Angriff mit mir entging, sollte einen Kriegszug auf dem Meer unternehmen." Hergeleitet von aṭ-Ṭabarānī[94].

/S.81/ *Sechsundzwanzigster Hadith*

von Abū Umāma (r), der sagte: Ich hörte den Gesandten Gottes (ṣ) sagen: „Gott hat den Todesengel mit der Ergreifung der Seelen beauftragt, außer (im Falle) der Märtyrer zur See. Die Ergreifung ihrer Seelen übernimmt Er (selbst)." Hergeleitet von Ibn Māǧa in seinem *Sunan*.

/S.82/ *Siebenundzwanzigster Hadith* [L28]

von Abū Hurayra (r), der sagte: Der Gesandte Gottes (ṣ) sagte: „Wer Gott begegnet ohne eine Spur vom **Dschihad**, der begegnet Ihm wobei ein Riss (zwischen ihnen) besteht." Hergeleitet von al-Ḥākim[95].

/S.83/ *Achtundzwanzigster Hadith*

von Abū Bakr aṣ-Ṣadīq (r), der sagte: Der Gesandte Gottes (ṣ) sagte: „Kein Volk unterlässt den **Dschihad**, ohne dass Gott ihm Strafe zuteilwerden lässt." Hergeleitet von aṭ-Ṭabarānī in *Al-awsaṭ*.

/S.84/ *Neunundzwanzigster Hadith* [Sammelhadith zu Teilen von (S5, S14, S18; L19, L24, L25, M5, M24, M36)]

von Abū d-Dardāʾ (r), der sagte: Der Gesandte Gottes (ṣ) sagte: „Gott bringt keinen Staub vom Wege Gottes mit dem Rauch der Hölle im Innersten ei-

---

93 Laut Editor befindet sich hier eine Lücke im Text; des Weiteren merkt er in einer Fußnote an: *al-māʾid* ist derjenige, der über das Meer fährt und dabei Übelkeit empfindet aufgrund des Gestanks vom Meerwasser, bis sich alles um ihn herum dreht und er nahe daran ist, ohnmächtig zu werden; es ist Nomen agentis (Verbalsubstantiv, *ism al-fāᶜil*) von *māda - yamīdu - bih maydan*, und es bezeichnet denjenigen, dem vom Seewind und der Schwankung des Schiffs durch die Wellen schwindelig wird; der Erhabene sagte: {… dass sie nicht mit euch wanke} [Sūrat an-Naḥl („Die Biene"), 16:15], d.h. dass sie nicht mit euch schwankt. / *al-mutašaḥḥiṭ* ist derjenige, der sich in seinem Blut wälzt, in ihm zappelt und haltlos schwankt.

94 Laut Editor befindet sich im *isnād* ein schwacher Überlieferer.

95 Laut Editor befindet sich im *isnād* ein schwacher Überlieferer.

nes Mannes zusammen. Wessen Füße auf dem Wege Gottes staubfarben werden, dessen gesamten Körper erklärt Gott dem Höllenfeuer für unnahbar. Wer einen Tag auf dem Wege Gottes fastet, dem entfernt Gott das Höllenfeuer um die tausendjährige Reise eines eiligen Reiters. Wer auf dem Wege Gottes verwundet wird, dem wird das Siegel der Märtyrer zuteil und ihm gebührt ein Licht am Tage der Auferstehung. Die Farbe (der Wunde) ist gleich der des Safrans und ihr Duft gleich dem des Moschus. An ihr erkennen ihn die Früheren und die Späteren, sodass sie sagen: ‚Das ist Soundso, auf dem der Abdruck der Märtyrer ist.' Wer auch nur solange auf dem Wege Gottes kämpft, wie sich der Kameleuter nach dem Melken wieder mit Milch füllt, dem ist das Paradies unerlässlich." Hergeleitet von Aḥmad.

/S.85/ *Dreißigster Hadith* [(A36); L26, Š32]

von al-ʿAbbās b. ʿAbd al-Muṭallib, der sagte: Ich hörte den Gesandten Gottes (ṣ) sagen: „Zwei Augen werden nicht vom Höllenfeuer berührt: Ein Auge, das inmitten der Nacht vor Gottesfurcht (t) weint, und ein Auge, das die Nacht über auf dem Wege Gottes mit Bewachung verbringt." Hergeleitet von aṭ-Ṭabarānī[96].

/S.86/ *Einunddreißigster Hadith* [(A24), N19, T24; L7, Š14]

von Salmān (r): Ich hörte den Gesandten Gottes (ṣ) sagen: „Die Stationierung an der Front [*ribāṭ*] bei Tag und Nacht ist besser als das Fasten und Beten für einen Monat, und wenn (der Stationierte) stirbt, werden ihm seine Taten zum Maßstab genommen, die er verrichtet hat. Ihm wird seine Versorgung (von Gott; *rizq*) gewährt und er wird vor den Peinigern sicher sein."[97] Hergeleitet von Muslim.

/S.87/ *Zweiunddreißigster Hadith* [(A21), A22; L23, M38]

von Faḍāla b. ʿUbayd, von dem Gesandten Gottes (ṣ), der sagte: „Jedem Verstorbenen wird seine Tat versiegelt, außer demjenigen, der auf dem Wege Gottes stationiert verstirbt. Seine Tat dauert bis zum Tage der Auferstehung an und er ist sicher vor der Zwietracht des Grabes." Hergeleitet von Abū Dāwūd und at-Tirmiḏī.

[96] Laut Editor befindet sich im *isnād* ein Überlieferer, der keine Berücksichtigung mehr fand (*matrūk*).

[97] Anmerkung des Editors: Mit Peiniger (*al-fattān*) sind die Zwietracht des Grabes und des Teufels gemeint.

/S.88/ *Dreiunddreißigster Hadith*

von Abū Ayyūb al-Anṣārī (r), der sagte: Der Gesandte Gottes (ṣ) sagte: „Wer auf den Feind trifft und dabei standhaft ist, bis er getötet wird oder siegt, wird in seinem Grab nicht gepeinigt." Hergeleitet von aṭ-Ṭabarānī in *Al-awsaṭ*[98].

/S.89/ *Vierunddreißigster Hadith*

von Ibn ᶜAbbās (r), der sagte: Der Gesandte Gottes (ṣ) sagte: „Die Märtyrer sind an einem glänzenden Fluss beim Tor des Paradieses in einer grünen Kuppel und ihre Versorgung (von Gott) wird ihnen morgens und abends herausgebracht." Hergeleitet von Aḥmad und al-Ḥākim[99]. /S.90/ Ich sage: Über die Bestimmung dieses Beweises findet sich (Näheres) in dem Buch, das ich über die Wissenschaft des ‚Zwischenraums' und die Welt der Seelen verfasst habe.[100]

/S.91/ *Fünfunddreißigster Hadith* [längere Variante zu L27]

von ᶜUbāda b. aṣ-Ṣāmit, der sagte: Der Gesandte Gottes (ṣ) sagte: „Der Märtyrer verfügt bei Gott über sieben Eigenschaften: Ihm wird im Augenblick des ersten Blutschwalls vergeben, er erblickt seinen Platz im Paradies, er wird mit dem Gewand des Glaubens geschmückt, er wird mit den Paradiesjungfrauen [*al-ḥūr al-ᶜayn*] verheiratet, er wird in Schutz genommen vor der Pein des Grabes, er ist sicher vor der großen Furcht, ihm wird die Krone der Würde auf seinen Kopf gesetzt, deren Edelstein besser ist als das Diesseits und was sich in ihm befindet, und er wird als Fürsprecher für siebzig Personen von seinen Verwandten zugelassen." Hergeleitet von Aḥmad, al-Bazzār[101] und aṭ-Ṭabarānī[102].

/S.92/ *Sechsunddreißigster Hadith*

von Abū Hurayra (r), der sagte: Der Gesandte Gottes (ṣ) sagte: „Der Beste der Kriegführenden auf dem Wege Gottes ist ihr Diener und dann derjenige, der ihnen Informationen bringt. Der ganz Besondere unter ihnen, der einen Rang bei Gott hat, ist der Fastende, und wer für seine Gefährten auf dem

98 Laut Editor befindet sich im *isnād* ein unbekannter Überlieferer.

99 Der Editor ergänzt, dass der Hadith laut al-Ḥākim eine einwandfreie Kette nach den Bedingungen Muslims hat, der diesen jedoch nicht hergeleitet hat.

100 As-Suyūṭī meint hier sein Werk *Šarḥ aṣ-ṣudūr bi-šarḥ ḥāl al-mawtā fī l-qubūr*.

101 Laut Editor ist bei ihm die Rede von sechs Eigenschaften.

102 Laut Editor gelten die Überlieferer von Aḥmad und aṭ-Ṭabarānī als vertrauenswürdig, des Weiteren soll die Überlieferung auch von at-Tirmiḏī und Ibn Māǧa hergeleitet worden sein, wobei Ersterer sie als *ḥadīṯ ḥasan ṣaḥīḥ ġarīb* klassifiziert.

Wege Gottes aus einem Wasserschlauch zu trinken gibt, geht ihnen um siebzig Stufen voran ins Paradies." Hergeleitet von aṭ-Ṭabarānī in Al-awsaṭ[103].

/S.93/ *Siebenunddreißigster Hadith*

von Ibn ʿAbbās, der sagte: Der Gesandte Gottes (ṣ) sagte: „Die besten Gefährten sind vier, die besten Expeditionstrupps bestehen aus vierhundert (Personen), die besten Armeen bestehen aus viertausend[104] (Mann), und zwölftausend werden von keiner Minderheit besiegt." Hergeleitet von at-Tirmiḏī[105].

/S.94/ *Achtunddreißigster Hadith* [A27, N23, T25; M27, Š5]

von Abū Hurayra (r), von dem Gesandten Gottes (ṣ), der sagte: „Wer ein Pferd auf dem Wege Gottes festhält, über Glaube an Gott sowie Glaube an Sein Versprechen verfügt, dessen[106] Sättigung, Durstlöschen, Dung und Urin sind Wohltaten [*ḥasanāt*] auf (des Gläubigen) Waage am Tage der Auferstehung." Hergeleitet von al-Ḥākim.[107]

/S.95/ *Neununddreißigster Hadith*

von Abū Qatāda (r), (der sagte,) dass der Gesandte Gottes (ṣ) sagte: „Das beste Pferd ist das schwarze ohne einen weißen Stirnfleck, aber mit weißen Fesseln, einem weißen Fleck auf der Nase und einem freien[108] rechten Vorderfuß. Wenn es kein schwarzes gibt, so ein rotbraunes mit schwarzer Mähne und schwarzem Schweif und mit diesen Flecken." Hergeleitet von al-Ḥākim[109]. Ich sage: *Al-adham* ist das Schwarz [*al-aswad*]. *Al-aqraḥ* mit *qāf*, *rāʾ* und *ḥāʾ* ohne diakritische Punkte ist derjenige, der in seinem Gesicht weiß ohne einen Stirnfleck hat, und das Nomen ist *qurḥa* mit dem Vokal u [*ḍamm*]. *Al-muḥaǧǧal* ist derjenige, an dessen Beinen weiß ist, und *al-arṯam* mit drei diakritischen Punkten nach dem *rāʾ* ist derjenige, auf dessen Oberlippe weiß ist. *Muṭlaq al-yad al-yumnā* bedeutet keine weiße Färbung am Fuß und *al-kumayt* ist derjenige, dessen Farbe zwischen schwarz und rot liegt, als wenn ihm nicht nur eine (Farbe) zugeordnet wurde. *Aš-šiya* ist das Zeichen.

---

103 Laut Editor befindet sich im *isnād* ein schwacher Überlieferer.

104 Diese Zahl wird Carole Hillenbrand zufolge auch vom seldschukischen Wesir Niẓām al-Mulk (gest. 485/1092) als Herrscherempfehlung gegeben, vgl. Hillenbrand (1999), S. 443f.

105 Dem Editor zufolge bewertet at-Tirmiḏī als *ḥadīṯ ḥasan ġarīb*.

106 des Pferdes

107 Der Editor gibt an, dass dieser Hadith laut al-Ḥākim über eine einwandfreie Überliefererkette verfügt.

108 also ohne weißen Fleck

109 Dem Editor zufolge bewertet al-Ḥākim den Hadith als *ġarīb ṣaḥīḥ*.

/S.96/ *Vierzigster Hadith* [N14, T1; Š38]

von Abū Mūsā (r), der sagte: Ein Mann kam zum Propheten (ṣ) und sagte: „(Ein) Mann kämpft der Beute wegen, (ein) Mann kämpft der Erinnerung wegen und (ein) Mann kämpft um seinen Rang zu zeigen – wer (von ihnen) befindet sich auf dem Wege Gottes?" Er antwortete: „Wer kämpft, damit Gottes Wort das höchste ist, der befindet sich auf dem Wege Gottes." Hergeleitet von al-Buḫārī und Muslim.

* * *

/S.97/ [Aus der Abschrift des Originals übernommenes Ende der Handschrift[110]]

Der Kompilator sagte: Diese Vierzig Hadithe habe ich in aller Eile zwischen der Zeit des Mittags- [*ẓuhr*] und des Nachmittagsgebets [*ᶜaṣr*] am Samstag, den neunten Rabīᶜ al-Awwal des Jahres 882 (d.i. der 21. Juni 1477) festgehalten, während unser Herr der Sultan aufzubrechen beabsichtigte, damit sie[111] seine Begleitung seien.

Die Überlieferungen, welche mit dem Dschihad zusammenhängen, sind unzählbar und ich könnte diesbezüglich tausend Hadithe über den Dschihad, angeordnet nach Kapiteln, zusammenstellen – so Gott will.

Lob sei Gott zuerst und zuletzt; uns genügt Gott und die Gnade des Vertrauten; es besteht keine Macht und keine Kraft außer bei Gott, dem Höchsten und Mächtigsten. Gottes Segen und ewig beständiger Frieden auf unserem Herrn Muḥammad, auf seinen Angehörigen und Gefährten bis zum Tag des Jüngsten Gerichts – amen.

3. Arbaᶜūn ḥadīṯan fī faḍl al-ǧihād *von Barakat at-Tiṭwānī*

/S.7/ Im Namen Gottes, des Allerbarmers, des Barmherzigen

Gott segne unseren Herrn Muḥammad, seine Angehörigen und Gefährten und gebe Heil

Der Jurist und bedeutende Gelehrte, der Hadithwissenschaftler und Korankenner, der kritische Forscher und Segen Abū l-Ḥasan Sīdī l-Ḥāǧǧ ᶜAlī Baraka – Gott segne sein Leben und möge Wohlgefallen an ihm haben – sagte:

---

110 Laut eigenen Angaben ist dies eine notwendige Hinzufügung des Editors, um das Ende des Textes anzuzeigen.

111 diese Vierzig Hadithe

Preis sei Gott, der den Islam herbeigeführt hat als einen Ausweg der Ehrerbietung und Bedeutung. Seine Vortrefflichkeit ist verziert mit dem Schmuck des Dschihads gegen seine niederen und undankbaren Feinde. Der Dschihad stellt innerhalb des Islams den höchsten Gipfelpunkt[112] dar und er hat Vorrang vor vielen vortrefflichen und gewichtigen Taten. Wir loben Ihn (s) für seine vortrefflichen[113] Wohltaten, und wir danken Ihm für das Streben nach Mehrung Seines Vorzugs und Seiner Gnade. Wir bezeugen, dass es keinen Gott gibt außer Gott allein, der keinen Teilhaber hat und über starke Macht verfügt. Er allein verfügt über die Schöpfung und die Beschaffenheit. Wir bezeugen, dass unser Herr, unser Prophet und unser Vorbild Muḥammad ist, Sein Diener und Gesandter, Sein Prophet und Auserwählter aus der Schöpfung und Sein Vertrauter, der Prophet der blutigen Kämpfe, die Gott (s) zu Seiner Wohltat unter dem Schatten Seiner Lanzen[114] gemacht hat. Er belegt denjenigen, der sich Seinem Befehl widersetzt, mit dem Gefühl der Niedrigkeit und Geringheit bei allem was er tut. Gottes Segen und Friede sei mit ihm, seinen Angehörigen und seinen Anhängern, die sich **anstrengen** [*aǧhadū*] beim **Dschihad** gegen Seinen Feind und die in der Dunkelheit auswandern im Verlangen nach Seiner Rechtleitung. Wir erbitten Segen und Heil beim Kampf gegen jeden, der Feindschaft angesagt hat und zuwiderhandelt.

Und nun zum Thema:

Ich habe mich der Überlieferung „Wer meiner Gemeinde vierzig Hadithe über die Religion bewahrt, den wird Gott als Gelehrten und Wissenden erwecken." mit ihren zahlreichen Überliefererwegen derart gewidmet, wie der Imam Muḥyī d-Dīn an-Nawawī (r) es zu Beginn seiner Vierzig im Anschluss an den Hinweis auf die Schwäche der genannten Überlieferung erwähnt hat. Dazu gehört, dass in der Beschäftigung mit dem schwachen Hadith /S.8/ nach Übereinstimmung der Gelehrten Vorzüge des Handelns bestehen[115] und dass er sich zudem auf den Ausspruch des Propheten (ṣ) aus den einwandfreien Hadithen „Damit der Anwesende den Abwesenden informiere." und seinen (ṣ) Ausspruch „Gott lässt einen Menschen erstrahlen, der meine

[112] *ḏurwat as-sanām*, Anspielung auf T41 (und M4).

[113] *sawābiġ*, Sg. *sābiġ* (vgl. Ausgabe der Sammlung auf http://www.ilmway.com/site/maqdis/MS_8911.html), nicht *sawābiʿ* wie in Tiṭwānī (1986), S. 7.

[114] In Anspielung auf T17 sowie A17, N8, N35 (L33, Š18), denen nach sich das Paradies unter dem Schatten der Schwerter befindet.

[115] Auf die Übersetzung der an dieser Stelle erfolgten Anmerkung des Editors in einer Fußnote über den Umgang mit schwachen Hadithen sei hier verzichtet; zum Thema s. Unterkap. *Die Diskussion um das Handeln nach schwach belegten Überlieferungen* in Bartschat (2019).

Aussprüche vorträgt[116], sie im Gedächtnis bewahrt und wiedergibt, wie er sie gehört hat." stützt. Mit seinem (also an-Nawawīs; *Anm. d. Übers.*) Beispiel, der vierzig von den gelehrten Autoritäten und den Bewahrern des Islams zusammenstellte, bricht unablässig (die Idee) in meinem Geiste hervor und erfüllt meine Vorstellung vierzig Hadithe zu sammeln usw. in der Hoffnung auf die damit verbundene, reichliche Belohnung und in dem Wunsch danach, was ihrem Bewahrer an Erfolg und vortrefflicher Rückkehr gebührt, bis Gott (s) uns dadurch Erfolg verleiht. Er gewährte uns in der Zeit Erleichterung bei ihrer Zusammenstellung, dann legte Er uns nahe, dass sie (d.i. die Hadithauswahl) aus der Nennung der Vortrefflichkeit des Dschihad und des *ribāṭ* bestehen solle. Die Darlegung ihres beiden Ranges, die zum Streit um beide und zur Frohlockung führte, ist bestätigt, da der Anlass ergründet wurde, unter dem Gott die Zusammenstellung (der Hadithauswahl) erleichtert. Und sie ist geeignet, da derjenige auf den engen Bergpfaden um ihn (also den Anlass; *Anm. d. Übers.*) gebeten hatte, für den wir so Gott will den Nutzen (der Hadithauswahl) erhoffen. Sie soll eine Ermutigung für die Suchenden sein und eine Anstiftung für die Eilenden und Begehrenden, sodass wir dadurch mit Gottes (t) Macht in die Gemeinschaft der *muǧāhidīn* auf dem Wege Gottes eintreten und durch Gottes Gnade an die Gefolgschaft der /S.9/ zum Gehorsam gegenüber Gott Leitenden gebunden sind. So halte an diesen vierzig fest, oh Standhaltender, und schätze ihren Wert. Sie sind eine einwandfreie Auswahl und frei von Kennzeichen der Schwäche und Beeinträchtigung. Ihr Großteil entstammt den *Ṣaḥīḥayn* al-Buḫārīs und Muslims und der Rest, sofern er nicht als einwandfrei gekennzeichnet ist, ist als gut oder vorzüglich charakterisiert. Am Ende habe ich sie – so Gott will – mit einem kurzen Abschnitt zur Erklärung ihrer unbekannten Ausdrücke und zur Aufhebung von Mehrdeutigkeiten ihrer vertrauenswürdigen Worte der Sunna versehen, damit ihr Leser im Hinblick auf ihre Anweisung sicher ist und Begehren und Liebe bei ihrem Bewahrer durch sie zunimmt.[117] Bei Gott, wir bitten, dass Er sie zu einem kürzesten Weg zu Seiner Zufriedenheit macht, zu einem Anlass für Sein (t) Erbarmen und Seine alles umfassende Vergebung.

Wisse, dass wir (die Sammlung) mit zwei oder drei Hadithen zur Absicht und den Eigentümlichkeiten (des Dschihad) beginnen, auf dass sie enthalten, was der *muǧāhid* an Belehrung hinsichtlich der Absicht und aufrichti-

---

116 Hier *asmaʿa* („zu hören geben") anstelle von *samiʿa* („hören") wie bei Nawawī (1984), S. 5. Beide zitierten Hadithe finden sich u.a. auch in Bayhaqī (1987), S. 9f.; siehe dazu auch Erläuterungen Schöllers in Nawawī/Schöller (2007), S. 383f.

117 Der Herausgeber Muḥammad Bū Ḫubza merkt hier an, dass die von at-Tiṭwānī angekündigten Erläuterungen im Anschluss an die Hadithe fehlen, deshalb würde er diese an entsprechenden Stellen vornehmen – so zum Beispiel hier, wo er die Bedeutung von *al-maqqa* mit *al-maḥabba* (Liebe, Zuneigung) angibt, vgl. Tiṭwānī (1986), S. 9.

gen Ergebenheit bedarf. Wir bitten Gott (s) uns zu den Aufrichtigen bei jeder Tat gehören zu lassen und uns (die Hadithauswahl) mit dem zu vergelten, was die Hoffnung übersteigt. Es ist Zeit mit dem Nachweis jener vierzig zu beginnen. Wir bitten Gott (s) um Hilfe und suchen Zuflucht bei Ihm.

/S.10/ *Erster Hadith* [N14, S40; Š38]

von ʿAbd Allāh b. Qays Abū Mūsā al-Ašʿarī (r), der sagte: Ein Mann kam zum Propheten (ṣ) und sagte: „(Ein) Mann kämpft der Beute wegen, (ein) Mann kämpft um erinnert zu werden und (ein) Mann kämpft um seinen Rang zu zeigen – wer (von ihnen) befindet sich auf dem Wege Gottes?" Darauf antwortete der Gesandte Gottes (ṣ): „Wer kämpft, damit Gottes Wort das höchste ist, der befindet sich auf dem Wege Gottes." So berichten al-Buḫārī und Muslim.

Zweiter Hadith

von Abū Hurayra ʿAbd ar-Raḥmān b. Ṣaḫr (r), der sagte: Ich hörte den Gesandten Gottes (ṣ) sagen: „Der ranghöchste unter den Menschen wird am Tage der Auferstehung verurteilt: Ein Mann erlitt den Märtyrertod und wird daraufhin herbeigeführt. Er wird über sein Wohlleben[118] in Kenntnis gesetzt, erkennt dieses an und (wird von Gott gefragt): ‚Was hast du daraus gemacht?' ‚Ich habe für Dich gekämpft, bis ich den Märtyrertod erlitten habe', antwortet er, woraufhin (Gott) erwidert: ‚Du lügst! Vielmehr hast du gekämpft, damit gesagt wird: Er ist mutig.' Nachdem das gesagt wird, ereilt ihn ein Befehl und er wird auf seinem Gesicht hinfort gezogen, bis er ins (Höllen)Feuer geworfen wird. Ebenso ein Mann, der die Wissenschaft erlernte, Kenntnis darin hat und den Koran las: Er wird herbeigeführt, über sein Wohlleben in Kenntnis gesetzt und erkennt dieses an, dann (wird er von Gott gefragt): ‚Was hast du daraus gemacht?' ‚Ich habe die Wissenschaft erlernt, /S.11/ Kenntnis darin und Deinetwegen den Koran gelesen' antwortet er, worauf (Gott) erwidert: ‚Du lügst! Vielmehr hast du die Wissenschaft studiert, damit gesagt wird: Er ist ein Gelehrter. Und du hast den Koran gelesen, damit gesagt wird: Er ist ein Koranleser.' Nachdem das gesagt wird, ereilt ihn ein Befehl und er wird auf seinem Gesicht hinfort gezogen, bis er ins (Höllen)Feuer geworfen wird. Ebenso ein Mann, den Gott wohlhabend sein ließ und ihm alle Arten von Besitz gewährte: Er wird herbeigeführt, über sein Wohlleben in Kenntnis gesetzt und erkennt dieses an, dann (wird er von Gott gefragt): ‚Was hast du daraus gemacht?' ‚Ich habe den Weg nicht verlassen, auf dem gewünscht ist auszugeben, (und) ich habe auf ihm nur für Dich ausgegeben', antwortet er, woraufhin (Gott) erwidert: ‚Du lügst! Vielmehr hast du so gehandelt, damit

[118] oder: die Güte von Gott [*niʿmatahū*]

gesagt wird: Er ist freigebig.‘ Nachdem das gesagt wird, ereilt ihn ein Befehl und er wird auf seinem Gesicht hinfort gezogen, bis er ins (Höllen)Feuer geworfen wird.“ So berichtet Muslim.[119]

Dritter Hadith [L21]

von Abū l-ʿAbbās ʿAbd Allāh b. ʿAbbās (r) und der ‚Mutter der Gläubigen‘ Umm ʿAbd Allāh ʿĀʾiša (r), die sagten: Der Gesandte Gottes (ṣ) sagte: „Es gibt keine Auswanderung [*hiǧra*] nach der Eroberung[120], doch gibt es **Dschihad** und Absicht [*niyya*], und wenn /S.12/ ihr zum Kampf aufgerufen werdet, dann eilt (dahin).“ So berichten al-Buḫārī und Muslim.[121]

Vierter Hadith [A1, N2, S3]

von Abū Hurayra (r), der sagte: Der Gesandte Gottes (ṣ) wurde gefragt, welche Taten die besten seien, worauf er sagte: „Glaube an Gott und seinen Gesandten.“ „Und des Weiteren?“ wurde er dann gefragt. „Der **Dschihad** auf dem Wege Gottes“, erwiderte er, worauf er erneut gefragt wurde: „Und des Weiteren?“ „Eine gesegnete Pilgerfahrt“, antwortete er. So berichten al-Buḫārī und Muslim.

Fünfter Hadith [N27; (M33), M34, Š27]

von ʿAbd Allāh b. Abī Qatāda, von Abū Qatāda (r), den er über den Gesandten Gottes (ṣ) sprechen hörte, dass dieser sich unter ihnen erhob und ihnen berichtete, dass der **Dschihad** auf dem Wege Gottes und der Glaube an Gott die besten Taten sind. Da stand ein Mann auf und fragte: „Oh Gesandter Gottes, meinst du, dass wenn ich auf dem Wege Gottes sterbe, /S.13/ Er mir meine Fehler vergibt?“, worauf ihm der Gesandte Gottes (ṣ) antwortete: „Ja, wenn du auf dem Wege Gottes getötet wirst, wobei du dich geduldig vollends Gott hingibst und vorwärts gehst ohne umzukehren.“ Dann fragte der Gesandte Gottes (ṣ) nach: „Wie sagtest du…?“, worauf (der Mann) antwortete: „Meinst du, dass wenn ich auf dem Wege Gottes sterbe, mir meine Fehler vergeben werden?“ Da erwiderte der Gesandte Gottes (ṣ): „Ja, wenn du dich geduldig vollends Gott hingibst und vorwärts gehst ohne umzukehren – außer im Falle von Schulden. Das hat Gabriel mir so gesagt.“ So berichtet Muslim.

---

119 Eine ähnliche Version mit umgekehrter Reihenfolge findet sich im *Kitāb al-ǧihād* as-Sulamīs, vgl. Sulamī (2007): Ǧihād, S. 56f.; Christie (2015), S. 221; ders. (2007), S. 13.

120 *Al-fatḥ*, auch „der Sieg“, hierunter wird in der Regel die Eroberung Mekkas im Jahr 8/630 verstanden.

121 Anmerkung Bū Ḫubzas: „Die Bedeutung von *wa-iḏā stunfirtum fa-nfirū* ist: Wenn von euch der Auszug zur Unterstützung verlangt wird, dann kommt dem nach.“ Tiṭwānī (1986), S. 12.

Sechster Hadith [A8, A9, N4, N5, S4, S8, S9; L2, M1, M11, Š3]

von Abū Hurayra (r), der sagte: Es wurde zum Propheten (ṣ) gesagt: Was kommt dem **Dschihad** auf dem Wege Gottes gleich? Er erwiderte: „Dazu seid ihr nicht imstande", (und) beim dritten Mal sagte er: „Mit dem ***muǧāhid*** auf dem Wege Gottes verhält es sich wie mit dem, der solange fastet, betet und den Versen Gottes gehorsam folgt, und weder beim Fasten, noch beim Gebet nachlässig wird, bis der ***muǧāhid*** auf dem Wege Gottes zurückkehrt." So berichten al-Buḫārī und Muslim.
Und dem folgt:
Ebenfalls von Abū Hurayra, der sagte: Ein Mann kam zum Gesandten Gottes (ṣ) und sprach: „Zeige mir eine Tat, die dem **Dschihad** /S.14/ ebenbürtig ist." Er antwortete: „Ich finde keine." Dann fuhr er fort: „Wenn der ***muǧāhid*** auszieht, bist du (dann) imstande, deine Moschee zu betreten um zu beten und nicht nachlässig zu werden, zu fasten und das Fasten nicht zu brechen?" worauf er erwiderte: „Wer ist dazu imstande?" Abū Hurayra sagte: Wenn das Pferd des ***muǧāhid*** lebhaft in seinem Zaumzeug galoppiert, schreibt Er ihm[122] Wohltaten [*ḥasanāt*] an.

Siebter Hadith [A12, N6; L1, Q40, Š30]

von Abū Hurayra (r), der sagte: Der Gesandte Gottes (ṣ) sagte: „Wer an Gott und seinen Gesandten glaubt, das Gebet verrichtet und im Ramadan fastet, (bei dem) obliegt es Gott, ihn ins Paradies eintreten zu lassen, (ob er sich nun) auf dem Wege Gottes **einsetzt** oder auf dem Land sitzt, auf dem er geboren wurde." Sie fragten: „Oh Gesandter Gottes, sollen wir den Menschen diese (frohe) Botschaft nicht verkünden?", worauf er fortfuhr: „Im Paradies gibt es einhundert Stufen, die Gott für die ***muǧāhidīn*** auf dem Wege Gottes bereitet hat. Was zwischen zwei Stufen ist, ist auch zwischen dem Himmel und der Erde[123], und wann immer ihr Gott bittet, bittet ihn um *al-Firdaws*. Es ist die Mitte des Paradieses [*al-ǧanna*] und das höchste Paradies, aus ihm entspringen die Flüsse des Paradieses und über ihm befindet sich der Thron des Allerbarmers." So berichtet al-Buḫārī.

/S.15/ *Achter Hadith* [A11, N7; L32, Š8]

von Abū Saʿīd Saʿd b. Mālik b. Sinān al-Ḫudrī (r), (der sagte,) dass der Gesandte Gottes (ṣ) sagte: „Oh Abū Saʿīd, wer Gott als Herrn anerkennt, und den Islam als Glauben, und Muḥammad (ṣ) als Propheten, für den ist das Paradies [*al-ǧanna*] unabdingbar." Darüber war Abū Saʿīd erstaunt und sagte: „Wiederhole mir das, oh Gesandter Gottes", was (dieser) tat und des Weiteren

---

122 dem *muǧāhid*

123 D.h. der Abstand zweier Stufen entspricht dem Abstand des Himmels und der Erde.

sagte: „Und durch anderes wird der Diener einhundert Stufen im Paradies emporgehoben; was zwischen je zwei Stufen besteht, ist wie zwischen dem Himmel und der Erde.“ Er fragte: „Und was ist das, oh Gesandter Gottes?“ Er antwortete: „Der **Dschihad** auf dem Wege Gottes, der **Dschihad** auf dem Wege Gottes, der **Dschihad** auf dem Wege Gottes.“ So berichtet Muslim.

Neunter Hadith

von der „Mutter der Gläubigen“ Umm ʿAbd Allāh ʿĀʾiša (r), die sagte: „Oh Gesandter Gottes, wir sehen, dass der **Dschihad** die beste Tat ist, warum führen wir[124] denn keinen **Kampf**?“ Er sagte: „Weil der beste **Dschihad** eine gesegnete Pilgerfahrt ist.“ So berichtet al-Buḫārī.

/S.16/ *Zehnter Hadith* [A15, N15, T23; L31, Š12]

von Abū Ḥamza Anas b. Mālik, dem Diener des Gesandten Gottes (ṣ), (r), der sagte: Der Gesandte Gottes (ṣ) sagte: „Ein (einmaliges) Gehen oder (Zurück)kommen auf dem Wege Gottes ist besser als das Diesseits und alles, was in ihm ist.“ So berichten al-Buḫārī und Muslim.

Elfter Hadith [A7, N3, S7; M7, Q3, Š21]

von Abū Saʿīd al-Ḫudrī (r), der sagte: Es wurde gesagt: „Oh Gesandter Gottes, welche Menschen sind die besten?“ Der Gesandte Gottes (ṣ) antwortete: „Ein Gläubiger, der sich auf dem Wege Gottes mit seiner Seele und seinem Besitz **einsetzt**.“ Des Weiteren fragten sie: „Wer dann?“, worauf er antwortete: „Ein Gläubiger, der Gott auf einem der Bergpfade fürchtet und die Menschen vor seinem Übel verschont.“ So berichten al-Buḫārī und Muslim.

/S.17/ *Zwölfter Hadith* [N21; Š17, (L10)]

von Abū Hurayra (r), der sagte: Der Gesandte Gottes (ṣ) sagte: „Zu der besten Lebensführung der Menschen gehört für sie: ein Mann, der die Zügel seines Pferdes auf dem Wege Gottes fest in der Hand hält (und) auf seinem Rücken eilig reitet. Jedes Mal wenn er von einem schrecklichen Aufruf oder Erheben (des Feindes) erfährt, nähert er sich auf (dem Pferd), wobei er durch Mord und Tod nach seinem Märtyrertum strebt; oder ein Mann, der in seiner Schafherde auf dem höchsten Gipfel aller Berggipfel oder im tiefsten Tal aller Bergtäler das Gebet verrichtet, die Spende entrichtet und seinem Herrn dient, bis dieser ihm Sicherheit gewährt[125]; nur diese gehören zu den besten Menschen.“ So berichtet Muslim.

---

[124] Frauen

[125] d.h. ihn durch den Tod zu sich holt

Dreizehnter Hadith [(A35), N20; Q4]

von Abū Hurayra (r), von dem Propheten Gottes (ṣ), der sagte: „Der Diener der Goldmünze [*dīnār*] geht zugrunde, der Diener des Geldes [*dirham*] sowie der Diener der Kleidung [*ḫamīṣa*]. Wenn ihm gegeben wird, ist er zufrieden, und wenn ihm nicht gegeben wird, ist er zornig. Er geht zugrunde und lässt den Kopf hängen, und wenn er gestochen wird, zieht er den Stachel nicht heraus. Seligkeit für den Diener, der die Zügel seines Pferdes auf dem Wege Gottes ergreift, dessen (Haar) zerzaust und dessen /S.18/ beide Füße staubfarben sind. Wenn er der Wache unterstellt ist, ist er ihr unterstellt, und wenn er zur Nachhut gehört, dann gehört er zu ihr. Sei es, dass er um Erlaubnis bittet und nicht erhört wird, oder sei es, dass er Fürsprache einlegt und für ihn keine Fürsprache eingelegt wird." So berichtet al-Buḫārī.

Vierzehnter Hadith [A10, N12, N16, N26; M3, M19, L3, L4, L16, Š1, Š16]

von Abū Hurayra (r), der sagte: Der Gesandte Gottes (ṣ) sagte: „Gott (ğ) tritt als Bürge ein für denjenigen, der auf Seinem Wege auszieht: ‚Er wird nur für den **Dschihad** auf Meinem Wege entsandt, für den Glauben in Mich und den Glauben an Meine Gesandten. Er lässt Mich ihm garantieren ins Paradies einzutreten oder nach Hause zurückzukehren, von dem er auszog um zu erwerben, was an Lohn oder (Kriegs-)Beute zu erwerben war.' Bei Dem, in Dessen Hand Muḥammads Seele ist! Was an Wunden auf dem Wege Gottes zugefügt wird, ist nur eine Erscheinung im Moment der Verwundung. Ihre Farbe ist die des Blutes und ihr Geruch der von Moschus. Bei Dem, in Dessen Hand Muḥammads Seele ist! Wenn es die Muslime nicht belasten würde, würde ich niemals hinter einer Truppe zurückbleiben, die auf dem Wege Gottes loszieht. Doch finde weder ich eine Gelegenheit, /S.19/ sie auf Reittiere zu setzen, noch finden sie eine, und es ist ihnen unerträglich, hinter mir zurückzubleiben. Bei Dem, in Dessen Hand Muḥammads Seele ist! Ich wünschte auf dem Wege Gottes einen Kriegszug zu unternehmen und dabei getötet zu werden, darauf einen Kriegszug zu unternehmen und dabei getötet zu werden, darauf einen Kriegszug zu unternehmen und dabei getötet zu werden." So berichtet Muslim.

Fünfzehnter Hadith [A4]

von Abū ʿAbd Allāh an-Nuʿmān b. Bašīr (r), der sagte: „Ich war bei der Kanzel des Gesandten Gottes (ṣ), da sagte ein Mann: „Meinetwegen führe ich nach (der Annahme des) Islam keine (weitere) Handlung aus, außer dass ich dem Pilger zu trinken gebe." Ein anderer sagte: „Meinetwegen führe ich nach (der Annahme des) Islam keine (weitere) Handlung aus, außer dass ich die Heilige Moschee (in Mekka) erhalte." Und ein weiterer sagte: „Der **Dschihad** auf dem Wege Gottes ist wahrlich besser als das was ihr gesagt habt." Da schalt sie ʿUmar b. al-Ḫaṭṭāb (r), indem er sagte: „Erhebt nicht eure Stimmen bei der Kanzel des Gesandten Gottes (ṣ) wenn es Freitag ist! Wenn ich aber das Freitagsgebet verrichtet habe, werde ich kommen und ihn nach seiner Meinung darüber fragen, worüber ihr uneins seid." Da offenbarte Gott (ğ): {Wollt ihr /S.20/ die Tränkung der Pilger und die Betreuung der unantastbaren Moschee dem gleichstellen, dass einer an Gott (glaubt ...)} bis zum Versende[126]. So berichtet Muslim.

Sechzehnter Hadith [längere Version zu N10]

von Anas b. Mālik (r), der sagte: Der Gesandte Gottes (ṣ) entsandte zur Spionage einen Späher um zu sehen, was die Karawane des Abū Sufyān machte. Als er zurückkehrte, war keiner im Haus außer mir und dem Gesandten Gottes (ṣ) - (wobei) er ergänzte: Ich weiß es nicht, (eventuell) mit Ausnahme einiger seiner Frauen. - Da erstattete (der Späher) ihm Bericht, (woraufhin) der Gesandte Gottes (ṣ) hinausging und sich äußerte, indem er sagte: „Wir haben einen Auftrag und wer sein Reittier zur Verfügung hat, solle mit uns reiten." Da sahen sich Männer unter ihnen veranlasst ihn um Erlaubnis für ihre Tiere auf der Anhöhe Medinas zu bitten, worauf er erwiderte: „Nein, (es betrifft) nur den, dessen Reittier anwesend ist." Dann entfernten sich der Gesandte Gottes (ṣ) und seine Gefährten, bis sie den Polytheisten bei Badr zuvorkamen. Als die Polytheisten eintrafen, sagte der Gesandte Gottes (ṣ): „Keiner von euch kommt einer Sache näher, bis ich vor ihm bin." Da näherten sich die Polytheisten, woraufhin der Gesandte Gottes (ṣ) sagte: „Begebt euch zum Paradies, dessen Weite den Himmeln und der Erde entspricht." (Anas) berichtete (weiter): ʿUmayr b. al-Ḥamām al-Anṣārī fragte: „Oh Gesandter Gottes, die Weite des Paradieses entspricht der der Himmel und der Erde?" /S.21/ „Ja", antwortete er, (woraufhin ʿUmayr) sagte: „Ausgezeichnet! [*Baḫ baḫ!*], oh Gesandter Gottes!" Da fragte der Gesandte Gottes (ṣ): „Was veranlasst dich zu deiner Aussage ‚Ausgezeichnet!'?" Er erwiderte: „Bei Gott - nichts, oh Gesandter Gottes, außer der Hoffnung, dass ich zu seinen[127] Bewohnern gehöre", woraufhin (der Prophet) sagte: „Du gehörst wahrlich zu seinen Bewohnern." (Anas) berichtete (weiter): Da holte er Datteln aus seinem Köcher und machte sich daran von ihnen zu essen, dann sagte er: „Wenn ich lebe bis ich meine Datteln gegessen habe, so ist es wahrlich ein langes Leben!" Schließlich warf er beiseite, was er noch an Datteln dabei hatte, und bekämpfte sie[128] bis er getötet wurde." So berichtet Muslim.

---

[126] Dieses lautet {[...] und [an] den Jüngsten Tag glaubt und sich auf Gottes Weg einsetzt? Bei Gott ist dies nicht gleich. Gott führt nicht das Volk, das Unrecht tut.} Sūrat at-Tawba („Die Reue"), 9:19; Zirker (2010), S. 120.

[127] des Paradieses

[128] die Polytheisten

Siebzehnter Hadith [A17, (N8), N35; L33, Š18]

von ʿAbd Allāh b. Abī Awfā (r), der sagte: Der Gesandte Gottes (ṣ) wartete an einigen Tagen, an denen er den Feind traf, bis zum Sonnenuntergang, dann erhob er sich unter den Leuten und sagte: „Oh ihr Menschen, begehrt nicht das Treffen mit dem Feind und bittet Gott um (seine) Gunst. Wenn ihr sie[129] trefft, seid geduldig und wisset, dass das Paradies unter dem Schatten der Schwerter ist." Anschließend sagte er: „Oh Gott, Herabsender des Buches, /S.22/ Lenker der Wolken und Sieger über die Parteien, schlage sie in die Flucht und stehe uns gegen sie bei." So berichten al-Buḫārī und Muslim.

Achtzehnter Hadith [S10, N33; L20, Š23]

von Abū Hurayra (r), der sagte: Der Gesandte Gottes (ṣ) sagte: „Wer stirbt und weder einen Kriegszug geführt noch sich bemüht hat, ihn (als tatsächlich) anzusehen, der stirbt an einem Zweig der Heuchelei." So berichtet Muslim.

Neunzehnter Hadith [L12]

von Burayda b. al- Ḥaṣīb (r) der sagte: Der Gesandte Gottes (ṣ) sagte: „Die Unantastbarkeit [*ḥurma*] der Frauen der ***muǧāhidīn*** durch die Zurückbleibenden[130] ist wie die Unantastbarkeit ihrer Mütter. Was einen Mann der Zurückbleibenden angeht, der die Stelle von einem der ***muǧāhidīn*** in dessen Familie einnimmt, so betrügt er ihn mit ihnen[131], bis ihm der Tag der Auferstehung Einhalt gebietet. Dann nimmt er[132] von seinen Taten was er will." Daraufhin wandte sich der Gesandte Gottes (ṣ) an uns und fragte: „Was haltet ihr davon?" /S.23/ ʿAlqama b. Murṯad überlieferte es mit dieser Überlieferungskette, indem er sagte: „Und ihm wurde gesagt: Nimm von seinen guten Taten [*ḥasanāt*] was du möchtest." So berichtet Muslim.

Zwanzigster Hadith [N17; M15, L8]

von Abū ʿAbs (r), der sagte, dass der Gesandte Gottes (ṣ) sagte: „Wirbeln die Füße eines Gottesdieners auf dem Wege Gottes keinen Staub auf, so trifft ihn das Feuer." So berichten al-Buḫārī und andere.

---

129 die Feinde

130 *al-qāʿidūn*, auch: die nicht in den Krieg ziehenden Leute

131 mit den Angehörigen

132 der *muǧāhid*

Einundzwanzigster Hadith [(M14, L36), L39, Q17]

von ᶜUrwa al-Bāriqī (r), der sagte, (dass) der Gesandte Gottes (ṣ) sagte: „An des Pferdes Stirnhaar ist bis hin zum Tag der Auferstehung das Gute gebunden: der Lohn und die Beute." So berichten al-Buḫārī und Muslim.

Zweiundzwanzigster Hadith [N22; L11, Q27, Š4]

von Zayd b. Ḫālid al-Ǧuhanī (r) der sagte, dass der Gesandte Gottes /S.24/ (ṣ) sagte: „Wer einen Kriegführenden auf dem Wege Gottes ausrüstet, der unternimmt selber einen Kriegszug, und wer ihn in seiner Familie auf gute Weise ersetzt, der unternimmt selber einen Kriegszug." So berichten al-Buḫārī und Muslim.

Dreiundzwanzigster Hadith [(A15), A23, N15, N18; L5, L31, M30, Š12, Š13]

von Sahl b. Saᶜd as-Sāᶜidī (r) (der sagte), dass der Gesandte Gottes (ṣ) sagte: „Die Stationierung an der Front [*ribāṭ*] für einen Tag auf dem Wege Gottes ist besser als das Diesseits und alles, was zu ihm gehört. Und das (einmalige) Kommen, bei dem der Diener Gottes auf dem Weg Gottes (ğ) heimkehrt, oder das Gehen ist besser als das Diesseits und alles, was zu ihm gehört." So berichtet al-Buḫārī.

Vierundzwanzigster Hadith [(A24), N19, S31; L7, Š14]

von Salmān al-Fārisī (r), der sagte: Ich hörte den Gesandten Gottes (ṣ) sagen: „Die Stationierung an der Front [*ribāṭ*] bei Tag und Nacht ist besser als das Fasten und Beten für einen Monat; und wenn er stirbt, werden ihm seine Taten zum Maßstab genommen, die er verrichtet hat. Ihm wird seine Versorgung (von Gott; *rizq*) gewährt und er wird vor den Peinigern sicher sein." So berichtet Muslim.

/S.25/ *Fünfundzwanzigster Hadith* [A27, N23, S38; M27, Š5]

von Abū Hurayra (r) der sagte: Der Gesandte Gottes (ṣ) sagte: „Wer ein Pferd auf dem Wege Gottes festhält, über Glaube an Gott sowie Glaube in Seine Verheißung verfügt, auf dessen Waage sind (des Pferdes) Sättigung, Durstlöschen, Dung und Urin am Tage der Auferstehung." So berichtet al-Buḫārī.

Sechsundzwanzigster Hadith [N24]

von Abū Saᶜīd al-Ḫudrī (r), der sagte: Ich hörte den Gesandten Gottes (ṣ) sagen: „Wer einen Tag auf dem Wege Gottes fastet, dessen Gesicht hält Gott vom (Höllen)Feuer siebzig Herbste lang fern." So berichtet al-Buḫārī im Kapitel über den Dschihad.[133]

Siebenundzwanzigster Hadith [N37; L34, Š9]

von ʿUqba b. ʿĀmir al-Anṣārī (r), der sagte: Ich hörte den Gesandten /S.26/ Gottes (ṣ) von der Kanzel aus sagen: „{Rüstet gegen sie, was ihr an Macht (…) aufbieten könnt}[134]. Die Kraft besteht doch im (Pfeil)schießen, die Kraft besteht doch im (Pfeil)schießen, die Kraft besteht doch im (Pfeil)schießen." So berichtet Muslim.

Achtundzwanzigster Hadith [N39; M39, Š36]

von ʿAbd Allāh b. ʿAmr (r), der sagte: Der Gesandte Gottes (ṣ) sagte: „Nur (diejenigen, die Teil) eines auf dem Wege Gottes unternommenen Eroberungszuges oder Expeditionstrupps waren, welcher Beute gemacht hat und unversehrt blieb, haben unverzüglich zwei Drittel ihres Lohnes erhalten. Nur (wer Teil) eines Kriegszuges oder Expeditionstrupps war, der Misserfolg hatte, sich fürchtete und verwundet wurde, dessen Lohn ist vollkommen." So berichtet Muslim.

Neunundzwanzigster Hadith [N11; L9]

von Abū Hurayra (r), (der sagte,) dass der Gesandte Gottes (ṣ) sagte: „Ein Ungläubiger und sein Mörder treffen niemals im Höllenfeuer zusammen." So berichtet Muslim.

/S.27/ *Dreißigster Hadith* [A39, N32]

von ʿAbd Allāh b. Masʿūd (r), der sagte, als sich nach folgendem Vers erkundigt wurde: {Haltet doch die nicht für tot, die auf Gottes Weg getötet worden sind! Aber nein, sie leben bei ihrem Herrn und werden versorgt, [sie sind] froh …}[135]: Wir haben den Gesandten Gottes (ṣ) diesbezüglich bereits gefragt, wobei er erklärte: „Ihre Seelen befinden sich im Inneren von grünen Vögeln und verfügen über Lampen, die am Thron hängen. Sie strei-

---

133 Anmerkung Bū Ḫubzas: „Im Unterkapitel *Der Vorzug des Fastens auf dem Wege Gottes*; der Herbst [*al-ḫarīf*] ist eine allgemein anerkannte Jahreszeit im Jahr, wodurch indirekt das gesamte Jahr ausgedrückt ist. Der Wortlaut der Überlieferung bei al-Buḫārī ist: ‚Kein Diener fastet einen Tag auf dem Wege Gottes…' und er merkt an, dass der Hadith vom Vorzug des Fastens handelt. Nur die Überlieferung von al-Buḫārī, die bei ihm im Kapitel über den Dschihad auftaucht – worauf auch der (Sammler) hinweist – weist darauf hin, dass es um das Fasten während des Dschihad geht." Tiṭwānī (1986), S. 25.

134 Sūrat al-Anfāl („Die Beute"), 8:60; Zirker (2010), S. 117.

135 Sūrat Āl ʿImrān („Imrans Leute"), 3:169-70; Zirker (2010), S. 54

fen im Paradies frei umher, so wie sie wollen, und begeben sich dann zu jenen Lampen. (Als) ihr Herr zu ihnen schaute und fragte: ‚Wünscht ihr etwas?', antworteten sie: ‚Was sollen wir (noch) wünschen, wo wir doch im Paradies frei umherstreifen wie wir wollen?' So verfuhr Er drei Mal mit ihnen und als sie erkannten, dass (Er) nicht abließ, eine Bitte von ihnen zu erfragen, sagten sie: ‚Oh Herr, wir wollen, dass Du uns unsere Seelen in unsere Körper zurückgibst, bis wir erneut auf Deinem Wege getötet werden.' Und als Er sah, dass sie (ansonsten) kein Bedürfnis hatten, ließ (Er) von ihnen ab." So berichtet Muslim.

Einunddreißigster Hadith [N25; L17, (M31)]

von Anas b. Mālik (r), (der sagte, dass) der Gesandte Gottes (ṣ) sagte: „Keiner, der das Paradies betritt, möchte in das Diesseits zurückkehren, (selbst wenn) ihm /S.28/ alles auf der Erde gehört, außer dem Märtyrer: Er wünscht ins Diesseits zurückzukehren und dort zehn Mal getötet zu werden, da er das als Ehre ansieht." So berichten al-Buḫārī und Muslim.

Zweiunddreißigster Hadith [Š22]

von Abū Hurayra (r), (der sagte), dass der Gesandte Gottes (ṣ) sagte: „Wer zwei Teile (seines Vermögens[136]) auf dem Wege Gottes ausgibt, wird von den Toren des Paradieses gerufen: ‚Oh Diener Gottes, dies ist gut.' Wer dann zu den Betenden gehört, wird vom Tor des Gebetes gerufen; wer zu den Angehörigen des **Dschihad** gehört, wird vom Tor des **Dschihad** gerufen; wer zu den Spendenden gehört, wird vom Tor der Spende [*ṣadaqa*] gerufen, und wer zu den Fastenden gehört, wird vom Tor des gestillten Durstes [*rayyān*] gerufen." Da sagte Abū Bakr: „Du bist mir so teuer wie Vater und Mutter, oh Gesandter Gottes! In Bezug auf jene, die notwendigerweise von jenen Toren gerufen werden: gibt es (unter ihnen) denn einen, der von allen diesen Toren gerufen wird?", worauf (der Prophet) antwortete: „Ja, und ich wünsche[137], dass du zu ihnen gehörst, oh Abū Bakr." So berichten al-Buḫārī und Muslim.

/S.29/ *Dreiunddreißigster Hadith* [N36; L13]

von Abū Masʿūd al-Anṣārī (r), der sagte: „Ein Mann kam mit einer Kamelin am Halfter zum Gesandten Gottes (ṣ) und sagte: „Diese ist auf dem Wege Gottes." Da erwiderte der Gesandte Gottes (ṣ): „Durch sie wirst du am Tage der Auferstehung siebenhundert Kamelinnen haben, die alle angeleint sind." So berichtet Muslim.

---

136 vgl. A32

137 *arǧū*, auch: ich erbitte, hoffe

Vierunddreißigster Hadith [(L30)]

von Muʿāḏ b. Ǧabal (r), (der sagte,) dass der Gesandte Gottes (ṣ) sagte: „Es gibt zwei Arten von Kriegszügen: was denjenigen angeht, der einen Kriegszug im Verlangen nach Gottes (t) Antlitz unternimmt, dem Imam gehorcht, Kostbarkeiten ausgibt, mit (seinem) Gefährten nachsichtig ist und sich fernhält von der Lasterhaftigkeit auf Erden, dessen Schlaf und Wachsamkeit sind sein gesamter Lohn. Was hingegen denjenigen angeht, der einen Kriegszug um des Ruhmes willen, zur Augendienerei und des Ansehens wegen unternimmt, der sich dem Imam widersetzt und auf der Erde Zwietracht sät, der wird nicht (einmal) mit genügend Lebensunterhalt zurückkehren." So berichten Aḥmad, Abū Dāwūd und andere, sowie al-Ḥākim, der den Hadith für einwandfrei erklärt.[138]

/S.30/ *Fünfunddreißigster Hadith*

von dem Beherrscher der Gläubigen [*amīr al-muʾminīn*] ʿUmar b. al-Ḫaṭṭāb (r), (der sagte,) dass der Gesandte Gottes (ṣ) sagte: „Es gibt vier (Arten von) Märtyrern: Ein gläubiger Mann mit vortrefflichem Glauben, der dem Feind begegnet und dabei Gott vertraut, bis er getötet wird. Er ist derjenige, zu dem die Leute am Tage der Auferstehung auf diese Weise emporblicken –" und er hob seinen Kopf, bis seine Kopfbedeckung herabfiel, wobei ich nicht weiß, ob es die Kopfbedeckung von ʿUmar war oder die des Propheten (ṣ) – (Letzterer) fuhr fort: „Des Weiteren ein gläubiger Mann mit vortrefflichem Glauben, der dem Feind begegnet, wobei ihn dann ein fremder Pfeil trifft, als ob ein mit Feigheit versehener Dorn seine Haut sticht. Er tötet ihn und so ist er auf der zweiten Stufe. Als nächstes ein gläubiger Mann, der gute Taten mit anderen schlechten vermischt. Er begegnet dem Feind und vertraut Gott, bis er getötet wird. Jener ist auf der dritten Stufe. Schließlich ein gläubiger Mann, der maßlos gegenüber sich selbst ist. Er begegnet dem Feind und vertraut Gott, bis er getötet wird. Jener ist auf der vierten Stufe." So berichten Imām Aḥmad und at-Tirmiḏī und es handelt sich um eine gute Überlieferung [*ḥadīṯ ḥasan*].

Sechsunddreißigster Hadith [M26]

von Abū Hurayra (r), (der sagte,) dass der Gesandte Gottes (ṣ) /S.31/ sagte: „Reist, wobei ihr gesund seid, und führt einen Kriegszug, wobei ihr entbeh-

---

[138] Anmerkung Bū Ḫubzas: „[…] aḏ-Ḏahabī erklärt den Hadith übereinstimmend für einwandfrei, wobei sich in seiner Tradentenkette Baqiyya b. al-Walīd befindet, der als Fälscher [*mudallis*] gilt, außer wenn er über den Bericht eine Erklärung abgibt, dann ist er authentisch." Tiṭwānī (1986), S. 29.

ren könnt[139].“ So berichtet Imam Aḥmad und seine Überlieferer sind vertrauenswürdig [*ṯiqāt*].[140]

Siebenunddreißigster Hadith [S11; Š10]

von Abū Umāma al-Bāhilī (r), der sagte: Ein Mann sagte: „Oh Gesandter Gottes, erlaube mir das Wanderasketentum [*as-siyāḥa*]“, worauf er (ṣ) erwiderte: „Das Wanderasketentum meiner Gemeinde ist der **Dschihad** auf dem Wege Gottes.“ So berichten Abū Dāʿūd, al-Bayhaqī und al-Ḥākim, der sagt: Die Tradentenkette ist einwandfrei.

Achtunddreißigster Hadith

von Abū Hurayra (r), von dem Propheten (ṣ), der sagte: „Gott hat sich bei drei (Personen) zu ihrem Beistand verpflichtet: bei dem ***muǧāhid*** auf dem Wege Gottes, bei dem sich Freikaufenden, /S.32/ der die Bezahlung beabsichtigt, und bei dem Heiratenden, der die Sittsamkeit anstrebt.“ So berichten at-Tirmiḏī, der die Überlieferung für einwandfrei erklärt [*ṣaḥḥahahū*], und al-Ḥākim, demzufolge die Überlieferung einwandfrei unter Bedingung von Muslim ist [*ṣaḥīḥ ʿalā šarṭ Muslim*].[141]

Neununddreißigster Hadith [S1; Š11]

von ʿUbāda b. aṣ-Ṣāmit (r), der sagte: Der Gesandte Gottes (ṣ) sagte: „**Setzt euch** auf dem Wege Gottes **ein**, denn der **Dschihad** auf dem Wege Gottes ist eines der Tore zum Paradies, mit dem Gott von Kummer und Sorge befreit.“ So berichten aṭ-Ṭabarānī und al-Ḥākim, der sagt: Die Tradentenkette ist *ṣaḥīḥ*.[142]

---

139 *oder*: „wobei ihr reich werdet“? X. Stamm von *ġaniya*: sowohl „reich werden“, als auch „entbehren, verzichten können“, „nicht nötig haben“

140 Anmerkung Bū Ḫubzas: „In der Tradentenkette ist Ibn Lahīʿa, der als schwacher Bewahrer gilt, [er überliefert] von Darrāǧ, einem Gefährten verwerflicher Handlungen. Ibn Abī Ḥātim sagt über seinen Vater, dass er nicht anerkannt [*munkar*] ist und nur über einen sehr schwachen Beleg verfügt, und das ist: ‚Reist, wobei ihr gesund seid, und macht reiche Beute [*taġnamū*]!‘ Darüber informiert unser Scheich al-Albānī in *Silsilat al-aḥādīṯ aḍ-ḍaʿīfa* und es handelt sich um einen schwachen Hadith [*ḥadīṯ ḍaʿīf*].“ Tiṭwānī (1986), S. 31.

141 Anmerkung Bū Ḫubzas: „Und in einer Überlieferung steht anstelle von *al-mukātab* [der sich Freikaufende]: *al-midyān* [der Verschuldete], der die Zahlungsleistung beabsichtigt; auch überliefert von an-Nasāʾī, Imām Aḥmad, Ibn Māǧa und Ibn Ḥibbān; es handelt sich um einen guten Hadith [*ḥadīṯ ḥasan*].“ Tiṭwānī (1986), S. 32.

142 Anmerkung Bū Ḫubzas: „Aḥmad und aṭ-Ṭabarānī überliefern in *Al-kabīr* und *Al-awsaṭ* längere (Versionen) von dieser hier, und eine der Tradentenketten Aḥmads und anderer ist zuverlässig. Darüber informieren al-Hayṯamī in *Maǧmaʿ az-zawāʾid* (5-272) und al-Ḥākim in *Al-mustadrak* (2-75); aḏ-Ḏahabī erklärt den Hadith übereinstimmend für einwandfrei, mit (folgendem) Wortlaut: Haltet euch an den Dschihad auf dem Wege Gottes…“ Tiṭwānī (1986), S. 32.

/S.33/ *Vierzigster Hadith*

von Faḍāla b. ʿUbayd (r), (der sagte), dass der Gesandte Gottes (ṣ) sagte: „Die Tat, mit der man Gott (ǧ) am nächsten ist, ist der **Dschihad** auf dem Wege Gottes, und nichts kommt dem nahe." So berichtet al-Buḫārī in seinem Geschichtswerk.[143]

Einundvierzigster Hadith

von Abū ʿAbd ar-Raḥmān Muʿāḏ b. Ǧabal (r), der sagte: Ich bat: „Oh Gesandter, informiere mich über eine Tat, die mich ins Paradies eintreten lässt und mich vom (Höllen)Feuer entfernt", worauf er erwiderte: „Du hast mich um etwas Bedeutendes gebeten, und es ist einfach für denjenigen, für den Gott es leicht macht: Widme dich dem Dienste Gottes und geselle Ihm nichts bei, verrichte das vorgeschriebene Gebet und entrichte die festgelegte Spende, faste im Ramadan und unternimm die Pilgerfahrt." Dann fuhr er fort: „Soll ich dir die Tore des Guten zeigen? Das Fasten ist ein Schutz, die Spende löscht die Fehler sowie das Wasser das Feuer löscht, und (in Bezug auf) das Gebet des Mannes mitten in der Nacht –" rezitierte er (ṣ): {Sie verschmähen es, sich in den Betten zur Ruhe zu legen…}[144] bis er zu {getan haben} gelangte[145], dann fuhr er fort: „Soll ich dich über die Hauptsache der Angelegenheit, ihre Stütze und ihren höchsten Gipfelpunkt[146] in Kenntnis setzen?" Ich antwortete: „Aber sicher, oh Gesandter Gottes!", worauf er erklärte: „Die Hauptsache der Angelegenheit ist der Islam: Wer sich (dem Willen Gottes) ergibt, bleibt unversehrt. Ihre Stütze ist das Gebet und ihr höchster Gipfelpunkt ist der **Dschihad.**" Dann fragte er: „Soll ich dich über die Grundlage[147] von all jenem /S.34/ in Kenntnis setzen?" „Aber sicher, oh Prophet Gottes!" antwortete ich. Da fasste er seine Zunge und sagte: „Halte dich mit dieser zurück", worauf ich erwiderte: „Oh Prophet Gottes, sind wir rechenschaftspflichtig für das, was wir mit ihr aussprechen?" „Deine Mutter sei deiner be-

143 Anmerkung Bū Ḫubzas: „Unser Scheich al-Albānī erklärte diese Überlieferung in *Ḍaʿīf al-ǧāmiʿ aṣ-ṣaġīr wa-ziyādatuh* für schwach." Tiṭwānī (1986), S. 33.

144 Sūrat as-Sağda („Das Niederwerfen"), 32:16-17; Zirker (2010), S. 259.

145 Die beiden Verse lauten vollständig: {Sie verschmähen es, sich in den Betten zur Ruhe zu legen, rufen zu ihrem Herrn in Furcht und Begehren und spenden von dem, womit wir sie versorgt haben. Niemand weiß, was ihnen an Freude verborgen ist als Vergeltung für das, was sie stets getan haben} Zirker (2010), S. 259.

146 Wörtlich stehen hier *ra's al-amr*: Kopf, Hauptsache, oberer Teil der Angelegenheit (oder: des Befehls) und *ḏurwa sanāmih*: der Gipfel, Höhepunkt seines Höckers. Es ist annehmbar, dass der Prophet hier das Verhältnis wesentlicher Bestandteile der Religion anhand des Bildes eines Kamels verdeutlicht. Eine Anspielung hierauf findet sich auch in at-Tiṭwānīs Einleitung, vgl. Tiṭwānī (1986), S. 7.

147 *malāk*, auch: Fundament, wesentliche Voraussetzung

raubt[148], oh Muʿāḏ", schalt er, „die Menschen stürzen im (Höllen)Feuer doch auf ihre Gesichter" – oder er sagte: auf ihre Nasen – „ausschließlich aufgrund[149] ihrer Zungen!" So berichtet at-Tirmiḏī, der sagt: *ḥadīṯ ḥasan ṣaḥīḥ*.

* * *

Damit endet, was ich erhofft hatte an prophetischen Hadithen und auserwählten Worten zu sammeln. Ich habe der beabsichtigten Anzahl einen hinzugefügt, den letzten Hadith, damit sich die Anzahl durch die von Grund auf geliebte Einsheit auszeichnet: in Liebe zu unserem wissenden und kundigen Herrn. Mit dem, was dieser (letzte) Hadith an gesetzlichen Vorschriften und Verhaltensregeln umfasst, erweist er sich als angemessen die religionspraktischen Anwendungen und all ihre Bereiche zu unterstützen. Gott (s) ist der, der um Hilfe gerufen wird, und Ihm gebührt das Vertrauen. Mögen Seine Segnungen und Sein Heil unserem Herrn und Beschützer Muḥammad, dem Freund des Allerbarmers, und seinen Angehörigen, Gefährten und Nachfolgenden zuteil werden solange die Nacht und der Tag aufeinander folgen. – Ende – Preis sei Gott, dem Herrn der Welten.

4. Kitāb al-aḥādīṯ al-arbaʿīn fī faḍl al-ǧihād wa-l-muǧāhidīn *von Yūsuf an-Nabhānī*

/S.2/ Im Namen Gottes, des Allerbarmers, des Barmherzigen

Lob sei Gott, dem Herrn der Welten, der die *muǧāhidīn* vor den *qāʿidīn* (Zurückbleibenden) durch gewaltigen Lohn ausgezeichnet hat[150]. Gott segne unseren Herrn Muḥammad, den Herrn der Gesandten, sowie seine Angehörigen und Anhänger und gebe ihnen Heil.

Und nun zum Thema:

Es ist niemandem unbekannt, dass schon seit (einigen) Zeiten Übergriffe der Feinde auf die Angehörigen der Eide[151] stattfinden. Sie haben sich bereits zahlreicher islamischer Länder bemächtigt und das Reich des islamischen Kalifats und osmanischen Sultanats eingeengt – möge Gott sein[152] Wegzeichen [*manār*] erhöhen, seine Feinde vernichten und seine Truppen

---

148 Eine Verwünschung, die nicht auf den tatsächlichen Eintritt des Gesagten zielt, sondern Schelte für jemanden, der einem am Herzen liegt, vgl. den Eintrag zu *ṯakila* in Lane (1863), S. 345.

149 *ḥaṣāʾid alsinatihim*, wörtlich: als Ernteertrag ihrer Zungen

150 nicht gekennzeichnetes Koranzitat (4:95)

151 An-Nabhānī schreibt hier *ahl al-aymān*, meint womöglich aber *ahl al-īmān*, die „Angehörigen des Glaubens".

152 Im Original feminin mit Bezug auf das Reich (*dawla*).

und Anhänger stärken. Wo nun – nach dem Hilfegesuch bei Gott und der Verstärkung durch die Geistigkeit des Gesandten Gottes – der Befehl des mächtigen Kalifen und erhabenen Sultan zum **heiligen Dschihad** gegen das russische, das englische und das französische Reich zur Erhöhung des Wortes Gottes ergangen ist, obliegt es einem jeden Muslim sich unter dem Banner des Kalifen der Muslime und des Befehlshabers der Gläubigen zum **Dschihad** auf dem Wege Gottes zusammenzuschließen. Der Beistand durch die Geistigkeit /S.3/ unseres Herrn Muḥammad, dem Gesandten Gottes (ṣ) lautet: „Welch kleine Schar überwältigt doch eine große Schar durch die Erlaubnis Gottes! Gott steht den Geduldigen bei."[153] Dies bewog mich dazu aus den beiden *Ṣaḥīḥ*-Werken vierzig Hadithe zu sammeln, denen ich eine Einleitung hinzufügte, welche viele Koranverse umfasst – als Dienst an Gott, seinen Gesandten und den Befehlshaber der Gläubigen sowie als guter Rat für alle Muslime. Ich nannte sie „Die Vierzig Hadithe über den Vorzug des Dschihad und der *muǧāhidīn*" und ich ersuche Gott, den Allmächtigen, dass Er sie allgemein nutzbar macht und den Muslimen alle Länder zurückgibt, derer sich ihre unedlen Feinde bemächtigt haben.

* * *

/S.4/ Einleitung mit einigen der Koranverse über den Vorzug des Dschihad mit der Seele und dem Besitz

2:244[154] {Kämpft auf Gottes Weg und wisst: Gott hört und weiß.}

2:261 {Die ihr Vermögen auf Gottes Weg spenden, sind mit einem Saatkorn zu vergleichen, das sieben Ähren wachsen lässt mit hundert Körnern in jeder Ähre. Gott vervielfacht, wem er will. Gott ist allwissend.}

3:169-171 {Haltet doch die nicht für tot, die auf Gottes Weg getötet worden sind! Aber nein, sie leben bei ihrem Herrn und werden versorgt, / froh über das, was Gott ihnen aus seiner Gabenfülle gegeben hat. Sie freuen sich über die nach ihnen, die sie noch nicht eingeholt haben: dass Furcht sie nicht befällt und sie nicht traurig sind. / Sie freuen sich über Gnade von Gott und Gabenfülle und dass Gott den Lohn der Gläubigen nicht verloren gehen lässt.}

3:200 {Ihr, die ihr glaubt, seid standhaft, harrt aus, bleibt fest und fürchtet Gott! Vielleicht ergeht es euch gut!}

---

153 Anspielung auf 8:65-66, vgl. nachfolgende Auflistung von Koranversen.

154 An-Nabhānī verzichtet auf die Angaben der Koranstellen, die hier der besseren Übersichtlichkeit halber ergänzt sind, und schreibt – mit Ausnahme des 2. Verses – stattdessen vor jeden Vers „Der Erhabene sagt…". Die Übersetzung sämtlicher Koranverse ist der 3. Auflage von Hans Zirker: Der Koran. Darmstadt: WBG 2010 entnommen.

4:74 {Auf Gottes Weg sollen kämpfen, die das diesseitige Leben für das jenseitig-letzte verkaufen. Wer auf Gottes Wege kämpft, dabei getötet wird oder siegt, dem werden wir mächtigen Lohn geben.}

4:76 {Die glauben, kämpfen auf Gottes Weg. Die aber /S.5/ ungläubig sind, kämpfen für Taghut[155] (den Götzen). So bekämpft die Freunde des Satans! Die List des Satans ist schwach.}

4:95-96 {Nicht gleichen einander die unter den Gläubigen, die sitzen bleiben, ohne dass sie Gebrechen hätten, und die, die sich mit ihrem Vermögen und Leben auf Gottes Weg **einsetzen**. Die sich mit ihrem Vermögen und Leben **einsetzen**, zeichnet Gott im Rang gegenüber denen aus, die sitzen bleiben. Jedem hat Gott das Beste versprochen. Doch die sich **einsetzen**, zeichnet Gott gegenüber denen, die sitzen bleiben, aus mit mächtigem Lohn: / mit Rängen von ihm, Vergebung und Barmherzigkeit. Gott ist voller Vergebung und barmherzig.}

5:54 {Ihr, die ihr glaubt, wenn unter euch jemand seiner Religion abtrünnig wird, dann wird Gott Leute bringen, die er liebt und die ihn lieben, die den Gläubigen gegenüber demütig sind, den Ungläubigen gegenüber mächtig, die sich **einsetzen** auf Gottes Weg und den Tadel des Tadelnden nicht fürchten. Das ist Gottes Gabenfülle. Er gibt sie, wem er will. Gott ist allwissend.}

8:15-16 {Ihr, die ihr glaubt, wenn ihr die, die ungläubig sind, im Anmarsch trefft, dann kehrt ihnen nicht den Rücken! / Wer ihnen an jenem Tag den Rücken kehrt – außer wenn er abbiegt, um zu kämpfen, oder sich einer Truppe anschließt –, der lädt Zorn von Gott auf sich. Seine Heimstatt ist die Hölle. Welch schlechtes Ende!}

/S.6/ 8:39 {Bekämpft sie, bis es keinen Aufruhr mehr gibt und die Religion ganz Gott zukommt!}

8:45-46 {Ihr, die ihr glaubt, wenn ihr auf eine Truppe trefft, dann steht fest und gedenkt Gottes viel! Vielleicht ergeht es euch gut! / Gehorcht Gott und seinem Gesandten und streitet nicht miteinander, sonst werdet ihr verzagt und eure Kraft schwindet! Seid standhaft! Gott ist mit den Standhaften.}

8:60-61 {Rüstet gegen sie, was ihr an Macht und Reiterei aufbieten könnt, um damit Gottes und euren Feind zu schrecken und andere außer ihnen, die ihr nicht kennt, aber Gott. Was immer ihr auf Gottes Weg spendet, wird euch ausbezahlt. Euch wird nicht Unrecht getan. / Wenn sie sich dem Frieden zuneigen, dann neige auch du dich ihm zu und vertraue auf Gott! Er ist der Hörende und Wissende.}

---

155 aṭ-Ṭāġūt

8:65-66 {Prophet, sporne die Gläubigen zum Kampf an! Wenn unter euch zwanzig Standhafte sind, besiegen sie zweihundert, und wenn unter euch hundert sind, besiegen sie tausend derer, die ungläubig sind, denn sie sind Leute, die nicht begreifen. / Jetzt hat Gott euch Erleichterung geschaffen. Er weiß, dass es unter euch Schwäche gibt. Wenn unter euch hundert Standhafte sind, besiegen sie zweihundert, und wenn unter euch tausend sind, besiegen sie zweitausend mit Gottes Erlaubnis. Gott ist mit den Standhaften.}

/S.7/ 9:29 {Bekämpft die, die nicht an Gott und den Jüngsten Tag glauben, nicht verbieten, was Gott und sein Gesandter verboten haben, und nicht die wahre Religion befolgen – unter denen, denen die Schrift gegeben worden ist –, bis sie unterlegen den Tribut aushändigen!}

9:36 {Bekämpft die, die (Gott) Partner beigeben allesamt, wie sie euch allesamt bekämpfen! Wisst: Gott ist mit den Gottesfürchtigen.}

9:41 {Rückt aus, leicht und schwer, und **setzt** euch mit eurem Vermögen und eurem Leben auf Gottes Weg **ein**! Das ist besser für euch, falls ihr Bescheid wisst.}

9:111 {Gott hat sich von den Gläubigen ihr Leben und ihr Vermögen damit erkauft, dass sie den Garten bekommen. Sie kämpfen auf Gottes Weg, töten und werden getötet. Ein Versprechen in Wahrheit, das ihm obliegt, in der Tora, im Evangelium und im Koran! Wer erfüllt seine Verpflichtung treuer als Gott? So freut euch über den Handel, den ihr abgeschlossen habt. Das ist der mächtige Gewinn.}

22:78 {**Setzt** euch für Gott **ein**, wie es ihm gebührt! Er hat euch erwählt und euch in der Religion keine Beschwernis bereitet.}

47:7 {Ihr, die ihr glaubt, wenn ihr Gott helft, /S.8/ hilft er euch und festigt eure Schritte.}

49:15 {Die Gläubigen, das sind die, die an Gott und seinen Gesandten glauben, dann nicht zweifeln und sich mit ihrem Vermögen und Leben auf Gottes Weg **einsetzen**. Das sind die Wahrhaftigen.}

66:9 {Prophet, **setze** dich gegen die Ungläubigen und die Heuchler **ein** und fasse sie hart an! Ihre Heimstatt ist die Hölle. Welch schlechtes Ende!}

2:216 {Vorgeschrieben ist euch der Kampf, obwohl ihr ihn verabscheut. Vielleicht verabscheut ihr aber etwas, obwohl es gut für euch ist. Und vielleicht liebt ihr etwas, obwohl es schlecht für euch ist. Gott weiß, ihr aber wisst nicht.}

61:10-13 {Ihr, die ihr glaubt, soll ich euch einen Handel weisen, der euch vor schmerzhafter Strafe rettet? / Ihr glaubt an Gott und seinen Gesandten,

setzt euch auf Gottes Weg mit eurem Vermögen und eurem Leben **ein** – Das ist besser für euch, falls ihr Bescheid wisst. / dann vergibt er euch eure Sünden und führt euch in Gärten, in denen unten Flüsse fließen, und in gute Wohnungen in den Gärten Edens. Das ist der mächtige Gewinn. / Und noch anderes, das ihr liebt: Hilfe von Gott und nahe Entscheidung.}

Es gibt dergleichen mehr an jenen erwähnten koranischen Versen über den Vorzug des Dschihad. Was die vierzig Hadithe angeht, so sind es die folgenden, (zum Teil) mit einigen daran anschließenden (Hadithen), /S.9/ sodass sie die Anzahl (Vierzig) übersteigen.

Erster Hadith [Q1]

von Abū Hurayra (r), vom Gesandten Gottes (ṣ), dass er sagte: „Mir wurde befohlen die Menschen zu bekämpfen, bis sie sagen: Es gibt keinen Gott außer Gott. Wenn sie es sagen, bewahren sie ihr Blut und ihren Besitz vor mir, (wobei Gottes) Anspruch[156] davon ausgenommen ist. Gott obliegt ihre Abrechnung." So berichtet Muslim.

Zweiter Hadith [A1, A3, S3, T4; M18, Š6]

von Abū Hurayra (r), der sagte: Der Gesandte Gottes wurde gefragt, welche Tat die beste sei. Er antwortete: „Der Glaube an Gott und seinen Gesandten." „Und welche dann?" wurde gefragt, worauf er antwortete: „Der **Dschihad** auf dem Wege Gottes." „Welche dann?" „Eine gesegnete Pilgerfahrt." So berichten al-Buḫārī und Muslim.

Und von Abū Ḏarr (r), der sagte: „Ich sagte: Oh Gesandter Gottes, welche Taten sind die besten?, worauf er antwortete: Der Glaube an Gott und der **Dschihad** auf dem Wege Gottes." So berichten al-Buḫārī und Muslim.

Und von Ibn Masʿūd (r), der sagte: Ich fragte: „Oh Gesandter Gottes, welche Tat ist Gott (t) lieber?" Darauf antwortete er: „Das Gebet zu seiner Zeit." „Und welche dann?" fragte ich weiter, worauf er erwiderte: „Achtung gegenüber den Eltern." „Und welche dann?" „Der **Dschihad** auf dem Wege Gottes." So berichten al-Buḫārī und Muslim.

Dritter Hadith [A7, S7, T11; M7, Q3, Š21]

von Abū Saʿīd al-Ḫudrī (r), der sagte: Ein Mann kam zum Gesandten /S.10/ Gottes (ṣ) und fragte: „Welche Menschen sind die besten?" „Ein Gläubiger, der sich mit seiner Seele und seinem Besitz auf dem Wege Gottes (t) **einsetzt**", antwortete er. „Und wer dann?" fragte (der Mann), worauf

[156] der durch den Ausspruch der *šahāda* besteht

er entgegnete: „Dann ein Gläubiger, der Gott auf einem der Bergpfade dient und die Menschen vor seinem Übel verschont.“ So berichten al-Buḫārī und Muslim.

Vierter Hadith [A8, A9, N5, S4, S8, S9, T6; L2, M1, M11, Š3]

von Abū Hurayra (r), der sagte: Es wurde gesagt: „Oh Gesandter Gottes, was kommt dem **Dschihad** auf dem Wege Gottes gleich?“ (Worauf) er antwortete: „Dazu seid ihr nicht imstande.“ Sie wiederholten dies noch zwei- oder dreimal, wobei er jedes Mal „Dazu seid ihr nicht imstande.“ sagte und dann fortfuhr: „Mit dem ***muǧāhid*** auf dem Wege Gottes verhält es sich wie mit dem, der solange fastet, betet und den Versen Gottes gehorsam folgt, und weder beim Gebet, noch beim Fasten nachlässig wird, bis der ***muǧāhid*** auf dem Wege Gottes zurückkehrt.“ So berichten al-Buḫārī und Muslim.

Fünfter Hadith [A8, A9, N4, S4, S8, S9, T6; L2, M1, M11, Š3]

von Abū Hurayra (r), dass ein Mann sagte: „Oh Gesandter Gottes, zeige mir eine Tat, die dem **Dschihad** ebenbürtig ist.“ Er antwortete: „Ich finde keine.“ Dann fuhr er fort: „Wenn der ***muǧāhid*** auszieht, bist du (dann) imstande, deine Moschee zu betreten um zu beten und nicht nachlässig zu werden, zu fasten und das Fasten nicht zu brechen?“ worauf er erwiderte: „Wer ist dazu imstande?“ So berichtet al-Buḫārī.

Sechster Hadith [A12, T7; L1, Q40, Š30]

von Abū Hurayra (r), dass der Gesandte Gottes (ṣ) sagte: „Im Paradies gibt es einhundert /S.11/ Stufen, die Gott für die ***muǧāhidīn*** auf dem Wege Gottes bereitet hat. Was zwischen zwei Stufen ist, ist auch zwischen dem Himmel und der Erde[157].“ So berichtet al-Buḫārī.

Siebter Hadith [A11, T8; L32, Š8]

von Abū Saʿīd al-Ḫudrī (r), dass der Gesandte Gottes (ṣ) sagte: „Wer Gott als Herrn, dem Islam als Religion und Muḥammad (ṣ) als Gesandten zustimmt, dem ist das Paradies unabdingbar.“ Darüber war Abū Saʿīd erstaunt und bat: „Wiederhole mir das, oh Gesandter Gottes.“ Er wiederholte es ihm und fuhr fort: „Und durch anderes hebt Gott den Diener um einhundert Stufen im Paradies empor; was zwischen je zwei Stufen besteht, ist wie zwischen dem Himmel und der Erde.“ (Abū Saʿīd) fragte: „Und was ist das, oh Gesandter Gottes?“ worauf (dieser) antwortete: „Der **Dschihad** auf dem Wege Gottes.“ So berichtet Muslim.

---

[157] Der Abstand zweier Stufen entspricht dem Abstand des Himmels und der Erde.

Achter Hadith [A17, (N35, T17); L33, Š18]

von Abū Bakr b. Abī Mūsā al-Ašʿarī (r), der sagte: Ich hörte meinen Vater in Gegenwart des Feindes sagen: „Ich habe den Gesandten Gottes sagen hören: ‚Die Tore des Paradieses befinden sich unter dem Schatten der Schwerter.'" Da stand ein Mann von schäbiger äußerer Erscheinung auf und sagte: „Oh Abū Mūsā, du hast den Gesandten Gottes (ṣ) das sagen hören?" „Ja," antwortete er, woraufhin (der Mann) zu seinen Gefährten zurückkehrte und sagte: „Ich grüße euch!" Dann zerbrach er seine Schwertscheide und warf sie weg, ging mit seinem Schwert zum Feind und kämpfte /S.12/ mit ihm, bis er getötet wurde. So berichtet Muslim.

Neunter Hadith

von al-Barāʾ Ibn ʿĀzib (r), der sagte: Zum Propheten (ṣ) kam ein in Eisen gerüsteter Mann und fragte: „Oh Gesandter Gottes (ṣ), (soll) ich kämpfen oder mich (Gott) hingeben?" „Gib dich (erst Gott) hin, dann kämpfe", erwiderte er, woraufhin sich (der Mann Gott) hingab, dann kämpfte und getötet wurde. Da sagte der Gesandte Gottes (ṣ): „Er tat wenig und wurde reichlich belohnt." So berichten al-Buḫārī und Muslim.

Und von Ǧābir b. ʿAbd Allāh (r), der sagte: Ein Mann von den Banī n-Nubayt, einem Stamm der Anṣār, kam und sagte: „Ich bezeuge, dass es keinen Gott gibt außer Gott und dass du sein Diener und Gesandter bist." Dann ging er vorwärts und kämpfte, bis er getötet wurde, woraufhin der Prophet (ṣ) sagte: „Dieser tat leichtes und wurde reichlich belohnt." So berichtet Muslim.

Zehnter Hadith [kürzere Version zu T16]

von Anas (r), der sagte: Der Gesandte Gottes (ṣ) und seine Gefährten zogen los, bis sie den Polytheisten bei Badr zuvorkamen. Als die Polytheisten eintrafen, sagte der Gesandte Gottes (ṣ): „Keiner von euch kommt einer Sache näher, bis ich vor ihm bin." Da näherten sich die Polytheisten, woraufhin der Gesandte Gottes (ṣ) sagte: „Begebt euch zum Paradies, dessen Weite den Himmeln und der Erde entspricht." ʿUmayr b. al-Ḥamām fragte: „Oh Gesandter Gottes, die /S.13/ Weite des Paradieses entspricht der der Himmel und der Erde?" „Ja", antwortete er, (woraufhin ʿUmayr) sagte: „Ausgezeichnet [*baḫ baḫ*]!" Da fragte der Gesandte Gottes (ṣ): „Was veranlasst dich zu deiner Aussage ‚Ausgezeichnet!'?" Er erwiderte: „Bei Gott - nichts, oh Gesandter Gottes, außer der Hoffnung, dass ich zu (des Paradieses) Bewohnern gehöre.", woraufhin (der Prophet) sagte: „Du gehörst wahrlich zu seinen Bewohnern." Da holte (ʿUmayr) Datteln aus seinem Köcher und machte sich daran von ihnen zu essen, dann sagte er: „Wenn ich lebe bis ich meine Datteln gegessen habe, so ist es wahrlich ein langes Leben!" Schließlich warf er beiseite, was er noch an Datteln dabei hatte, und bekämpfte (die Polytheisten) bis er getötet wurde – möge Gott Wohlgefallen an ihm haben. So berichtet Muslim. Sein Ausspruch *baḫ baḫ* ist ein Ausdruck, der beim Erstaunen über etwas und zu dessen Zustimmung gesagt wird. Der Ausdruck *min qarnihī* bezieht sich auf den Köcher von Pfeilen.

Elfter Hadith [T29; L9]

von Abū Hurayra (r), (der sagte), dass der Gesandte Gottes (ṣ) sagte: „Ein Ungläubiger und sein Mörder treffen niemals im Höllenfeuer zusammen." So berichtet Muslim. Das bedeutet: Der Mörder des Ungläubigen befindet sich im **Dschihad** auf dem Wege Gottes.

Zwölfter Hadith [A10, N16, T14; L3, L4, L16, M3, M19, Š16, Š28]

von Abū Hurayra (r): Der Gesandte Gottes (ṣ) sagte: „Kein Verwundeter, der auf dem Wege Gottes verletzt wurde, erscheint am Tage der Auferstehung, ohne dass seine Wunde blutet. Die Farbe ist die des Blutes und der Duft der von Moschus." So berichten al-Buḫārī und Muslim. Und die Bedeutung von *al-kalm* ist *al-ǧarḥ* (Wunde, Verletzung).

/S.14/ *Dreizehnter Hadith*

von Anas (r), (der sagte,) dass der Gesandte Gottes (ṣ) bei Umm Ḥarām bt. Milḥān einzukehren und sie ihn zu bewirten pflegte, wobei Umm Ḥarām mit ʿUbāda b. aṣ-Ṣāmit verheiratet war. Als der Gesandte Gottes (ṣ) (einmal) bei ihr eintrat, gab sie ihm zu essen und setzte sich dann, um seinen Kopf nach Läusen abzusuchen. Da schlief der Gesandte Gottes (ṣ) ein und als er erwachte, lachte er. (Umm Ḥarām) berichtete: „Da fragte ich: Oh Gesandter Gottes, weshalb lachst du? Und er antwortete: Leute aus meiner Gemeinde erschienen mir als Kriegführende auf dem Wege Gottes, (wobei) sie über die Mitte des Meeres[158] fuhren, wie Könige auf den Thronen [*mulūkan ʿalā l-asirrati*] – oder: wie die Könige auf den Thronen [*miṯla l-mulūki ʿalā l-asirrati*]." (Umm Ḥarām) fuhr fort: „Daraufhin sagte ich: Oh Gesandter Gottes, bitte Gott, dass Er mich zu ihnen gehören lässt." Und er bat für sie, dann legte er seinen Kopf nieder, schlief (erneut) und wachte auf, wobei er lachte. Sie berichtete: „Ich fragte (wieder): Weshalb lachst du, oh Gesandter Gottes?, worauf er erwiderte: Leute aus meiner Gemeinde erschienen mir als Kriegführende auf dem Wege Gottes… - so wie er es beim ersten Mal gesagt hatte." Sie fuhr fort: „Und ich bat (erneut): Oh Gesandter Gottes, bitte Gott, dass Er mich zu ihnen gehören lässt, worauf er antwortete: Du gehörst zu den Ersteren." In der

[158] hier: *ṯabaǧa hāḏa l-baḥr*, in anderen Versionen: das Mittelmeer (*al-baḥr al-awsaṭ*)

Zeit Muʿāwiyas[159] überquerte Umm Ḥarām bt. Milḥān dann das Meer. Als sie an Land ging, wurde sie von ihrem Reittier abgeworfen und kam um – möge Gott Wohlgefallen an ihr haben. /S.15/ So berichten al-Buḫārī und Muslim. *Ṯabaǧa l-baḥri* bedeutet „seine Mitte und breiteste Stelle". Der *ḥāfiẓ* al-Mundiri sagt in seinem Buch *At-tarǧīb wa-t-tarhīb*, dass Muʿāwiya (r) ʿUbāda b. aṣ-Ṣāmit zum feindlichen Angriff nach Zypern entsandte. Auf seinem Kriegszug überquerte er das Meer, wobei ihn seine Frau Umm Ḥarām (r) begleitete. Für Umm Ḥarām gibt es eine Grabstätte in Zypern und eine in Beirut – und Gott weiß es am besten.

Vierzehnter Hadith [S40, T1; Š38]

von Abū Mūsā al-Ašʿarī (r), (der sagte,) dass ein Beduine zum Propheten (ṣ) kam und sagte: „Oh Gesandter Gottes, (ein) Mann kämpft der Beute wegen, (ein) Mann kämpft um erinnert zu werden und (ein) Mann kämpft um seinen Rang zu zeigen - wer (von ihnen) befindet sich auf dem Wege Gottes?" Da antwortete der Gesandte Gottes (ṣ): „Wer kämpft, damit Gottes Wort das höchste ist, der befindet sich auf dem Wege Gottes." So berichten al-Buḫārī und Muslim.

Fünfzehnter Hadith [(A15), A23, T10, T23; L5, L31, M30, Š12, Š13]

von Anas (r), (der sagte,) dass der Gesandte Gottes (ṣ) sagte: „Ein (einmaliges) Gehen oder (Zurück)kommen auf dem Wege Gottes ist besser als das Diesseits und alles, was in ihm ist." So berichten al-Buḫārī und Muslim. *Al-ġadwa* ist das Gehen vor Mittag, und *ar-rawḥa* ist das Zurückkehren danach. Hier ist das Gehen /S.16/ und Zurückkehren allgemein gemeint.

Und von Abī Ayyūb (r), der sagte: Der Gesandte Gottes (ṣ) sagte: „Das Gehen auf dem Wege Gottes oder das (Zurück)kommen ist besser als alles, worüber die Sonne auf- oder untergeht." So berichtet Muslim.

Sechzehnter Hadith [A10, N12, N26, T14; L3, L4, L16, M3, M19, Š1, Š16, Š28]

von Abū Hurayra (r), der sagte: Der Gesandte Gottes (ṣ) sagte: „Gott tritt als Bürge ein für denjenigen, der auf Seinem Wege auszieht: ‚Er wird nur für den **Dschihad** auf Meinem Wege entsandt, für den Glauben in Mich und den Glauben an Meine Gesandten. Ich garantiere ihn ins Paradies eintreten oder nach Hause zurückkehren zu lassen, von dem er auszog um zu erwerben, was

[159] Muʿāwiya b. Abī Sufyān war der erste Ummayadenkalif und regierte 41-60/661-680, vgl. bspw. Noth, Albrecht: Füher Islam. In: Haarmann, Ulrich u. Halm, Heinz (Hrsg.): Geschichte der arabischen Welt. 4. überarb. u. erw. Aufl. München: C.H. Beck 2001 (= Beck's Historische Bibliothek), S. 76-80.

an Lohn oder (Kriegs-)Beute zu erwerben war.‘ Bei Dem, in Dessen Händen Muḥammads Seele ist! Welche Wunde auf dem Wege Gottes zugefügt wird, erscheint nur am Tage der Auferstehung so wie sie am Tag der Verwundung war: ihre Farbe ist die des Blutes und ihr Geruch der von Moschus. Bei Dem, in Dessen Händen Muḥammads Seele ist! Wenn ich die Muslime nicht belasten würde, würde ich niemals hinter einer Truppe zurückbleiben, die auf dem Wege Gottes Kriegszüge unternimmt, doch finde weder ich eine Gelegenheit, sie auf Reittiere zu setzen, noch finden sie eine, und es ist ihnen unerträglich, hinter mir zurückzubleiben. Bei Dem, in Dessen Händen Muḥammads Seele ist! Ich wünschte auf dem Wege Gottes einen Kriegszug zu unternehmen und dabei getötet zu werden, darauf einen Kriegszug zu unternehmen und dabei getötet zu werden, darauf einen Kriegszug zu unternehmen und dabei getötet zu werden.“ So berichtet Muslim.

Al-Buḫārī überliefert diesen (Hadith) /S.17/ mit dem Ausdruck: „Gott verbürgt Sich für denjenigen, der sich auf Seinem Wege anstrengt: Er wird von Zuhause nur für den **Dschihad** auf Seinem Wege und den Glauben an Seine Worte entsandt, sodass Er ihn ins Paradies eintreten lässt oder mit dem, was er an Lohn oder (Kriegs-)Beute erworben hat, nach Hause zurückschickt.“

Siebzehnter Hadith [T20; M15, L8]

von ᶜAbd ar-Raḥmān b. Ǧabr (r), der sagte, dass der Gesandte Gottes (ṣ) sagte: „Wirbeln die Füße eines Gottesdieners auf dem Wege Gottes keinen Staub auf, so trifft ihn das Feuer.“ So berichtet al-Buḫārī.

Achtzehnter Hadith [A23, T23; L5, Š13]

von Sahl b. Saᶜd (r), der sagte: Der Gesandte Gottes (ṣ) sagte: „Die Stationierung an der Front [*ribāṭ*] für einen Tag auf dem Wege Gottes ist besser als das Diesseits und alles, was zu ihm gehört.“ So berichten al-Buḫārī und Muslim.

Neunzehnter Hadith [(A24), S31, T24; L7, Š14]

von Salmān al-Fārisī (r), der sagte: Ich hörte den Gesandten Gottes (ṣ) sagen: „Die Stationierung an der Front [*ribāṭ*] für einen Tag und eine Nacht ist besser als das Fasten und Beten für einen Monat; und wenn er dabei stirbt, werden ihm seine Taten zum Maßstab genommen, die er verrichtet hat; ihm wird seine Versorgung (von Gott; *rizq*) gewährt und er wird vor den Peinigern sicher sein.“ So berichtet Muslim. Gemeint ist die Grabespein.

Zwanzigster Hadith [A35, T13; Q4]

von Abū Hurayra (r), dass der Gesandte Gottes (ṣ) sagte: /S.18/ „Seligkeit für den Diener, der die Zügel seines Pferdes auf dem Wege Gottes ergreift, dessen

(Haar) zerzaust und dessen beide Füße staubfarben sind. Sei es nun, dass er der Wache unterstellt ist, dann ist er ihr unterstellt, oder sei es, dass er zu den Schwertkämpfern[160] gehört, dann gehört er zu ihnen[161]. Sei es, dass er um Erlaubnis bittet und nicht erhört wird, oder sei es, dass er Fürsprache einlegt und für ihn keine Fürsprache eingelegt wird[162]." So berichtet al-Buḫārī.

Einundzwanzigster Hadith [T12; L10, Š17]

von Abū Hurayra (r), dass der Gesandte Gottes (ṣ) sagte: „Zu der besten Gesellschaft[163] der Menschen gehört für sie: Ein Mann, der die Zügel seines Pferdes auf dem Wege Gottes fest in der Hand hält (und) auf seinem Rücken eilig reitet. Jedes Mal, wenn er von einem schrecklichen Aufruf oder Erheben (des Feindes) erfährt, nähert er sich auf (des Pferdes) Rücken, wobei er durch Mord oder Tod nach seinem Märtyrertum strebt. Des Weiteren ein Mann, der in seiner Schafherde auf dem höchsten aller Berggipfel oder im tiefsten Tal aller Bergtäler das Gebet verrichtet, die Spende entrichtet und seinem Herrn dient, bis dieser ihm Sicherheit gewährt[164]; nur diese gehören zu den besten Menschen." So berichtet Muslim. *Aš-šaʿfatu* bedeutet „der Berggipfel".

Zweiundzwanzigster Hadith [T22; L11, Q27, Š4]

von Zayd b. Ḫālid al-Ǧuhanī (r), dass der Gesandte Gottes (ṣ) sagte: „Wer einen Kriegführenden auf dem Wege Gottes ausrüstet, der unternimmt selber einen Kriegszug, und wer einen Kriegführenden in seiner Familie auf gute Weise ersetzt, der unternimmt selber einen Kriegszug." So berichten al-Buḫārī und Muslim.

Und von Abū Saʿid al-Ḫudrī (r), (der sagte,) dass /S.19/ der Gesandte Gottes (ṣ) nach den Banī Liḥyān schickte, damit von je zwei Männern einer ausziehe, wobei er zu den Zurückbleibenden sagte: „Wer von euch den Ausziehenden in dessen Familie ersetzt, dem gebührt der gleiche Lohn wie ihm." So berichtet Muslim.

---

160 Hier: *as-sāfa*, von Wurzel *s-w-f* die „Bodenschicht; Steinreihe einer Mauer", evtl. von Wurzel *s-y-f* die „Schwertbesitzer" (eigentl. *as-sayyāfa*); am wahrscheinlichsten ist wohl ein Schreibfehler und *as-sāqa* „die Nachhut" gemeint, wie sie auch in Hadithen anderer Sammlungen vorkommt.

161 Er stellt also keine Ansprüche und kämpft nicht um eine Vorrangstellung unter den Menschen, sondern führt das aus, was von ihm gefordert ist (vgl. Erläuterungen zu Q4).

162 Dies bezieht sich auf seine Beziehung zu anderen Menschen (nicht zu Gott).

163 Hier *maʿāšir*, Pl. v. *maʿšar* „Gesellschaft, Schar, Versammlung", in einer anderen Variante heißt es *maʿāš* „Lebensführung", vgl. L10, Š17, T12.

164 d.h. ihn durch den Tod zu sich holt

Dreiundzwanzigster Hadith [A27, A28, S38, T25; M27, Š5]

von Abū Hurayra (r), der sagte: Der Gesandte Gottes (ṣ) sagte: „Wer ein Pferd auf dem Wege Gottes festhält, über Glaube an Gott sowie Glaube in Seine Verheißung verfügt, auf dessen Waage sind (des Pferdes) Sättigung, Durstlöschen, Dung und Urin am Tage der Auferstehung – also Wohltaten [*ḥasanāt*].“ So berichtet al-Buḫārī.

Ebenfalls von Abū Hurayra (r), der sagte: Es wurde gefragt: „Oh Gesandter Gottes, was hat es mit den Pferden auf sich?“, worauf er antwortete: „Die Pferde sind dreierlei: Sie sind für einen Mann eine Bürde, für einen Mann ein Schutz und für einen Mann ein Lohn. Was nun die (Pferde) angeht, die eine Bürde sind, so bindet ein Mann sie zur Augendienerei, zur Prahlerei und zum Streit mit den Anhängern des Islams an. Infolgedessen sind sie ihm eine Bürde. Was diejenigen (Pferde) angeht, die (einem Mann) ein Schutz sind, so bindet er sie auf dem Wege Gottes an und vergisst dabei den Anspruch Gottes auf ihre Rücken und ihre Hälse[165] nicht. Sie sind ihm infolgedessen ein Schutz. Und was jene (Pferde) angeht, die (einem Mann) ein Lohn sind, so bindet er sie auf dem Wege Gottes für die Anhänger des Islams in einer Steppe oder auf einer Wiese an. Alles was (die Pferde) von jener Steppe oder Wiese essen, wird (dem Mann) in der Menge dessen, was sie gegessen haben, als Wohltat gutgeschrieben. /S.20/ Ebenso wird ihm die Menge ihres Dungs und Urins als Wohltat gutgeschrieben. Keiner ihrer Stricke zerreißt, sodass sie ein oder zwei Läufe vornehmen können, ohne dass (dem Mann) in der Menge ihrer Spuren und ihres Dungs Wohltaten gutgeschrieben werden. Und keiner ihrer Besitzer kommt mit ihnen an einem Fluss vorbei, woraus sie trinken, auch wenn er ihnen daraus nicht zu trinken geben wollte, ohne dass Gott (t) ihm in der Menge ihres Trinkens Wohltaten gutschreibt.“ So berichten al-Buḫārī und Muslim. *Ṭawluhā* bedeutet *ḥabluhā* (ihr Zügel / Strick), an dem sie auf der Weide festgebunden sind; *istannat* bedeutet *ʿadat* (sie läuft, hier auf die Pferde bezogen: sie laufen) und *mariḥat* (sie ist bzw. sind lebhaft / sie freut bzw. freuen sich); *šaraf* ist ein *šawṭ* (ein Lauf / eine Strecke).

Vierundzwanzigster Hadith [T26]

von Abū Saʿīd al-Ḫudrī (r), der sagte: Der Gesandte Gottes (ṣ) sagte: „Wer von den Dienern einen Tag auf dem Wege Gottes fastet, dessen Gesicht hält Gott allein durch jenen Tag für siebzig Herbste lang vom Höllenfeuer fern.“ So berichten al-Buḫārī und Muslim.

---

[165] *Lam yansa ḥaqqa Llāhi fī ẓuhūrihā wa-lā riqābihā*; gemeint ist hier der Anspruch Gottes auf die Tiere und die Belastung ihrer Rücken, vgl. ähnliche Variante bei A28.

Fünfundzwanzigster Hadith [T31; L17, (M31)]

von Anas (r), dass der Prophet (ṣ) sagte: „Keiner, der das Paradies betritt, möchte in das Diesseits zurückkehren, selbst wenn ihm alles auf der Erde gehört, außer dem Märtyrer: Er wünscht ins Diesseits zurückzukehren und dort zehn Mal getötet zu werden, da er das als Ehre ansieht." Und in einer Überlieferung heißt es: „da er das als Vorzug des Martyriums ansieht." So berichten al-Buḫārī und Muslim.

/S.21/ *Sechsundzwanzigster Hadith* [A10, N16, T14; L4, (M3), Š28]

von Abū Hurayra (r), (der sagte,) dass der Gesandte Gottes (ṣ) sagte: „Bei Dem, in Dessen Händen Muḥammads Seele ist! Ich wünschte auf dem Wege Gottes einen Kriegszug zu unternehmen und dabei getötet zu werden, darauf einen Kriegszug zu unternehmen und dabei getötet zu werden, darauf einen Kriegszug zu unternehmen und dabei getötet zu werden." So berichten al-Buḫārī und Muslim.

Siebenundzwanzigster Hadith [T5; (M33), M34, Š27]

von ʿAbd Allāh b. ʿAmr (r), dass der Gesandte Gottes (ṣ) sagte: „Jedes Vergehen wird dem Märtyrer vergeben, außer den Schulden." So berichtet Muslim.

Und von Abū Qatāda (r), (der sagte,) dass sich der Gesandte Gottes (ṣ) unter ihnen erhob und berichtete, dass der **Dschihad** auf dem Wege Gottes und der Glaube an Gott die besten Taten sind. Da stand ein Mann auf und fragte: „Oh Gesandter Gottes, meinst du, dass wenn ich auf dem Wege Gottes sterbe, mir meine Fehler vergeben werden?", worauf ihm der Gesandte Gottes (ṣ) antwortete: „Ja, wenn du auf dem Wege Gottes getötet wirst, wobei du dich geduldig vollends Gott hingibst und vorwärts gehst ohne umzukehren." Dann fragte der Gesandte Gottes (ṣ) nach: „Wie sagtest du…?", worauf (der Mann) antwortete: „Meinst du, dass wenn ich auf dem Wege Gottes sterbe, mir meine Fehler vergeben werden?" Da erwiderte der Gesandte Gottes (ṣ): „Ja, wenn du dich geduldig vollends Gott hingibst und vorwärts gehst /S.22/ ohne umzukehren – außer im Falle von Schulden. Das hat Gabriel mir so gesagt." So berichtet Muslim.

Des Weiteren überliefern al-Buḫārī und Muslim von Abū Hurayra in einem Hadith: Vermeidet die sieben schweren Vergehen. Dazu gehört das Kehrtmachen am Tage des Vormarschs, d.h. die Flucht beim Aufeinandertreffen mit dem Feind.

Achtundzwanzigster Hadith

von Samura b. Ǧundub (r), der sagte: Der Gesandte Gottes (ṣ) sagte: „Ich sah des Nachts[166] zwei Männer zu mir kommen, die mit mir auf einen Baum stiegen. Dann betraten sie ein Haus, das schöner und vorzüglicher war. Ich hatte noch nie ein schöneres gesehen und sie erklärten mir, (dass) dies das Haus der Märtyrer ist.“ So berichtet al-Buḫārī.

Neunundzwanzigster Hadith

von Ǧābir b. ʿAbd Allāh (r), der sagte: „Mein Vater wurde zum Propheten (ṣ) gebracht, er war verstümmelt worden und wurde ihm übergeben. Ich kam um sein Gesicht zu enthüllen, doch meine Angehörigen verboten es mir. Man hörte die Stimme einer Totenklägerin und es wurde gesagt: Das ist die Tochter – oder Schwester – von ʿAmr. Da sprach (der Prophet): Wieso weinst du? – Oder: Weine nicht! – Die Engel spenden ihm mit ihren Flügeln immer noch Schatten.“ So berichten al-Buḫārī und Muslim.

Dreißigster Hadith

von Anas (r), der sagte: „Der Gesandte Gottes (ṣ) entsandte Zayd, Ǧaʿfar /S.23/ und ʿAbd Allāh b. Rawāḥa, wobei er Zayd die Flagge aushändigte. Alle (drei) wurden getötet.“ Anas fuhr fort: „Der Gesandte Gottes (ṣ) verkündete ihren Tod noch bevor die Nachricht (darüber) eintraf, indem er sagte: Zayd nahm die Flagge an sich und wurde getötet, dann nahm sie Ǧaʿfar und wurde getötet. Daraufhin nahm ʿAbd Allāh b. Rawāḥa sie und wurde getötet. Schließlich nahm eines der Schwerter Gottes, Ḫālid b. al-Walīd, die Flagge.“ Und (Anas) ergänzte: „Während er dies den Leuten erzählte, tränten[167] seine Augen.“ Und in einer Überlieferung sagt er: „Was sie erfreut ist, dass sie bei uns sind.“ So berichtet al-Buḫārī.

Einunddreißigster Hadith

von Anas (r), (der sagte,) dass Umm ar-Rabīʿ b. al-Barāʾ, die die Mutter von Ḥāriṯa b. Surāqa ist, zum Propheten (ṣ) kam und sagte: „Oh Gesandter Gottes, hast du mir nicht von Ḥāriṯa erzählt, als er am Tag von Badr getötet worden war? Wenn er im Paradies ist, bin ich standhaft, und wenn dem nicht so ist, dann strenge ich mich um seinetwillen mit der Klage an.“ „Oh Mutter von Ḥāriṯa“, erwiderte er, „es gibt mehrere Paradiese im Paradies

[166] im Traum

[167] *Tazrifān*: Die Wurzel *z-r-f* ist weder bei Wehr noch bei Lane zu finden, die mögliche Bedeutung von „weinen“ ergibt sich aus einem Eintrag bei Wahrmund, demnach *zaraf* für das Aufbrechen einer Wunde stehen kann, vgl. Wahrmund (1898), S. 830; so auch bei Zabīdī (1986), Bd. 23, S. 385.

[*ǧannātun fī l-ǧanna*] und dein Sohn erreichte al-Firdaws, das höchste (von ihnen)." So berichtet al-Buḫārī.

Zweiunddreißigster Hadith [A39, T30]

von Masrūq, der sagte: Wir fragten ʿAbd Allāh b. Masʿūd (r) nach folgendem Vers: {Haltet doch die nicht für tot, die auf Gottes Weg getötet worden sind! Aber nein, sie leben bei /S.24/ ihrem Herrn und werden versorgt…}[168] und er erwiderte: Wir haben den Gesandten Gottes (ṣ) diesbezüglich bereits gefragt, wobei er erklärte: „Ihre Seelen befinden sich im Inneren von grünen Vögeln und verfügen über Lampen, die am Thron hängen. Sie streifen im Paradies frei umher, so wie sie wollen, und begeben sich dann zu jenen Lampen. (Als) ihr Herr zu ihnen schaute und fragte: ‚Wünscht ihr etwas?', antworteten sie: ‚Was sollen wir (noch) wünschen, wo wir doch im Paradies frei umherstreifen wie wir wollen?' So verfuhr Er drei Mal mit ihnen und als sie erkannten, dass (Er) nicht abließ, eine Bitte von ihnen zu erfragen, sagten sie: ‚Oh Herr, wir wollen, dass Du unsere Seelen in unsere Körper zurückgibst, bis wir erneut auf Deinem Wege getötet werden.' Und als Er sah, dass sie (ansonsten) kein Bedürfnis hatten, ließ (Er) von ihnen ab." So berichtet Muslim.

Dreiunddreißigster Hadith [S10, T18; L20, Š23]

von Abū Hurayra (r), der sagte: Der Gesandte Gottes (ṣ) sagte: „Wer stirbt und weder einen Kriegszug geführt noch sich bemüht hat, ihn (als tatsächlich) anzusehen, der stirbt an einem Zweig der Heuchelei." So berichtet Muslim.

Vierunddreißigster Hadith

von Sahl b. Ḥunayf (r), (der sagte), dass der Gesandte Gottes (ṣ) sagte: „Wer Gott (t) aufrichtig um das Bekenntnis ersucht [*saʾala aš-šahādata*], den lässt Gott den Rang der Märtyrer erreichen, selbst wenn er in seinem Bett verstirbt." So berichtet Muslim.

/S.25/ Und von Anas (r), der sagte: Der Gesandte Gottes (ṣ) sagte: „Wer das Martyrium[169] aufrichtig verlangt [*ṭalaba*], dem wird es gegeben, selbst wenn es ihn nicht tötete[170]." So berichtet Muslim.

---

[168] Sūrat Āl ʿImrān, 3:169; Zirker (2010), S. 54.
[169] *šahāda* (Bekenntnis)
[170] *lam tuṣibhū* (oder: nicht verwundete…)

Fünfunddreißigster Hadith [(A17, N8), T17; L33, (Š18)]

von ʿAbd Allāh b. Abī Awfā (r), (der sagte,) dass der Gesandte Gottes (ṣ) an einigen Tagen, an denen er den Feind traf, bis zum Sonnenuntergang wartete, dann erhob er sich unter den Leuten und sagte: „Oh ihr Menschen, begehrt nicht das Treffen mit dem Feind und bittet Gott um (seine) Gunst. Wenn ihr (die Feinde) trefft, seid geduldig und wisset, dass das Paradies unter dem Schatten der Schwerter ist.“ Anschließend sagte er: „Oh Gott, Herabsender des Buches, Lenker der Wolken und Sieger über die Parteien, schlage sie in die Flucht und stehe uns gegen sie bei.“ So berichten al-Buḫārī und Muslim.

Sechsunddreißigster Hadith [T33; L13]

von Abū Masʿūd al-Badrī (r), der sagte: „Ein Mann kam zum Propheten (ṣ) mit einer Kamelin am Halfter und sagte: „Diese ist auf dem Wege Gottes.“ Da erwiderte der Gesandte Gottes (ṣ): „Durch sie wirst du am Tage der Auferstehung siebenhundert Kamelinnen haben, die alle angeleint sind.“ So berichtet Muslim.

Siebenunddreißigster Hadith [T27; L34, L35, Š9, Š35]

von ʿUqba b. ʿĀmir al-Ǧuhanī (r), der sagte: Ich hörte den Gesandten Gottes (ṣ) /S.26/ von der Kanzel aus sagen: „{Rüstet gegen sie, was ihr an Macht (…) aufbieten könnt}[171]. Die Kraft besteht doch im (Pfeil)schießen, die Kraft besteht doch im (Pfeil)schießen, die Kraft besteht doch im (Pfeil)schießen.“ So berichtet Muslim.

Ebenfalls von ʿUqba b. ʿĀmir, der sagte: Der Gesandte Gottes (ṣ) sagte: „Wer das (Bogen)schießen erlernte und dann aufgibt, gehört nicht zu uns – *oder*: ist rebellisch.“ So berichtet Muslim.

Ebenfalls von ʿUqba b. ʿĀmir, der sagte: Der Gesandte Gottes (ṣ) sagte: „Euch wird Sieg über Gebiete verliehen, wobei euch Gott genügt, doch soll keiner von euch außerstande sein, Zeit mit seinen Pfeilen zu verbringen.“ So berichtet Muslim.

Und von Salama b. al-Akwaʿ (r), der sagte: Der Prophet (ṣ) kam an einer Gruppe von Leuten vorbei, die ihre Pfeilspitzen schärften[172], da sagte er: „Schießt, Söhne Ismāʿīls, auch euer Ahne war ein Schütze.“ So berichtet al-Buḫārī.

---

[171] Sūrat al-Anfāl („Die Beute“), 8:60; Zirker (2010), S. 117.

[172] *yantaṣilūna*: die (sich) mit ihren scharfen Klingen vorbereiten/kämpfen (*naṣl* ist die Pfeil- oder Speerspitze, Klinge des Schwertes)

Achtunddreißigster Hadith

von Ǧābir (r), der sagte: Wir befanden uns mit dem Propheten (ṣ) auf einem Kriegszug, als er sagte: „In Medina gibt es Leute, ohne die ihr nicht aufbrechen und ein Tal durchqueren solltet, doch hält die Krankheit sie ab." In einer (anderen) Überlieferung heißt es: „Ein entschuldbarer Grund hält sie ab." Und in einer weiteren Überlieferung heißt es: „... ohne dass sie mit euch am Lohn teilhaben." So berichtet Muslim; und al-Buḫārī /S.27/ berichtet es von Anas (r).

Neunundreißigster Hadith [T28; M39, Š36]

von ʿAbd Allāh b. ʿAmr (r), der sagte: Der Gesandte Gottes (ṣ) sagte: „Nur (diejenigen, die Teil) eines Expeditionstrupps waren, welcher Beute gemacht hat und unversehrt blieb, haben unverzüglich zwei Drittel ihres Lohnes erhalten. Nur (wer Teil) eines Expeditionstrupps war, der Misserfolg hatte und verwundet wurde, dessen Lohn ist vollkommen." So berichtet Muslim.

Vierzigster Hadith

von Sulaymān b. Burayda von dessen Vater (r), der sagte: Wenn er jemanden zum Befehlshaber über ein Heer oder einen Expeditionstrupp machte, pflegte der Gesandte Gottes (ṣ) ihn mit den Besonderheiten (dieses Postens) zu betrauen: mit Gottesfurcht und gegenüber den ihm unterstellten Muslimen auf beste Weise zu handeln. Dann forderte er auf: „Führt im Namen Gottes auf (Seinem) Wege einen Kriegszug und bekämpft den, der nicht an Gott glaubt. Führt einen Kriegszug, doch übertreibt nicht, betrügt nicht, verstümmelt nicht und tötet kein Kind. Und wenn du[173] deine Feind(e) aus (den Reihen der) Polytheisten triffst, biete ihnen drei Konditionen oder Möglichkeiten[174]. Welcher auch immer davon sie zustimmen, akzeptiere es und lasse von ihnen ab. Lade sie zum Islam ein und wenn sie einverstanden sind, akzeptiere es und lasse von ihnen ab. Dann fordere sie zur Umsiedlung aus ihrem Gebiet in das der Auswanderer [*muhāǧirūn*] auf und teile ihnen mit, dass wenn sie jenes tun, ihnen zusteht, was auch den Auswanderern zusteht, und ihnen obliegt, was auch den Auswanderern obliegt. Wenn sie ablehnen /S.28/ von dort wegzuziehen, teile ihnen mit, dass sie wie die Beduinen unter den Muslimen sind. (Auch) sie betrifft das Urteil Gottes, das (alle) Gläubigen betrifft, und ihnen steht nichts von jeglicher Beute [*al-ġanīma wa-l-fayʾ*] zu, es sei denn, sie **setzen** sich mit den Muslimen **ein** [***yuǧāhidūna***]. Wenn sie sich verweigern, fordere von ihnen die Kopfsteuer [*ǧizya*] ein. Sind sie damit ein-

173 hier sowie auch nachfolgend Wechsel zwischen Singular und Plural

174 *fa-dʿuhum*: eigentlich „lade sie ein / fordere sie auf" zu *ḫiṣāl aw ḫilāl*, Konditionen oder Gewohnheiten, auch: Eigenschaften, Eigenheiten, Charakterzüge

verstanden, so akzeptiere es und lasse von ihnen ab. Und wenn sie sich weigern, so bitte Gott um Hilfe und bekämpfe sie. Wenn du die Einwohner einer Festung belagerst und sie von dir den Schutz [*ḏimma*] Gottes und seines Propheten beabsichtigen, gewähre ihnen weder den Schutz Gottes noch den Schutz seines Propheten, sondern den Schutz von dir und deinen Gefährten. Denn wenn ihr eure Schutzpflichten und die eurer Gefährten leistet, so ist es leichter als wenn ihr den Schutz Gottes und seines Gesandten gewährt. Wenn du die Einwohner einer Festung belagerst und sie beabsichtigen, dass du das Urteil Gottes auf sie anwendest, so wende nicht das Urteil Gottes auf sie an, sondern unterziehe sie deinem Urteil, denn du weißt nicht, ob du mit dem Urteil Gottes über sie recht handelst oder nicht." So berichtet Muslim.

* * *

Das ist der Schluss der Vierzig Hadithe über den Vorzug des Dschihad und der *muǧāhidīn.* Sie wurden von ihrem Sammler, dem Sufi [*faqīr*] Yūsuf b. Ismāʿīl an-Nabhānī in Beirut Anfang des Monats Ḏū l-Qaʿda im Jahr 1332 (d.i. Ende September 1914) vollendet. Lob sei Gott, dem Herrn der Welten.

Literaturverzeichnis

In der vorliegenden Arbeit angewandte Abkürzungen wie A12, M33, etc. geben die Position eines Hadithes in einer der zugrundeliegenden Dschihad-Sammlungen wieder. Die Buchstaben weisen dabei auf die jeweilige Sammlung und sind nachfolgend [in eckigen Klammern] den entsprechenden bibliographischen Angaben vorangestellt.

Weitere, in den bibliographischen Angaben verwendete Abkürzungen:

EI (*Encyclopaedia of Islam*)
GAL (*Geschichte der arabischen Litteratur*)
GAS (*Geschichte des arabischen Schrifttums*)

Abun-Nasr, Jamil M.: A History of the Maghrib. Cambridge: Univ. Press 1971.

Āǧurrī, Abū Bakr Muḥammad b. al-Ḥusayn b. ᶜAbd Allāh al-: Kitāb al-arbaᶜīn ḥadīṯan. Wa-yalīhi Kitāb al-arbaᶜīn min masānīd al-mašāyiḫ al-ᶜišrīn ᶜan al-aṣḥāb al-arbaᶜīn li-Abī Saᶜd ᶜAbd Allāh b. ᶜUmar b. Abī Naṣr al-Qušayrī [aṣ-Ṣaffār] / hrsg. v. Badr b. ᶜAbd Allāh al-Badr. Ar-Riyāḍ: Aḍwāʾ as-Salaf 1420/2000[2].

Ahlwardt, W.: Kleinere Traditionssammlungen. In: ders.: Die Handschriften-Verzeichnisse der Königlichen Bibliothek zu Berlin. Bd. 8: Verzeichniss der arabischen Handschriften. Bd. 2, III. u. IV. Buch. Berlin: A. Asher & Co. 1889, S. 183-247.

Ahmad, M. Hilmy M.: Some Notes on Arabic Historiography during the Zengid and Ayyubid Periods (521/1127-648/1250). In: Lewis, Bernard u. Holt, P.M. (Hrsg): Historians of the Middle East. London u.a.: Oxford University Press 1962 (= Historical Writing on the Peoples of Asia), S. 79-97.

Aksakal, Mustafa: The Ottoman Proclamation of Jihad. In: Zürcher, Erik-Jan (Hrsg.): Jihad and Islam in World War I. Studies on the Ottoman Jihad on the Centenary of Snouk Hurgronje's "Holy War Made in Germany". Leiden: Univ. Press 2016, S. 53-69.

ᶜAẓm, Ǧamīl b. Muṣṭafā l-: As-sirr al-maṣūn ᶜalā Kašf aẓ-ẓunūn / hrsg. v. Muḥammad Ḫayr Ramaḍān Yūsuf. Bd. 1. Bayrūt: Dār al-Bašāʾir al-Islāmiyya 1425/2004.

Babinger, Franz: Mehmed der Eroberer und seine Zeit. Weltenstürmer einer Zeitenwende. München: F. Bruckmann 1953.

Bakrī, Ṣadr ad-Dīn Abū ʿAlī l-Ḥasan b. Muḥammad al-: Kitāb al-arbaʿīn ḥadīṯan. Al-arbaʿūn min arbaʿīn ʿan arbaʿīn... / Muḥammad Maḥfūẓ. Bayrūt: Dār al-Ġarb al-Islāmī 1426/2005⁴.

Bartschat, Swantje Boulouh-: Methoden und Verhalten bei Erwerb und Tradierung von Aḥādīṯ am Beispiel Abī Ṭāhir as-Silafīs. In: Jahrbuch für Islamische Theologie und Religionspädagogik 1 (2012), S. 123-142.

Bartschat, Swantje: „Wer meiner Gemeinde vierzig Hadithe bewahrt..." Entstehung und Entwicklung eines Sammlungstyps. Baden-Baden: Ergon 2019.

Bauer, Thomas: Die Gnade der Meinungsverschiedenheit. In: ders.: Die Kultur der Ambiguität. Eine andere Geschichte des Islams. Berlin: Verlag der Weltreligionen 2011, S. 143-191.

ders.: Mamluk Literature as a Means of Communication. In: Conermann, Stephan (Hrsg.): Ubi sumus? Quo vademus? Mamlūk Studies – State of the Art. Göttingen: V&R unipress 2013 (= Mamluk Studies; 3), S. 23-56.

Bayhaqī, Abū Bakr Aḥmad b. al-Ḥusayn al-: Al-arbaʿūn aṣ-ṣuġrā l-muḫarraǧa fī aḥwāl ʿibād Allāh Taʿālā wa-aḫlāqihim / hrsg. v. Abū Hāǧir Muḥammad as-Saʿīd b. Basyūnī Zaġlūl al-Ibyānī. Bayrūt: Dār al-Kutub al-ʿIlmiyya 1407/1987.

Bonner, Michael: Aristocratic Violence and Holy War. Studies in the Jihad and the Arab-Byzantine Frontier. New Haven: American Oriental Society 1996 (= American Oriental Series; 81).

ders.: Introduction. Byzantine-Arab Relations. In: ders. (Hrsg.): Arab-Byzantine Relations in Early Islamic Times. Aldershot: Ashgate 2004 (= The Formation of the Classical Islamic World; 8), S. xiii-xliii.

ders.: Some Observations Concerning the Early Development of Jihad on the Arab-Byzantine Frontier. In: ders. (Hrsg.): Arab-Byzantine Relations in Early Islamic Times. Aldershot: Ashgate 2004 (= The Formation of the Classical Islamic World; 8), S. 401-427.

Broadbridge, Anne F.: Mamluk Legitimacy and the Mongols: The Reigns of Baybars and Qalāwūn. In: Mamlūk Studies Review V (2001), S. 91-118.

Brockelmann, Carl: Geschichte der arabischen Litteratur. 5 Bde. Leiden: E. J. Brill 1937-1943, 1949.

Brown, Jonathan: The Transmission and Collection of Prophetic Traditions. In: ders.: Hadith. Muhammad's Legacy in the Medieval and Modern World. Oxford: Oneworld [repr.] 2014, S. 15-66.

Buḫārī, Abū ʿAbd Allāh Muḥammad b. Ismāʿīl al-Ǧuʿfī l-: Kitāb al-ǧāmiʿ aṣ-ṣaḥīḥ / hrsg. v. Ludolf Krehl. 4 Bde. Leiden: Brill 1862/1864/1868/1908.

Burns, James: Ismail, Mawlay (1645/46-1727). In: Mikaberidze, Alexander (Hrsg.): Conflict and Conquest in the Islamic World. A Historical Encyclopedia. Bd. 1. Santa Barbara u.a.: ABC-Clio 2011, S. 429ff.

Christie, Niall: The Book of the Jihad of ʻAli ibn Tahir al-Sulami (d. 1106). Text, Translation and Commentary. Farnham: Ashgate 2015.

ders.: Motivating Listeners in the Kitab al-Jihad of ʿAli ibn Tahir al-Sulami (d. 1106). In: Crusades 6 (2007), S. 1-14.

Colpe, Carsten: Der „Heilige Krieg". Benennung und Wirklichkeit, Begründung und Widerstreit. Bodenheim: Hain 1994.

Cook, David: Understanding Jihad. Berkeley u.a.: Univ. of California 2005.

Cory, Stephen: Sharīfian rule in Morocco (tenth-twelth/sixteenth-eighteenth centuries). In: Fierro, Maribel (Hrsg.): The New Cambridge History of Islam. Vol. 2: The Western Islamic World. Eleventh to Eighteenth Centuries. Cambridge: Univ. Press 2010, S. 453-479.

Cour, A.: Mawlāy Ismāʿīl. In: EI² VI (1991), S. 891ff.

Ḏahabī, Šams ad-Dīn Muḥammad b. Aḥmad b. ʿUṯmān aḏ-: Ahl al-miʾa faṣāʿida. In: Al-Mawrid 2.4 (1393/1973), S. 107-142.

ders.: Al-muḫtaṣar al-muḥtāǧ ilayh min Tārīḫ Ibn ad-Dubayṯī / hrsg. v. Muṣṭafā ʿAbd al-Qādir ʿAṭā. Bd. 1. Bayrūt: Dār al-Kutub al-ʿIlmiyya 1425/ 2004.

ders.: Siyar aʿlām an-nubalāʾ. 29 Bde. 11. Aufl. Bayrūt: Muʾassasat ar-risāla 1417/1996.

ders.: Taḏkirat al-ḥuffāẓ. Bd. 4. Ḥaydarābād: Maṭbaʿat Maǧlis Dāʾirat al-Maʿārif al-ʿUṯmāniyya 1377/1958 (= As-silsila al-ǧadīda min Maṭbūʿāt Dāʾirat al-Maʿārif al-ʿUṯmāniyya; 4/6).

ders.: Tārīḫ al-Islām wa-wafayāt al-mašāhīr wa-l-aʿlām / hrsg. v. ʿUmar ʿAbd as-Salām Tadmurī. 52 Bde. Bayrūt: Dār al-Kitāb al-ʿArabī 1409-1421/ 1989-2000.

Davidson, Garrett: Carrying on the Tradition: An Intellectual and Social History of Post-Canonical Hadith Transmission. Chicago 2014 [Univ.-Diss.].

Dāwud, Muḥammad: Al-ʿallāma aṣ-ṣāliḥ Sīdī l-Ḥāǧǧ ʿAlī Baraka. In: ders.: Tārīḫ Tiṭwān. Bd. 1. Tiṭwān: Maʿhad Mawlāy al-Ḥasan 1379/1959, S. 347-383.

Eddé, Anne-Marie: Bilād al-Shām, from the Fāṭimid conquest to the fall of the Ayyūbids (359-658/970-1260). In: Fierro, Maribel (Hrsg.): The New Cambridge History of Islam. Vol. 2: The Western Islamic World. Eleventh to Eighteenth Centuries. Cambridge: Univ. Press 2010, S. 161-200.

Elisséeff, Nikita: Ibn ʿAsākir. In: EI² III (1971), S. 713ff.

ders.: Le Ǧihād de Nūr ad-Dīn. In: ders.: Nūr ad-Dīn: un grand prince musulman de Syrie au temps des croisades (511-569 A.H./1118-1174). Bd. 3. Damaskus 1967, S. 705-779.

ders.: Nūr al-Dīn Maḥmūd b. Zankī. In: EI² VIII (1995), S. 127-133.

ders.: Un document contemporain de Nūr ad-Dīn. Sa notice biographique par Ibn ᶜAsākir. In: Bulletin d'Études Orientales XXV (1972), S. 125-140.

Elmaz, Orhan: Traditions to die for. Abu Yahya al-Libi's collection of 40 ahadith. In: Lohlker, Rüdiger (Hrsg.): Jihadism: Online Discourses and Representations. Göttingen: V&R unipress 2013, S. 89-102.

Ess, Josef van: Der Fehltritt des Gelehrten. Die „Pest von Emmaus" und ihre theologischen Nachspiele. Heidelberg: C. Winter 2001.

Faroqhi, Suraiya: The Ottoman empire: the age of ‚political households' (eleventh-twelth/seventeenth-eighteenth centuries). In: Fierro, Maribel (Hrsg.): The New Cambridge History of Islam. Vol. 2: The Western Islamic World. Eleventh to Eighteenth Centuries. Cambridge: Univ. Press 2010, S. 366-410.

Fāsī l-Fahrī, ᶜAbd al-Ḥafīẓ b. aṭ-Ṭāhir b. ᶜAbd al-Ḥafīẓ al-: Istinzāl as-sakīnat ar-raḥmāniyya bi-t-taḥdīṯ bi-l-arbaᶜīn al-buldāniyya / hrsg. v. Muḥammad ᶜAlī Bayḍūn. Bayrūt: Dār al-Kutub al-ᶜIlmiyya 1424/2003.

Ferchl, Dieter (Hrsg.): Ṣaḥīḥ al-Buḫārī. Nachrichten von Taten und Aussprüchen des Propheten Muhammad. Stuttgart: Reclam 2006.

Ferhat, Halima: Sabta. In: EI² VIII (1995), S. 689f.

dies.: Tiṭṭāwīn. In: EI² X (2000), S. 549f.

Frenkel, Yehoshua: Jihād in the Medieval Mediterranean Sea: Naval War and Religious Endowment under the Mamluks. In: Leder, Stefan (Hrsg.): Crossroads between Latin Europe and the Near East: Corollaries of the Frankish Presence in the Eastern Mediterranean (12th – 14th centuries). Würzburg: Ergon 2011 (= Istanbuler Texte und Studien; 24), S. 103-125.

Fuess, Albrecht: Dreikampf um die Macht zwischen Osmanen, Mamlūken und Safawiden (1500-1517). Warum blieben die Mamlūken auf der Strecke? In: Conermann, Stephan / Pistor-Hatam, Anja (Hrsg.): Die Mamlūken. Studien zu ihrer Geschichte und Kultur. Zum Gedenken an Ulrich Haarmann (1942-1999). Schenefeld: EB 2003 (= Asien und Afrika; 7), S. 239-250.

ders.: Muslime und Piraterie im Mittelmeer (7.-16. Jahrhundert). In: Jaspert, Nikolas u. Kolditz, Sebastian (Hrsg.): Seeraub im Mittelmeerraum. Piraterie, Korsarentum und maritime Gewalt von der Antike bis zur Neuzeit. Paderborn: Wilhelm Fink u. Ferdinand Schöningh 2013 (= Mittelmeerstudien; 3), S. 175-198.

ders.: Ottoman Ġazwah – Mamluk Ǧihād. Two Arms on the Same Body? In: Conermann, Stephan (Hrsg.): Everything is on the Move. The Mamluk Empire as a Node in (Trans-)Regional Networks. Göttingen: V&R unipress 2014 (= Mamluk Studies; 7), S. 269-282.

ders.: Von der Belagerung Wiens (1529) zum antiimperialistischen Kampf. Wandelnde Konzepte von „Heiligem Krieg" (*ǧihād* und *ġazwa*) im Nahen

Osten zwischen dem 16. und 19. Jahrhundert. In: Historisches Jahrbuch 134 (2014), S. 10-29.

Gabrieli, Francesco: The Arabic Historiography of the Crusades. In: Lewis, Bernard u. Holt, P.M. (Hrsg): Historians of the Middle East. London u.a.: Oxford University Press 1962 (= Historical Writing on the Peoples of Asia), S. 98-107.

ders.: Die Kreuzzüge aus arabischer Sicht. Aus den arabischen Quellen ausgewählt und übersetzt von Francesco Gabrieli / aus dem Italienischen von Barbara von Kaltenborn-Stachau. Zürich u. München: Artemis 1973.

Geoffroy, Eric: al-Suyūṭī. In: EI² IX (1997), S. 913-916.

Graf, Friedrich Wilhelm: Sakralisierung von Kriegen: Begriffs- und problemgeschichtliche Erwägungen. *Sonderdruck aus*: Schreiner, Klaus (Hrsg.): Heilige Kriege. [München:] Oldenbourg s.a. (= Schriften des Historischen Kollegs – Kolloquien; 78).

Haarmann, Ulrich: Der arabische Osten im späten Mittelalter 1250-1517. In: Haarmann, Ulrich u. Halm, Heinz (Hrsg.): Geschichte der arabischen Welt. 4. überarb. u. erw. Aufl. München: C.H. Beck 2001 (= Beck's Historische Bibliothek), S. 217-263.

ders.: Mit dem Pfeil, dem Bogen. Fremde und einheimische Stimmen zur Kriegskunst der Mamluken. In: Kommunikation zwischen Orient und Okzident. Alltag und Sachkultur. Wien: Österreichische Akademie der Wissenschaften 1994 (= Sitzungsberichte Bd. 619 / Veröffentlichungen des Instituts für Realienkunde des Mittelalters und der frühen Neuzeit; 16), S. 223-249.

Hagen, Gottfried: Die Türkei im Ersten Weltkrieg. Flugblätter und Flugschriften in arabischer, persischer und osmanisch-türkischer Sprache aus einer Sammlung der Universitätsbibliothek Heidelberg eingeleitet, übersetzt und kommentiert. Frankfurt u.a.: Peter Lang 1990 (= Heidelberger Orientalische Studien; 15).

Ḥāǧǧī Ḫalīfa, Muṣṭafā b. ʿAbd Allāh: Kašf aẓ-ẓunūn ʿan asāmī l-kutub wa-l-funūn. Bd. 1. İstanbul 1360/1941.

Halm, Heinz: Die Fatimiden. In: Haarmann, Ulrich u. Halm, Heinz (Hrsg.): Geschichte der arabischen Welt. 4. überarb. u. erw. Aufl. München: C.H. Beck 2001 (= Beck's Historische Bibliothek), S. 166-199.

Ḥalwānī, Aḥmad ʿAbd al-Karīm: Ibn ʿAsākir wa-dawruhū fī l-ǧihād ḍidd aṣ-ṣalībiyyīn fī ʿahd ad-dawlatayn an-nūriyya wa-l-ayyūbiyya. Dimašq: Dār al-Fidāʾ [1411/1991].

Hanisch, Marc: Max Freiherr von Oppenheim und die Revolutionierung der islamischen Welt als anti-imperiale Befreiung von oben. In: Loth, Wilfried u. Hanisch, Marc (Hrsg.): Erster Weltkrieg und Dschihad. Die

Deutschen und die Revolutionierung des Orients. München: Oldenbourg 2014, S. 13-38.

Harding, Çiğdem Balim: Turkish literature. In: Irwin, Robert (Hrsg.): The New Cambridge History of Islam. Bd. 4: Islamic Cultures and Societies to the End of the Eighteenth Century. Cambridge: Univ. Press 2010, S. 424-433.

Hegghammer, Thomas u. Wagemakers, Joas: The Palestine Effect: The Role of Palestinians in the Transnational Jihad Movement. In: Die Welt des Islams 53.3-4 (2013), S. 281-314.

Herzog, Thomas: Legitimität durch Erzählung. Ayyūbidische und kalifale Legitimation mamlūkischer Herrschaft in der populären *Sīrat Baibars*. In: Conermann, Stephan / Pistor-Hatam, Anja: Die Mamlūken. Studien zu ihrer Geschichte und Kultur. Zum Gedenken an Ulrich Haarmann (1942-1999). Schenefeld: EB 2003 (= Asien und Afrika; 7), S. 251-268.

Heyd, Uriel: The Later Ottoman Empire in Rumelia and Anatolia. In: Holt, P.M. u.a. (Hrsg.): The Cambridge History of Islam. Bd. 1: The Central Islamic Lands. Cambridge: Univ. Press 1970, S. 354-373.

Hillenbrand, Carole: Jihad Propaganda in Syria From the Time of the First Crusade Until the Death of Zengi: the Evidence of Monumental Inscriptions. In: Athamina, Khalil u. Heacock, Roger (Hrsg.): The Frankish Wars and their Influence on Palestine. Selected Papers presented at Birzeit University's International Academic Conference held in Jerusalem, March 13-15, 1992. Birzeit: Birzeit University 1994, S. 60-69.

dies.: The Crusades. Islamic Perspectives. Edinburgh: University Press 1999.

Holt, P.M.: Mamlūks. In: EI² VI (1991), S. 321-331.

ders.: The Age of the Crusades. The Near East from the eleventh century to 1517. London u. New York: Longman 1986.

ders.: The Later Ottoman Empire in Egypt and the Fertile Crescent. In: ders. u.a. (Hrsg.): The Cambrigde History of Islam. Bd. 1: The Central Islamic Lands. Cambridge: Univ. Press 1970, S. 374-393.

Horsch-Al Saad, Silvia: Tod im Kampf. Figurationen des Märtyrers in frühen sunnitischen Schriften. Würzburg: Ergon 2011 (= Ex Oriente Lux. Rezeptionen und Exegesen als Traditionskritik; 11).

Hourani, Albert: Die Geschichte der arabischen Völker. Weitererzählt bis zum Arabischen Frühling von Malise Ruthven. Frankfurt a.M.: Fischer 2016.

Humphreys, R. Stephen: Ayyubids, Mamluks, and the Latin East in the Thirteenth Century. In: Mamlūk Studies Review II (1998), S. 1-17.

Hunwick, J.O. (Hrsg.) / Barry, M. (Übers.): Ignaz Goldziher on al-Suyūṭī. In: The Muslim World LXVIII (1978), S. 79-99.

[A] Ibn ᶜAsākir aš-Šāfiᶜī, Abū l-Qāsim ᶜAlī b. al-Ḥasan b. Hibat Allāh Ṯiqat ad-Dīn: Al-arbaᶜūn fī l-ḥaṯṯ ᶜalā l-ǧihād / hrsg. v. ᶜAbd Allāh b. Yūsuf. Al-Kuwayt: Dār al-Ḫulafāʾ li-l-Kitāb al-Islāmī 1404/1984.

ders.: Al-arbaᶜūn ḥadīṯan min al-musāwāt mustaḫraǧa ᶜan ṯiqāt ar-ruwāt / hrsg. v. Abū ᶜAlī Ṭāha b. ᶜAlī Būsarīḥ. Ar-Riyāḍ: Maktabat ar-Rušd 1424/2003.

ders.: Tārīḫ Madīnat Dimašq / hrsg. v. Muḥibb ad-Dīn Abū Saᶜīd ᶜUmar b. Ġarāma al-ᶜAmrawī. 80 Bde. Bayrūt: Dār al-Fikr 1415-1421/1995-2000.

Ibn al-Aṯīr, ᶜIzz ad-Dīn Abū l-Ḥasan ᶜAlī b. Abī l-Karam Muḥammad b. Muḥammad: Al-kāmil fī t-tārīḫ. Bd. 11. Bayrūt: Dār Ṣādir 1386/1966.

Ibn Baṭṭa al-Ḥanbalī, Abū ᶜAbd Allāh al-ᶜUkbarī: Kitāb al-ǧihād aw Sabᶜūn ḥadīṯan fī l-ǧihād / hrsg. v. Yusrā ᶜAbd al-Ġanī l-Bušrā. Al-Qāhira: Maktabat al-Qurʾān 1409/1989.

Ibn Ḫallikān, Abū l-ᶜAbbās Šams ad-Dīn Aḥmad b. Muḥammad b. Abī Bakr: Wafayāt al-aᶜyān wa-anbāʾ abnāʾ az-zamān. 6 Bde. Al-Qāhira: Maktabat an-Nahḍa al-Miṣriyya 1367/1948.

Ibn al-ᶜImād al-Ḥanbalī, Šihāb ad-Dīn Abū l-Falāḥ ᶜAbd al-Ḥayy b. Aḥmad b. Muḥammad: Šaḏarāt aḏ-ḏahab fī aḫbār man ḏahab. 10 Bde. Bayrūt: Dār Ibn Kaṯīr 1406-14/1986-93.

Ibn Khallikan: Biographical Dictionary / übers. v. Bn. Mac Guckin de Slane. Bd. 2. New York u. London: Johnson Repr. Corp. 1843.

Ibn Maḥmūd, Ḥusayn: Ṣaḥīl al-ǧiyād fī ǧamᶜ maṣādir al-ǧihād. S.l.: Dār al-Ǧabha li-n-Našr wa-t-Tawzīᶜ 1428/2007, auf: http://www.e-prism.org/images/Sahil_al-Jiyad_fi_Jam3_Masader_al-Jihad_-_24-7-07.pdf (*eingesehen am 12.03.2013, 16:25 Uhr; im April 2017 nicht mehr abrufbar*).

Ibn al-Mubārak al-Ḥanẓalī l-Marwazī, ᶜAbd Allāh: Kitāb al-ǧihād / hrsg. v. Nazīh Ḥammād. Tūnis: ad-Dār at-Tūnisiyya li-n-Našr 1392/1972.

[Ibn al-Qalānisī, Abū Yaᶜlā Ḥamza:] History of Damascus 363-555 a.h. by Ibn al-Qalânisi from the Bodleian Ms. Hunt. 125. being a continuation of the history of Hilâl al-Sâbi / hrsg. v. H.F. Amedroz. Leiden: Late E.J. Brill 1908.

Ibn Šaddād, Bahāʾ ad-Dīn: Sīrat as-sulṭān an-nāṣir Ṣalāḥ ad-Dīn al-Ayyūbī. An-nawādir as-sulṭāniyya wa-l-maḥāsin al-yūsufiyya / hrsg. v. Aḥmad Ibiš. Dimašq: Al-Awāʾil 2003.

Ibn aṣ-Ṣalāḥ, Abū ᶜAmr ᶜUṯmān b. ᶜAbd ar-Raḥmān aš-Šahrazūrī: ᶜUlūm al-ḥadīṯ / hrsg. v. Nūr ad-Dīn ᶜItr. Dimašq: Dār al-Fikr 1419/1998.

Ibn al-Ṣalāḥ al-Shahrazūrī: An Introduction to the Science of the Ḥadīth. Kitāb Maᶜrifat anwāᶜ ᶜilm al-ḥadīth / übers. v. Eerik Dickinson. Reading: Garnet 2010.

Ibn Shaddād, Bahā' al-Dīn: The Rare and Excellent History of Saladin or al-Nawādir al-Sulṭāniyya wa'l-Maḥāsin al-Yūsufiyya / übers. v. D.S. Richards. Hampshire: Ashgate 2002.

ʿImād al-Iṣfahānī l-: Ḫarīdat al-qaṣr wa-ğarīdat al-ʿaṣr / hrsg. v. Šukrī Fayṣal. Bd. 1. Dimašq: Maṭbūʿāt al-Mağmaʿ al-ʿIlmī l-ʿArabī 1375/1955.

Imber, Colin: The Ottoman empire (tenth/sixteenth century). In: Fierro, Maribel (Hrsg.): The New Cambridge History of Islam. Vol. 2: The Western Islamic World. Eleventh to Eighteenth Centuries. Cambridge: Univ. Press 2010, S. 332-365.

İnalcık, Halil: Meḥemmed II. In: EI² VI (1991), S. 978-981.

ders.: The Heyday and Decline of the Ottoman Empire. In: Holt, P.M. u.a. (Hrsg.): The Cambridge History of Islam. Bd. 1: The Central Islamic Lands. Cambridge: Univ. Press 1970, S. 324-353.

ders.: The Rise of the Ottoman Empire. In: Holt, P.M. u.a. (Hrsg.): The Cambridge History of Islam. Bd. 1: The Central Islamic Lands. Cambridge: Univ. Press 1970, S. 295-323.

Ismāʿīl Bāšā b. Muḥammad Amīn b. Mayr Salīm al-Bābānī l-Bağdādī: Hadīyat al-ʿārifīn asmā' al-mu'allifīn wa-aṯār al-muṣannifīn. 2 Bde. İstanbul 1951.

ders.: Īḍāḥ al-maknūn fī ḏ-ḏayl ʿalā kašf aẓ-ẓunūn ʿan asāmī l-kutub wa-l-funūn. 2 Bde. İstanbul 1364-6/1945-7.

Jarrar, Maher: The Martyrdom of Passionate Lovers. Holy War as a Sacred Wedding. In: Neuwirth, Angelika u.a. (Hrsg.): Myths, Historical Archetypes and Symbolic Figures in Arabic Literature. Towards a Hermeneutic Approach. Proceedings of the International Symposium in Beirut, June 25th – June 30th, 1996. Stuttgart: Franz Steiner 1999, S. 87-107.

Kaḥḥāla, ʿUmar Riḍā: Muʿğam al-mu'allifīn. Tarāğim muṣannifī l-kutub al-ʿarabiyya. 15 Bde. Dimašq 1376-81/1957-61.

Karabulut, Ali Rıza / Karabulut, Ahmet Turan: Dünya Kütüphanelerinde Mevcut İslâm Kültür Tarihi ile İlgili Eserler Ansiklopedisi. 6 Bde. Kayseri: Akabe [2006].

Karahan, Abdülkadir: İslâm – Türk edebiyatında kırk hadis toplama, tercüme ve şerhleri. İstanbul 1954.

Karatay, Fehmi Edhem / Rescher, O. (Hrsg.): Topkapı Sarayı Müzesi Kütüphanesi Arapça Yazmalar Kataloğu. Bd. 2: Hadis ve Fıkıh. İstanbul: Topkapı Sarayı Müzesi 1964 (= Topkapı Sarayı Müzesi Yayınları; 15).

Kattānī, Idrīs al-: Istrātīğiyyat ad-difāʿ ʿan al-amn al-islāmī min ḫilāl arbaʿīn ḥadīṯan nabawiyya. Ar-Ribāṭ: Manšūrāt Nādī l-Fikr al-Islāmī 1418/1997.

Kellner-Heinkele, Barbara: Der arabische Osten unter osmanischer Herrschaft 1517-1800. In: Haarmann, Ulrich u. Halm, Heinz (Hrsg.): Geschichte der arabischen Welt. 4. überarb. u. erw. Aufl. München: C.H. Beck 2001 (= Beck's Historische Bibliothek), S. 323-364.

Khadduri, Majid: The Law of War and Peace in Islam. A Study in Muslim International Law. London: Luzac & Co. 1940.

Khoury, Adel T.: Der Koran. Arabisch-Deutsch. 12 Bde. Gütersloh 1990-2001.

Kriss, Rudolf / Kriss-Heinrich, Hubert: Volksglaube im Bereich des Islam. Bd. 2: Amulette, Zauberformeln und Beschwörungen. Wiesbaden: Harrassowitz 1962.

Landau-Tasseron, Ella: Jihād. In: EQ III (2003), S. 35-42.

dies.: The „Cyclical Reform“: A Study of the Mujaddid Tradition. In: Studia Islamica LXX (1989), S. 79-117.

Lane, Edward William: An Arabic-English Lexicon. Bd. 1 in 8 Teilen. London u. Edinburgh: Williams and Norgate 1863-1893. [http://www.tyndale archive.com/tabs/lane/]

Leder, Stefan: Sunni Resurgence, *Jihād* Discourse and the Impact of the Frankish Presence in the Near East. In: ders. (Hrsg.): Crossroads between Latin Europe and the Near East: Corollaries of the Frankish Presence in the Eastern Mediterranean (12th – 14th centuries). Würzburg: Ergon 2011, S. 81-101.

Lev, Yaacov: The Jihād of Sultan Nūr al-Dīn of Syria (1146-1174): History and Discourse. In: Jerusalem Studies in Arabic and Islam 35 (2008), S. 227-284.

Levanoni, Amalia: The Mamlūks in Egypt and Syria: the Turkish Mamlūk sultanate (648-784/1250-1382) and the Circassian Mamlūk sultanate (784-923/1382-1517). In: Fierro, Maribel (Hrsg.): The New Cambridge History of Islam. Vol. 2: The Western Islamic World. Eleventh to Eighteenth Centuries. Cambridge: Univ. Press 2010, S. 237-284.

Levtzion, Nehemia: North-West Africa: From the Maghrib to the Fringes of the Forest. The Maghrib. In: Gray, Richard (Hrsg.): The Cambridge History of Africa. Bd. 4: From c. 1600 to c. 1790. Cambridge: Univ. Press 1975, S. 145-152.

Lewis, Bernard: Egypt and Syria. In: Holt, P.M. u.a. (Hrsg.): The Cambrigde History of Islam. Bd. 1: The Central Islamic Lands. Cambridge: Univ. Press 1970, S. 175-230.

Lindsay, James E.: ʿAlī Ibn ʿAsākir as a Preserver of Qiṣaṣ al-Anbiyāʾ: The Case of David b. Jesse. In: Studia Islamica 82 (1995), S. 45-82.

ders.: Ibn ʿAsākir, His *Taʾrīkh madīnat Dimashq* and its Usefulness for Understanding Early Islamic History. In: Ders. (Hrsg.): Ibn ʿAsākir and Early Islamic History. Princeton: The Darwin Press 2001 (= Studies in Late Antiquity and Early Islam; 20), S. 1-23.

Loth, Wilfried: „Dschihad made in Germany"? Einleitung. In: ders. u. Hanisch, Marc (Hrsg.): Erster Weltkrieg und Dschihad. Die Deutschen und die Revolutionierung des Orients. München: Oldenbourg 2014, S. 7-12.

[L] Luqmān as-Salafī, Muḥammad: Arbaʿūn ḥadīṯan fī faḍl al-ǧihād wa-l-muǧāhidīn. [S.l. s.a.], auf: http://www.muslm.net/vb/showthread.php?t=362649 (gepostet am 11.10.2009, 23:44 Uhr; zuletzt abgerufen am 11.03.2016, 20:30 Uhr).

Makdisi, George: The Sunnī Revival. In: D.S. Richards (Hrsg.): Islamic Civilisation 950-1150. A Colloquium published under the auspices of The Near Eastern History Group Oxford. Oxford: Bruno Cassirer 1973 (= Papers on Islamic History; 3), S. 155-168.

Mantran, R.: North Africa in the Sixteenth and Seventeenth Centuries. In: Holt, P.M. u.a. (Hrsg.): The Cambridge History of Islam. Bd. 2: The Further Islamic Lands, Islamic Society and Civilization. Cambridge: Univ. Press 1970, S. 238-265.

Marín, Manuela: The *ʿulamāʾ*. In: Fierro, Maribel (Hrsg.): The New Cambridge History of Islam. Vol. 2: The Western Islamic World. Eleventh to Eighteenth Centuries. Cambridge: Univ. Press 2010, S. 679-704.

Masters, Bruce: Egypt and Syria under the Ottomans. In: Fierro, Maribel (Hrsg.): The New Cambridge History of Islam. Vol. 2: The Western Islamic World. Eleventh to Eighteenth Centuries. Cambridge: Univ. Press 2010, S. 411-435.

Matuz, Josef: Das Osmanische Reich. Grundlinien seiner Geschichte. 6. Aufl. Darmstadt: WBG 2010.

Mejcher, Helmut: Der arabische Osten im zwanzigsten Jahrhundert 1914-1985. In: Haarmann, Ulrich u. Halm, Heinz (Hrsg.): Geschichte der arabischen Welt. 4. überarb. u. erw. Aufl. München: C.H. Beck 2001 (= Beck's Historische Bibliothek), S. 432-501.

Mourad, Suleiman A.: Jesus According to Ibn ʿAsākir. In: Lindsay, James E. (Hrsg.): Ibn ʿAsākir and Early Islamic History. Princeton: The Darwin Press 2001 (= Studies in Late Antiquity and Early Islam; 20), S. 24-43.

ders. / Lindsay, James E.: The Intensification and Reorientation of Sunni Jihad Ideology in the Crusader Period. Ibn ʿAsākir of Damascus (1105-1176) and His Age, with an Edition and Translation of Ibn ʿAsākir's *The Forty Hadiths for Inciting Jihad.* Leiden u. Boston: Brill 2013.

diess.: Rescuing Syria from the Infidels: The Contribution of Ibn ʿAsakir of Damascus to the Jihad Campaign of Sultan Nur al-Din. In: Crusades 6 (2007), S. 37-55.

Muḥammad, Maḥmūd Sālim: An-Nabhānī (Yūsuf b. Ismāʿīl). In: Al-mawsūʿa al-ʿarabiyya 20 (2008), S. 451ff.

Müller, Herbert Landolin: Islam, ǧihād („Heiliger Krieg") und Deutsches Reich. Ein Nachspiel zur wilhelminischen Weltpolitik im Maghreb 1914-1918. Frankfurt a.M. [u.a.]: Peter Lang 1991 (= Europäische Hochschulschriften. Reihe III: Geschichte und ihre Hilfswissenschaften; 506).

[M] Muqriʾ al-Wāsiṭī, ʿAfīf ad-Dīn Abū l-Faraǧ Muḥammad b. ʿAbd ar-Raḥmān al-: Kitāb al-arbaʿīn fī l-ǧihād wa-l-muǧāhidīn / hrsg. v. Badr b. ʿAbd Allāh al-Badr. Bayrūt: Dār Ibn Ḥazm 1413/1992.

Murphey, Rhoads: Ottoman Warfare 1500-1700. New Brunswick: Rutgers Univ. Press 1999.

Nabhānī, Yūsuf b. Ismāʿīl an-: Al-aḥādīṯ al-arbaʿīn fī wuǧūb ṭāʿat amīr al-muʾminīn. Wa-yalīh lah Ḫulāṣat al-bayān fī baʿḍ maʾāṯir mawlānā s-sulṭān ʿAbd al-Ḥamīd aṯ-ṯānī wa-aǧdādih Āl ʿUṯmān. Bayrūt: al-Maṭbaʿat al-Adabiyya 1312/1894.

ders.: Arbaʿūn ḥadīṯan qudsiyyan wa-arbaʿūn ḥadīṯan nabawiyyan fī ṯ-ṯanāʾ ʿalā Llāh taʿālā / hrsg. v. Muḥammad Ḫayr Ramaḍān Yūsuf. Bayrūt: Dār Ibn Ḥazm 1426/2005.

ders.: Forty Narrations on the Obligation to Obey the Ruler / transl. with notes by S.Z. Chowdhury. [Leipzig: Amazon Distribution s.a.]

[N] *ders.*: Kitāb al-aḥādīṯ al-arbaʿīn fī faḍl al-ǧihād wa-l-muǧāhidīn. (Wa-yalīh Al-muzdawiǧa al-ḥusnā fī l-istiġāṯa bi-asmāʾ Allāh al-ḥusnā). Bayrūt: Maṭbaʿat al-Fayḥā 1332/1914.

ders.: Maǧmūʿ al-arbaʿīn arbaʿīn min aḥādīṯ Sayyid al-Mursalīn. 2. Aufl. Miṣr: Šarikat Maktabat Muṣṭafā l-Bābī l-Ḥalabī wa-awlāduh 1372/1952.

Nawawī, Yaḥyā ibn Sharaf al-: Das Buch der vierzig Hadithe. Kitāb al-arbaʿīn mit dem Kommentar von Ibn Daqīq al-ʿĪd / übers. u. hrsg. v. Marco Schöller. Frankfurt a. M. 2007.

Nawawī, Yaḥyā b. Šaraf ad-Dīn an-: Šarḥ matn al-arbaʿīn an-nawawiyya fī l-aḥādīṯ aṣ-ṣaḥīḥa an-nabawiyya. 4. Aufl. Dimašq: Maktabat Dār al-Fatḥ 1404/1984.

Nesser, Petter: Abū Qatāda and Palestine. In: Die Welt des Islams 53.3-4 (2013), S. 416-448.

Paret, Rudi: Der Koran. Übersetzung. 7. Aufl. Stuttgart/Berlin/Köln: W. Kohlhammer 1996.

Peters, Rudolph: Islam and Colonialism. The Doctrine of Jihad in Modern History. The Haugue u.a.: Mouton 1979 (= Religion and Society; 20).

Prucha, Nico: Celebrities of the Afterlife: Death Cult, Stars, and Fandom of Jihadist Propaganda. In: Lohlker, Rüdiger / Abu-Hamdeh, Tamara: Jihadi Thought and Ideology. Berlin: Logos 2013 (= Jihadism and Terrorism; 1), S. 83-137.

Rabāb, Samīr Muṣṭafā: Nabḏa ʿan al-muʾallif. In: Nabhānī, Yūsuf b. Ismāʿīl an-: Ǧāmiʿ karāmāt al-awliyāʾ. Bd. 1. Bayrūt: al-Maktaba al-ʿaṣriyya 1421/2001, S. 7f.

Rahūnī, Abū l-ʿAbbās Aḥmad ar-: ʿUmdat ar-rāwīn fī tārīḫ Tiṭṭāwīn / hrsg. v. Ibn al-Ḥāǧǧ as-Sulamī, Ǧaʿfar. Bd. 4. Tiṭwān: Ǧamʿiyyat Tiṭwān Asmīr 1424/2003 (= Silsilat Turāṯ; 6).

Raymond, André: North Africa in the Pre-Colonial Period. In: Holt, P.M. u.a. (Hrsg.): The Cambridge History of Islam. Bd. 2: The Further Islamic Lands, Islamic Society and Civilization. Cambridge: Univ. Press 1970, S. 266-298.

Rogerson, Barnaby: North Africa. A History from the Mediterranean Shore to the Sahara. London: Duckworth Overlook 2012.

[Š] Šabakat Masāǧidinā ad-Daʿwiyya - Filasṭīn: Musābaqat ḥifẓ aḥādīṯ al-arbaʿīn al-ǧihādiyya (1433/2012), auf: http://www.sef.ps/vb/multka394000/ (*zuletzt abgerufen im Juni 2013, Seite im Oktober 2015 nicht mehr abrufbar*).

Safa, Z.: Persian Literature in the Timurid and Türkmen Periods (782-907/1380-1501). In: Jackson, Peter / Lockhart, Laurence (Hrsg.): The Cambridge History of Iran. Bd. 6: The Timurid and Safavid Periods. Cambridge [u.a.]: Univ. Press 1986, S. 913-928.

Ṣafadī, Ḫalīl b. Aybak aṣ-: Al-wāfī bi-l-wafayāt / hrsg. v. Aḥmad Ḥuṭayt. Bd. 20. Bayrūt / Berlin: [in Kommission bei] Franz Steiner 1428/2007 (Bibliotheca Islamica; 6t).

Saḫāwī, Šams ad-Dīn Muḥammad b. ʿAbd ar-Raḥmān b. Muḥammad as-: Aḍ-ḍawʾ al-lāmiʿ li-ahl al-qarn at-tāsiʿ. Bd. 4. Bayrūt: Dār al-Ǧīl s.a.

ders.: Aḍ-ḍawʾ al-lāmiʿ li-ahl al-qarn at-tāsiʿ. 12 Bde. Bayrūt: Dār Maktabat al-Ḥayāt [1966].

Saleh, Marlies J.: Al-Suyūṭī and His Works: Their Place in Islamic Scholarship from Mamluk Times to the Present. In: Mamlūk Studies Review V (2001), S. 73-89.

Sarkīs, Yūsuf Ilyās: An-Nabhānī. In: Ders.: Muʿǧam al-maṭbūʿāt al-ʿarabiyya wa-l-muʿarraba. [Bd. 2] Miṣr: Maktabat Yūsuf I. Sarkīs wa-awlādih 1346/1928, S. 1838-42.

Sartain, Elizabeth Mary: Jalāl al-dīn al-Suyūṭī. Biography and Background. [Bd. 1.] Cambridge u.a.: Cambridge University Press 1975.

Schölch, Alexander: Der arabische Osten im neunzehnten Jahrhundert 1800-1914. In: Haarmann, Ulrich u. Halm, Heinz (Hrsg.): Geschichte der arabischen Welt. 4. überarb. u. erw. Aufl. München: C.H. Beck 2001 (= Beck's Historische Bibliothek), S. 365-431.

Sezgin, Fuat: Geschichte des arabischen Schrifttums. Bd. 1: Qur'ānwissenschaften, Ḥadīṯ, Geschichte, Fiqh, Dogmatik, Mystik bis ca. 430 H. Leiden: E. J. Brill 1967.

Sibṭ Ibn al-Ǧawzī, Šams ad-Dīn Abū l-Muẓaffar Yūsuf b. Qazā Ūġlī at-Turkī: Mirʿāt az-zamān fī tāriḫ al-aʿyān. Bd. 8.1. Ḥaydarābād: Maṭbaʿat Maǧlis Dā'irat al-Maʿārif al-ʿUṯmāniyya 1370/1951.

Siddiqi, Muhammad Zubayr: Hadith Literature. Its Origin, Development and Special Features / hrsg. v. Abdal Hakim Murad. Cambridge: Islamic Text Society [repr.] 2008.

Silafī l-Iṣbahānī, Abū Ṭāhir Aḥmad b. Muḥammad as-: Kitāb al-arbaʿīn al-mustaǧnī bi-taʿyīn mā fīhi ʿan al-maʿīn / hrsg. v. ʿAbd Allāh Rābiḥ. Dimašq 1412/1992.

ders.: Kitāb al-arbaʿīn al-mustaǧnī bi-taʿyīn mā fīhi ʿan al-maʿīn / hrsg. v. Abū ʿAbd ar-Raḥmān Musʿad ʿAbd al-Ḥamīd al-Saʿdanī. Ar-Riyāḍ 1418/1997.

Sivan, Emmanuel: L'Islam et la Croisade. Idéologie et Propagande dans les Réactions Musulmanes aux Croisades. Paris 1968.

Sivers, Peter von: Nordafrika in der Neuzeit. In: Haarmann, Ulrich u. Halm, Heinz (Hrsg.): Geschichte der arabischen Welt. 4. überarb. u. erw. Aufl. München: C.H. Beck 2001 (= Beck's Historische Bibliothek), S. 502-604.

Stetter, Eckart: Topoi und Schemata im Ḥadīṯ. (Inaugural-Dissertation) Tübingen 1965.

Subkī, Tāǧ ad-Dīn Abū Naṣr ʿAbd al-Wahhāb b. ʿAlī b. ʿAbd al-Kāfī s-: Ṭabaqāt aš-šāfiʿiyya al-kubrā / hrsg. v. Muṣṭafā ʿAbd al-Qādir Aḥmad ʿAṭā. Bd. 4. Bayrūt: Dār al-Kutub al-ʿIlmiyya 1420/1999.

Sulamī, Abū ʿAbd ar-Raḥmān Muḥammad b. al-Ḥusayn (b. Muḥammad) b. Mūsā l-Azdī s-: Al-arbaʿūn fī t-taṣawwuf. Bayrūt: Šarikat Dār al-Mašāriʿ 1428/2007.

Sulamī, ʿAlī b. Ṭāhir b. Ǧaʿfar as-: Kitāb al-ǧihād. In: Zakkār, Suhayl (Hrsg.): Arbaʿat kutub fī l-ǧihād min ʿaṣr al-ḥurūb aṣ-ṣalībiyya. Dimašq: At-Takwīn 1428/2007, S. 43-182.

[S] Suyūṭī, Ǧalāl ad-Dīn ʿAbd ar-Raḥmān b. Abī Bakr as-: Arbaʿūn ḥadīṯan fī faḍl al-ǧihād / hrsg. v. Marzūq ʿAlī Ibrāhīm. Al-Qāhira: Dār al-Iʿtiṣām 1408/1988.

ders.: Kitāb at-taḥadduṯ bi-niʿmat Allāh / hrsg. v. Elizabeth Mary Sartain. [Bd. 2.] Cambridge u.a.: Cambridge University Press 1975.

Tabbaa, Yasser: Monuments with a Message: Propagation of Jihād under Nūr A-Dīn [!] (1146-1174). In: Goss, Vladimir P. (Hrsg.): The Meeting of two Worlds. Cultural Exchange between East and West during the Period of the Crusades. Michigan: Medieval Institute Publications 1986 (= Studies in Medieval Culture; 21), S. 223-240.

Terrasse, H.: ʿAlawīs. In: EI² I (1960), S. 355-358.

[T] Tiṭwānī, Abū l-Ḥasan ʿAlī b. Muḥammad Barakat at-: Arbaʿūn ḥadītan fī faḍl al-ǧihād / hrsg. v. Muḥammad Bū Ḫubza. Tiṭwān: Ǧamʿiyyat al-Baʿt al-Islāmī 1406/1986.

Touati, Houari: Ottoman Maghrib. In: Fierro, Maribel (Hrsg.): The New Cambridge History of Islam. Vol. 2: The Western Islamic World. Eleventh to Eighteenth Centuries. Cambridge: Univ. Press 2010, S. 503-545.

Tyan, Émile: Djihād. In: EI² II (1965), S. 538ff.

Wahrmund, Adolf: Handwörterbuch der neu-arabischen und deutschen Sprache. Bd. 1. Gießen: J. Ricker 1898.

Wehr, Hans: Arabisches Wörterbuch für die Schriftsprache der Gegenwart. Arabisch – Deutsch. 5. Aufl. Wiesbaden: Otto Harrassowitz 1985.

Wüstenfeld, Ferdinand: Die Geschichtschreiber der Araber und ihre Werke. New York: Burt Franklin 1882 (= Abhandlungen der Historisch-Philologischen Classe der Königlichen Gesellschaft der Wissenschaften zu Göttingen; 29).

Yāqūt b. ʿAbd Allāh al-Ḥamawī ar-Rūmī al-Baġdādī, Šihāb ad-Dīn Abū ʿAbd Allāh: Kitāb iršād al-arīb ilā maʿrifat al-adīb, al-maʿrūf bi-Muʿǧam al-udabāʾ aw Ṭabaqāt al-udabāʾ / hrsg. v. D.S. Margoliouth. Bd. 5. Miṣr 1928.

ders.: Kitāb muʿǧam al-buldān / hrsg. v. Ferdinand Wüstenfeld. 6 Bde. Leipzig: Brockhaus 1866-73.

Yver, G.: Al-Maghrib. II. History. In: EI² V (1986), S. 1188-1196.

Zabīdī, Muḥammad Murtaḍā l-Ḥasanī z-: Tāǧ al-ʿarūs min ǧawāhir al-qāmūs. 40 Bde. Al-Kuwayt 1389-1422/1969-2001 (= At-turāt al-ʿArabī; 16).

Zaydān, Yūsuf: Fihris maḫṭūṭāt maktabat Rifāʿa Rāfiʿ aṭ-Ṭahṭāwī. Bd. 1. Al-Qāhira: Maʿhad al-Maḫṭūṭāt al-ʿArabiyya 1996.

Ziriklī, Ḫayr ad-Dīn az-: Al-aʿlām. Qāmūs tarāǧim li-ašhar ar-riǧāl wa-n-nisāʾ min al-ʿarab wa-l-mustaʿribīn wa-l-mustašriqīn. 11 Bde. Bayrūt 1389/1969.

Zirker, Hans: Der Koran. 3. Aufl. Darmstadt: WBG 2010.

Zürcher, Erik-Jan: Introduction. The Ottoman Jihad, the German Jihad and the Sacralization of War. In: ders.: Jihad and Islam in World War I. Studies on the Ottoman Jihad on the Centenary of Snouk Hurgronje's "Holy War Made in Germany". Leiden: Univ. Press 2016, S. 13-27.

Indices

Der arabische Buchstabe *ʿayn* sowie arabische, deutsche und englische Artikel sind in der alphabetischen Anordnung der Titel, Personen- und Orte-Namen nicht berücksichtigt.

Index der Titel, Sammlungen und Institutionen

Aḥādīṯ al-arbaʿīn fī tarġīb al-ǧihād 64
Al-aḥādīṯ al-arbaʿīn fī wuǧūb ṭāʿat amīr al-muʾminīn 182f.
arab news 84
Al-arbaʿīn fī ṣṭināʿ al-maʿrūf 36, 135, 182
Al-arbaʿūn al-buldāniyya. Arbaʿūn ḥadīṯan ʿan arbaʿīn šayḫan min arbaʿīn madīnatan li-arbaʿīn min aṣ-ṣaḥāba 90
Al-arbaʿūn fī l-abdāl al-ʿawāl 90-94
Al-arbaʿūn fī faḍl aš-šahāda wa-ṭalab al-ḥusnā wa-ziyāda 80f.
Al-arbaʿūn fī l-ǧihād bi-dūn al-isnād 46
Al-arbaʿūn fī l-ḥaṯṯ ʿalā l-ǧihād 66, 90, 207f.
Al-arbaʿūn fī t-taṣawwuf 93
Al-arbaʿūn al-ǧihādiyya li-l-Murādī 35
Al-arbaʿūn al-ǧiyād li-ahl at-tawḥīd wa-l-ǧihād 83, 207
Arbaʿūn ḥadīṯan 17, 19, 47
Arbaʿūn ḥadīṯan ʿan rasūl Allāh fī faḍāʾil al-ǧihād 66
Arbaʿūn ḥadīṯan bi-lafẓatayn 74
Al-arbaʿūn ḥadīṯan fī bayān faḍl ar-ribāṭ wa-l-ǧihād 68f.
Arbaʿūn ḥadīṯan fī ḏamm al-ḫamr 165
Arbaʿūn ḥadīṯan fī faḍl al-ǧihād 55, 145, 167, 169, 207, 228, 240
Arbaʿūn ḥadīṯan fī faḍl al-ǧihād wa-l-muǧāhidīn 37, 84, 207, 256
Arbaʿūn ḥadīṯan fī faḍl al-ǧihād wa-t-tarġīb fīhi wa-fī l-ġazw wa-r-ribāṭ wa-ḏimm al-mutaḫallifīn ʿanhū wa-t-tārikīn lah 71
Arbaʿūn ḥadīṯan fī faḍl ar-ramy bi-s-sihām 50
Arbaʿūn ḥadīṯan fī faḍl aṣ-ṣalāt ʿalā n-nabī 71
Arbaʿūn ḥadīṯan fī l-ḥaṯṯ ʿalā l-ǧihād 56
Arbaʿūn ḥadīṯan fī ramy s-sihām 75f.
Arbaʿūn ḥadīṯan fī ṣṭināʿ al-maʿrūf 36, 182
Arbaʿūn ḥadīṯan fī ṭ-ṭaylasān 140
Arbaʿūn ḥadīṯan fī waraqa 140
Arbaʿūn ḥadīṯ ǧihādiyya 35
Arbaʿūn ḥadīṯan min ǧawāmiʿ al-kalim 74f.
Al-arbaʿūn ḥadīṯan min al-musāwāt mustaḫraǧa ʿan ṯiqāt ar-ruwāt 90
Arbaʿūn ḥadīṯan muṣāfaḥāt 90
Arbaʿūn al-musāwāt 91
Al-arbaʿūn aṭ-ṭiwāl 91
Aristocratic Violence and Holy War 25
Ašrafiyya (Damaskus) 35
Al-assās fī faḍl / manāqib Banī l-ʿAbbās 140

Bibliotheca Ambrosiana (Mailand) 66
Bibliothèque Nationale (Paris) 91
A Brief History of the Palestinian Struggle 85
Buldāniyya 71, 90, 110, 135, 225

Ḍaʿīf al-ǧāmiʿ aṣ-ṣaġīr wa-ziyādatuh 255
Dār al-Bašāʾir al-Islāmiyya 194
Dār al-Kutub al-ʿIlmiyya (Beirut) 167
Ḍawʾ al-lāmiʿ li-ahl al-qarn at-tāsiʿ 139f.
Denkschrift betreffend die Revolutionierung der islamischen Gebiete unserer Feinde 191
Ad-durar al-ḫuṭab fīmā yuḫāṭib bih al-insān min al-Islām wa-l-īmān wa-l-iḥsān 165
Durar as-saḥāba fī faḍāʾil al-ḫaṭṭ wa-l-kitāba 75
Ad-durr aṯ-ṯamīn fī šarḥ ḥadīṯ al-arbaʿīn (li-ʿAlī l-Qārī) 74

Encyclopaedia of Islam (EI) 54, 68, 140, 275

Faḍl ʿAsqalān 99
Der Fehltritt des Gelehrten 23
Al-furqān 84

Ǧāmiʿ aṣ-ṣaḥīḥ 198
Geschichte der arabischen Litteratur (GAL) 50, 275
Geschichte Palästinas 85

Ḥadīṯ al-arbaʿīn li-faḍāʾil ar-ramy 64
Ḥadīṯ arbaʿīn durr ḥaqq tīr wa-kamān 76

Al-iǧtihād fī iqāma farḍ al-ǧihād 66
*The Intensification and Reorientation of Sunni Jihad Ideology in the Crusader Period. Ibn ʿAsākir of Damascus (*1105-1176*) and His Age, with an Edition and Translation of Ibn ʿAsākir's The Forty Hadiths for Inciting Jihad* 106
İstanbul Üniversitesi Kütüphane 7, 74, 76, 194
Istrātīǧiyya d-difāʿ ʿan al-amn al-islāmī min ḫilāl arbaʿīn ḥadīṯan nabawiyya 78

Kašf aẓ-ẓunūn 46, 50, 91, 145
Al-kāmil fī t-tārīḫ 102
Kitāb al-abdāl 90, 94
Kitāb al-aḥādīṯ al-arbaʿīn fī faḍl al-ǧihād wa-l-muǧāhidīn 185, 207
Kitāb ʿamāʾil faḍāʾil ǧihād 58
Kitāb al-arbaʿīn aṭ-ṭibbiyya al-mustaḫraǧa min Sunan Ibn Māǧa wa-šarḥihā 107
Kitāb al-arbaʿīn fī faṣl al-ǧūd 88
Kitāb al-arbaʿīn fī l-ǧihād wa-l-muǧāhidīn 40f., 44, 207
Kitāb al-arbaʿūn fī l-abdāl al-ʿawāl 91, 94
Kitāb al-ǧawāhir wa-l-lālīʾ fī l-abdāl al-ʿawālī 90
Kitāb al-ǧihād 19-22, 25f.,29ff., 36, 44, 90, 98, 108ff., 121, 125, 130, 148, 150, 195, 198, 201, 216, 228, 244
Kitāb al-ǧihād aw Sabʿūn ḥadīṯan fī l-ǧihād 26
Kitāb as-sunan 42, 220, 236
Kitāb az-zuhd 21

Maǧmūʿ al-arbaʿīn 181f.
Maḥkamat al-Ḥuqūq (Beirut) 178
Maktabat al-Assad (Damaskus) 107
Malik ʿAbd al-ʿAzīz Āl Saʿūd Foundation (Casablanca) 7, 71
Minbar at-tawḥīd wa-l-ǧihād 81, 83, 167
Minhāǧ aṭ-ṭālibīn 34
Muʿǧam al-kabīr 146, 230
Muʿǧam al-maṭbūʿat al-ʿarabiyya wa-l-muʿarraba 181
Muʿǧam al-muʾallifīn 53, 64, 69
Muʿǧam aš-šuyūḫ 109
Musābaqa ḥifẓ aḥādīṯ al-arbaʿīn al-ǧihādiyya 85, 207
Musnad Aḥmad b. Ḥanbal 146
Al-mustadrak 146, 232, 254
Al-muwaṭṭaʾ 214

Nordafrika in der Neuzeit 73

Quatre arbaʿūn peu remarqués ou inconnus 91

Sabʿūn ḥadīṯan fī l-ǧihād 26
Šadd al-aṯwāb fī sadd al-abwāb 49
Ṣaḥīḥ al-Buḫārī 26, 164, 222
Ṣaḥīḥ Muslim 210, 212
Ṣaḥīl al-ǧiyād fī ǧamʿ maṣādir al-ǧihād 34
Sahm al-iṣāba fī faḍāʾil ar-ramy wa-s-sihām 75
Šarḥ al-arbaʿīn an-Nawawiyya 34
Šarḥ aṣ-ṣudūr bi-šarḥ ḥāl al-mawtā fī l-qubūr 238
Aṣ-ṣiḥāḥ 146, 230f., 234
Silsilat al-aḥādīṯ aḍ-ḍaʿīfa 254
Süleymaniye Kütüphanesi (Istanbul) 7, 64
Sunan Ibn Māǧa 220, 236

Ṭabaqāt aš-šāfiʿiyya al-kubrā 89
Taḏkirat al-ḥuffāẓ 91
Taḏkirat ar-rumāh (Tarǧamat ḥadīṯ al-arbaʿīn fī taʿlīm ar-ramy) 51, 73
Tarǧamat ḥadīṯ al-arbaʿīn fī faḍāʾil al-ḫaṭṭ wa-l-kitāba 75
Tarǧamat ḥadīṯ al-arbaʿīn (fī faḍāʾil ar-ramy) 75
At-tarġīb wa-t-tarhīb 264
Tārīḫ al-Islām 91
Tārīḫ madīnat Dimašq 30, 32, 87, 94f.
Tārīḫ Tiṭwān 161, 163f.
At-tawbā 84

Topkapı Sarayı Müzesi (Istanbul) 7, 54
Traditions to die for. Abu Yahya al-Libi's collection of 40 ahadith 80

ᶜUmdat ar-rāwīn fī tārīḫ Tiṭṭāwīn 165

Wafāʾ al-wafā 49, 51
Welt des Islams 82
„Wer meiner Gemeinde vierzig Hadithe bewahrt..." Entstehung und Entwicklung eines Sammlungstyps 17

Ẓāhiriyya (Damaskus) 43, 91, 107

Index der Erstüberlieferer in den Vierzig Dschihad Haditen

al-ᶜAbbās b. ᶜAbd al-Muṭallib – S30 • 237
ᶜAbd Allāh b. Abī Awfā – T17, N35 • 249, 271
ᶜAbd Allāh b. Abī Qatāda – [T5] • 244
ᶜAbd Allāh b. ᶜAmr b. al-ᶜĀṣ – S16, S24, T28, N27, N39 • 233, 235, 251, 268, 272
ᶜAbd Allāh b. Burayda – [A30] • 224
ᶜAbd Allāh b. Masᶜūd – A3, T30, N32 • 211, 251, 270
ᶜAbd Allāh b. Salām – A5 • 212
ᶜAbd Allāh b. Zayd al-Azraq – [A29] • 223
ᶜAbd ar-Raḥmān b. Ǧabr – N17 • 265
Abū ᶜAbs – T20 • 249
Abū Ayyūb al-Anṣārī – S33, N15 • 238, 264
Abū Bakr b. Abī Mūsā al-Ašᶜarī – [N8] • 262
Abū Bakr aṣ-Ṣadīq – S28 • 236
Abū d-Dardāʾ – S29 • 239
Abū Ḏarr – A2, A32, N2 • 210, 224, 260
Abū Hurayra ᶜAbd ar-Raḥmān b. Ṣaḫr – A1, A8, A9, A10, A12, A18, A24, A27, A28, A34, A35, A36, S3, S8, S9, S10, S14, S18, S22, S27, S36, S39, T2, T4, T6, T7, T12, T13, T14, T18, T25, T29, T32, T36, T38, N1, N2, N4, N5, N6, N11, N12, N16, N20, N21, N23, N26, N33 • 210, 214ff., 218, 220, 222, 225f., 230ff., 234ff., 238f., 243-247, 249-254, 260f., 263-268, 270
Abū Masᶜūd al-Anṣārī / al-Badrī – T33, N36 • 252, 271
Abū Mūsā ᶜAbd Allāh b. Qays al-Ašᶜarī – A17, S40, T1, N8, N14 • 217, 240, 243, 262, 264
Abū Qatāda – S39, T5, N27 • 239, 244, 268
Abū Saᶜīd al-Ḫudrī, Saᶜd b. Mālik b. Sinān – A7, A11, A19, S7, T8, T11, T26, N3, N7, N22, N24 • 214f., 218, 231, 245f., 250, 260f., 266f.
Abū Umāma al-Bāhilī – A15, A20, S11, S26, T37 • 216, 219, 232, 236, 254
ᶜĀʾiša, Umm ᶜAbd Allāh – S6, T3, T9 • 231, 244, 246
ᶜAmr b. ᶜAbsa – S5 • 230
ᶜAmr b. al-ᶜĀṣ – A25 • 220
Anas b. Mālik, Abū Ḥamza – A16, A26, A31, A37, S12, T10, T16, T31, N10, N13, N15, N25, N30, N31, N34 • 217, 221, 224, 226, 232, 246, 248, 252, 262ff., 268ff.
al-Barāʾ Ibn ᶜĀzib – N9 • 262
Burayda b. al-Ḥaṣīb – A30, T19, N40 • 224, 249, 272
Faḍāla b. ᶜUbayd – A21, S2, S32, T40 • 219, 230, 237, 255
Ǧābir – A38, N38 • 226, 272
Ǧābir b. ᶜAbd Allāh – N9, N29 • 262, 269
al-Ḥāriṯ al-Ašᶜarī – A6 • 212
Ḫuraym b. Fātik – A33 • 224
Ibn ᶜAbbās, Abū l-ᶜAbbās ᶜAbd Allāh – S23, S34, S37, T3 • 235, 238f., 244
Ibn Masᶜūd, (ᶜAbd Allāh? s.o.) – N2 • 260
ᶜImrān b. Ḥuṣayn – A13, S15, S17 • 216, 233
Masrūq – A39, [N32] • 227, 270
Muᶜāḏ b. Anas – S19 • 234
Muᶜāḏ b. Ǧabal, Abū ᶜAbd ar-Raḥmān – A14, T34, T41 • 216, 253, 255

an-Nuʿmān b. Bašīr, Abū ʿAbd Allāh – A4, S4, T15 • 211, 230, 247
Saʿd b. Abī Waqqāṣ – S20 • 234
Sahl b. Ḥunayf – N34 • 270
Sahl b. Saʿd as-Sāʿidī – A23, T23, N18 • 219, 250, 265
Salama b. al-Akwaʿ – N37 • 271
Salmān al-Fārisī – S21, S31, T24, N19 • 235, 237, 250, 265
Samura b. Ǧundub – N28 • 269
Ṣaʿṣaʿa b. Muʿāwiya – [A32] • 224
Sulaymān b. Burayda – [N40] • 272
ʿUbāda b. aṣ-Ṣāmit – S1, S35, T39 • 229, 238, 254
ʿUmar b. al-Ḫaṭṭāb – T35 • 253
ʿUqba b. ʿĀmir al-Ǧuhanī – A22, A29, T27, N37 • 219, 223, 251, 271
ʿUrwa al-Bāriqī – T21 • 250
ʿUtba b. ʿAbd as-Sulamī – A40 • 227
ʿUṯmān b. ʿAffān – S13 • 232
al-Walīd b. Muslim – [A20] • 219
Wāṯila b. al-Asqaʿ – S25 • 236
Zayd b. Ḫālid al-Ǧuhanī – T22, N22 • 250, 266

Sach-, Personen- und Orts-Index

Abbasiden 22, 25, 37, 39, 49
ʿAbd al-ʿAzīz b. ʿAbd Allāh b. Bāz 84
ʿAbd al-Ḥamīd II, osmanischer Sultan-Kalif 180-183, 190, 192
ʿAbd Allāh b. Ismāʿīl 34, 76f.
ʿAbd Allāh b. Yūsuf 106f., 209, 223
ʿAbd Allāh Efendī r-Rūmī l-ʿUṯmānī 33, 64f.
ʿAbd al-Qādir al-Ǧazāʾirī 70ff.
abdāl („Ersatz“ – Bezeichnung für eine Art Überliefererketten oder eine Gruppe Asketen) 90-94
ʿAbd ar-Raḥīm b. Manṣūr 33, 35
ʿAbd ar-Raḥmān b. Muḥammad b. Manṣur 36
ʿAbduh, Muḥammad 178, 184, 190
ʿAbīd al-Buḫārī 168
Abraham, Prophet 127, 221
Abschreckung (*tarhīb*) 119, 122ff., 155, 176, 205
Absicht (*niyya*) 29, 110f., 127ff., 131, 159, 170f., 175f., 196, 199, 202, 221, 242, 244, 254
Abū Dāwud 18, 146, 219, 224, 237, 253
Abū l-Fatḥ Muḥammad b. Murād b. Bāyazīd b. ʿUṯmān, Muḥyī d-Dīn s. Mehmed II, osmanischer Sultan
Abun-Nasr, Jamil 72, 159-162
Abū Nuʿaym Aḥmad b. ʿAbd Allāh b. Aḥmad al-Iṣbahānī 27
Abū Qatāda al-Filasṭīnī, ʿUmar b. Maḥmūd Abū ʿUmar 34, 80-84, 167, 207
Abū Yaḥyā al-Lībī, Ḥasan Qāʾid 26, 80
Abū l-Waqt ʿAbd al-Awwal b. ʿĪsā as-Siǧzī ṣ-Ṣūfī l-Farāwī l-Harawī 41f.
adab (Anstand, gutes Benehmen, Sitte; Literatur) 64, 164
Afġānī, Ǧamāl ad-Dīn al- 178, 180, 184, 190
Afghanistan 26, 82, 191, 193
Ägypten 17, 27, 34, 46f., 51, 53, 55ff., 67f., 75, 87, 100-103, 136, 139, 149f., 178f.
Aḥmad al-Manṣūr 159
ʿĀʾiša 175, 231, 244, 246
ʿAlawiden 70, 87, 160f., 203
Albānī, Muḥammad Nāṣir ad-Dīn al- 84, 167, 254f.
Aleppo (*Ḥalab*) 27, 36, 40, 103, 178
Alexandria 37
Algerien 26, 66ff., 71f.
ʿAlī b. Ḥāǧǧī Muṣṭafā 33, 56-61, 64
ʿālī s. Überliefererkette, hohe/hochkarätig
Amāsī, ʿAlī b. Ḥasan al- 33, 56
Amāsiya 56
Analogieschluss (*qiyās*) 142, 180
Anarchie 70, 159ff.
Anatolien 57
Andalusien 160
Andersgläubige 29f., 59, 82, 101, 201, 203
Angst 24, 120, 126f., 174, 198, 205

Anreiz (*targīb*) 23, 59, 62, 64, 86, 116, 119, 122, 126, 128, 130, 148, 174, 186, 196, 198, 200f., 205
Apostasie, Apostat 82, 103, 197
Askalon (*ʿAsqalān*) 25, 86, 99, 109
Askese (*zuhd*) 21, 92-95, 111, 142, 154, 176
‚Assassinen' 100
Asyūṭ (*auch*: Suyūṭ) 132
Audienz (*samāʿ*) 42f., 54, 63, 79, 95, 98, 106f., 114, 122, 134f., 141, 183, 205
Auferweckung 19, 210
Auferstehung, Tag der (*yawm al-qiyāma*) 19, 22, 114, 116, 123, 126, 129, 173, 177, 209f., 215, 219-222, 225f., 233, 237, 239, 243, 249f., 252f., 263, 265, 267, 271
aufrichtig, Aufrichtigkeit 121, 126, 129ff., 147, 153, 162f., 170, 173, 199, 206, 209, 229, 234, 243, 270
Aufruf zum Islam (*daʿwa*) 200
Auge 126, 226, 237, 269
Augendienerei 123, 223, 253, 267
Ausrüstung / Ausstatten 25, 29, 116, 126, 128, 154, 174f., 199, 206, 223, 250, 266
Ausscheidung des Pferdes 128, 158, 173, 216, 222, 239, 250, 267
Auswanderer (*muhāǧirūn*) 156, 220, 233, 272
Auswanderung (*hiǧra*) 143f., 213, 244
Auswendiglernen 18, 86f., 132, 134
Autobiographie as-Suyūṭīs 48f., 133-142
Autor (*muʾallif*) 40, 57, 78, 136, 138, 188
ʿawālī s. Überliefererkette, hohe/hochkarätig
ʿAyn Ǧālūt 38, 43
ʿAyyāšī, Muḥammad al- 160ff.
Ayyūbī l-Istānbūlī, ʿAbd Allāh b. Muḥammad Ṣāliḥ al- 34, 73
Ayyubiden 37, 39f., 62, 97, 150
ʿAzzāwī, Abū ʿAbd Allāh Muḥammad al- 91

Badr, Badr b. ʿAbd Allāh al- 40
Badr, Schlacht von 173, 198, 248, 262, 269
Baġawī, Abū l-Qāsim ʿAbd Allāh b. Muḥammad al- 27f.
Bagdad (*Baġdād*) 26, 37, 39-42, 49, 88f., 102, 109, 132, 178
bāġin, Pl. *buġāt* (Zwietracht Stiftende/r) 103
Bakrī, Ṣadr ad-Dīn al- 88, 135
Banū Saʿd 68f., 159f.
Banū Waṭṭās, Berberdynastie 68, 70
Bāniyās 99
Barakat at-Tiṭwānī, Abū l-Ḥasan ʿAlī b. Muḥammad 20, 30, 34, 69, 107f., 116, 131, 146, 159, 161-177, 194, 197, 199, 202-205, 207f.
barzaḫ s. Zwischenraum
bāṭil s. Überlieferungskette, nichtig
Baybars, aẓ-Ẓāhir Rukn ad-Dīn Abū l-Futūḥ 38f., 43
Begrenztheit 17f., 27, 44, 63, 123, 147, 195
Belagerung Damaskus' 89, 96f.
Beiname (*nisba*) 40, 53, 68, 74f., 132, 161, 177
Beirut (*Bayrūt*) 77, 100, 145, 167, 178, 182, 189, 194, 264, 273
Bekenntnis (*šahāda*) 40, (88), 117, 166, 172, 198f., 209, 260, 270
Berber(stämme) 68, 70, 160, 168
Bestrafung s. Strafe
Bett 22, 199, 206, 255, 270
Beute (*ġanīma*) 59, 62, 125, 156, 159, 174, 200, 215, 231, 235, 240, 243, 247, 250f., 254, 264f., 272
Beutezug s. Expedition, militärische
Bewertung der Hadithe s. Klassifizierung
Bibliothek 32, 35, 48, 50, 69, 132, 166, 187, 200
bidʿa s. Neuerung
Birzālī, Muḥammad b. Yūsuf al- 107
Bittgebet 55, 57, 147, 163, 169, 229
Blut (des Märtyrers) 116, 120, 157, 166, 215, 221, 227, 236, 238, 241, 247, 260, 263, 265
Blütezeit (der Vierzig Hadithe) 18, 39, (64)
Bogenschießen s. Schießen
Bonner, Michael 25, 61, 110f., 125
Brand 48ff.,
Briten, britisch 75, 81f., 178f., 187f., 191ff.

Buḫārī, Abū ʿAbd Allāh Muḥammad b. Ismāʿīl al-Ǧuʿfī l- 18, 34, 42, 84, 90, 92, 146, 164, 170, 183, 189, 194f., 198, 211, 214ff., 222f., 226, 231, 233, 240, 242, 244-247, 249-252, 255, 260-270, 272
Bū Ḫubza, Muḥammad 167, 242, 244, 251, 253ff.
Bujiden (*Banū Buwayh*) 28, 104
buldāniyya (ortsbezogene Hadithsammlung) 41, 71, 110, 135, 225
Bündnis
- zwischen Ibn ʿAsākir und Nūr ad-Dīn 105
- zwischen Christen und Muslimen 68, 96, 99, 189ff., 193
Byzantiner 22f., 25, 28, 43, 59, 96, 99, 103, 106, 218

Casablanca (*ad-Dār al-Bayḍāʾ*) 71
Ceuta (*Sabta*) 69f., 161, 167ff.
Christen 30ff., 37, 43, 62, 65, 67ff., 100, 118, 144ff., 148, 162, 178f., 184, 203f., 217, 233
Christie, Niall 29ff., 108, 110, 121, 130, 148, 173
Cook, David 20f., 37
Cory, Stephen 163, 169

Ḏahabī, Šams ad-Dīn Abū ʿAbd Allāh Muḥammad b. Aḥmad aḏ- 23, 26f., 38, 89ff., 100, 105, 135, 218, 253f.
ḍaʿīf s. Klassifizierung, schwach
Damaskus (*Dimašq*) 29f., 36f., 40, 43, 45, 57, 63, 72, 87-90, 95ff., 99, 106f., 110, 114, 125, 184
Dankbarkeit 149
dār al-ḥadīṯ 105
Dārimī, Abū Muḥammad ʿAbd Allāh b. ʿAbd ar-Raḥmān ad- 42, 214
Datteln 156, 173, 197, 235, 248, 262f.
daʿwa s. Aufruf zum Islam
Dāwud, Muḥammad 161, 163ff., 168
dayn, Pl. *duyūn* s. Schulden
Definition des Dschihad (*ǧihād*) 17, 104, 123f., 128, 153f., 157f., 172, 175f., 197, 206
Dichtung 58, 87, 164ff.
Diesseits (*dunyā*), diesseitig 24, 94, 110, 118f., 125, 129, 131, 171, 196, 200, 217, 219f., 225ff., 238, 246, 250, 252, 258, 264f., 268
difāʿ s. Verteidigung
Differenzierung, thematische 23, 36, 47, 58, 92, 135
ḏikr s. Gottgedenken
Dilāʾiyya 159f.
ḏimma s. Schutz
Dimyāṭī, ʿAbd al-Muʾmin ad- 34, 37
ad-dirāya (Methoden zur Klassifikation einer Überlieferung und zur Bestimmung der Zuverlässigkeit einzelner Überlieferer) 134
Druck(ausgabe) 51, 73f., 79, 82, 106, 138f., 164f., 167, 182f., 194
Dschihad, Forcierung des 98, 168
- großer und kleiner 21, 30, 124, 206
- innerer und äußerer (‚zweifacher') 30, 67f., 72, 82, 100-105, 124, 131, 179, 206
- mit Besitz und Selbst 59f., 113, 128, 171, 174, 195, 214, 221, 224, 227f., 231, 246, 252, 257-260
- mit dem Stift 25, 128, 154
- mit der Zunge 25, 125, 159, 205, 224
- Mobilisierung zum 26, 30f., 61, 65, 67, 94, 98f., 106, 144, 148, 167f., 176, 179, 182, 187-193, 195, 199, 202f., 205
dunyā s. Diesseits

Edessa 37, 98
Efendi (Titel) 64f.
Einleitung (*muqaddima*) 31, 40, 54f., 57-60, 67, 71, 75, 79, 85, 95, 103-108, 147, 149, 164, 167, 169f., 185-188, 191, 197, 208ff., 228f., 240-243, 255-260
Einsatz auf dem Weg Gottes (*ǧihād fī sabīl Allāh*) s. Dschihad
Elisséeff, Nikita 25, 97, 99, 101, 103f.
Elmaz, Orhan 80f.
Engel 55, 119, 127, 129, 198, 220f., 225, 269
Entschlossenheit 126, 209
Erlaubnis (zur Überlieferung/Lehre; *iǧāza*) 46, 132ff., 141, 164
Erläuterung (*šarḥ*) s. Kommentar / Kommentierung

Erlösung 20
Ermahnung 38, 94, 121, 169, 176, 181, 190, 213
Eroberung 22, 31, 37, 49, 52, 55, 58f., 63, 68f., 95f., 98ff., 102, 144, 148-151, 160, 162, 168, 202ff., 244, 251
Erster Weltkrieg 78, 85, 87, 178, 182, 185, 187-193
Erstüberlieferer 22, 28, 64, 76, 84, 291f.
Eschatologie 143, 148, 157
essen 173, 216f., 248, 262f., 267
europäischer Einfluss 21, 69f., 77, 178f., 184, 204
Expansion 59, 77, 102
Expedition, militärische (*ġazwa*) 23, 59f., 72, 78, 116ff., 121, 123, 128, 150-158, 164, 171, 174ff., 196f., 199, 203, 215, 217, 219, 232f., 235f., 239, 247, 249ff., 253, 264ff., 268, 270, 272

faḍl, faḍāʾil s. Vorzug
Fahnenträger 197f., 269
Fälscher 253
Farāwī, Muḥammad b. Faḍl al- 90ff.
farīḍa s. Vorschrift, göttliche
Fāsī l-Fahrī, ʿAbd al-Ḥafiẓ al- 71
Fasten 78, 100, 115, 121, 152-157, 171, 174, 196, 199, 213f., 231, 234, 237f., 245, 250ff., 255, 261, 265
Fatimiden (*al-Fāṭimiyyūn*) 28, 100f., 103f., 150f.
fatwā s. Rechtsgutachten
Fehlverhalten 124, 127, 130, 181, 204
Fes (*Fās*) 68, 70f., 78, 159-165, 169
Finanzkontrolle, europäische 178f.
al-Firdaws s. Paradies, das höchste
fitna (Zwietracht, Versuchung) 70, 159ff., 237
Flagge 269
Flugblätter (als Propaganda-Material) 188ff.
Fortbewegungsmittel 115
Frankreich 70, 72, 185, 189
Franzosen, französisch 68, 70f., 178f., 185, 188, 191, 257
Frauen 45, 134, 156f., 175ff., 234, 246, 248f., 264
Freigebigkeit (*ǧūd*) / freigebig 88, 176, 244
Freude (über Martyrium) 197f., 255, 257, 259, 269
Frömmigkeit / fromm 25, 37, 93, 99f., 137, 163, 166
Fuess, Albrecht 21, 52, 59f., 62, 72, 149ff.
Funktion (der Vierzig Hadithe) 26, 61, 122, 145, 204
Furcht 24, 29, 55, 123, 126, 156ff., 166, 173, 184, 192, 201, 205, 213, 218, 220f., 226, 231, 237f., 246, 251, 255, 257ff., 272
Fürsprache, Fürsprecher 124, 157, 222, 226, 238, 247, 266

ġadwa wa-rawḥa (Ausziehen und Zurückkehren (auf dem Wege Gottes)) 118f., 196, 217, 219, 246, 250, 264
ǧāhiliyya s. vorislamische Zeit
ġanīma s. Beute
al-ǧanna s. Paradies
Gannūn, Muḥammad b. ʿAbd as-Salām at-Tihāmī 30, 34, 69ff.
ġazwa s. Expedition, militärische
Ġazzālī, Abū Ḥāmid Muḥammad al- 143f.
Gebet, beten 24, 29, 55, 63, 70, 78, 110, 112, 115, 117-121, 129, 142, 147, 152-157, 163, 171f., 181, 196, 204, 211, 213-217, 225, 227, 231f., 234, 237, 240, 245f., 248, 250, 252, 255, 260f., 265f.
Gehorsam 121, 162, 171, 176, 181ff., 190f., 194, 196, 213, 217, 242, 245, 261
Geld 86, 123, 176, 225, 247
Gerechtigkeit 34, 37, 54, 93, 105, 108, 181, 183, 209
Geschichtsschreiber 31, 62, 105
ǧizya s. Kopfsteuer
Glaubensbekenntnis s. Bekenntnis (*šahāda*)
Gold 123, 176, 213, 225f., 247
gottesfürchtig 126, 156, 158, 166, 226, 231, 237, 246, 255, 259, 272
Gottgedenken (*ḏikr*) 37, 114f., 152, 181, 213, 234, 258
göttliche Überlieferung (*ḥadīṯ qudsī*) 225

Grab / Grabespein 22, 50, 53, 67, 114, 126, 146, 157, 163, 172, 198f., 205, 219, 221, 237f., 264f.
Granada 162
Grenze 25, 59, 147, 162, 209, 229
Großbritannien 81f., 179, 193
Großsyrien (*Šām*) 17, 28, 36, 40, 43, 46, 52, 56, 59, 67f., 87, 94, 100f., 105, 136, 150, 203
Grundpfeiler s. Säulen des Islam
ǧūd s. Freigebigkeit
ǧuz' 90

Haarmann, Ulrich 51f., 77
Hadithinhalt (*matn*, Pl. *mutūn*) 28, 41, 58, 64, 90, 109, 146, 210f.
Hadithwissenschaft 18, 27, 44, 64, 69, 84, 89, 92, 108, 133f., 164, 178, 240
ḥadīṯ qudsī s. göttliche Überlieferung
Ḥāǧǧī Ḫalīfa 91, 94
Ḥākim an-Nīsābūrī, Abū ʿAbd Allāh Muḥammad … Ibn al-Bayyiʿ al- 135, 146, 218, 229, 232ff., 236, 238f., 253f.
Ḫālid b. al-Walīd 269
Ḥalwānī, Aḥmad ʿAbd al-Karīm 106
Hamdaniden (*Banū Ḥamdān*) 28, 104
Hanbaliten 27f.
Handreichung 18, 83, 115, 122, 201, 205
Ḥanīf b. Muṣṭafā, Ibrāhīm 34, 74-77
Ḫāqānī, Muḥammad (Mehmed Hâkânî) 55
Ḥarakāt al-Muqāwama al-Islāmiyya 82
ḥarām s. verboten
Häresie / häretisch 49, 57, 101f.
ḥasanāt s. Wohltaten
Haus (als Bildnis) 153, 156, 159, 172, (230), 235, (269)
Heilig (*muqaddas*) 49, 60, 67, 112, 163, 165, 180, 185-189, 211, 247, 257
‚Heiliger Krieg' 59f., 72, 185-189, 192, 257
Herat (*Harāt*) 89, 109
Herrschergeschenk 54, 63, 74, 147, 149, 229
Heuchelei 60, 124, 130, 155, 176, 196, 228, 232, 249, 270
Ḥiǧāz 68, 178, 192
hiǧra s. Auswanderung (als Zeitrechnung gekürzt durch H. wiedergegeben)
Hillenbrand, Carole 25, 27, 38, 44f., 61, 63, 97f., 101ff., 201, 203, 239
Hirschler, Konrad 31, 35f.
Hoffnung 40, 75, 95, 144, 166, 170, 210, 221, 229, 242f., 248, 252, 256, 262
Hölle(nfeuer) 115, 117, 121ff., 128, 154f., 166, 174, 176f., 195f., 213, 222, 225f., 228, 230f., 234, 236f., 243f., 251, 255f., 258ff., 267
Ḫumaynī, Āyat Allāh al- 21
al-ḥūr al-ʿayn s. Paradiesjungfrauen

Iberische Halbinsel 67, 162
Ibn Aḥmad aš-Šīrāzī, Yūsuf 41
Ibn ʿAsākir, Abū l-Qāsim ʿAlī 20, 24f., 29-36, 41ff., 57, 63, 66, 86-131, 143, 145ff., 150-159, 171, 173-176, 179, 184, 197, 201-208
Ibn al-Aṯīr 99f., 102
Ibn Baṭṭa al-Ḥanbalī l-ʿUkbarī, Abū ʿAbd Allāh ʿUbayd Allāh b. Muḥammad 26-29, 61, 150
Ibn Ḥaǧar al-ʿAsqalānī, Abū l-Faḍl 47, 53, 133, 137, 139, 164
Ibn Ḥaǧar al-Haytamī 34, 54
Ibn Ḫallikān 44, 87f.
Ibn al-Mubārak al-Marwazī, ʿAbd Allāh 19-26, 29f., 43, 61, 80, 109f., 125, 150, 158, 201, 206, 212, 216, 222, 228
Ibn Qayyim al-Ǧawziyya 184
Ibn Šaddād, Bahā' ad-Dīn Yūsuf b. Rāfiʿ 44f., 52, 61
Ibn Taymiyya al-Ḥanbalī, Taqīy ad-Dīn Abū l-ʿAbbās Aḥmad b. ʿAbd al-Ḥalīm 39, 82f., 104, 184
Ibn Ṭūlūn-Moschee 136f.
Ibn Wadʿān al-Mawṣilī, Abū Naṣr Muḥammad b. ʿAlī 182
Ideologie 38, 52, 61f., 79f., 102, 149, 187
iǧāza s. Erlaubnis (zur Überlieferung/Lehre)
iǧtihād (Treffen eigenständiger Rechtsentscheide durch die Interpretation von Koran und Hadith) 143, 180, 210
ʿilm s. Wissen

ʿImād ad-Dīn Zanǧī 89, 97f.
Imam (*imām*) 76, 164, 171, 229, 241, 253f.
ʿ*inād* (Abweichende) 104, 106, 209
Indien 84, 136, 187, 191, 193
Inschriften 38, 97f., 101f., 108
Internet 26, 32, 79, 80, 84
Irak 17, 94, 102, 179
Iran 17
Isfahan (*Iṣfahān*) 89, 109, 210
Ismāʿiliyya, ismailitisch 100, 103
isnād s. Überlieferungskette
Israel 82, 84f.
Istanbul/İstanbul 56f., 64, 73-76, 145, 178
ʿIzz ad-Dīn Abū ʿUmar ʿAbd al-ʿAzīz b. Badr ad-Dīn Ibn Ǧamāʿa 46f.

Jenseits, jenseitig 24, 55, 75, 86, 110, 125, 258
Jerusalem 31, 48, 52, 90, 96, 98, 178, 213
Jesus, Prophet 94f., 113f., 127, 143, 212
Johannes, Prophet (Yaḥyā b. Zakariyyā) 114, 212f.
Jordanien 68, 81f.
Jungtürken 180, 189-192

Kairo (*al-Qāhira*) 31, 37, 46-49, 53, 77, 132f., 136, 138, 145, 177
Kalif 37, 39, 49, 77, 83, 93, 100, 103, 141ff., 179f., 185, 203, 211, 256f., 264
Kamel 146, 155, 172, 174, 199, 218, 224, 230, 233, 237, 252, 255, 271
Kampagne, militärische / Werbe- 27, 45, 61, 189
Kampf (*qitāl*) 22-26, 30, 38f., 44f., 54, 57f., 61ff., 67-73, 77ff., 85, 95, 98-103, 106, 109, 113-120, 122, 124, 126, 128, 131, 144, 149-163, 168-177, 185f., 188, 195-206, 218, 220, 225, 227f., 230, 233, 237, 240f., 243f., 246, 248, 257-260, 262ff., 266, 272f.
Kämpfer (*muǧāhid*) 22-25, 29, 38, 57, 59, 61ff., 67, 69, 79ff., 83, 85, 97-102, 108, 114-117, 122, 125-128, 131, 149, 151f., 154, 157f., 160, 162, 168, 170, 173-177, 183, 185, 196-199, 205, 209, 214, 216, 225, 230f., 242, 245, 249, 254, 256f., 261, 266, 273
kanonische Sammlungen (*al-kutub as-sitta*) 18ff.,23, 25, 28, 41f., 76, 91f., 110, 135, 146, 183, 201
Karabulut, Ali und Ahmet 34, 51, 54ff., 64, 73-76, 139
Karahan, Abdülkadir 46, 50, 56ff., 64, 70, 74ff., 94
Katechismus 39, 78
Kattānī, Idrīs al- 34, 69, 78f.
Khorasan (*Ḫurāsān*) 89
Kind, Kinder (22), 45, 114, 125, 179, 200, 209, 224, 272
Kindheit 81, 88, 148, 161, 202
Klassifizierung 24, 90, 134f., 142
- annehmbar, gut (*ḥasan*) 141, 166, 214, 216, 219f., 223, 226f., 238f., 253f., 256
- einwandfrei (*ṣaḥīḥ*) 24f., 141, 144, 146, 170, 212, 214, 218-221, 223f., 226-229, 231-234, 238f., 241f., 253f., 256
- schwach (*ḍaʿīf*) 170, 201, 212, 216ff., 224ff., 228, 232, 235f., 239, 241f., 254f.
Kleidung 123, 142, 176, 225, 247
Kolonialmacht (72), 179, 183, 192f.
Kommentar / Kommentierung (*šarḥ*) 26, 31, 34, 40, 51, 62, 66, 74ff., 83f., 121, 147, 152, 195, 199, 235, 238
Konstantinopel 148-151, 203
Kopfsteuer (*ǧizya*) 200, 272
Koran(vers) 15, 18, 20, 22, 24, 30f., 37f., 44f., 55f., 61, 78, 84, 98, 103, 108, 112f., 119, 121f., 127, 129, 132, 142, 150, 155, 163, 166, 172, 176ff., 180, 185ff., 191, 194-200, 205, 221f., 240, 243, 256-260
Kreuzritter 31, 39, 43, 52, 67, 72, 94-106, 151, 203f.
Kreuzzug 27, 29ff., 35, 59, 61, 63, 73, 87, 95-101, 107, 130, 203
Kriegsbeute s. Beute (*ġanīma*)
Kriegszug s. Expedition, militärische
Kritik, (Gesellschafts-) 31, 59, 81, 95, 124, 133, 135, 137, 140, 169, 210
Krone / Krönung des Märtyrers 127, 157, 221, 238
Küste, Atlantik- / Mittelmeer- 39, 52, 67ff., 99, 150f., 160, 218, 263
al-kutub as-sitta s. kanonische Sammlungen

laylat al-qadr s. Schicksalsnacht
Leder, Stefan 25, 31, 98
Legitimation 39, 57, 59, 61, 63, 68, 120, 160
Lehrcharakter / Lehrwerk 18, 170, 205
Lesung (*qirā'a*) 25ff., 30, 38, 42f., 90, 109, 188, 190, 205
Lev, Yaacov 29f., 92ff., 96-99, 102, 105
Lindsay, James E. 25, 28, 30, 32, 43, 80, 96, 99, 104-114, 118, 121f., 127f., 143, 156, 158, 201
Lohn 19, 22f., 29, 50, 75, 86, 95, 110, 114-120, 122-131, 146, 148, 151, 153-158, 166, 170-175, 184f., 195f., 198ff., 202, 205f., 210, 215ff., 219-222, 229, 231, 235, 242, 247, 250f., 253, 256ff., 265ff., 272
Loyalität 83, 93, 97, 180, 183, 188, 190, 192
Luqmān as-Salafī, Muḥammad 20, 34, 83f., 207

madrasa, Pl. *madāris* (Schule, Lehreinrichtung) 42, 49, 88, 101, 133f., 138
Maghreb 30, 63, 65-68, 78, 150f., 161f., 190f.
Makdisi, George 88, 93
Mālīnī, Abū Sa'd Aḥmad b. Muḥammad al- 182
Mamluken 31, 37-40, 46, 48-53, 56ff., 60, 62f., 73, 87, 137, 142, 147-151, 204
Manuskript 28, 32, 34, 37, 40-43, 55f., 64, 66, 71, 76, 79, 91, 93, 107, 145, 165, 167, 205, 228
man ḥafiẓa-Hadith 19, 27, 40, 44, 75, 78, 95, 106-109, 141, 167, 170
Marokko 67, 69-72, 78, 87, 159-162, 164f., 168f., 203
Marrakesch (*Marrākuš*) 70, 159
Märtyrer, Martyrium 22ff., 29, 79ff., 86, 116, 120, 124, 127, 129ff., 146, 150, 154, 157, 166, 171, 174ff., 196-199, 206, 221, 226f., 236ff., 246, 252f., 266, 268ff.
Märtyrertod 86, 109, 116, 153, 234, 243
Materialismus, Kritik am 124f., 197
matn, Pl. *mutūn* s. Hadithinhalt
maṯnawī (didaktische Dichtung in je zwei sich reimenden Halbversen) 58
Māwardī, Abū l-Ḥasan 'Alī b. Muḥammad b. Ḥabīb al- 104
Mawlāy Ismā'īl 161, 164, 168f.
Mawlāy Sulaymān 70
Medina (*Madīna*) 48-51, 84, 88, 90, 137, 178, 180f., 224, 248, 272
Medizin (*ṭibb*) 107, 134
Meer / See 23, 29, 67f., 99, 146, 150f., 154f., 157, 164, 198, 236, 263f.
Mehmed II, osmanischer Sultan: Muḥyī d-Dīn Abū l-Fatḥ Muḥammad b. Murād b. Bāyazīd b. 'Uṯmān 147ff., 202, 204, 229
Mehmed V, letzter osmanischer Sultan-Kalif 192
Mekka (*Makka*) 34, 37, 48f., 68, 88ff., 112, 130, 136, 165, 173, 180f., 192, 211, 244, 247
Meknès (*Miknās*) 160, 164, 168
Merkmale, notwendige und alternative 19, 32, 44, 79
militärisch 21, 30, 37, 52, 59f., 77, 96-101, 115, 149, 187, 193
Militärsklave 39, 168
Misserfolg 174, 197, 251, 272
Modernisierung 77, 180
Mönchtum (*rahbāniyya*) 21, 146, 158, 232
Mongolen / mongolische Invasion 37ff., 43, 49, 52, 67
Monotheismus (*tawḥīd*) 58, 83, 128
Moral / moralisch 72, 83, 131, 206
Moschee 29, 48f., 67, 76, 93, 112, 114, 137, 164, 211f., 214, 231, 245, 247f., 261
Moschusduft 116, 157, 166, 213, 215, 237, 247, 263, 265
Moses, Prophet 113
Mosul (*Mawṣil*) 40, 88f., 178
Motivation der Sammler 19, 27, 75, 108f., 167, 203
Mourad, Suleiman 25, 28, 30, 32, 43, 80, 94, 99, 104-114, 118, 121f., 127f., 156, 158, 201
mu'allif s. Autor
al-mubtadi'a („die Neuerer") 103
muǧaddid (zyklischer Erneuerer) 142-145
muǧāhid s. Kämpfer; auch: sich Einsetzender

muǧtahid (jemand, der eigenständige Rechtsfindung betreibt (s. *iǧtihād*)) 142-145, 204, 229
muhāǧirūn s. Auswanderer
Muḥammad al-Ḥāǧǧ 160
Munāwī, Šaraf ad-Dīn Yaḥyā al- 133, (235)
Munḏirī, Zakīy ad-Dīn Abū Muḥammad ʿAbd al-ʿAẓīm al- 33f., 36ff., 41, 43, 135, 182f., 264
muqaddima s. Einleitung
Muqriʾ, ʿAfīf ad-Dīn Muḥammad b. ʿAbd ar-Raḥmān al- 20, 33f., 38, 40-45, 107, 109, 201, 207, 212
murābiṭ, Pl. *murābiṭūn* s. Stationierter (an der Front)
Murādī, Abū l-Ḥasan ʿAlī b. Sulaymān al- 33, 35f.
Murphey, Rhoads 61-65
muṣāfaḥa („Händeschütteln" – Bezeichnung f. bestimmte Überliefererkette) 90, 92
musāwāt (Gleichwertigkeit der Überliefererkette) 90ff.
Muslim b. al-Ḥaǧǧāǧ 18, 34, 42, 84, 90, 92, 146, 170, 183, 189, 194, 210ff., 214f., 218, 227, 230-233, 237f., 240, 242-252, 254, 260-273
muwāfaqāt (Übereinstimmungen hinsichtlich der Überliefererketten) 92
Mystik 93, 99

Nabhānī, Yūsuf an- 20, 23, 25, 34, 56, 72, 77, 83, 85, 105, 107ff., 116, 146, 164, 177-208, 256f., 273
Nachahmung 23, 46, 126, 173
Nachfolger 38f., 43, 49, 70, 113, 138, 146, 159
nafs s. Triebseele, innere
Nahrung des Pferdes 128, 158, 216, 222, 231, 239, 250, 267
Naqsīs 163f., 169
Nasāʾī, Abū ʿAbd ar-Raḥmān Aḥmad b. ʿAlī an- 18, 90, 146, 218, 224, 226, 234, 254
naṣīḥa s. Rat
Nationaldenken 77, 85, (180), 192
Nawawī, Muḥyī d-Dīn Yaḥyā b. Šaraf ad-Dīn an- 18, 34, 80, 164, 170, 225, 241f.
Netzwerk 27, 79, 183
Neuerung (*bidʿa*) 49, 77, 83, 180f., 184
Niederlage 57, 65, 72, 99f., 130, 173
Nīsābūr / Nīšābūr 89f., 109
nisba s. Beiname
niyya s. Absicht
Niẓāmiyya (sunnitische Lehreinrichtung in Bagdad) 88
Nūr ad-Dīn b. Zangī 25, 27, 35, 42f., 61, 63, 88f., 92, 95-105, 108ff., 122f., 130

Offenbarung 112, 119, 121, 129, 184, 212, 223, 248
Offenbarungsanlass (*sabab an-nuzūl*) 112
Orthodoxie, sunnitische 57, 101, 134, 144, 160, 204
Osmanen, osmanisch 33f., 40, 49, 51ff., 56-68, 72-77, 83, 85, 87, 123, 147-151, 161, 177-193, 202, 229, 256

Pakistan 26, 80, 82
Palästinensisch 20, 72, 80-86, 177, 180, 184, 192
panislamische Bestrebungen 182f.
Papier(lage) 26, 140
Paradies (*al-ǧanna*), das höchste (*al-Firdaws*) 20, 23f., 38, 78, 81, 114, 116-120, 123-131, 155f., 171-175, 195-198, 202, 205, 215ff., 220-235, 237ff., 241, 245-249, 252, 254f., 261f., 264f., 268-271
Paradiesjungfrauen (*al-ḥūr al-ʿayn*) 23f., 127, 157, 221, 238
Pest / Seuche 22f., 29, 150, 164
Pfeil(schießen) s. Schießen
Pferd 24, 29, 45, 115f., 118, 120, 123f., 127ff., 131, 146, 151, 153, 157f., 166, 173f., 196, 199, 214, 218f., 222-225, 227, 231, 234, 239, 245ff., 250, 265ff.
Pflicht, religiöse / gottesdienstliche 18, 55, 58, 62, 78, 93, 98, 111-115, 117ff., 121, 142, 148f., 152, 154, 164f., 173, 175f., 189, 203, 216, 233
Pilgerfahrt 34, 48f., 70, 88f., 111, 114, 120, 135f., 150f., 153, 165, 171, 175,

178, 186, 196, 210, 224, 230, 235f., 244, 246, 255, 260
Piraterie 62, 160-164
Plagiat 137, 139f.
Polytheisten 103, 128, 173, 195, 200, 224, 248, 262f., 272
portugiesisch 67ff., 151, 168
Prahlerei 123, 223, 267
Prediger 25, 29f., 61, 63, 80f., 96f., 99, 103, 112, 122, 182, 218
Propaganda 27, 31, 57ff., 98f., 101, 107, 189f.
Prophetengefährte (*ṣaḥābī*) 91, 110, 113, 118, 120f., 125, 148, 173, 181f., 197f., 208f., 227f., 232, 234, 240, 248, 256, 262, 291f.

qāḍī s. Richter
al-Qāʿida 26, 81f.
Qāʾit Bāy, mamlukischer Sultan 48f., 137, 147, 149
al-Qarāfa 53
Qarāfī, Nūr ad-Dīn Abū l-Ḥasan ʿAlī b. Aḥmad al- 33f., 51-56, 61, 195
Qārī, ʿAlī l- 74f.
qaṣīda 184
Qaṣrī, Muḥammad b. Yūsuf b. Muḥammad al-Fāsī l-Maġribī l- 68f.
qitāl s. Kampf
Qušayrī, Abū ʿAbd al-Karīm Muḥammad b. Yūsuf al- 33, 68f.
Quṭuz b. ʿAbd Allāh, al-Muẓaffar Sayf ad-Dīn 38, 43

ar-rāfiḍa („die Abtrünnigen", abwertende Bezeichnung für eine schiitische Gruppierung) 103
rahbāniyya s. Mönchtum
Rahmenerzählung 113, 120f., 125f., 212, 223f.
Rahūnī, Aḥmad ar- 164f.
Ramadan (*Ramaḍān*) 48, 119, 152f., 178, 231, 245, 255
ramy s. Schießen
Rangordnung 30f., 111, 113, 117f., 120, 130, 142, 146, 151, 154, 158, 170, 205, 230, 241f., 258, 266
Rat (*naṣīḥa*) 182, 191, 232, 257
Recht 30, 50, 69, 84, 103, 108, 112, 132f., 143, 163, 178, 180
Rechtfertigung 57, 62, 82
Rechtsgutachten (*fatwā*) 39, 49f., 136, 140, 142, 188ff.
Rechtsschule, sunnitische (šāfiʿītische, mālikītische, ḥanafitische, ḥanbalītische) 27ff., 46, 69, 87, 104, 142f., 177
Reform 71, 77, 178, 183, 190
Reichtum 93, (213)
Reimprosa 40, 169f., 208
Reise (auf der Suche nach Wissen/Hadithen, *riḥla fī ṭalab al-ʿilm/al-ḥadīṯ*) 27, 37, 46, 48, 87ff., 109f., 134, 136, 139f., (149), (176), 178, (203), (237)
Reittier 117f., 215f., 231, 247f., 264f.
Revolutionierung 189-193
ribāṭ s. Stationierung (an der Front)
Richter (*qāḍī*) 46f., 63, 74, 89, 97, 177, 194
Riḍā, Rašīd 178, 184
riḥla fī ṭalab al-ʿilm/al-ḥadīṯ s. Reise (auf der Suche nach Wissen/Hadithen)
riwāya (*bi-l-lafẓ / bi-l-maʿnā*; mündliche Überlieferung) 134
rizq s. Unterhalt / Versorgung
Russen, russisch 75f., 185, 188f., 191, 257

sabab an-nuzūl s. Offenbarungsanlass
Šabakat Masāǧidinā ad-Daʿwiyya (NGO) 20, 34, 85, 207
Ṣafawiden 57f.
Šāfiʿī, Muḥammad b. Idrīs aš- 30, 143
šāfiʿītisch s. Rechtschule, sunnitische
ṣaff s. Schlachtreihe
Safran (als Farbe des Märtyrerblutes) 157, 237
ṣaḥābī s. Prophetengefährte
šahāda s. Bekenntnis
Saḫāwī, Šams ad-Dīn Muḥammad b. ʿAbd ar-Raḥmān as- 47f., 51, 133, 137, 139
ṣaḥīḥ s. Klassifizierung, einwandfrei
ṣaḥīḥayn (die beiden grundlegenden Hadithsammlungen al-Buḫārīs und

Muslims) 23f., 42, 84, 146, 170, 183, 194, 211, 242, 257
Sakralisierung 188
salafistisch 81, 84, 167
Ṣalāḥ ad-Dīn al-Ayyūbī (Saladin) 27, 35, 38, 43-46, 52, 61, 63, 88, 92, 98, 100, 102
Salé (*Salā*) 160, 162
Samhūd 47f.
Samhūdī, Nūr ad-Dīn Abū l-Ḥasan ʿAlī b. ʿAbd Allāh as- 33f., 47-53, 55, 73
Sammelhadith 111, 116-119, 125, 171, 173, 196, 215ff., 219ff., 232f., 236f., 247, 264f.
šarḥ, Pl. *šurūḥ* s. Kommentar / Kommentierung
šarīʿa 62, 82, 142
šarīf, Pl. *šurafāʾ* (vom Propheten Muḥammad abstammend) 162
Sartain, Elizabeth M. 49, 133-138, 142
Satzparallelismus 119, 124
Säulen des Islam 22, 111-114, 117, 152f., 171f., 181
sawṭ (hier vermutlich: Hinterlassenschaft oder Anteil) 119f., 220
Schatten (der Schwerter) 20, 126, 129, 173, 198, 217, 241, 249, 262, 271
Schattenkalifat 49
Schicksalsnacht (*laylat al-qadr*) 119, 218
Schießen (*ramy*) 29, 33, 47, 51, 55, 64, 72, 75-78, 81, 120, 128, 176, 197, 223, 251, 271
Schiff 23, 150, 183, 236
Schiiten, schiitisch 28, 39, 57f., 88, 95, 100-108, 179, 184, 204
Schlacht(feld) 21, 24, 26, 44, 184
Schlachtreihe (*ṣaff*) 44f., 61, 113, 117f., 152f., 216f., 233
Schöpfung 166, 209, 228f., 241
Schulden (*dayn*, Pl. *duyūn*) 20, 171, 175, 199, 244, 268
Schutz (*ḏimma*) 273
Schutzherr 49, 105, 180, 229
Schwally, Friedrich 187
Schwert 20, 124, 126, 129ff., 156, 173, 198, 209, 217f., 221, 225, 228, 233, 241, 249, 262, 266, 269, 271
Seele s. Triebseele
Seldschuken 89, 102, 239
Selīm, osmanischer Sultan 57, 62
Silafī, Abū Ṭāhir Aḥmad as- 89, 135, 143, 182, 225
Sinān Bāšā 54f.
Sīrūzī, Muṣṭafā b. ʿAbd al-Karīm 33, 56, 64
siyāḥa s. Wanderasketentum
Sklave 39, 111, 168f., 210, 213
Spaltung (der muslimischen Gemeinschaft) 104f., 180
Spanien 30, 67-70, 144, 160, 162, 168f.
Spende 70, 213, 246, 252, 255, 257f., 266, 269
Stadtgeschichte 49, 51, 125, 161
Standhaftigkeit 185, 209, 221, 238, 257ff., 269
Stationierung (an der Front, *ribāṭ*) 22f., 29, 39, 67f., 78, 88, 91, 118f., 154, 158, 170f., 196, 219f., 232, 237, 242, 250, 262
Stationierter (an der Front, *murābiṭ*, Pl. *murābiṭūn*) 22, 68, 108, 126, 157, 162f., 169, 209, 218ff., 237
Staub aufwirbeln 117, 146, 155, 166, 177, 196, (216, 231, 234, 236f., 247), 249, 265f.
Sterben 20, 94, 116, 120, 171f., 196, 198f., 205f., 224
- Angst vor 120, 126f., 198
- Verherrlichung 81, 86, 120, 153, 206
Stift 25, 128, 154
Strafe 110, 114, 116f., 119-124, 127-131, 146, 154f., 166, 174, 176f., 195ff., 202, 209, 217, 220, 222, 225, 236, 259
Strategie der Motivation und Überzeugung 31, 108, 110, 121, 123f., 130, 148, (155), 173, (176), 186, 195
Stufen (im Paradies) 117f., 125, 173, 175, 198, 210, 215f., (227), 239, 245f., 253, 261
Sufik 18, 67, 141, 160, 178
Sufis 38, 61, 68, 71, 93, 162f., 169, 180ff., 273
Sulamī, Abū ʿAbd ar-Raḥmān Muḥammad b. al-Ḥusayn as- 93
Sulamī, ʿAlī b. Ṭāhir b. Ǧaʿfar as- 25, 29-32, 36, 44, 52, 97f., 108, 110, 121, 123ff., 130f., 148, 173, 244

Sulaymān al-Qānūnī („der Prächtige"), osmanischer Sultan 34, 54, 62, 65
Sultan (*sulṭān*) 34, 39f., 44f., 48f., 52, 54, 57f., 61f., 65, 70ff., 74, 76f., 83, 88, 96, 137f., 142, 147-151, 159, 161-164, 168f., 179f., 182f., 185, 187-192, 202f., 229, 240, 256f.
Sünde 114, 156, 177, 224, 228, 235, 260
Sündentilgung / Sündenvergabe 20, 156, 228, 235, 260
Sunna 51, 59, 97, 103, 105, 180f., 195, 242
Sunniten, sunnitisch 28, 32, 57f., 88, 98, 100f., 104ff., 142, 177, 184, 188, 204
Suyūṭ (*auch*: Asyūṭ) 132
Suyūṭī, Ǧalāl ad-Dīn ᶜAbd ar-Raḥmān as- 20, 23f., 33, 39, 48f., 51f., 75, 86, 108f., 112, 116, 132-158, 164, 170ff., 175f., 181, 200-204, 207f., 221, 228f.
Syrien s. Großsyrien (*Šām*)

Ṭabarānī, Abū l-Qāsim Sulaymān b. Aḥmad aṭ- 146, 229ff., 234-239, 254
tābiᶜī, Pl. *tābiᶜūn* (den Prophetengefährten nachfolgende Generation) 148, 256
taᶜlīq s. Überlieferungskette, gekürzt
taqlīd (das Folgen von Urteilen der großen Gelehrten sunnitischer Rechtsschulen) 143, 180
tarġīb s. Anreiz
tarhīb s. Abschreckung
tawḥīd s. Monotheismus
Tetouan (*Tiṭwān*) 167, 169
Thron (Gottes) 127, 216, 221, 227, 245, 251, 270
ṭibb s. Medizin
Tirmiḏī, Abū ᶜĪsā Muḥammad b. ᶜĪsā t- 18, 46, 90, 146, 214, 218f., 227, 237ff., 253f., 256
Tiṭwānī, Barakat at- s. Barakat at-Tiṭwānī, Abū l-Ḥasan ᶜAlī b. Muḥammad
Todesengel 126, 219, 236
Totenklage 198, 269
Tradent / Überlieferer 19, 22, 27f., 34, 41f., 64, 76, 84, 92, 109f., 134f., 212, 216, 219, 222, 235-239, 253f.
tradieren / überliefern (*rawiya*) 32, 36, 40f., 45, 66, 90, 109, 111, 116, 118, 122, 135, 141, 182, 198, 210ff., 215, 219, 226, 249, 254, 265, 268
Triebseele, innere (*nafs*) 21, 30, 72, 157, 206, 211, 213-217, 221, 227f., 231, 234, 236, 238, 246f., 251f., 257, 260, 265, 268, 270
Triplikation 117
Tunis (*Tūnis*) 55
tusāᶜiyya s. Überlieferungskette, neungliedrig

ᶜUbāda b. aṣ-Ṣāmit 229, 238, 254, 263f.
Überlieferungskette (*isnād*, Pl. *asānīd*) 18, 22, 27f., 36, 41f., 46, 87f., 90ff., 109f., 135, 141f., 144, 164, 209f., 212
- ‚Ersatz' (*abdāl*) 91f.
- gekürzt (*taᶜlīq*) 24, 28, 47, 54, 183
- ‚Gleichwertigkeit' (*musāwāt*) 90ff.
- ‚Händeschütteln' (*muṣāfaḥa*) 90, 92
- hohe/hochkarätig (*ᶜālin*, *ᶜawālī*) 90f., 135f.
- neungliedrig (*tusāᶜiyya*) 46
- nichtig (*bāṭil*) 27
- ‚Übereinstimmungen' (*muwāfaqāt*) 92
- vollständig 28, 40f., 54, 109, 146, 164, 210
- zehngliedrig (*ᶜušāriyya*) 46, 136
Überlieferungsrecht s. Erlaubnis (zur Überlieferung/Lehre; *iǧāza*)
Überzeugungsstrategie s. Strategie
Uḥud, Schlacht von 129f., 173, 198
ᶜUmar b. ᶜAbd al-ᶜAzīz, umayyadischer Kalif 143
Umayyaden 22, 29, 114, 143
Umm Ḥarām bt. Milḥān 263f.
Unrecht tun 106, 114, 121, 169, 209, 212, 217, 248, 258
Unterhalt / Versorgung durch Gott (*rizq*) 157, 198, 213, 220, 227, 237f., 250f., 253, 257, 265, 270
Unterricht 42, 44, 75, 78, 133, 135-139, 145, 162, 164, 169, 179, 205
ᶜušāriyya s. Überlieferungskette, zehngliedrig

Verbot 126, 181, 200, 226, 259, 269
verboten (*ḥarām*) 134
Vergebung 40, 157, 170, 172, 198, 221, 232, 238, 242, 244, 258, 260, 268

Verherrlichung (des Sterbens) s. Sterben
Vermögen 113, 156, 171, 174, 196, 199, 214, 221, 224f., 227f., 231, 235, 246, 252, 257-260
Versform 58, 76, 165f.
Versorgung (Hinterbliebener, Soldaten, etc.) 60, 67, 116, 118, 126, 131, 154, 160, 166, 174-177, 183, 186, 199, 206, 255
Versprechen 122, 125, 188, 217, 222, 239, 259
verstümmeln 200, 269, 272
Verteidigung (*ad-difāʿ*) 22, 25, 28, 33, 52, 57ff., 78, 81, 85, 94, 151, 158, 183f.
Verwechselung 51
Vorbild, prophetisches 18, 73, 77, 94, 117, 130, 156, 241
vorislamische Zeit (*ǧāhiliyya*) 115, 121, 213
Vorläufer 17-32
Vorrangstellung 42, 113, 115f., 118, 120, 134, 153f., 171f., 205, 230, 241, 266
Vorschrift, göttliche (*farīḍa*) 22
Vorzug (*faḍl*) 23f., 27, 37, 44, 51f., 55, 64, 70, 75, 80f., 86, 88, 90-93, 99f., 110f., 123, 127f., 142, 151, 166, 170, 209f., 226, 229, 231, 241f., 251, 257, 260, 268f., 273

Waage (des Jüngsten Gerichts) 118, 216, 222, 239, 250, 267
Wahhābiten 179f.
Walīy ad-Dīn al-ʿIrāqī, Aḥmad b. ʿAbd ar-Raḥīm Ibn Abī Zurʿa 33, 46f., 50, 52
Wanderasketentum (*siyāḥa*) 21, 146, 158, 176, 232, 254
Warnung 114, 121ff., 153, 155, 172, 176f., 179, 195, 197
Wāsiṭ 40f.
Wesir (*wazīr*; Minister) 38, 51, 54f., 189f., 239
Wettbewerb 20, 84ff.
Widmung 34, 39f., 44, 50-55, 76, 95, 100, 145, 147-151, 161, 167f., 202-205, 229
Wiederbelebung
- des Dschihad 97
- der Sunna 97, 105
Wissen (*ʿilm*), Wissende, Wissenserwerb 19, 37, 42f., 61, 87f., 110, 122, 134ff., 139, 142, 144f., 162-165, 170, 177, 182, 210, 221, 228f., 233, 241, 256ff.
Wohltaten (*ḥasanāt*) 115, 128, 199, 209, 214, 222, 224f., (229), 231, 239, 241, 245, 249, 267
Wort Gottes 108, 155, 159, 185, 195, 200, 212f., 240, 243, 257, 264f.
Wunde 116, 120, 157, 215, 226f., 237, 247, 251, 263, 265, 269f., 272

Yāqūt ar-Rūmī 53, 68, 90, 94
yawm al-qiyāma s. Auferstehung
Yelkenci, Raif 57
Youtube 36, 81
Yusrā ʿAbd al-Ġanī l-Bušrā 27f.
Yūsuf, Muḥammad Ḫayr Ramaḍān 178

Zakkār, Suhayl 29, 52
zāwiya, Pl. *zāwāya* (wörtlich „Winkel, Ecke"; kleine Moscheen mit Heiligen-Grab und Herbergs- sowie Lehrräumen religiöser Bruderschaften) 67, 159f., 163
Zaydān, Yūsuf 68f.
Zayn ad-Dīn al-ʿIrāqī 46, 144
Zengiden 27, 35, 37, 40, 87, 95, 97-105, 110, 202
Zugänglichkeit 62, 167
zuhd s. Askese
Zunge 25, 128, 140, 154, 172, 206, 224ff.
Zuschreibung 20, 46, 51, 55, 61, 71, 105, 128
Zwischenraum (*barzaḫ*) 221, 238
Zypern 264